司法建设论

司法建设论

龙宗智 著

法律出版社
LAW PRESS · CHINA

龙宗智

教授，1954 年生于四川成都，1978 年考入西南政法学院法律专业本科，是“西南七八级”的一员。后返母校先后攻读法学硕士、博士学位。曾任西南政法大学校长，早年曾任大军区检察院大校副检察长。现任四川大学教授、博士生导师，法学研究所所长。兼西南政法大学、西南财经大学教授、博士生导师，教育部司法文明协同创新中心研究员。
龙宗智教授被认为是中国刑事诉讼法学的代表性学者之一。

序　言

中国的司法体制、机制和制度，改革开放以来经历了重要的变革，尤其是近十余年来，大体上经历了以“加强监督”为重心的一轮改革，以司法责任制为核心的新一轮改革，再到近年来的司法体制综合配套改革，其间尤以司法责任制改革撼动原体制力度最大，影响也更为深远。然而，体现司法运行需求的司法逻辑，与体现行政性管控的社会逻辑，始终发生或显或隐的冲突，成为司法改革中的基本矛盾，也是我司法研究的核心问题。我在这方面的研究成果，主要发表于最近十多年间。不过，我在20世纪末形成的关于中国司法建设和改革的方法论思想，影响了我多年来的司法改革研究。

一、关于司法建设与司法改革中的“相对合理主义”

我虽然出身于实务，但十分关注宏观问题与基础理论。因此写成《论司法改革中的相对合理主义》一文，于1999年《中国社会科学》发表。同年又出版学术论文集《相对合理主义》，发表《关于相对合理主义的对话——答〈中国律师〉记者问》；2003年在《现代法学》发表《相对合理主义及其局限性》的演讲整理稿；2011年在《法学研究》发表法治方法论笔谈：《观察、分析法治实践的学术立场和方法》等。

《论司法改革中的相对合理主义》一文，讨论了在法治的目标与现实之间进行司法改革的总体思路和策略，提出作为一种实践理性的“相对合理主义”主张。该理论的第一部分是明确司法改革的长远目标，即司法合理化的基本标准和改革的方向，承认和接受具有公理性、普适性的基本法治原则。第二部分涉及现实条件对司法建设与改革的约束。确认目前处于法治的初级阶段，支撑现代法治的某些基本条件尚不具备，因此司法改革不能企求一步到位。第三部分分析现实条件下,可行、有效的司法改革与司法操作的路径与方法。即采取渐进、改良和逐步推进的方法,从技术性改良走向制度性变革。同时,相对合理主义在实际应用时还应该合理把握其限度:在立法层面,注意把握合理与悖理、可执行与不可执行的分寸;在操作层面,注意采用多元视角,实行较为灵活的"弹性"措施,同时坚持严格的"底线"控制等。

在后来的文章和讲演中,我进一步论证"相对合理"的意义,认为它是法治的评价标准与内在特征。因为合理性本身是相对的,法治因其"时空适应性"也是相对的。在条件约束下,相对合理主义是中国司法改革与司法操作的一种宿命。不过,我也承认这种理论主张可能有其局限性,其容易成为保守主义的借口,变成法治的"腐蚀剂"和社会的"麻醉剂",而且可能存在标准模糊难以把握的问题。不过,理想目标、价值和底线设置,可能缓和这种批评。而且相对合理主张具有相当的灵活性——一方面可抨击好高骛远、不切实际;另一方面则可批判掩抑法治理想、背离法治方向。例如,在 2011 年《法学研究》发表的关于法学方法论笔谈中,我就重点批评了法治"犬儒主义"的倾向,强调现实条件下仍须高扬法治的理想,尊重司法的规律。

"相对合理主义"的提出,与我出身于实务,思考问题总有一种实务思维有关。这种理论实际上形成我的一种研究范式,即针对研究对象,在明确问题及其症结的基础上,梳理基本法理,分析约束条件,再提出解决问题的可行方案。因此,有人认为这是一种实用主义理论。本人法理学养不足,这种"主义"也许只能说是一种具有实用主义特点的应对主张。如某些基本的前提性问题不解决,即使是相对合理主义可能也难以展开。

二、司法的现实问题及其应对

作为一个"务实"的学者,我时时关注中国司法制度运行中的困难和问题。2010 年,由于中国司法在指导上存在某些偏差,司法公正与司法公信力受到严重挑战,出于学术良知和责任感,我在《南方周末》发表长篇司法评论:《重建民众对司法的信任感——当前司法的难题及应对》。相关学术文章也先后发表。

《南方周末》的这篇文章提出:在社会转型时期,司法承担着调节权益、解决冲突、实现治理正当化的功能。然而,当前的司法状况并不令人满意,面临三重矛盾,即社会对法治有强烈需求,管治方式却传统依旧;社会转型期须调处大量矛盾纠纷,司法资源却很有限;司法建设中,社会逻辑与司法自身逻辑存在矛盾。法院已陷入困境,其权威、公信力较低,司法不公、司法不廉与司法不力的问题突出。关于"能动司法"。实践中出现了一定"乱动"偏差,因此应坚持"有所为有所不为"。其一,在司法回应社会方面,能动主义要与保守主义相结合,与时俱进地解释和适用法律,同时须坚持法治原则,司法政策要有稳定性,法律适用要有确定性。其二,在司法功能和司法管辖权方面,坚持能动主义与克制主义结合,同时扩张司法功能,包括扩大管辖权。其三,在司法方式上,坚持被动主义与能动主义相结合,以被动主义为主导,保持客观中立的判断条件。关于法律效果与社会效果的关系。在中国社会建立法治,关键是强化规则体系,建立规则意识。法院是适用法律的机关,是社会规则体系建立的关键环节,必须依法办案。社会效果的要求,也是法律本身的要求,不能将二者对立起来。关于司法和党委领导的关系。在具体案件办理上,要坚持法治原则和独立行使审判权的原则。对地方党委领导的意见,司法方面要尊重,但也应当有原则、有底线,否则会丧失法治原则和独立判断。党的领导是政治领导、组织领导与思想领导,不是包办司法事务。关于司法与民意的关系。司法须尊重民意,这关系到司法的性质和基础。但应当注意,民意进入司法,要有适当渠道,不能随心所欲违背司法规律搞创新。关于调判关系。一些法院追求只调不判,损害法治原则,降低法院权威;或无原则调解,忽略司法公正,损害当事人合法权益;还有的弄虚作假,人为制造调解率,败坏法院作风。应当坚持调判结合。关于司法管理问题。当前法院行政化卷土重来,主要表现:一是法院内部对法官的相对独立性尊重不够,行政审批抬头;二是打乱审级关系,大量一审案件内部请示,两审变一审。因此,司法管理上要遵循司法规律,遏止走回头路倾向。

与此篇文章的观点相一致,并做深入的学理论证,我还于同年在《政法论坛》发表《关于"大调解"和"能动司法"的思考》一文,于 2011 年在《法学研究》发表论文《审判管理:功效、局限及界限把握》。这些文章的中心思想,是遵循司法规律建设司法。基本观点,应当说正与党的十八届三中、四中全会关于司法改革的政策精神相一致。

为推动司法改革,我于 2013 年与陈光中先生合作,在《中国法学》发表

《关于深化司法改革若干问题的思考》一文。文章提出:深化司法改革,必须坚持法治理念,遵循司法规律。应当完善确保审判权、检察权独立行使的机制,改善党对司法工作的领导方式,理顺纪委与检察机关的关系,理顺权力机关与司法机关的关系。要改革司法机关人事上、财政上过度受制于同级党政组织的制度。法、检、公分工配合制约的原则存在缺陷,应采取措施加以弥补。要规范大要案的办理,保证"打黑"活动依法定程序进行。要遏制司法行政化倾向,进一步规范审判委员会、院庭长与合议庭的关系,规范上下级法院关系。司法绩效考评制度应当进行科学化、合理化的改革。要继续推动司法官职业化,提高司法官待遇。对司法官特别是领导干部的遴选应当更加规范。论文于 2015 年获教育部社科成果奖二等奖。

到 2015 年,情况已有好转,但司法建设仍然问题重重。作为一项省级法治重点项目研究成果,我写了《影响司法公正及司法公信力的现实因素及其对策》一文,发表于《当代法学》。论文指出:当前司法公正及司法公信力建设,存在少数案件处理不公正、办案程序不合法、纠错机制不健全,以及办案效率低下等问题。且司法腐败的存量因素损害司法公信力,民众对司法的认同度仍然不高。现实影响因素包括司法主观因素,司法体制、工作机制因素,司法资源、司法主体因素,以及司法与社会互动因素。为此必须深化司法改革,为司法公正提供体制、机制保障。应当加强司法建设,包括思想建设,司法规范化建设,同时调整绩效考评,改善内部管理,完善司法与社会的互动机制。司法官队伍建设是影响司法公正和公信力的关键,当前尤须提升资源配置,保障司法官素质;加强职业伦理建设,为司法公正提供精神支撑。

三、遏制司法行政化,推动司法责任制改革

司法责任制的核心是"审理者裁判,裁判者负责",与之相对的,则是司法行政化。我于 2014 年作为第一作者,在《法学研究》发表《深化改革背景下对司法行政化的遏制》一文。论文指出:司法行政化,即以行政的目的、构造、方法、机理及效果取代司法自身的内容,形成以行政方式操作的司法。目前,法院司法运作的全过程均带有一定程度的行政化色彩,表现为司法目的和价值的行政化、案件审判活动的行政化、上下级法院关系的行政化、司法人事制度和法院结构的行政化以及审判管理的行政化等。在给定的约束

条件下，司法行政化可以弥补一线司法能力之不足，可以抗制外部干预，但其过度发展会妨碍依法治国，损害办案质量与效率，危及司法权威和公信力，阻碍法院工作的可持续发展。司法行政化的根源在于基本权力结构及其运行机制。司法功能设定的非司法化和资源配置的有限性，统一的人事管理制度和财政供应制度以及国家机能分化不足，亦为重要原因。在党的十八届三中全会深化改革的背景下，遏制司法行政化须强化法院的司法审查功能、审判功能以及终局性纠纷解决功能；须阻隔行政性要素介入审判，建立审判独立的“二元模式”；须在法院审判管理、司法行政管理、上下级法院业务管理上“去行政化”。

我于 2015 年在《中国法学》发表《检察官办案责任制相关问题研究》一文，对检察机关实行司法责任制过程中一些突出问题作了探讨。论文指出：检察办案，时采“协同办案”乃至团队协作形式，但以单独办案制为基本，检察官办案责任制即“承办负责制”。因此，不应以主任检察官责任制代替检察官责任制，同时，应当划清权限范围，保障承办负责制的有效运行。员额制的实施，可能压缩主任检察官制度的运行空间。就中层机构设置，有指导职能的检察机关设立业务部门较适宜。在人员较少的基层单位可实行部门整合。一般基层检察院，可局部实行大部制。主任检察官与业务部门负责人设置与职能区分，要防止进一步行政化，尽可能合一设置。不能合一时，部门负责人重点负责宏观指导，主任检察官主要负责个案审核。捕诉合一虽有利于提高效率，但使批捕不中立弊端更为明显。检察官责任制应与检察长负责制相协调，实现合理授权。应建立权力清单，检察权运行机制的设置和管理应当细化与科学化。此文对当时的检察机关实行检察官责任制改革的具体方案也产生了一定影响。根据最高人民检察院检察长曹建明（时任）、常务副检察长胡泽君（时任）及最高人民检察院理论研究所所长谢鹏程告知作者的情况，在最高人民检察院党组对检察官实行责任制主要采检察官负责制还是主任检察官制度有不同意见时（改革试点期间曾主要实行主任检察官制度），相关人员将这篇文章印发党组成员研读，最后该党组成员同意文章的主张，认为应当实行检察官负责制。此文曾获最高人民检察院检察基础理论研究成果奖一等奖，并获钱端升法学研究成果奖三等奖。

落实院庭长办案制度，是贯彻司法责任制的重要环节，我因此与时任重庆市第四中级人民法院院长孙海龙合写《落实院庭长办案制度》一文，于《四川大学学报》2018年第4期发表。论文指出:经过一定时期的发展,当前院庭长办案已呈普遍化和常态化态势,对司法改革和司法运行产生了重要的积极影响,但仍存在挂名办案、选择办案、作秀办案等形式化倾向,其直接原因是实施规则不完善、监督机制不健全,根本原因是司法与社会的行政化。当前须克服困难、创制条件,推进改革。为此,可以斟酌改革举措,同时须正确理解"办案"内涵。落实此项制度,须优化保障条件,完善基本规范,提高思想认识,多管齐下采取改革配套措施。应重点完善院庭长办案的分案制度,调整分案原则,强化案件类型甄别机制。同时应加强监督约束、提升制度刚性。还应调整管理制度,优化外部环境。

绩效考核制度设置直接影响司法责任制与员额制实施效果,我于2018年在《政法论坛》发表《试论建立健全司法绩效考核制度》一文,对绩效考核制度在新形势下的设置与实施进行研究。论文指出:司法责任制和员额制实施后的绩效考核,其经济性增强,绩效奖酬注意向一线办案人员倾斜,呈现出一定程度的"绩效中心"特征,且重视量化指标、运用信息化方法,同时,考核方式仍为行政主导。绩效考核实施有"绩效中心"与"岗位中心"的矛盾,"工作量标准"与"质量、效果标准"的矛盾,贯彻司法责任制去行政化与业绩考核行政主导的矛盾,以及考核精细化与简便易行的矛盾。建立健全司法绩效考核制度,须注意借鉴其他国家和地区经验,同时认识到,在中国司法制度模式及其建设方式的背景和约束条件之下,绩效考核仍是符合制度逻辑的必要管理手段。当前司法绩效考核模式,应注意岗位与绩效并重,加强对办案质量与办案效果的考核评价,考绩方式应差别化设置,同时实施行政主导之下的多元化考绩。在考绩方法上,应注意信息化与常规性,注意指标、计量科学合理以及实施方法简便易行,注意积极评价为主,同时综合运用评价手段,避免过度"向钱看",维系司法官尊荣感。

四、改善审判监督管理,推动司法公开

我于2011年在《法学研究》发表《审判管理:功效、局限及界限把握》一文,针对当时以强化审判管理为管道,扩张司法行政化因素的倾向进行了分析和批评,提出了改革法院审判管理模式和方法的路径。文章指出:审判管理,是对审判活动的组织、协调和监督。当前加强审判管理的特点,包括审判管理组织与管理措施的强化,管理的严格性与精细化程度的提高,信息平

台的构建与技术手段的充分利用,以及管理活动中行政元素的强化以及对审判的渗入。这种状况既有国家管理的宏观背景支持,又有法院自身的原因。其现实意义是有利于保障审判的公正、效率、廉洁和司法统一性。但也有不符合审判规律及不规范的问题,还可能抑制审判人员的积极性与责任感,并形成“路径依赖”及“恶性循环”。在相对合理主义视角下,应当基于司法建设的规律明确司法建设的目标。为此,应当从“法院逻辑”即“裁判逻辑”中寻求司法建设的常识,应重视审判资源配置,须强化基层基础意识防止轻重倒置,同时应当继续按照司法规律推动法院改革。在现实条件下寻找审判权与审判管理权相对合理的界限与互动,应当注意审判管理重在审判权外部展开,实现“以外促内”;应当限制和规范审判管理权干预案件的实体处理;应当正确把握评查与考绩的方法与限度。文章的发表受到了一定程度的关注。在法院审判管理方式调整后,我因此文而多次被邀请到最高人民法院及下级法院举办的审判管理培训班授课。吴英姿教授在《法律适用》2019 年第 19 期发表关于法院审判管理改革的文章,称法院现行审判管理体制,由龙宗智 2011 年文章作了充分注释和正当性解释,应称其为“相对合理主义/实用主义”审判管理模式。

推行司法责任制以后,如何对待法院审判管理(后已改为“审判监督管理”),我与孙海龙院长(时任)再次合作,于 2019 年在《现代法学》,发表《加强和改善审判监督管理》一文。论文回顾了人民法院审判监督管理制度发展的历史,指出司法责任制改革必须坚持“让审理者裁判,由裁判者负责”的价值取向。从技术层面讲,对审判权独立运行最重要的限制,是法院的审判监督和管理。审判权符合规律地独立运行,与法院对审判活动所实施的监督管理之间,不可避免会出现内在矛盾,甚至显现某种紧张关系。为更好地落实司法责任制,最大限度地保障司法的公正和效率,应采取措施加强和改善院庭长的审判监督管理。其中包括改善审判质量监督管理,改善上级法院对下级法院的监督管理,完善案例指导制度,完善专业法官会议制度,优化审判资源配置实现人案匹配等,合力加强和改善审判监督管理。该文获第三届上海司法高峰论坛征文一等奖。

我国法院的司法公开,近年来成效显著,这在相当程度上是因为最高人民法院的大力推动。据我所知,我的一篇文章中所分析的问题,曾被最高人民法院领导在推动司法公开的讲话中引用。这篇文章即发表于《当代法学》

2013年第6期的《“内忧外患”中的审判公开——主要从刑事诉讼的视角分析》。论文指出：近年来法院在司法改革中推动审判公开，取得一定成效。但一些深层矛盾并未解决，在互联网和自媒体形成的信息化浪潮冲击以及法院公信力不足的情况下，法院对审判公开呈现出选择性倾向，审判信息的实质性公开不足。为此，应当认识审判公开是法院的法律义务而非特权，公信力的缺失不能归咎于媒体与社会，法院应当维护其司法理性。因此，要采取措施促使已有审判公开制度全面落实；要推进审判改革，抑制审判信息“内卷化”，扩大审判公开范围；要将审判公开与司法宣传适当切割，倚重法定方式、法定程序实现审判信息公开，同时尊重民众对司法的“异议权”。舆情控制和危机应对要理性、守法，不能打破审判公开的基本原则。

五、推动检察改革，落实客观义务

我因检察经历，亦对司法制度中的检察制度十分关注，对检察改革文著较多，如1999年发表于《法学》的论文《论检察权的性质与检察机关的改革》、2000年发表于《法学研究》的《评“检警一体化”兼论我国的检警关系》等，均有一定影响，系引证较高的论文。2000年前后，检察系统推行主诉检察官制度改革，我在《南方周末》发文，引起专题讨论；在《人民检察》发“三评”主诉检察官办案责任制，对此项改革发挥了思想支持的作用。

近十余年来的检察改革文章，除前面提到的关于检察机关办案责任制的文章外，2013年发表于《法学研究》的《检察机关办案方式的适度司法化改革》一文，亦有一定影响。文章首次提出，中国检察机关“生于司法，却无往不在行政之中”的论断，认为检察机关的性质、职能与其“三级审批制”的行政性办案方式长期存在突出矛盾，因此需要推进适度司法化的改革。改革主要体现于组织性措施和程序性措施两个方面。后者包括区别不同业务性质和需要，引进对审听证程序要素，建构审前程序的弹劾制构造等内容。文章提出的塑造一线责任主体，以及建立“多点式办案单元”和“扁平化”管理模式的主张，与后来司法责任制和机构改革的精神一致，对检察改革做了理论准备。

在检察研究方面另一较为突出的研究成果，是关于检察官客观义务（客观公正履行职责义务）的研究。我于2009年在《法学研究》发表《中国法语境中的检察官客观义务》，次年获最高人民检察院检察基础理论研究成果奖一等奖,也是当年唯一的一等奖;2014 年由法律出版社出版的《检察官客观义务论》,2017 年在韩国翻译出版,2019 年获教育部第八届人文社科优秀成果奖一等奖。此外,还有一系列关于检察官客观义务的文章在《法制日报》《检察日报》《人民检察》《四川大学学报》等发表。《法制日报》2019 年 8 月发表的《检察官的客观公正立场——评〈美国和欧洲的检察官〉》一文,获最高人民检察院检察长张军充分肯定的批示。更值得一提的是,2019 年 4 月《检察官法》修改,增加了检察官应秉持客观公正立场的内容。

《中国法语境中的检察官客观义务》一文指出:检察官客观义务,是指检察官超越控方立场,坚持客观公正。检察官履行客观义务是检察制度的基本要求,但基于不同的司法制度背景,形成以德国法和美国法为代表的两种类型。客观义务命题的意义,也是因为客观义务履行存在矛盾和难题。检察官为履行打击犯罪的职责须成为热情的控方当事人,又因客观义务而应充当冷静的、无偏倚的司法官,而这两种角色是相冲突的。因此,应当注意客观义务论作用的限度并警惕其可能产生的负面效应,同时注意通过外部制度保证客观义务。在我国,因为检察制度的性质及其制度背景,更须确立检察官客观义务,尤其在目前检察机关公信力不足,同时又要求"加强监督"的司法改革背景下。为此,需要进行一系列的调整,如检讨与合理设定内部绩效制度,在"一体化"与独立性之间寻找平衡点,尤其应注意遵循诉讼规律,维系诉讼构造功能。

六、推动内设机构改革

内设机构改革,是司法责任制改革的重要环节,我于此项改革启动和推动之时,就检、法两院的机构改革,分别撰写一篇文章。《检察机关内部机构及功能设置研究》一文,发表于《法学家》2018 年第 1 期。论文指出:检察机关设置内部机构,一是为了实现专业分工提高效益,二是有利于上级指挥监督。设置时应考虑司法责任制及其限度、办案业务量和检察官数量、办案组织的设置、业务工作特性、日常管理需要以及上下级检察机关的业务对接。目前还应注意机构设置的适度稳定性,以及机构设置的基本统一性。"大部制"改革,比较适合于案件数量较少、检察人员较少的检察院,尤其是基层检察院。检察机关实行诉讼与诉讼监督职能分离和机构分离,虽有专事专办,加强监督之利,但两种职能难以完全分开,而且在侦查权转隶后,诉讼监督更须批捕权和公诉权支持。"捕诉合一"有利于推动精简机构,提高效率,加强侦查监督和指导。但批捕与起诉具有不同的性质,部门合一造成业务部门设置不平衡。批捕质量不高乃至"绑架"公诉的问题,可以通过捕诉分离条件下适度诉讼化的方式应对。除未成年人案件以外,其他特定类型案件应慎重实行"捕诉合一"。检察机关的内部机构及功能设置,应视国家监察体制改革推进状况而做适当调整。

《法院内设机构改革的矛盾及其应对》,发表于《法学杂志》2019 年第 1 期。文章评述了作为法院内设机构改革典型之一的成都市中级人民法院机构改革,肯定了改革的积极意义,进而分析了司法机关中层机构设置的考量因素与评价标准,指出深化改革需要协调解决内外矛盾,包括审判体内部的司法性与行政性的矛盾、"大部制"改革与特色业务及综合业务管理的矛盾,以及机构体量平衡性的矛盾。同时须解决法官职级待遇及人员的可融通性、较大数量非审判事务应对,以及内部改革与外部机构设置要求的冲突等问题。改革须兼顾司法责任制与审判监督管理的需要,区分院、庭责任,适当设置审判监督管理节点,处理好审判庭与审判业务团队的关系。由该文摘编的《法院内设机构改革应注意协调解决内外矛盾》一文,刊载于最高人民法院《司法决策参考》2018 年第 12 期,获最高人民法院院长周强、副院长李少平和原最高人民法院政治部主任徐家新批示有关部门阅研和参考。

七、检视司法改革,再提司法逻辑

党的十八大以来自上而下推动的新一轮司法改革,经几年运行后有必要检视其成效与不足,以利改革的深化,为此我写了《司法改革:回顾、检视与前瞻》一文,发表于《法学》2017 年第 7 期。论文指出:本轮司法改革承继上一轮改革,弥补了某些不足,改革举措有很强的针对性,尤其注意尊重司法规律。改革具有深层次特征。通过改革,推动建立司法责任制,完成员额制改革基本任务,成效初步显现。推动以审判为中心的诉讼制度改革,意义重大,影响深远。同时,司法透明度提高,司法廉洁性呈现整体好转。但在改革推进中,司法逻辑与社会逻辑的矛盾十分突出,制度不协调的情况较为明显,司法责任加重与司法资源不足的矛盾亦显突出,司法队伍建设状况堪忧。同时,某些方面急于求成与裹足不前的状况并存,影响了改革效果。下一阶段改革,应当继续推进和完善党的十八大确定的司法改革举措,为进一步推动“以审判为中心”的诉讼制度改革,体现“以人民为中心”的司法,探讨司法改革新举措。同时,应适应司法改革要求,修改、完善相关法律制度。尤其应当协调国家监察制度与刑事司法制度的关系,完善法律规范。

以司法责任制为核心的司法改革,近两年进入“破难题、强弱项、补短板”和“精装修”的综合配套改革阶段。但在这一过程中,由于前述改革中存在的基本矛盾,一些重要改革成果,尤其是司法责任制改革成果难以巩固的问题,成为一种有据之担心。

2018 年,应《中国法律评论》编辑部之约,撰写了该刊当年第 4 期卷首语:《司法的逻辑》。文章指出:改革开放四十年,也是司法改革的四十年,由此实现的司法进步,集中体现于对司法规律的尊重,从而使司法运行显现出应有的逻辑。不过,即使对司法应遵循其规律已形成一定共识,但由于主客观原因及条件限制,一些非理性因素仍然顽强地发挥其作用,依循规律的司法运行仍然须做长期努力。因此,纪念改革开放四十周年,站在历史与现实的交接点上展望司法的未来,仍须再提司法的逻辑。文章从学理与实践的结合上,分析了诉讼三方结构基础上的角色分离及裁判的独立性与中立性;分析了“相对制度”和听取申辩所体现的理性、多元及宽容主义;分析了“司法专业主义”的技术要求、责任伦理及职业化构建。文章指出,重提共识,除了具有纪念意义,更应着眼现实与未来。中国传统的社会治理,权力集中且专业化分工不足,行政与司法合一且裹挟司法,其社会逻辑体现为一种以“上命下从”为特征的行政逻辑,即存在行政逻辑泛化的普遍现象。在此种传统之中,实现治理方式和手段的必要区分并发展专业技术与伦理,不免步履艰难。认真审视,虽然通过司法改革我们实现了一定的体制、机制与制度进步,但司法逻辑与行政逻辑纠缠不清的问题并未获得较为彻底的解决。在近期党政法体制性整合的政策趋向之下,司法权的行使及司法逻辑的有效展开面临新的问题。体制整合系国之大计,须得慎重谋划。国家与社会的治理,是一种多种因素交织并发挥作用的复杂过程。司法建设的关键,在于国家治理结构与方式的重大改革,从而为司法逻辑在国家治理中的推演创造必要的条件。该文后被评为该刊 2018 年“最佳卷首语”。

目录

第一编　基础理论

第二编　检察制度

第三编　审判制度

第四编　司 法 改 革

第一编

基础理论

司法改革中的相对合理主义*

中国当前司法改革的主要目标是实现司法公正，并进而促进社会公正。为此需要进行一系列合理化变革，包括思想观念更新、组织结构调整、人员素质提高、制度程序改善等。至于如何变革，则涉及不同的思路和策略。笔者认为，中国的司法改革总体上只能放在社会大系统内，采取司法内外互动的方法，因而只能是条件论的、渐进性的、改良的，也就是说，应当奉行"相对合理主义"。

一、理论前提：公理化思想

相对合理主义并不意味着极端的文化相对主义与价值相对主义。它确认人类社会存在一些跨区域文化、基于人类共同的生存条件和基本需要、反映人类文明共同成果的准则。社会共同体的规制也存在反映共同规律和要求的普遍性方法。因此，相对合理主义的理论前提是承认具有公理性和普适性的基本准则。就本文讨论的司法制度而言，下列要求具有公理性和普适性：在司法功用方面，司法成为社会主义的体现，成为社会关系有效的调节器和平衡器，成为保护公民权利的最后屏障等；在司法建设方面，在合理社会监督下的审判权和检察权独立，司法内部的非行政化自治，崇高而高明的法官等；在司法程序方面，程序正当化，法官中立以及利益规避，诉讼公开，诉讼平等，诉讼的参与性，诉讼的及时终结性，等等。

对于司法制度基本准则的普适性质，近年来已形成相当的国际共识。

---

* 原载《中国社会科学》1999 年第 2 期。收入本书时略有改动，后文不再逐一说明。

从联合国《世界人权宣言》以来的一系列国际人权文件到与此相关的关于司法活动的一系列准则，如司法机关的基本原则、执法人员行为守则、检察官作用的准则、律师作用的准则、少年司法最低限度司法标准规则等国际法文件，其基本内容表明了不同社会在司法制度的基本构架和操作上的共通性。这方面的实际运作状况表明，对公理性准则的尊重已成为普遍的趋势，如刑事诉讼国际标准的提出和普遍认可，[1] 民事诉讼领域中以国际化、宪法化、社会化为特征的改革趋向等。[2]

普遍准则的提出和确立是近代理性主义旗帜下制度合理化，即诉讼合理主义的产物，同时它又与超越任何实证法的自然法思想有关。这里所说的合理包括价值合理与技术合理两个方面。价值合理是指承认基于人类基本生活条件和基本需要的目的性要求，它与自然法思想相接；技术合理，根据 M. 葛兰特的说法，是指采取有效手段达到既定目的的合理计算，它与实证法中制度与程序的技术性设置相关。普遍准则直接反映人类在社会规制方面的价值合理性要求，如任何人不受非法的逮捕和审判，不受酷刑和其他非人道待遇；同时也反映基于普遍经验、具有普遍适用性的技术合理性规则，如司法独立（目的是保证审判公正，从而有效保护应当保护的社会利益）。

然而，公理性法律原则[3] 的普适性是相对的。它只意味着原则的普适性而非具体规范的普适性。这是因为：

1. 法律多元是一种不能忽视的现实。[4] 本文中所称法律多元，第一是一种法律价值观的多元，即不同社会的人们对于不同法律价值的意义认识不同，进而由不同的价值等次排列形成不同的价值体系。例如，同为西方社会，英美与德法的法律价值观就有区别。一位美国学者曾在比较法国与美国刑事司法制度时指出："人们认为，目前在法国，经授权的政府干预个人生活的情况，比在美国广泛而深入……这是因为法国由于历史和经验的缘故更担心犯罪，因而为了获得更多的保护，他们宁愿给予政府当局以较大的权力。美国人，至少到目前为止，因为非常害怕政府干预而不愿赋予政府官员以控制个人生活的广泛权力。"[5] 而东西方社会之间，由于所谓团体主义与个人主义的价值认同差异，反映在制度上的差别就更为明显[6]。在对普遍原则的适用上,不同的价值观念可能导致在承认一般原则的时候强调某些原则而淡泊另一些原则,同时也可能在不违背原则的情况下采用不同的实施方式。例如,无罪推定,不同国家重视的程度可能不同,而且在不同国家具体的表述和贯彻的方式也可能不同。[7] 第二,法律的多元意味着方法的多元。就司法制度的设置和运行而言,方法多元意味着不同文化背景的社会共同体在同一目标之下可能采用不同的司法方式。例如,一些社会在司法上可能比较适应直截了当地对簿公堂,依据法律和事实“硬性”解决的方式;另一些社会,尤其是那些比较重视人情的社会,其司法总难以保持高度的对抗性。

2. 作为基本准则,应当是一个具有包容性和弹性的指导规范。也就是说,作为基本准则,即使有时被称为“最低限度”标准,也仍然具有执行的上限和下限。只要不背离其质的规定,在化为具体规则时,可以采取不同的样式。例如,司法独立,从质的规定上看,必然排斥任何其他社会力量对司法活动的干涉与强制,但合理的社会监督却不可避免(如平民介入审判、舆论评价审判、政治任免程序间接影响审判等)。当然,独立与受制的比例与性质,在不同的政治文化传统和社会体制下有较大的区别。又如,根据刑事诉讼中一事不再理即避免二次危险的人道主义原则,如果一个人经刑事起诉被判定无罪又因同一罪行再次被起诉和审判,即使是因为发现新的有罪证据,也被普遍认为是违背这一公理性原则的。然而,当一审法院判决无罪后,控诉方能否上诉(抗诉)从而引起可能恶化被告处遇的二次审判程序,在不同国家有不同认识:有的认为这是“二次危险”;有的则认为这是未完结的第一次程序的继续。[8] 国际社会似乎并未将“继续论”视为违背基本准则,也未强求两种认识或做法的统一。

上述两个原因,即法律多元和公理的包容性,使普适性原则为适应不同社会时势会演化为具有不同特征的规范体系。就中国的情况而言,一方面,我们不能削足适履,不顾本土状况而完全根据某类西方国家的模型来塑造中国的法治;另一方面,承认法律多元并不能否定公理的一元性,承认基本原则的包容性和弹性并不能否认其质的规定性。多元性和包容性不应当用来作为某些不合理(在公理意义上不合理但可能具有现实的、暂时的“合理性”)现象存在的理由。

值得欣慰的是,随着国家经济、政治、文化建设的全面推进,我们对法律原则公理性和普适性的认识已经有了很大提高,我国对国际法律和司法准则的正式确认可为其标准:迄至1998年年底,我国已参加17个国际人权公约,尤其值得一提的是,1998年10月我国政府宣布加入《公民权利和政治权利国际公约》。对法律公理性和普适性的承认,使我们承担了一种道义上和法律上的义务,即在本国法治建设的过程中,在充分注意本土资源的基础上,应以公理性法律原则为立法和司法的前提和长期目标,通过切实推进司法改革,使立法与司法同普遍的法律准则逐步一致起来。

二、理论出发点:条件论

相对合理主义是一种建立在现实基础上的应对理论,其理论出发点是我国法治尚处于初级阶段的现实。[9] 法治初级阶段最为突出的特征,就是支撑通常所谓现代法治的某些基本条件还很不充分。

我国尚不具备支撑现代法治的社会结构。现代法秩序的一项重要前提是社会集团的多元化。在集团多元的情况下,为了公平地调整各种利益关系,必须制定一套中立的、具有普遍性和自治性的法律规范。[10]由于我国的法治缺乏这种社会结构的支撑条件,我们的法治战略必须通过一种特殊的方式予以推进,关于法律与司法的改革也要用一种特殊的方式进行思考。这可以称为一种“变形虫式的思维方式”[11],即在一定时段内以某种方式变通某些基本准则却不藐视它的公理性权威,随着条件的具备再进一步实现该普适性要求。

法治的推进与司法的改革还面临一系列制度的设置问题。例如,由于缺乏自治性制度背景,审判权和检察权的独立至多是一种技术性独立,即在具体案件的诉讼过程中为实现司法公正而排除非程序性的干预。[12]这种技术性独立因缺乏体制的保障必然是不充分的。在目前体制中,权力机关对诉讼个案的监督和干预,无论其实现个案公正的效果如何,都势必侵犯审判权的独立性。[13]法的自治性的缺乏还使审判机关难以采用自治性的组织方式而不能不在相当程度上采用行政性的组织和管理方式。这使审判委员会制、院长庭长行政负责制很难避免。

由体制和文化所决定，在社会规范体系中的法律至上以及在司法体系中的审判至上，无论在理论上还是实践中都难以确立。[14]这种状况必然影响到法律制度的设置方式和实施状况，如司法管辖权范围狭窄，司法判决的既判力和权威性不足，民事经济案件的“执行难”成为判决执行之常态。

缺乏知识化的、具有高度职业道德水平的法律家群体是法治主观条件不足的表现。当前的司法行政官员不仅业务能力不足，而且现代法律意识、操守和品质等素质全面不足。这种状况不可能在一朝一夕改变。现代法治的技术化与精密化（是法治的精密而不一定是法规的严密）以及行为主义（而非法规主义）特征，使法治在相当程度上依赖于司法官员的操作，因此，法治主观条件的不足必然扭曲法的实施方式，损害法的实施效能。

上述问题还直接、间接地牵涉一个影响法治的根本性问题——经济资源。现代法治秩序的维持，司法制度与程序的运行，高素质的司法官员的造就，需要相当的成本。例如，在美国，一项标准化的对抗制审判，即使不是非常复杂的案情，从预审、选择陪审团、法庭调查、辩论到判决，可能会用近一年时间，花去数万甚至数百万美元。在我国的实际司法操作中，有时仅因缺乏办案经费而不得不采用违规的方法来完成基本的司法任务。显然，中国建立现代法治所必需的物质条件的创造还需要一个较长的过程。

此外，虽然国人对法律的原则、社会治理的方略以及国家的现状有了相当的认识，但无论是认识本身还是解决方案，仍然缺乏一种充分的理性精神：或者迁就现状，或者习惯于缺乏合理性根据的折中和妥协，或者偏爱人治而非法治。法治的推进者和司法的改革者除了遇到各种客观限制外，还受到各种非理性的主观制约和羁绊。这将使法治进程更加步履艰难。

任何社会目标的实现均有赖于相关社会条件的成熟。虽然我们应积极地创造条件而不是消极地等待，但如果条件远远不具备，则意味着某一目的近似“乌托邦”。“历史的经验已经反复地证明，理论上很完美的制度并不一定可以付诸实施，而行之有效的制度却未必是事先设计好的。”[15]目前，中国法治的主要问题不在于法律制度本身而在于支撑制度的条件未具备。我国司法中的许多问题是由种种现实条件的逼迫而采取一些不尽合理的方法，以求保证大致结果合理性导致的。改变这些不合理或不尽合理的做法，有待于一系列条件的具备。例如，法院审判委员会的存在，在笔者看来是缺乏法理根据的。[16]尽管如此，目前立刻取缔审判委员会仍涉及条件问题：法官业务和道德素质令人担忧；法官数量庞大，在同一法院内司法难以统一和协调；法官尚难以独自承担重大案件判决的社会压力，客观上仍需要一种责任分散或转移机制，等等。这些直接条件又与另一些条件相联系。例如，法官待遇不提高，要保证司法廉洁存在一定难度，但待遇的较大幅度提高，又涉及一系列其他的问题。在应当满足的条件未能满足而又要保证起码的司法公正的情况下，就不得不采用一些不甚合理的方法，如行政性监督的方法。在直接审理的基础上，由一批法官精英有选择地对少数案件进行间接审理，加上明智的主持和引导，其正确性不一定弱于素质不高的法官的单独审理。

应当看到，在一定条件的支撑下，制度对于条件也有一种反作用，即制度改革在某种程度上能够对相关条件产生"拉动"作用，驱使人们为了实现制度要求而以超常的努力去创造制度条件。另外，鉴于制度本身的稳定性与社会条件的变动性之间存在矛盾，也需要制度的适当超前以适应一定时期内社会条件的变化。在这两种情况下，法制对条件的超越都具有某种积极的作用，也可以视为是有效率的。然而，就制度拉动而论，应当注意：

第一，制度拉动的效果是十分有限的。只有在制度与相关社会条件距离不太大的情况下，制度"先走一步"才能对社会条件产生一种正向的拉动作用。否则，如果某一制度走得太远，根本不具备或基本不具备该制度实施的土壤，那么不仅新制度是无效率的，而且因破坏了原有制度形成的有序状态，会使整个情况变得更糟。

第二，即使是"先走一步"，也并非完全是正向的效应，很可能要付出一定程度的制度无效率的代价。对于不具备实施条件的局部，所设定的法律规范必然是无效率的，将造成局部性的法制破坏和无序状态的发生。

第三，我国立法的"先走一步"实际上已成普遍现象，因此主要问题不在于要无条件地提倡“先走一步”，而是要充分注意法制运行的条件问题。我国的立法速度并不慢，在社会生活的各个领域的突出问题不是无法可依，而是有法不依及有法难依。梁治平先生指出：“法律与社会脱节！法律与文化脱节！这就是当代中国法的基本性格，这就是当代中国法的最大困境。”[17]我国法律实效性不足的基本原因就是现代法相对于社会条件的超前性。在这种情况下，讨论法律超前问题应当十分谨慎。

三、方法论本体：相对合理的思想

我国法治的现实与现代法治及司法建设的合理性标准存在两方面的差距：一是制度的层面，即使在立法上作出了声明和宣言式规定，制度保障的问题亦未解决；二是在实践的层面，现实与理想的差距更为突出。虽然各国都存在制度上的法和实践中的法（活法）的差距，[18]但从我国的司法状况看，制度法与实践法的差距过大。至于如何缩短这一差距，切实推进依法治国的战略，实施司法改革，学者间有不同看法。笔者认为，目前情况下，具有现实合理性的方式才是制度改造的适当方式，因此，法治推进和司法改革只能采取一种渐进的、逐步改良的方式，即“相对合理主义”。所谓“相对合理主义”，是指在一个不尽如人意的法治环境中，在多方面条件的制约下，无论是制度改革还是程序操作，都只能追求一种相对合理，不能企求尽善尽美。具体说来，这一思想主要由以下几点支撑：

1. 渐进论。法治取决于条件，而条件的具备不可能一蹴而就。制度背景、文化与观念、资源条件等，都需要一个长期的过程才可能实现重大的转变。对这种渐进性的简便量度标志和说明方法是时间。苏力先生说：“中国现代法治的建立和形成最需要的也许是时间，因为任何制度、规则、习惯和惯例在社会生活中的形成和确立都需要时间……而时间是超出任何个人或一些人的能力的，是‘上帝’的事业。”[19]应当说明，渐进论是在宏观的意义上就司法改革的总进程而言，它并不排斥就改革过程中的某些具体问题，在条件基本具备的情况下“一步到位”的变动。

2. 较好论。由于渐进性的限制，对制度的改革和操作的改善，不能企求尽善尽美，只能要求相对合理，“不求最好，只求较好”，不盲目追求一步到位,而争取每次在原来的基础上前进一步。踏踏实实、一步一个脚印地向前走,终归有望达到既定目标。改良的方式是唯一可行也是切实有效的方式,否则,欲速而不达。再举前述审判委员会制度为例,比较适当的办法恐怕是逐步改革。第一步,缩小审判委员会议决案件的范围,扩大审判法官和合议庭权限。这一步通过刑事诉讼法的修改已经在刑事诉讼领域实现。第二步,改革审判委员会,提高其案件议决水平,如成立专业性审判委员会,保证审判委员会基本上由该专业的专家型法官组成。第三步,待时机成熟,取消审判委员会的个案议决权,可以将这一功能组织改为法官会议,通过个案讨论对审判法官提供咨询性意见。[20]

3. 从技术到制度。美国法学家 R. 庞德十分重视中国法治建设中的传统主义指向与过激的西化指向之间的冲突。他提醒中国的法律家不要无限度地追求立法层次上的合理化与西化,而必须发展法律的解释和应用技术,使新的法律制度适应社会现实,成为地道的属于中国的法律。[21]贺卫方先生在不久前的一篇文章中说:“制度建构也仿佛积薪,需要累积性的努力。如果具体制度的建设长期被忽视,只是一味地寄希望于所谓根本性的改革,那么,改革充其量只能获得一些表层的成果。”[22]“从技术到制度”,就是力求使每一个司法技术问题趋于合理化,从而由一块块合理化之砖奠定司法大厦的合理化基础。同时,这种合理化的操作也能改造和培养法律操作人员,使他们逐步地理性化。如果我们在诉讼的每一个具体环节都能做到在设计上相对合理,在操作上比较理性,那么这种“积薪”式的努力最终将导致制度及其功能的重大改变,从而有望实现“质的飞跃”。

四、应用关键:分寸的把握

相对合理主义在实际运用时的难点和决定其作用正负的关键在于分寸的把握。制度和程序设置上的改革不能迁就现实,但又不能过分超前以致造成制度的虚置和空转。那么,如何把握改革的分寸呢?就立法层面,可注意两点:

1. 经综合判定的合理度。所谓合理度,主要是从法理合理性上分析,某一制度设置合理或悖理的程度。这种程度把握是一个综合判定的过程,即根据制度内各种类型的操作人员、制度外的观察者与监督者的直接感受和理性分析，同时参照一般认可的公理性标准，进行综合性判断。根据综合判断确定的悖理程度较高的制度应当列为改革重点而且须具较大力度。

2. 经分析验证的执行度。所谓“执行度”，是指某项制度可能被执行的程度。新制度的有效实施往往需要一个“磨合”的过程，因此，制度设置后不能苛求其即刻被充分执行。然而，再好的制度如果基本难以执行也会失去效用。因此，制度的可执行程度也应当作为改革分寸把握的一项重要标准。制度超前的限度应当是：保证制度基本能够执行，或者大部分能够执行；如果大部分不能执行，那就过了“度”，属于制度无效。执行度的确定，可以采取分析验证的方式，包括试点、实验等。

司法操作中的分寸把握也很重要。在实际的司法活动中，法律要求与执法现实之间存在十分复杂的冲突，然而，令人遗憾的是，我们的各种法学和司法理论并未为解决这些现实矛盾提供合用的手段。实践与理论之间明显的脱节现象，显示出理论的苍白甚至虚伪。事实上，就是在“正当程序”理论倡行的美国，该理论也不一定能解释和解决美国刑事司法的各种实际问题。美国著名刑事法教授兼辩护律师德肖微茨（Alan M. Dershowitz）声称自己在出庭实践和研究中体会到一些主导美国司法实践的“规则”[23]，这些规则严重地背离了司法的理想状态，它们并不见诸正式文字，在法学院也学不到，然而反映了现行司法制度的实际运转状况。德氏的总结或许有“过激”之嫌，但它确实反映了制度法与活法、理论与实践的差距。相对合理主义力图用一种以多元性为特征的低调理论来为实践提供某种“相对合理”的思路。这不属于“纯粹理性”的思辨，而是在“实践理性”甚至“技艺”的层次上提供某些操作指导，[24]其要点包括：

1. 多元的问题视角。视角的多元，第一，意味着在实践的理念上不要求过程和结果符合某种单一标准，而是要求在特定时空及各种因素制约下，具有实际可行性和尽可能的合理性，也就是采取相对合理的操作方法和评判标准。第二，还意味着在严惩某些恶劣的违法行径从而宣示法律正义的同时，对某些“善意的”、不得已的技术性违规行为，在充分注意分寸把握的情况下持一种理解甚至适度宽容的态度。[25]例如，从目前我国刑事侦查的普遍条件和侦查所受的限制看，人们所企求的、法律所规定的理想的法治状态尚缺乏充分的条件支撑，因而对司法的现状寄予过高的期望是不现实的。因此，由某些单方面的报道所激发起的义愤应当被更冷静和理性的分析所代替，应当区别对待执法人员在办案过程中出现的问题。

2. 灵活的“弹性”措施。主要是指：第一，在执法权的运用过程中，可以根据实际需要有一定的灵活度，如审讯中合理范围内的审讯策略、心理战术[26]，在手段使用上尽量利用现有法律的规定，在情势要求时将权力运用到最大限度。第二，对可高可低的处理、可这可那的斟酌，为了大局和长远利益（而不是为一己私利），审时度势，可以有适度的妥协。妥协，意味着在特定限度内向某种不合理性让步，这也可以视为一种法秩序上的“擦边”行为。它是环境和条件的非理性化“逼迫”下的不得已的退让。这种妥协可能具有“紧急避险”的法理意义，即在不得已的情况下，采用损害一种法益的方法保护一种更大的法益。考虑到现实的复杂性和实际可能性，实用而且能造成整体逐步改善的相对合理的主张，反而优于那种缺乏实际操作意义的“高调”。

3. 严格的“底线”控制。在实际的操作中，面临错综复杂的因素，只讲原则性、不讲灵活性的做法缺乏技术合理性。但灵活与妥协对行为规范的影响应限于迫不得已时在某些技术性的、非根本性的规范上作特定方式的变通。为了维系法的正当性，决不能使实际运作跌落于底线之下。这个底线的确定标准有两点：一是行为所涉系技术性规范还是价值性规范，前者一般不涉及对法律基本价值，如基本公民权利的侵犯问题。二是行为所涉系根本性规范还是非根本性规范。因为法律规范不涉及价值问题的很少，如果影响价值的程度是轻微的，那么它属于非根本性的越规。例如，短时间超审限，虽然可能有损于有关公民以及司法的利益，但一般情况下这种损害是轻微的。简言之，司法行为的底线是基本的法律原则和法律规范。这是无论何时均应给定的一个限制。例如，任何情况下对基本证据和基本事实不能人为改变；对任何案件不能黑白颠倒、枉法裁判；对任何案件处理不能徇私枉法。凡实施此类行为的，无论是否事出有因或主观尚存善意，都必须坚决纠正,对责任人员严格惩处。否则,相对合理主义就成了无原则的庸俗实用主义,而法律正义不存,法治也就丧失了存在的根基。

注释

1 岳礼玲、陈瑞华:《刑事程序公正的国际标准与修正后的刑事诉讼法》,载《政法论坛》1997年第3期;樊崇义:《论联合国公正审判标准与我国刑事审判程序改革》,载《中国法学》1998年第2期。

2 Mauro Cappelletti: *Fundamental Guarantees of the Parties in Civil Litigation: Comparative Constitutional, International, and Social Trends*, Standford Law Review, 25, p. 651(1993).

3 法律原则有公理性原则和政策性原则之分。参见孙笑侠:《基本原则与行政法》,载《法治研究》(第2集),杭州大学出版社1997年版。孙教授在文中引用了苏联法学家雅维茨在其《法的一般理论——哲学和社会问题》一书中的一段话:"在由法律实践所发展了的非常重要的公理具有特殊意义并扩展到整个法律工作的领域时,它们也应该包括到这些原则之中。特别是关于任何人都不能做他自己案件中的法官和任何人都不应由同一个犯罪而两次受审的主张,就属于这种公理。这些公理的明显性和无可否认性是如此之大以至于它们不需要特别的法律说明,或者,严格地说是同样的,它们是对其他原则的详述。"

4 对于法律多元,千叶正士先生强调的是"固有法的同一性",即移植法与固有法的互动,使源于固有法中的一个基本法律原理作为其他原理包括移植法的基本原理的基础而起作用(参见[日]千叶正士:《法律多元——从日本法律文化迈向一般理论》,强世功等译,中国政法大学出版社1997年版)。笔者认为,这一观点基本上只有在将移植法和固有法作为两种操作规范体系的意义上是有价值的,而从前述具有公理性、普适性的基本法律准则看,强调移植法和固有法的区别则缺乏意义,甚至容易误导。

5 [美]乔治·W. 皮尤:《美国与法国刑事司法制度之比较》,叶逊译,载《法学译丛》1986年第4期。

6 法国学者J. 埃斯卡拉在考察中国的社会与法治之后得出结论:东西方文化的对比性在法律领域中表现得最为鲜明。笔者也曾就中美两国刑事司法的价值观和手段体系(刑事司法制度)做过比较(参见《比较法研究》1988年第1期)。可以说当时的对比性更为明显,近年来,尤其是通过刑事诉讼法的修改,情况有所变化,但价值观与手段体系的差别仍然是十分明显的。

7 例如,强势的表述为:任何人被法院判决有罪之前,都应推定为无罪;弱势的表述为:任何人在被法院判决有罪之前,不得认定为有罪。此外,无罪推定原则所含控方举证责任、被告诉讼待遇等具体内容也有区别。

8 大致上是英美等强调权利保护的国家持二次论,法德等职权主义国家持继续论。但不尽然,如英国一些学者也建议赋予控方上诉权,控方上诉后可以加刑。参见[英]J. R. 斯宾塞:《我们需要起诉人对判决的上诉吗?》,载《刑事法评论》1987 年第 11 期。

9 这里采用法治初级阶段的说法,不是出于从众心理,也不是将其作为一个随意装东西的"筐",而是考虑到其他的言说方式难以更准确地表示这种状态,同时它又具有易于被理解的言说基础。

10 昂格尔:《现代社会中的法律》,吴玉章、周汉华译,中国政法大学出版社 1994 年版。

11 千叶正士在《法律多元》中将日本人那种在法秩序中"超越官方法的规则却不藐视它的权威"的特点,称为"变形虫式的思维方式"。

12 龙宗智、李长青:《司法独立与司法受制》,载《法学》1998 年第 12 期。

13 根据《法制日报》1998 年 12 月 3 日报道,四川广元市元坝区人大常委会发现区法院判决一起案件不当,要求法院"此案必须重新调查审理",后又致函法院"限期整改",区法院重新调查审理后作了改判。人大对法院的此类个案监督即使在理论上缺乏正当性,却不能说没有实体法的根据。

14 正如季卫东先生所言,"在中国的现实条件没有根本改变的状况下,建立一个法律至上、审判中心的正义体系的试图很难如愿以偿。勉强为之,则易与'置天下于法令刑罚之中'的法家同构化"。参见季卫东:《法治与选择》,载《中外法学》1993 年第 4 期。

15 季卫东:《法治与选择》,载《中外法学》1993 年第 4 期。

16 这突出表现在两个方面:第一,它在实质上损害了审判权的独立原则。审判权的独立在案件诉讼和审决的意义上是一种法官个人独立,因为司法的理性在本质上是个体性的,全部司法程序是为保证审判法官的客观判断和公正裁决而设置的,而司法责任也是个体化的。审判委员会作为一个超越审判法官的机构对个案代行了法官的审决权,就侵害了法官在审判中的独立性。第二,它破坏了审判合理性原则。现代审判制度都是一种以各种程序作为保障的直接审理制,而审委会采取间接审理,脱离了直接的证据和事实的接触与审查,规避了审判程序对法官的制约,成为不审而判的法官,成为法官之上的法官。在这个意义上,应当说它是有悖于审判理性的。

17 梁治平:《中国法的过去、现在与将来——一个文化的检讨》,载北京大学法律系法学理论教研室、中国经济体制改革研究所法律室编:《法律社会学》(论文集),山西人民出版社 1988 年版,第 219 页。

18 国外尤其是美、德、日等国学者都十分关注对法典背后实在的法秩序即"活法"的研究,但我国法学学者似乎对此研究不足。

19 苏力:《变法、法治及本土资源》,载《中外法学》1995 年第 5 期。

20 美国的一些法院就建立了法官集体研究疑难案件,为主审法官提供咨询意见即所谓“团队审判”的制度。参见刘家琛:《借鉴与启迪——从考察美国司法制度所想到的》,载《外国法学研究》1989 年第 1 期。

21 转引自季卫东:《法治与选择》,载《中外法学》1993 年第 4 期。

22 贺卫方:《司法改革中的上下级关系》,载《法学》1998 年第 9 期。

23 德肖微茨关于“司法斗争的规则”:“第一条,几乎所有的刑事被告实际上都是有罪的。第二条,几乎所有的刑事被告辩护律师、检察官和法官都知道和相信第一条规则。第三条,用违反宪法的手段去认定有罪的被告,比在宪法允许范围内通过审判认定要容易;在某些情况下,不违反宪法就根本无法认定有罪的被告。第四条,几乎所有的警察在问到他们为了认定有罪的被告是否会违反宪法时都不说真话。第五条,所有的检察官、法官和被告辩护律师都知道第四条。第六条,很多检察官在警察被问到是否用违反宪法的手段去认定有罪的被告时都暗示默许他们去撒谎。第七条,所有的法官都知道第六条。第八条,大部分一审法官都明知警察在撒谎还相信他们的证词。第九条,所有的上诉法院法官都知道第八条,但许多人却硬要维持那些明知警察撒谎还相信他们证词的一审法官的结论。第十条,即使被告申诉他们的宪法权利受到了侵犯完全属实,大部分法官也会对此置若罔闻……第十三条,没有一个人当真需要正义。”参见[美]艾伦·德肖微茨:《最好的辩护》,唐交东译,法律出版社 1994 年版,第 11 ~ 12 页。

24 亚里士多德曾将知识分为纯粹理性、实践理性和技艺三类。波斯纳称实践理性“最经常的用来指人们用以做出实际选择或伦理选择——诸如是否上影院,是否对熟人撒谎——的一些方法。这种意义上的实践理性注重行动,而与以‘纯粹理性’来决定一个命题的真假、一个论点的有效或无效的方法相对……这种意义上的实践理性并不是一个单一的分析方法,甚至也不是一组有联系的方法。它是一个杂货袋,其中包括轶事、内省、想象、常识、移情、非难动机、说话者的权威性、隐喻、类比、前例、惯例、记忆、‘经验’、直觉以及归纳”。参见[美]理查德·波斯纳:《法理学问题》,苏力译,中国政法大学出版社 1994 年版,第 91 ~ 93 页。

25 “正当程序论”呼声最高的美国法院,为了利益价值机制的平衡,以及考虑侦查的条件和难度,近些年来对这类行为采取了较为宽容的态度。例如,对非法搜查所获物证,如果警察违规是出于“善意”(“善意原则”),或者该物证不采取非法手段最终也将发现(“最终发现原则”),对该物证可以不适用证据排除规则而允许其作为定案依据。参见《论美国刑事诉讼中的排除规则及两项例外》,载王以真主编:《外国刑事诉讼法学参考资料》,北京大学出版社 1995 年版。

26 审讯过程中的心理战有时很难与“诱供”“逼供”区别。例如,倘若比照多数国家的审讯法理，我国侦查人员在审讯中反复进行“坦白从宽、抗拒从严”的政策警示显属诱供和逼供。既以“从宽”利诱，且以“从严”逼迫，违背了供述自愿性原则。又如，审讯人员在手中并无实据时常称早已证据确凿，使被告相信不供不行。在无罪推定的原则之下，这些做法也涉及司法伦理问题，但尚属具有合理性的策略范畴。

为什么称“《圣经》是一部诉讼法教科书”*

司法审判在两大文化中的意义比较

我写过一篇名为“上帝怎样审判”的随笔，东拉西扯一阵，然后以一个案例说明反映人类文明精神的“上帝审判”，需要正义的精神与合理的方法。[1]陈林林先生在《法学》上发表文章与我商榷，以基督教的不宽容说明它不具备现代刑事诉讼所需要的基质，批驳了我的随笔中关于“《圣经》是一部诉讼法教科书”的说法。[2]看到这篇文章我很高兴，我感佩一位年轻学者的才华，而且我这一篇随意甚至带有调侃的文字引出了严肃的学术话题和认真的学术思考，应当说实现了某种形式的“抛砖引玉”。

然而，如果转到学术研究的解释系统，我认为陈林林先生的学术批评针对我的随笔，似乎有一点“语言错位”。因为我的整个文字是“随笔性”的，如“《圣经》是一部诉讼法教科书”。《圣经》作为宗教经典，它没有诉讼法上的概念定义、制度解释、学术观点等，距离法律教科书的规范性甚远，只是在其教义和故事中含有对诉讼制度建构和操作的一些启示。因此这只是一种比拟，并不是提出一个学术命题，因此也难免夸张。这就像有的学者说“《水浒传》是诉讼法教科书”“《红楼梦》是中国封建社会的百科全书”一样。在这个意义上，陈林林似乎在言说不可言说之话题，他勉为其难地在两种不同的语言系统中“搭桥”，然后强行进击，抢占高地。

但这可能只是一个文字技术问题，并不重要，作者只需在语言上过渡一下，虚晃一枪，就尽可自说自话。即不一定要对随笔中的说法进行学术批判，而只是以其为由头，谈上帝是多么不宽容，将《圣经》作为现代的诉讼法

---

* 原载《法学》2003年第10期。

教科书实在是误人子弟等。

既然转入学术语言系统，我就不能不斟酌，即使在比拟的意义上，《圣经》是否有资格被称为“诉讼法教科书”，即它有无现代诉讼法的精神，是否包孕现代诉讼法的方法。如果肯定，其理由与根据是什么。进一步探讨，西方基督教文化与中国传统文化相比较，在诉讼制度的意义上有什么区别，由此而引出司法审判在两大文化中意义比较的问题。

首先列举一个权威性的支撑。研究法律与宗教关系的著名学者伯尔曼先生，在谈到宗教（主要是指基督教）对法律制度的影响时说，“假如不去探讨西方法律传统的宗教方面的话，要理解这一传统的革命性质是不可能的。有这样的说法，说前天的隐喻便是昨天的类推和今天的概念”。他还指出，“西方法律科学是一种世俗的神学”，“所有西方国家以及所有处在西方法律影响之下的非西方国家的法律制度都是宗教态度与设想的一种世俗遗留。历史地看，这类态度与设想先是表现在教会的仪式、圣礼以及学说之中，后来则表现在法律的制度、概念和价值中。当这些历史根源不为人们所理解的时候，法律的许多内容便显得缺乏基本的有效性资源”。[3]

如果没有理解错误的话，根据伯尔曼先生的观点，《圣经》作为“前天的隐喻”，是西方近现代法律制度包括司法制度和诉讼程序的精神基石。不过，引证权威不能代替论证，学术上的权威不是威权，它也是可对话甚至可证谬的。通过一定的分析思考，我认为，在一般比拟的意义上，以及在文化比较的意义上，《圣经》被称为诉讼法的教科书似乎并无明显不妥。下面即通过意义分析和文化比较来作一论证。

一、关于司法审判的意义

司法是适用法律以诉讼的方式解决冲突，审判是司法中的审理判断和处断。每一种文化都有纠纷的解决与社会越轨的处置，即处断，而处断的前提是判断，即确定是非曲直。中国传统文化在这方面最突出的特点是缺乏一种形式化的要素，缺乏“过程”，在中国传统文化中，冲突与处置呈现一种直接联系的模式，而两者之间的一个关节点则比较模糊，或有或无。这个关节点就是作出判断和处断的过程，即审判过程——审理和裁判的过程。

我在研究审判制度中关于审判公正问题时，为确立参照面，专门研究过“不公正的审判”。出于典型化要求，我关注了人类历史上有重大影响的四个，即欧洲中世纪的宗教裁判所审判、纳粹德国“革命法庭”的审判、苏联“莫斯科三次大审判”，以及中国“文化大革命”中的案件“审判”。期间，发现一个特点，中国“文化大革命”中，有一些公正的处断，却比较缺乏“不公正的审判”。因为一些案件是不交审判以“即决程序”处置，有的无判决而有近似判决的决定（长期羁押），或者有判决而无审判。[4]如原中宣部部长陆定一一家几口人合计被关押时间长达56年，但并无任何逮捕令状或刑事判决作为关押或服刑的依据。

同样是普遍的不理性甚至政治和社会癫狂，但西方传统中尚存一种形式要素，即以审判的方式达到某种政治的目的。而中国传统却缺乏这种要素。究其原因，是文化的不同。中国传统法律缺乏形式要素，程序法不受重视，审判历来没有一种至上性。西方法律传统则有不同，尤其是基督教文化传统。甚至可以说，重视审判，是基督教的基本特点之一。

犹太教经典《阿伯特：犹太智慧书》说，“世界立于三块基石之上：至理、公正的审判及和睦”[5]，将公正的审判视为支撑文明的三大支柱。犹太教这种对审判及其公正性的重视应当说大大超过了其他宗教。

犹太教是基督教之宗，其重视审判的思想与基督教的基本教义——“最后审判”（Last Judgment，即末日审判）相一致。而从传承关系看，最后审判的信念正是基督教从犹太教那里继承的。

“最后审判”的教义，对于维系信徒对基督的信仰以及按照基督教的教义去做人去生活，有着基本的警示作用。从法律文明的意义看，在“最后审判”的教义中，有两种信仰和观念对西方司法审判制度的发展具有重要的作用。

一是对审判的信仰。人不能自动因其精神和行为受到奖赏与惩罚，而必须要经过一个审判的环节，由一名全知全能的法官（上帝）来对灵魂进行审视，然后判决是入天堂，还是下地狱接受煎熬。

报应观念可以说存在于一切文明之中。中国亦不例外。冯亦代先生曾将“杀人者死，伤人及盗抵罪”这一约法中体现的报应观念，看作中国传统文化的三大观念之一。然而,中国传统文化中的报应观念中体现的因果联系是直接的。“种瓜得瓜、种豆得豆”“善有善报、恶有恶报”,其中报应关系是自然发生的,中间并没有一个审判环节。

二是关于上帝是一位法官的观念。伯尔曼说:“相信上帝是一位公正的法官,基督将降临作为一位法官,这种信仰对于东西方教会的法律价值的发展都起到了重要的作用。”[6]而且不仅如此,这种观念对世俗法制的发展也具有重要作用。因为一方面它强化了审判的意义与作用,另一方面它也将法官神圣化了。至高无上的上帝是一名法官,那么具有法官名分和功能的世俗的裁判者也应当是至高无上的。而且社会和民众必然要求他们具有崇高的品格——就像上帝。

中国文化基本精神是和谐,和谐的重要标志是“无讼”。在儒家文化中,礼治、德治及其作为社会治理基本方法的教化,似乎都与“诉讼”观念有别。在行政与司法不分的体制下,皇帝与省、州、县的官员们具有司法的职能,他们必须实际充当法官,但这种裁判者功能是附属性的,是他们的管理功能的一部分。在“无讼”的管理目标之下,这种法官角色是勉强为之。他们尽力创造一个“无讼”同时也就没有法官这样一种社会,在这种观念背景与价值目标设定之下,不可能产生对司法审判功能的重视和对法官的尊崇。[7]

二、对人的尊严的肯定和保障

诉讼制度的近现代发展,尤其是“正当程序论”的提出及现实化,是以对个人人格尊严和其他权利的确认及保障为其基石。如在刑事诉讼中,对司法功能的区分形成了司法多元化以保证有效的制衡;强化辩护权,建立以“无罪推定”为中心的个人权利保障制度;刑事司法中法治原则的贯彻包括司法审查及令状主义,等等。这些制度的内在精神,就是对个人尊严和其他个人权利的高度尊重。

基督教教义承认个人在世界上的价值和独特地位。例如,德国卡斯培教授说:“按照基督宗教的教义,所有的人,无论他(她)有什么肤色、是什么国籍,信仰什么宗教,都是按照天主的形象受造的。因此,每个人都拥有独特的尊严,这一尊严是其他每个人特别是国家必须尊重和保护的。”[8]根据伯尔曼的观点,西方近现代的法律革命,包括司法制度和诉讼程序的改革,正是以基督教文明为其精神资源,是由过去的“隐喻”发展而来的。

此外,基督教教义中人的需救赎性和可救赎性,也为审判中贯彻尊重被指控者的人道主义成为可能和必要,而这种人道主义正是法律程序正当性,即无罪推定、人道待遇、辩护权等正当程序要求的渊源。

可以说,我们今天所建构和操作的具有多元化形式特征以及具有正当性诉求的司法制度和诉讼程序,基本上是一种从清末民初维新变法开始移植,后经较长时期的嬗变、中西文化的交互作用以及社会变革的影响而形成的体制。这种体制,就其形式特征以及基本构架,很难在中国传统文化中获得精神资源。因为中国传统的司法审判有两个基本特点:一是具有一体性,缺乏多元化。中国传统的司法,是“包龙图打坐开封府”式的司法,不仅行政与司法不分,法官不可避免地要从治安和社会管理的行政角度考虑问题,难以保证其客观的判断和公正的处断。而且司法的功能也是一体化的,法官既在公堂上审理和裁判,又要通过“微服私访”“开棺验尸”等方法查明案情,此时他充当了侦查员。当发现嫌疑人时,将其揪上法庭让其“如实招来”,他又成为公诉人。裁判成了运动员,可能就丧失了客观的观察问题的条件,运动场上的烟尘就可能蒙住他的双眼。二是具有威权性,缺乏主体意识。由于传统文化中缺乏个人权利观念,反映在诉讼中,就是审判官威权极大,而被审判的对象只能任其处置,他们基本上属于诉讼的客体而非诉讼的主体。从传统诉讼中看不出“权利”这类概念。对此,日本野田良之教授、滋贺秀三教授等有精辟的论述。

野田良之教授称中国古代诉讼形式为“上诉(保护)型诉讼”[9],而滋贺秀三教授则称其为“父母官诉讼”。滋贺秀三教授对此所作的分析颇有意义。他说,如果同野田良之教授所称的欧洲诉讼的竞技性质相对照而探索中国诉讼的原型,“也许可以从父母申斥子女的不良行为,调停兄弟姐妹间的争执这种家庭的作为来寻求。为政者如父母,人民是赤子,这样的比喻从古以来就存在于中国的传统中。事实上,知州知县就被称为‘父母官’‘亲民官’,意味着他是照顾一个地方秩序和福利的总的‘家主人’。知州知县所担负的司法业务就是作为这种照顾的一个部分一个方面而对人民施予的,想给个名称的话可称之为‘父母官诉讼’。这两种诉讼类型由根本理念的不同而形成如此的区别。两者各自都有其长处和弱点，不能说哪一方蒙昧和落后，而是文化的差异。只是从父母官型诉讼中产生不出 Jus Recht（大致表示正义与权利——引者注）系列的概念来，这对中国来说确实是一种宿命。对于在中国的传统中生活的人们，法律（Gesetz——律己律人之律——引者注）是容易理解的，而法——权利（Recht）却是一个陌生的概念”。[10]

循滋贺教授这一思路，我们似乎不难理解为什么“中国封建法中一定有笞杖”，[11]即诉讼的不人道，刑讯逼供的普遍化与合法化。对此，可能有人会提出，西方中世纪的宗教裁判，也是十分残酷和不人道的，不能说基督教必然产生诉讼中的人道主义。

三、人与人的平等与现代诉讼构造

平等性，是最能体现诉讼法制现代性的制度要素。基督教为现代诉讼的平等性提供了一种思想资源。基督教起源的前提是，所有的人是一个整体，人的尊严是平等的（上帝面前人人平等）。而与诉讼的平等性直接相关的，还有基督教的“原罪”以及“救赎”的观念。“原罪”是一种罪孽，是指“人类的始祖亚当和夏娃受造后被置于伊甸园，因受蛇诱而违背上帝命令，吃了禁果，这个罪过成为整个人类的原始罪过，故名。此罪一直传至亚当的所有后代，成为人类一切罪恶和灾祸的根由。即使是刚出世即死去的婴儿，虽未犯任何罪过，但因其有与生俱来的原罪，故仍是罪人，需要基督的救赎”。[12]

对于原罪教义中体现的人的普遍罪孽性与被告人犯罪的关系，以及对诉讼平等性的影响，伯尔曼是这样论述的：“犯罪与罪孽、惩罚与救赎之间的联系却给了罪犯或罪人以特定的尊严去面对他的控告人、法官以及其他基督徒。他们同样是罪人；他们同样是要在炼狱中受到未知的折磨以及最终被接纳入天国的候选人。这一点降低了通常伴随正义的报应理论的道德至上因素。例如，刽子手被要求在执行死刑的最后一刻跪在被判死刑者面前，并要求后者宽恕他将要做的事情。这样，尽管犯罪与罪孽之间的联系造成了罪犯方面对于上帝的无限责任，然而包括守法者在内的所有社会成员共同具有的罪的属性却起到了降低自以为是的义愤作为刑法组成部分重要性的作用。所有基督徒都拥有一种共同的、罪孽的人性。”[13]

具体而言,人的原罪以及需要上帝救赎的观念对诉讼平等性的影响主要表现在两个方面:

一是控辩双方的平等性。在人人具有原罪而且都需要救赎,同时具有救赎可能性的意义上,控辩双方是平等的,这种观念作为一种基本的思想资源,可以推出控辩双方法律地位平等、诉讼手段对等的现代性诉讼构架。

二是审判官与被审判者的平等性并由此产生“同侪裁判”和平民陪审。普遍性的原罪使世俗审判中的审判他人在一定意义上成为审判自己。《约翰福音》称:“判断他人者……宣判他自己。让他因此而认识自己,并将他所见侵犯他人之罪从自身中洗清。”伯尔曼就此进一步阐述道:“就所有人都曾犯罪这一不言自明的道理而言,没有人是没有罪孽的。”“这种对于司法程序的所有参与者在道德上具有平等性的信念为对被告人的心理状态进行科学研究奠定了基础。在《论真实和虚假的补赎》这本小册子里,作者发展出了那种引人注目的理论,即一名对一个人进行审查的法官,应当将自己置于被审判人的位置上,以便觉察他所了解的情况和通过巧妙地提问,从被审者那里获悉他本想隐瞒甚至他自己都不知道的东西。”[14]

审判者与被审判者在道德上的平等性,为同辈人的裁判(同侪裁判)奠定了思想基础,同时也就可能引进平民陪审的观念和制度。

与基督教中的原罪观念不同,中国儒家文化中的人性观念是“人之初,性本善”的性善论。而作为儒学的中心观念——“礼”的观念,是一种以等级秩序为中心的解释论和治理论。昂格尔教授称:“‘礼’的概念充分体现了中国传统社会中法的含义,而且‘礼’支配儒家思想的全部观念。”他进而分析,“‘礼’是一种与等级紧密相关的行为标准,他们根据个人相对的社会地位而支配人们之间的关系。‘礼’的等级特性与封建社会的政治结构及其等级制度联系在一起。从这个角度看,把人区分为君子和小人也就顺理成章了。甚至在贵族内部,个人被期待遵守的适当标准也必须依赖于他所在的等级。严格地讲,只有贵族才能加入互惠性的骑士义务体系,而‘礼’一旦用于描述平民之间或贵族与平民之间的交往时,它的最初含义就混同于更广泛的习惯观念。由于‘礼’不谈‘君子’对‘小人’的责任,因而,此时的中国封建社会类似于古代罗马、日本和奥斯曼帝国而不同于中世纪的欧洲”。[15]

由于“礼”的观念及“礼治”的贯彻，在中国传统司法制度中，缺乏平等性要素。在这种文化中，审判只能是官方的权力和责任，“同侪裁判”及平民陪审的观念和制度是缺乏生存空间的。

四、发现事实真相及公正裁判的智慧

对诉讼制度的评价，除了价值理性的指标外，还必须衡量其工具理性，即技术合理性方面的指标，这主要是指这种制度能够发现事实真相作出公正裁判的能力。《圣经》中有一些这方面的案例。我在《上帝怎样审判》中举了《圣经》中关于但以理的故事：两名歹徒逼奸一名妇女不成，即诬告其通奸，但以理受天启而站出来，采用两人分开询问的方法发现证词的矛盾，戳穿了伪证。这是运用了证据辨识中的矛盾法则。

《圣经》中还有所罗门王审案的故事。以色列的两个妇女争一子，都说自己是该子的母亲，公堂上争执不下，所罗门王命人取刀，要将这个孩子劈开分给两人，一妇女大惊失色赶忙制止并表示宁愿放弃权利，而另一妇女则无动于衷。所罗门王由此而判定谁是孩子的母亲。这是运用了证据判断中的情理法则。

然而，我认为，这些案例并不能说明《圣经》中所主张的诉讼方法就是理性的，甚至符合现代诉讼要求的，也不能因此而说明古代西方诉讼中辨识真伪的方法就比中国古代高明。因为在《圣经》所反映和《圣经》所产生的时代，由于人的认识能力的限制，尤其是科学技术的不发达，在纠纷解决机制中还大量使用神明裁判和仪式宣誓裁判（“共誓涤罪”）的裁判方法。可以说，神裁法是各个民族在早期解决纠纷的机制中普遍采用的方法。只有随着社会的发展，人们的认识能力尤其是认识手段的提高，那些非理性的方法才逐渐为理性论证的方法所取代。而且，中国古代文献记载，中国较早地采用了如矛盾法则、情理法则等逻辑与经验的证据分析判断法则来处理案件，这方面有很多生动的案例。表现出相当高的智慧水平。

至于诉讼中的诚信是基督教的基本戒律，不得作伪证，即“不可作假见证陷害人”。而在中国传统文化中，民众在不作伪证方面缺乏充分的道德约束。这一点,在今天讨论证人作证制度改革时也需要注意。中国证人出庭作证率十分低下,不符合现代诉讼的直接、言词主义,不符合"证人应当是法庭的证人"这一普遍性定义。为什么出现这种情况,除了证人保护不够、证人补偿不足等客观原因,以及证人不愿当面指证等主观原因外,有一个重要原因,就是证人在法庭上容易变更在庭前的证词。司法官员,尤其是检察官认为在法庭上的这种变更不可信,因而不愿意证人出庭。

此外,目前在我国的各个法庭,证人作证前要向法庭作出不作伪证的保证,有的学者建议改行证人作证宣誓制度。我对此则持怀疑态度。鲁迅曾称中国人在信仰上的传统特点是'信而不迷',既信佛,又信道。更有甚者,一方面敬皇帝,另一方面又想'吊贵妃娘娘的白臂膀'等。因此这种宣誓制度到底能增强多少真实性作用似乎也难说。"[16]法律意识的强弱以及宗教信仰约束力的差别,也许导致了诉讼中诚信原则贯彻程度的区别。

注释

1　龙宗智:《上帝怎样审判》,载《法学》2000年第4期。

2　陈林林:《上帝怎样审判——旁白刑事诉讼维度中的上帝和〈圣经〉》,载《法学》2001年第3期。

3　[美]哈罗德·J.伯尔曼:《法律与革命——西方法律传统的形成》,贺卫方等译,中国大百科全书出版社1993年版,第200~201页。

4　龙宗智:《不公正的审判》,载《上帝怎样审判》(随笔集),中国法制出版社2000年版,第94~102页。

5　陈林林:《上帝怎样审判——旁白刑事诉讼维度中的上帝和〈圣经〉》,载《法学》2001年第3期。

6　[美]哈罗德·J.伯尔曼:《法律与革命——西方法律传统的形成》,贺卫方等译,中国大百科全书出版社1993年版,第202页。

7　应当说,目前我国社会中管理官员较受社会青睐,而法官地位不高、素质不高,不能受到社会尊崇的情况,在某种程度上与我国传统文化中缺乏"最后审判"以及"上帝是一位法官"这类能够支撑法治社会的观念有关。

8　[德]卡斯培:《从基督宗教的角度看宗教和文化的同一性与多元性》,载卓新平主编:《宗教比较与对话》(第1辑),社会科学文献出版社2000年版。

9 ［日］野田良之:《试论比较法的文化学》,战宪斌译,载《比较法研究》1987 年第 4 期。

10 ［日］滋贺秀三:《中国法文化考察——以诉讼的形态为素材》,载《比较法研究》1988 年第 3 期。

11 《马克思恩格斯全集》(第 1 卷),人民出版社 1962 年版,第 178 页。

12 任继愈主编:《宗教词典》,上海辞书出版社 1981 年版,第 849 页。

13 ［美］哈罗德·J. 伯尔曼:《法律与革命——西方法律传统的形成》,贺卫方等译,中国大百科全书出版社 1993 年版,第 223 页。

14 ［美］哈罗德·J. 伯尔曼:《法律与革命——西方法律传统的形成》,贺卫方等译,中国大百科全书出版社 1993 年版,第 223 ~ 224 页。

15 ［美］昂格尔:《现代社会中的法律》,吴玉章、周汉华译,中国政法大学出版社 1994 年版,第 84 页。

16 龙宗智、何家弘:《走出证人作证的误区》,载何家弘主编:《证据学论坛》(第 2 卷),中国检察出版社 2000 年版,第 159 ~ 177 页。

司法的逻辑*

改革开放四十年,也是司法改革的四十年,由此实现的司法进步,集中体现于对司法规律的尊重,从而使司法运行显现出应有的逻辑。不过,即使对司法应遵循其规律已形成一定共识,但由于主客观原因及条件限制,一些非理性因素仍然顽强地发挥其作用,依循规律的司法运行仍然需作长期努力。因此,纪念改革开放四十周年,站在历史与现实的交接点上展望司法的未来,仍需再提司法的逻辑。

一、"三方结构"与司法功能

对人类社会发展史稍做考察,就会发现一个普遍的现象:常态社会纠纷的解决方法,在当事人自身难以解决的情况下,是在争议的双方之间设置一个中立的裁决者并赋予其权威。在初民社会,裁决者是部落长老、族长等族群中的德高望重者。而当社会向前发展,纠纷解决被纳入专门管道,就产生了法院。法学家夏皮罗(Martin Shapiro)称:"对于各种不同的文化而言,无论何时,当两个人之间发生了靠他们自己无法解决的争议时,根据常识的一个解决方法是召集第三方以帮助达成一个解决方案。这一简单的三方结构的社会发明在时间和空间上都如此地普遍地存在着,以至于我们发现几乎没有一个社会不使用它,不同地方的法院由于这个三方结构对于普通人想法的巨大吸引力而获得了基本的政治合法性。简言之,达到争议解决的目的的三方结构是法院的基本社会逻辑,这一逻辑如此令人信服以至于法院已经成为一个普遍的政治现象。"[1]

---

* 原载《中国法律评论》2018 年第 4 期。

以原、被告和裁决者组合而成的“三方结构”,其功能是以“对抗与判定”的方式解决当事人之间的争讼。这是“法院工作的焦点和正当理由”。不过,司法并非解决纠纷的唯一手段。除“类司法”的纠纷仲裁外,纠纷解决也是一种政府管理功能,而且政府强大的资源调配能力足以支持其一线操作。只有因行政不能、行政不宜或对行政不服时,纠纷才应诉诸司法,将法院作为最终的救济手段。从理论上分析,常态社会中共同体内部一切社会冲突,在其末端均可诉诸司法判断和裁决,只需通过一个管道,即社会问题个案化及政治问题技术化的处理机制。“将道德上和政治上的争端转化为一个纯粹技术性的管理问题,正是现代法律机制的重要功能之一。”[2] 例如,对偏离主流文化的某一亚文化群体的行为管制,可以经由个案诉讼确立管制规则;国家领导人的产生,如发生争议,亦可以因选举程序问题诉诸司法裁决。不过,这种机制的建立与适用是有条件的,它取决于该社会的治理结构以及对司法可适用性的考量。我国的司法改革,将立案审查制改为立案登记制,适应了将案件化的社会纠纷尽数纳入司法解决的社会治理需要,有利于公民和组织权利的保障并促进社会结构的稳定。但在社会治理构造尚未发生适应性转变的情况下,法院的政治、社会功能及其资源调配能力十分有限,因此,立案登记制在行进中难免遇到障碍,甚至部分难以推进。由此可见,司法逻辑的运行须有社会条件,社会的改革也许更重于司法改革本身。

二、避免偏私与司法中立

前述“三方结构”,也塑造了司法运行的基本原则和法理,亦即正当程序的法律原则。其中的核心要素有两点,即避免偏私和听取意见。所谓“避免偏私”,是在区别当事人和法官的基础上,要求“任何人不能充当自己案件的法官”,即禁止“自任法官”。

“三方结构”,以裁决者的独立性、中立性,包括与纠纷利益无涉,以及与当事人任何一方无特殊关系为前提。否则司法构造即被扭曲,丧失程序公正,实体公正亦无从实现。此项原则贯彻于司法,首先必须将法官与当事人分开,以保持司法客观中立。为此,须从体制与制度上防止司法外力量的不当干涉。近年来推行“人财物省级统管”,以及设置跨行政区划司法机构的改革,正是一种初步尝试,以保障审判权的独立行使,防止利益关联方在实质上成为“自己案件的法官”。

禁止“自任法官”原则贯彻于刑事诉讼中,则需确认“控、审分离”。法院不能审判未经起诉的被告和未经起诉的犯罪,否则即为自任原告,自诉自审,角色混同。而且裁判的中立性与独立性,也不允许其“配合”任何一方,无论是配合代表国家相关职能的控诉方,还是配合其相对方当事人。通常情况下,因为职能和体制上的关联性,这种“配合”主要发生于国家关联机关之间,如公、检、法三机关,法院不会和律师讲配合。然而,这种“配合”将丧失司法的中立性,亦使裁判者与当事人的角色及功能相混同。因此,对于我国宪法、刑事诉讼法、监察法中有关“互相配合、互相制约”的原则,需要反思。

禁止“自任法官”原则,必然导出另一项法理——“以审判为中心”,即当事人只能提出诉讼请求及支持依据,无权代替法院作出判断和裁决。在三方组合的诉讼构造中,法官居于其间,踞于其上,因此,“司法至上”或“审判中心”,亦为必然。如违背这一原则,不以审判为中心,而以当事人活动为中心,如在刑事司法中实际推行“侦查中心”或类似制度,即由案件事实调查结论及其支持体系发挥对诉讼的决定性作用,法院即沦为侦调机构办理定罪手续的工具,后者就在实质上成为“自己案件的法官”。

此外,当事人亦不应充当自己案件的“程序法官”。程序保障实体,且有独立价值,亦含实体利益,如诉讼中的人身强制将妨碍公民自由权。因此,案件中重大程序问题亦应由法院裁决。刑事案件中的人身强制,如系临时羁押,强调效率与必要性,可由办案机关便宜行事;而长期羁押,无论称逮捕或留置,则均应经过司法审查。如由侦调机关自行决定,仍属重大程序问题——自任法官,显然不符合权力控制原则。[3] 目前公安机关侦查案件由检察机关批捕,形成羁押权外部制约,但因检方控诉角色,仅系“准司法审查”,亦不能最终避免“自任法官”之嫌。不过,羁押批准权移交法院涉及一系列制度安排,目前不必仓促行事。至于近期热议的“捕诉合一”,不过使批捕与控诉的角色混同问题更为明显。但就积极方面,有利于提高效率,强化指导监督,而且并不一定因此而减损当事人权利。因此,也许由“外部性”看,弊大于利,而由“内部性”言,则可能相反。[4] 慎重权衡利弊,决策者可择而行之。

禁止“自任法官”原则,在程序法上的直接体现是案件分配与管辖制度。包括司法官回避制度,以及涉及有利益冲突的关联机构回避的移送管辖和指定管辖制度。但在执行回避制度之时,也应注意贯彻“法定法院”及“法定法官”原则。法院应当按法定管辖制度行使管辖权;承审法官应当随机产生。因个案而指定管辖法院和承审法官,须有正当理由,而且允许当事人抗辩。否则,将为决定者人为影响诉讼进程和结果创造条件,使其成为贯彻其意志的工具。可以说,这也正是当前部分“指定管辖”“指定承办”案件的弊端。

三、听取申辩与“相对制度”

基于“三方结构”而产生的正当程序要求,另一基点是裁决者需听取相关各方的意见,尤其是听取受指控者的申辩。根据判例解释,听取申辩的正当程序原则具有三个特征:第一,当事人有权向不偏听偏信的法庭陈述案情;第二,有权知道被指控的事由(事实和理由);第三,有权对控告进行辩解。[5]

裁决前听取相关各方意见,既为查明事实正确裁断的技术要求,又是一种当事人权利保障制度。前者即因“兼听则明,偏信则暗”,能够在“人情法理”的范围内尽量摆脱偏私与偏见。同时,它也是防止裁决者超越当事人主张、代行当事人职能、作出专断和突袭裁决的一种技术装置。在这一点上,听取意见与禁止当事人自任法官的防止偏私原则衔接起来。听取申辩的另一重意义是权利保障。因为此种倾听体现了对当事人程序主体性的尊重,同时也能促使裁决者关注当事人利益,考虑当事人意见。

听取申辩原则的意义,突出体现于行政诉讼与刑事诉讼中。因行政程序强调行政行为的合目的性及行政效率,因此在行政处置中可能忽略当事人的意见。我国行政诉讼裁判,迄今已有一批案例直接引用正当程序原则作为裁判依据。以具有共识性的基本学理作为裁判依据,是中国裁判学理体系的进步。此种做法,并非缘于学者鼓吹,而是基于现实需要。一是因为针对特定行政行为所作评价,法定原则或合法性原则不足以支持裁判依据,因此需要援引基本法理,并将其视为法律原则而作为裁判根据。二是因为虽有法律规范可作裁判准绳,但不足以解释法律评价的正当性与合理性,因此需要以程序原则支持裁判说理。在我国,行政体制十分强大,对社会实施行政控制的传统源远流长,此种背景之下,以听取申辩等正当程序原则对行政权进行司法规训,具有积极意义,且需要进一步发展。

听取申辩原则在刑事诉讼中的体现,是确认和保障犯罪嫌疑人及被告人的辩护权。辩护权设置的基础法理可以表述为一种“相对制度”。法哲学家朗·L. 富勒(Fuller)称:“‘相对制度’涉及某种裁判上的哲学,道出了法庭内审判案件所应采取的关于进行方式的观念。”所谓相对制度,是指无论何种主张与意见如何正当有理,也不具有“话语霸权”,而应允许另一方面的意见存在,允许对指控的申辩,从而形成意见的“对应性”或“相对性”。富勒说,相对申辩似乎是唯一有效的对策,借以抵御人们借熟知事物对并未完全清楚的事物作过分轻率结论的人性之自然倾向。它将案件“置于正反两方意见之间悬而未决”,直到主事者“可以探索它的一切特性和微妙差别”。[6]

保障辩护权,首先是保障当事人的申辩权。近期讨论的刑事诉讼法修改草案,提出对贪污贿赂等职务犯罪逃匿者进行缺席审判的法规范。然而,嫌疑人、被告人不在案,其申辩权不能行使。即使有辩护律师,因信息不对称,亦难以对指控进行有效抗辩,程序正当性因此受到严重影响,而且裁判生效后很难救济。正是由于此项制度的正当性受到非议,亦可能妨碍其他国家提供对打击腐败的司法协助。鉴于此项制度采纳似已成定局,笔者建议对适用范围、条件作出限制,以缓解程序公正与诉讼效率的冲突。比如,将缺席审判作为最后手段,只有当潜逃一定时间且不能追回时,才适用此程序,避免“一跑就审”。又如,将缺席审判限于重大职务犯罪案件,如可能判处十年以上有期徒刑的案件。

中国司法改革推动的司法进步,使律师辩护的必要性基本成为社会共识。尤其是近年来国家推动冤假错案的防治、司法公正的保障,使律师已被称为法院的“同盟军”及法律共同体“重要一员”。改革开放以来,刑事诉讼法由制定到修改的历史,实际上就是刑事辩护权不断扩大的历史。律师辩护的全覆盖,业已提上国家的议事日程。然而,由于“相对制度”以及听取申辩原则尚未成为普遍的社会机制,反对其观点但尊重其发表权的宽容主义尚未成为普遍的社会原则,此种情况下,律师辩护制度的发展难免出现障碍。因此,在国家法治推进时,应注意克服律师制度发展中的障碍,尤其注意在一些特别强调犯罪惩治的特殊领域(如“反腐”)、特殊时段(如“打黑”专项行动),坚持程序公正底线,保持国家行为的逻辑一致性。

四、“司法专业主义”

“三方结构”所应对的纠纷,有不同的类型,有简单而易于判断的,也有复杂而难以裁决的。尤其在现代社会高度专业化和技术化发展，社会关系日趋纷繁复杂的情况下，司法须有充分的能力，对复杂的纠纷作出判断，对交错的利益进行衡平。这就要求司法在保持其民主性基质的情况下，发展司法的职业化与专业化，推进“司法专业主义”。

“司法专业主义”，要求司法人员以专业的精神、技术与标准，遵循专业伦理，实现司法的公正和效率。司法专业主义的直接体现是“技术司法”。所谓“技术司法”，要求司法体系能够发展出合理有效的事实认定技术与法律解释及适用技术，而且司法人员能够有效地运用这些技术。“技术司法”最突出的价值是通过回溯思维，发现案件事实真相。由此而产生以经验法则为基础，以心证形成为对象，且对证据思维进行法律规制的证据学。随着社会发展，各种现代科学技术作为发现和形成证据、分析及审查证据的手段，又发展出分化且整合的证据科学，乃至今天“大数据”和人工智能的应用，也更为充分地体现了司法的技术面。“责任伦理”是司法专业主义的必然要求和重要构成。责任伦理要求司法主体，以尊重司法的客观性及法治原则为基石，体现“审理者裁判、裁判者负责”的审判逻辑与责任担当。可见它一方面要求司法人员公正无私，客观崇法，尊重人权，具备崇高的司法伦理；另一方面，确认审理与裁判的统一性，权力与责任的一致性，强调司法者的责任承担，从而为“司法责任制”奠定基础。

“司法专业主义”的基础是司法职业化及其保障。职业化是为了保证司法官的适格性，而构建精英化的司法官群体。因此对司法人员进行分类管理，实行司法员额制度是不可缺少的制度环节。与之相适应，需要对司法官提供制度保障，包括能够维系其尊崇的必要精神与物质待遇，保障其地位和独立性的任职制度与惩戒制度，等等。

近年来以司法责任制为核心的司法改革，从技术面可以看作“司法专业主义”的一种推演。这次改革的特征是在体制、机制层面有所推进，亦可认为是努力推演“司法的逻辑”。然而，也正因如此，障碍较大，且认识不一。如有的学者提出批评，认为不切实际，等等。笔者实务出身，历来认为中国司法不可能消除行政化因素，目前的改革，也只能是“相对合理”。但过去那种司法行政化极端发展，使法院不像法院、法官不像法官的状况确需改革，对此项改革的方法、步骤可以反思（如笔者曾检讨员额制步伐太快加剧矛盾、配套措置跟进不足而妨碍效果等），但改革必要性不应质疑，在当前背景下甚至可以评价为“难能可贵”。因此,需要循此方向继续推进,并重视“综合配套改革”,以获得并维系司法的基本理性。

五、结语:社会逻辑与司法逻辑

以上分析的“司法逻辑”,包括三方结构基础上的角色分离及裁判的独立性与中立性,听取申辩所体现的理性、多元及宽容主义,司法专业主义的技术要求、责任伦理及职业化构建,正是中国改革开放以来司法改革的重要内容。这种改革的意义,也许正是在于使司法在社会治理体系中真正成为一种特殊的专业领域和治理方式,从而摆脱社会治理手段同质化的局限,促进社会治理体系的现代化。

重提共识,除了具有纪念意义,更应着眼现实与未来。中国传统的社会治理,权力集中且专业化分工不足,行政与司法合一且裹挟司法,其社会逻辑体现为一种以“上命下从”为特征的行政逻辑,即存在行政逻辑泛化的普遍现象。在此种传统之中,实现治理方式和手段的必要区分并发展专业技术与伦理,不免步履艰难。认真审视,虽然通过司法改革我们实现了一定的体制、机制与制度进步,但司法逻辑与行政逻辑纠缠不清的问题并未获得较为彻底的解决。在近期党政法体制性整合的政策趋向之下,审判权的独立行使及司法逻辑的有效展开面临新的问题。体制整合系国之大计,须得慎重谋划。国家与社会的治理,是一种多种因素交织并发挥作用的复杂过程。司法建设的关键,在于国家治理结构与方式的重大改革,从而为司法逻辑在国家治理中的推演创造必要的条件。

注释

1 [美]马丁·夏皮罗:《法院:比较法上和政治学上的分析》,张生等译,中国政法大学出版社2005年版,第2页。

2 [英]罗杰·科特威尔:《法律社会学导论》,潘大松等译,华夏出版社1989年版,第2页。

3 龙宗智:《监察与司法协调衔接的法规范分析》,载《政治与法律》2018年第1期。

4 笔者与一些教授观点不同,早期在检察机关工作时即行捕诉合一,对其有切身体会,因此并不赞成对其过度贬损。笔者曾发文论检察院内部机构改革,亦从内外分析利弊,但因重于

“外部性”而倾向于维持分离格局(参见龙宗智:《检察机关内部机构及功能设置研究》,载《法学家》2018 年第 1 期)。

5 龚祥瑞:《西方国家司法制度》,北京大学出版社 1988 年版,第 128 页。

6 [美]哈罗德·伯曼编:《美国法律讲话》,陈若恒译,三联书店 1988 年版,第 24、32 页。

第二编

检察制度

检察权的性质与检察机关的改革*

我国现行检察院体制的改革,是一个值得重视的问题。目前有一种意见是确认检察权属行政权的性质,将检察院体制从司法体制中取消。[1]对检察权的性质以及与其相关的检察官的定位,是检察制度研究的一个重要课题。笔者曾著文专论检察官定位,在此基础上,本文拟进一步探讨检察权的定性与检察机关的改革问题。

一、"司法权说"和"行政权说"

警察权是行政权,审判权是司法权,两点均成定说。但就似乎介乎二者之间的一种公权力——检察权的性质,在学说上则有不同主张。

一种观点认为检察权系行政权,检察官系行政官,主要有两方面的理由:第一方面,也是最主要的根据,是检察机关的组织体制和行动原则具有行政特性。检察机关组织与活动的一项基本原则,是"检察一体制",[2]指检察机关上下形成一个整体。具体体现于四项制度:一是"阶层式建构"和上级的"指令权"。各国检察机关普遍实行仿效行政机关的"阶层式建构",上级机关对下级机关、上级检察官对下级检察官有指挥监督的"指令权",而下级则有服从义务。这种纵向位阶制和上下领导关系,是典型的行政性关系,也是检察权行政性最突出的体现。二是职务收取和职务转移制。上级有权亲自处理属于下属检察官承办的案件和事项,同时上级检察官有权将下属检察官承办的案件和事项转交其他下属检察官承办,除非受到法律的特别限制。三是官员代换制。参与诉讼、出席法庭的检察官即使中途替换,对案

---

* 原载《法学》1999 年第 10 期。

件在诉讼法上的效果并无影响。四是首长代理制。各级检察机关所属检察官在对外行使职权时，系检察首长的代理人(此项制度只在德国、俄国等国实行，见德国《法院组织法》第 144 条的规定)。这几项制度，与法官制度迥异(法官“除了法律没有上司”；不实行职务收取、职务转移制；参审法官不能更换，否则前段审判无效)，体现出“检察一体制”具有明显的上命下从的行政属性。

“行政权与行政官说”的第二方面的理由，来自国家法(宪法)上的权力划分。立法、行政、司法的三权分立与制衡，是西方政制的基本结构。在这一构造中，检察权不属立法，也不属于具有依法裁判功能并受宪法独立性保障的司法，检察官是政府在诉讼中的“代言人”，是代表第二权(行政)对第三权实施监督制衡的机关。德国学者布赫(Bycher)认为，在国会民主之下，政府对除立法、司法外的一切国家权力活动负责，而检察机关的追诉活动，乃行政事项，也是行政对国会负责的项目。[3]这种类别划分，才能实现司法结构的合理性以及与国家基本结构的“同构性”。

“行政权说”虽然有以上根据，但将检察权等同于一般行政权，抹杀了检察官在一定程度上的独立判断权和处置权，抹杀了检察官受法定原则的严格限制，即应当将依法办事置于上命下从的组织关系之上这一要求，其最突出的弊端是使检察权服从于行政权，检察官服从于政府首长，从而严重损害法治原则贯彻。同时，由宪法政制结构上论证检察权属于行政权，也抹杀了检察权可能在司法权内定位以及在三权之外定位的可能。因此此说难成通说。而德国纳粹时期的“检察鹰犬说”，才对此完全赞成。

就检察权性质的另一种学说是“司法权说”。这一学说确认“检察官不是法官，检察机关也不是法院”，但在学说上另辟蹊径，从检察官与法官“同质但不同职”的“等同性”出发，将宪法上的司法机关解释为包括检察官与法官二者，并且同受宪法人身及事务独立性的保障。德国学者戈尔克称，检察官虽非法官，但“如同法官般”执行司法领域内的重要功能。

“司法权说”的基本论据，是检察权与审判权的“接近度”以及检察官与法官的“近似性”。对这种特性，几乎形成“共识”。著名的研究检察制度的专家、德国教授洛克信称，检察官具有法律守护人的地位，对检察官及对法官而言，事实的查明与法律的判断，应依同一目标行事，因而，此乃二者相提并论的有力论证。[4]尤其明显的例证，是检察官终结侦查后所作的处分。检察官在侦查终结后应依据侦查结果,审查是否有足够的犯罪嫌疑提起公诉,此时所作的决定,与法官随后的裁判决定极为相近。甚至有学者指出,检察官担当刑事诉追,比非诉讼法官更接近司法权。还有的学者针对检察对审判的影响指出,检察官与法官的密切契合,犹如相互牵动的钟表齿轮一般,因而,所谓独立的司法仅在检察官作为司法官并有相应保障的前提下,才有可能。

"司法权说"最重要的理由,是防范行政不当干预刑事司法。由于现代检察官制是资产阶级革命的产物,因此防止有"革命之子"美誉的检察官制成为行政的工具,是创制该制度以来的基本要求。如果检察权系行政权,检察官系行政官,执行任务时就必须受行政指令原则的制约,服从上级指挥,直至服从最高行政官员的命令,刑事追诉就可能不取决于法律的要求,而难以避免地成为当权者达到某种目的的工具,如学者所称,成为"君主耳目""鹰犬狗腿"。

然而,纯司法权说也有不便解释之处。一是虽然可以通过法治原则排除或在相当程度上排除行政权的外部干预(现代各国管理检察官的司法或法务部长通常就检察事务的干涉十分谨慎),即外部指令权的失效与部分失效,但内部指令权,即检察机关内部的上命下从仍然是各国检察机关组织结构的基本原则之一,其行政性难以抹杀。例如,法国学者卡斯东·斯特法尼等称:"检察院在组织方面的基本特征是,检察院有上下隶属的级别关系,也正因如此,检察官员的队伍隶属于政府管辖。"[5]二是虽然无人否认检察官"接近"法官,但毕竟接近有别于等同。法官的审判体系内部绝无上命下从的道理,法官所具有的独立判断和身份保障检察官并不完全享有。

二、"双重属性说"

关于检察权定性的第三种观点,是承认检察权和检察官兼具司法和行政的双重属性。所谓司法性主要指两点,一是独立判断和裁决,二是以适用法律为目的;所谓行政性则主要体现于上命下从的纵向关系,以及追求行为本身的目的,只是将法律当作行为的框架。检察机关的上下领导关系,包括检察一体制及相关制度,突出体现了检察权的行政性;检察机关直接组织检察院官员实施侦查的行为,因其严密的组织结构和监督指挥关系,且突出行为的实效(破案),也具有明显的行政性质。

另外,检察官的起诉活动以适用法律为目的,同时检察机关的活动具有一定的独立性,检察官在诉讼活动中也具有一定的独立性,他不是长官的附庸,而能独立地作出诉讼判断并付诸实施(美国、德国、日本等现代各国检察官的独立性都有制度上的保障)。日本法务省刑事局所编具有权威性的《日本检察讲义》称:"检察官是独任制机关,本身具有独立的性质。这对保障检察权的行使及绝对公正,不受其他势力操纵,以及检察官的职务行为必须直接产生确定的效力,都是必不可少的。检察官的这种准司法性质,从职务的内容看是理所当然的。""检察官在检察事务方面,是具有自己决定和表示国家意志的独立机关,而不是唯上司之命是从的行使检察权。检察官之所以被称作独任制机关的原因就在于此。"[6]同时,检察官因其司法功能而享有一定的职务和身份保障(日本、德国、意大利等国检察官身份保障等同或相近于法官)。在上述意义上检察权具有司法权特性。

应当说检察权与检察官具有双重属性的观点因为得到多数国家和学者的认可而成通说。《日本检察讲义》称:"检察权一方面因其有执行法律的机能,本质上属于行政权。但另一方面因公诉权与审判直接关联,从而又具有与审判权同样的司法性质……由于检察官和检察厅是兼有行政和司法两重性质的机关,所以在组织和机能上也是具有行政、司法两方面的特征。"[7]这是两重属性的一种界定。我国台湾地区学者林钰雄对检察官法律地位问题研究所得出的结论性意见是:"余非上命下从之行政官,亦非独立自主之法官,余乃处于两者之间,实现客观法意旨并追求真实与正义的司法官署!"[8]这是对两重属性的另一种(偏重其司法性)的界定。

笔者对双重属性说持肯定态度。然而,确认检察权的双重属性,还有两个问题需要解决:

第一个问题是检察权中的行政特性与司法特性如何协调。具体而言,就是检察官作为独立官署或独任制机关活动时,如何协调与上级的关系,如何对待上级的指令。这是检察官定位在检察实践中需要解决的突出问题。对此,一般处理原则是:其一,鉴于隶属关系和指令权的存在,检察官一般应服从其上级的指令,以维护检察一体制;其二,上级的指令权不是绝对的。根据各国法制的不同规定,它可能受到以下三种限制:第一种限制是法定主义即法制原则对指令权的限制。对于违法指令,检察官可以拒绝服从,也就是说,法律高于"上命下从"。

第二种限制是对追诉行为指令权的特别限制。当检察官拒绝服从上级的指令而自行采取追诉(起诉、不起诉和撤回起诉),这一决定在诉讼法上仍然具有效力,上级检察官不能更改这一决定。对此,法国的法制是:“检察院的首长在没有上级命令的情况下或者不顾上级的命令,仍然可以进行追诉,并且在没有上级指令或者不顾其已接到的指令而开始进行的追诉,仍然是合法的、有效的;反过来,即使检察院的首长已接到下达的命令,如其仍然拒绝进行追诉,上级则不得取代他们,并替代他们进行追诉。例如,当检察长禁止共和国检察官进行公诉时,共和国检察官仍然可以采取追诉行动,并且可以有效地提请刑事法院受理案件;反过来,如果检察长命令共和国检察官进行追诉而共和国检察官加以拒绝,检察长并无可能取代共和国检察官自行进行追诉。”[9]意大利《刑事诉讼法》第 53 条规定:(1)在庭审中,检察官完全自主地行使其职权。(2)在出现严重障碍、重大的工作需要和刑事诉讼法规定的需要司法官回避的诸情况时,检察官署的负责人可以作出更换检察官的决定。在其他情况下,只有经检察官同意,才能对他实行更换。

第三种限制是检察官在庭审中的言论自由权对指令权的限制。根据法国、德国等多数国家的检察制度,下级检察官虽然在其提出的书面意见(如公诉书)中应当按照接到的指令办理,但是,在法庭上仍然可以说明自己的感受与看法,并且可以提出与其书面意见不同的口头意见。正如一句传统名言所说:“笔杆上听从上司,口头上听便自由。”如法国《刑事诉讼法典》第 33 条所确认的规则:“检察官应当在符合刑事诉讼法第 36 条、第 37 条及第 44 条规定的情况下,根据接到的上级指令提出书面起诉状。检察官还可以自由地发表自己认为有益于司法审判的口头意见。”法国 1958 年 12 月第 58－1270 号法令也明确规定,庭审时,检察官有言论自由。

第二个问题也是本文必须回答的基本问题。虽说检察权存在双重属性,但在国家法制系统中仍存在一个对检察权及检察官的基本性质的确定即定位问题。从现代各国的体制看,检察官一般归属于政府系统,然而,确定检察官是单纯的行政官员的国家很少,普遍认可检察官具有双重的属性,只是不同国家具有不同的倾向性。有的国家倾向于检察权是司法权,检察官是司法官,如德国、意大利;有的则倾向于是行政权和行政官,如美国。也就是说,“美国的检察制度,行政性的意味浓厚,反之德国的检察制度则司法性的色彩浓厚”。[10]美国学者琼·雅各比称:美国的检察官是政府在刑事诉讼中的代表,然而他行使着一半是司法的、一半是政治的那种特殊的混合的权力。[11]而德国联邦最高法院确认检察官为“刑事司法机关”,联邦宪法法院也认为检察官是“司法机关”,并且是法治国家的重要机关成员。检察官不但是公务员,而且是“刑事司法的必要机关”。[12]日本的检察制度虽然受美国法的影响,但检察官在任用资格上与法官一样,作为公益代表人要求其以公正的态度行使检察权,这与德国的检察官一样,担负着客观行事的义务。因此,从总体上讲德国法的特征仍然很明显。

应当说,司法权归属和行政权归属两种倾向各有利弊:一般来说,作为司法官员,有利于加强其身份保障和独立性,最重要的意义在于防止行政干预,贯彻法治原则;也有利于确认其法律维护者的地位,防止其“当事人化”,以促进检察活动的客观公正。而倾向于行政官员,则便于贯彻“检察一体制”,提高组织性,保证效率。同时可以防止检察官的妄自尊大,防止破坏控辩平衡、损害审判权威,防止出现有的学者所担心的“行使权力时与国家整个权力系统不协调”的问题。[13]

三、我国检察权的定位

通过以上分析,结合我国实践,就我国检察权的定性,笔者认为,我国检察权也具有双重属性,但在法制上将检察权定位为司法权,检察机关定位为司法机关,检察官定位为司法官为宜。

我国检察权的行政性表现在:(1)上下领导关系集中体现了其行政属性。包括上下级检察机关的领导关系以及检察院内部以检察长为机关首长的领导关系。[14](2)检察机关依靠自己的侦查力量对自侦案件的侦查(不同于其他国家检察官指挥、监督司法警察实施侦查)强调其侦查效益,重视严密的组织协调(大案要案通常由检察长、分管检察长或部门领导直接组织侦查队伍实施侦查),侦查行为的侦查目的性特征以及严密的组织纪律,体现了明显的行政属性。

我国检察权的司法性表现在:(1)根据法律,检察机关依法独立行使检察权,而且检察机关在国家体制上是独立的,其独立地位与法院相等;(2)其公诉活动以正确适用法律为目的,其监督职能和监督活动更具有明显的“法制守护”性质,因此我国的检察活动至少在法律形式上具有突出的“法律性”;(3)检察机关的公诉权是具有司法性质的权力。尤其是不起诉决定,与法院的免刑和无罪判决具有相似的效力,是具有裁断性、终局性、法律适用性等司法特征的"司法"行为(适用法律进行裁决)。[15]

在双重属性之下,为什么笔者主张仍将检察机关作司法机关定位,主要理由是:

第一,从总体效应上看利大于弊。尤其是有利于保障检察权行使的独立性。试想,如果将检察机关隶属于行政系统定位于行政机关,在我国社会这种一体化的体制下,基本上不存在检察活动相对独立的可能。侦查权、公诉权和监督权都需听从行政上级的指令,检察权的独立和公正确实难以实现。再者,有利于检察机关严格执法和有效监督。即以法律的正确实施为其行为的唯一目的,以客观性为其行为的基本义务,这是检察机关作为司法机关的"题中应有之义"。检察机关作为司法机关所带来的与审判权的冲突以及控辩平等等问题,可以考虑通过其他方面的制度调整予以协调解决。例如,《刑事诉讼法》修改限制了公诉人当庭对法庭提出监督意见,这就是在这方面走出的一步。

第二,从我国检察机关的特殊法律地位看,一则在法律上尚担当法律监督职能,二则在体制上脱离行政系统,成为相对独立的另一类司法权。因此作为司法机关更具有职能和体制上的依据,而且这种有别于其他国家的特殊法律地位系我国宪法所确立的。[16]

第三,从世界范围看,强调检察权的司法性并由此而强化检察机关的独立性,应当说具有普遍的趋势。夏邦先生的《中国检察院体制应予取消》一文举法国为例,类比证明检察官应是"行政性设置"。然而,法国近期司法改革的一项重要目标,就是强化检察官的独立性,据悉,鉴于检察官不独立而受政治支配对法国法制所造成损害的教训,法国司法体制正在作调整,检察机关将增强其独立性。在我国台湾地区,检察官痛陈检察不独立的弊害,呼吁强化检察机关的独立性,而且得到了学者和社会的比较普遍的支持。

四、依照司法规律推进检察改革

我国检察制度在新时期重建以来,我们一直将检察机关称为司法机关,然而并未依照司法的规律建设检察机关,而是赋予了它太多的行政性,使它难以做到"独立行使检察权",难以实现"严格执法",难以保证检察官的高素质。笔者认为,这种以单纯的行政管理方式而不注意按照司法的要求管理检察业务,是我国检察制度建设近年来的一个重要教训。[17]在这一点上,笔者与夏邦先生的意见相反,笔者不仅认为我国不能将检察机关确定为行政机关,而且主张应当在实际上强化检察机关的司法性。

(一)严格贯彻法治原则,保证检察院“依法独立行使检察权”

审判权和检察权独立行使问题,人们往往关注于法院,而对检察机关的“依法独立行使检察权”未能充分注意。然而,这也是一个十分突出的问题。客观地讲,在我国条件下,由于社会和政治系统的一体化特征以及不存在所谓的“集团多元主义”(昂格尔语),加上检察权本身所具有一定的行政属性,其独立性必然是相对的。在目前的体制和条件下,检察机关如果脱离了当地党委和政府,往往“举步维艰”,甚至“寸步难行”。在这个意义上,中国不需要“斯塔尔”,也容不下“斯塔尔”。[18]然而,对刑事嫌疑对象行使侦查、追诉权,尤其是对那些握有重要政治与经济资源的人物和团体,对那些具有一定的政治和社会敏感性的对象,如果没有一种受到一定法制保障的依法“特立独行”的精神,那只会屈从于权力(政治或经济的)而放弃职守。目前宪法和《刑事诉讼法》关于人民检察院依法独立行使检察权,不受行政机关、社会团体和个人干涉的规定,应当说反映了检察权相对独立的司法实践要求。

强化检察机关独立行使职权的司法性,其意义在于严格执行法律。“法大还是权大”,这本身是已经讨论而且说法明确的问题,然而在实践中问题却远未解决。检察机关执法,尤其是反腐败方面的侦查起诉,往往受到过多的限制,因缺乏相关条件的支撑而使反腐败不能真反的问题较为突出。中华人民共和国的任何团体和个人,都必须在宪法和法律的范围内活动,检察机关作为保证和监督法律实施的护法机关,必须以法律为其行为准则。在法律与其他社会要求发生冲突时,应当依法办事。在目前体制下,这样做很难,但我们应当通过一些必要的措施向这方面努力,其中包括强调和强化检察机关的司法性。

(二)改革单纯的行政性管理方式,在内部重新配置检察权

多年来,检察机关业务管理方式是典型的行政方式。直至1998年12月最高人民检察院通过的《人民检察院刑事诉讼规则》还就检察机关的办案制度作了这样的明确规定:“人民检察院办理刑事案件,由检察人员承办,办案部门负责人审核,检察长或者检察委员会决定。”在这一办案体制中,普通检察官只是案件的承办人员,即行政垂直线上底部的一个点。检察官承办案

件,决定权集中于检察长和检察委员会,部门负责人则有审核权。这种管理方式有悖于检察权的性质与检察业务本身的要求。

检察业务所具有的行政属性不能不采用“上命下从”的行政性管理方式,因此,检察长的决定权不能否定。然而,检察活动的司法属性同时要求保障检察官的独立性。主要理由有三:

一是符合检察业务本身的特点和规律。检察权以公诉权为其基本构成,而公诉活动,是以亲历性(亲身经历程序,直接审查事实)为基础的个人判断和个体操作(尤其是检察官的法庭活动,完全是一种个体操作)。在公诉活动中,也应当防止“审而不定,定而不审”,因为这种做法有悖于司法认识的规律,而且压抑检察官的积极性以及工作中的创造精神,妨碍检察官司法能力和素质的提高。

二是有利于保障检察权的公正行使。实现这种独立性的意义就在于,“保证检察权的行使不受外来势力,特别是来自现实的政治权力的不当影响,不受检察部门以外任何人的指挥命令;保障检察官的身份,保护他不受来自任何方面的间接压力。同时,使检察官行使每一权限的职务行为的效力,不受其他内部条件的干扰。”[19]

三是有利于保障诉讼的效率。司法的效能,要求办案检察官的职务行为直接产生的确定的效力,而应当避免环节过多,决定和行为实施迟缓。

改革检察业务管理,引入司法管理方式,意味着强化检察官的权力和责任,这要求在检察机关内部重新配置检察权。检察官应当成为办理案件并负有一定决定权,权、责、利相统一的检察权行使主体。这种改革可以分两步走:

第一步,在现有体制内部重新配置检察权,将检察长和部门负责人的一部分权力划归检察官,这实际上带有“还权”的性质。但由于目前检察官具有业务决定权的组织法规范不明确,尤其是在诉讼法上还是以检察院而不是以检察官为独立的诉讼主体,这种对检察官的权力赋予具有检察长委托检察官行使部分权力即权力委托的性质。

第二步,待时机成熟,可以借鉴国外做法,赋予检察官(尤其是公诉检察官)在诉讼法上的独立主体地位,检察官根据法治原则,在受到一定限制符合一定条件的情况下,可以合法地对抗检察长的指令。此时,检察官的诉讼行为具有程序上的效力,检察长无权代替检察官进行诉讼(除非检察官本身行为违法而符合替换条件),检察长只能在事后追究其组织法上的责任。

(三)推进以"主诉检察官"为重点的检察官制度以及办案制度改革,实现检察官的司法官化

一方面主张检察机关是司法机关,检察官是司法官员;另一方面在检察院完全实行长官负责制而不实行检察官负责制,这是一个很大的矛盾。长此以往,这将最终使检察机关是司法机关的主张难以在制度上成立。而实行主诉检察官制度改革,由公诉部门的主要检察官担任主诉检察官,同时配以适量的辅助官员,使主诉检察官成为相对独立的检控官署,才能使我国检察官"司法官化"。因此,以设立主诉检察官制度为突破口,实现我国检察官的"司法官化",是检察制度改革的一项重要和必要的举措。

主诉检察官制度实施的关键在于,保证主诉检察官一定程度上的独立性,赋予其实际的控诉和监督权力。为此,必须限制检察院首长的"指令权"。现有体制内的改革主要有三项:一是"放权检察官"。即赋予主诉检察官对一般起诉业务问题(如提起公诉)的决定权和重大业务事项的建议权(如驳回侦查单位意见决定对案件不起诉)。二是"压缩指令权"。即使检察院起诉部门的中间环节(科、处)变为一个监督单位而非业务决策单位。科、处长无权改变主诉检察官的决定,而只能报请检察长改变。这样减少了行使指令权的层级主体,或可称为"压缩指令权"。三是"软化管理方式"。即要求检察长行使指挥监督权的方式应随着检察官制度的完善以及检察官素质的改善而作相应变化。趋向于尽量减少行政性命令,而采用国外检察官制中比较通行的做法:"主要是运用审查、劝告、承认的方法,行使指挥监督权",以使"上级的指挥监督权和检察官的独立性相协调"。[20]

(四)根据检察权的双重属性,对检察官和检察业务实行分类管理

检察权的双重属性可以体现在检察权的各个方面,但其行政性和司法性因职能和业务的不同而有不同分配。前面已经说明,公诉活动中的司法性比较明显。而自侦部门强调严密的组织协调,具有某种军事化特征,行政性最为明显。批捕主要属于书面审查性质,采用个人承办、集体讨论和检察长决定的办案方式比较适合,因此承办批捕的检察官具有"事务律师"的特征。民事行政监督部门比较接近于公诉部门,但不具有公诉活动那样强的"个人性",因此可以比照主诉检察官设制,但可适当强调其"集体性"和业务领导关系。为了实行管理的科学性以及落实责任制,应根据上述不同特性

应对检察机关的业务人员实行分类管理。可以考虑将检察机关人员分为几个系列,只有司法性突出,具有一定独立权限,可以基于个人意志行动的检察人员赋予检察官资格(是否可以只将公诉检察官以及自侦、批捕部门的领导授予检察官资格)。一般的批捕、侦查以及公诉辅助官员可划为检察事务官系列。同时再划出一个从事辅助性业务的检察书记官系列。法警属警官系列。此外,检察院的行政人员、政工人员应当纳入公务员系统。检察官作为司法官,必须数量少质量高,实现“精英化”。目前,检察机关的各种人员都因利益关系来搭检察官制的便车,甚至出现有的检察院看门的也是处级检察员,食堂卖饭票的也是检察官,在检察官制贯彻上出现的这些弊病不应当继续下去了。

注释

1 夏邦:《中国检察院体制应予取消》,载《法学》1999 年第 7 期。郝银钟先生所著的《检察机关的角色定位与诉讼职能的重构》一文[载《刑事法评论》(第 4 卷),中国政法大学出版社 1999 年版],对检察权属于行政权也有主张和论说。

2 德国、法国、日本、意大利等具有大陆法传统的国家普遍实行“检察一体制”,英国 1985 年颁布关于刑事检控的法律后,建立了一个全国性的,统一的,具有大陆法特点的检察机关。但美国受分权制的影响,联邦和地方两个检察系统互不隶属,地方与行政区划层级相应的检察机构之间也无隶属关系,可谓各自为战。但在联邦检察官系统,以及各地方检察官办事处内部,应当说还是在相当程度上体现了“检察一体制”。

3 转引自林钰雄:《谈检察官之双重定位》,载《刑事法杂志》1998 年第 42 卷第 6 期。

4 转引自林钰雄:《谈检察官之双重定位》,载《刑事法杂志》1998 年第 42 卷第 6 期。

5 [法]卡斯东·斯特法尼等:《法国刑事诉讼法精义》,罗结珍译,中国政法大学出版社 1998 年版,第 125 页。该书系法国高等学校法律专业教材,同时参阅其他材料,此说可谓通说。

6 [日]法务省刑事局编:《日本检察讲义》,杨磊等译,中国检察出版社 1990 年版,第 18 页。

7 [日]法务省刑事局编:《日本检察讲义》,杨磊等译,中国检察出版社 1990 年版,第 7 页。

8 林钰雄:《谈检察官之双重定位》,载《刑事法杂志》1998 年第 42 卷第 6 期。

9 [法]卡斯东·斯特法尼等:《法国刑事诉讼法精义》,罗结珍译,中国政法大学出版社 1998 年版,第 127~128 页。

10 [日]法务省刑事局编:《日本检察讲义》,杨磊等译,中国检察出版社 1990 年版,第 7 页。

11 [美]琼·雅各比:《美国检察官研究》,周叶谦等译,中国检察出版社 1990 年版,第 1 页。

12 陈志龙:《法治国检察官之侦查与检察制度》,载《台湾大学法学论丛》1997 年第 27 卷第 3 期。

13 夏邦:《中国检察院体制应予取消》,载《法学》1999 年第 7 期。

14 在我国检察机关的外部指令问题是一个缺乏明确界定的问题。同级党委对检察院有领导关系,但从有关规定上讲,主要是政治领导和组织领导。然而,检察机关的重要案件汇报制度等制度使党委领导似乎可涉及案件业务,而实践中党委及其职能部门对具体案件提出意见作个案指导和个案监督是普遍存在的。

15 德国著名刑事诉讼法学家赫尔曼教授称:“在一个程序中,检察官可能考虑到案件轻微、证据不足及审判可能对公共利益没有多大好处而作出终止刑事诉讼的决定,此时检察官就成了法官。”(参见中国政法大学 1994 年编印的赫尔曼等讲授刑事司法制度的录音整理稿,第 18 页)有的学者认为这种权力侵犯了法院的司法权,但就这种“消极裁判权”,应当是可以分割的(参见龙宗智:《试论刑事裁决权的分割与独占》,载《相对合理主义》,中国政法大学出版社 1999 年版,第 221 页)。而且,起诉便宜主义在世界范围内的推行,使检察机关采用这种强调目的性和效率并且有利于被追诉人人权保护的司法手段更为广泛。

16 1999 年 8 月底,在最高人民检察院召开的主诉检察官办案责任制试点工作座谈会上,陈光中先生发言称,根据我国宪法框架和实际情况,我国检察机关应当定位为司法机关。

17 这一问题在我国司法系统具有普遍性,法院的行政化管理,将法官等同于行政系统的公务员,也是法院建设的主要问题。当然,由于法官的纯司法官属性,相比之下这一问题更为突出。

18 美国独立检察官。

19 [日]法务省刑事局编:《日本检察讲义》,杨磊等译,中国检察出版社 1990 年版,第 6 页。

20 [日]法务省刑事局编:《日本检察讲义》,杨磊等译,中国检察出版社 1990 年版,第 21 页。

评"检警一体化"兼论我国的检警关系*

近来,关于我国检警关系调整的问题,引起了学界和实务界的注意。针对实践中检警关系不顺、侦查监督不力、诉讼效率不高的问题,有的学者包括某些刑事法方面的著名学者提出了实行"检警一体化"的主张。[1]笔者对这一主张所具有的某种积极意义予以肯定,但同时并不赞同其检警关系解决方案。本文欲作商榷,同时提出笔者对调整我国检警关系的意见。

一、检警一体在现存刑事司法体系中基本不存在

综观现代各个国家和地区的检警关系,可以发现不同的关系模式。[2]然而,通过对这些多样化的关系类型的观察分析,也可以发现两个可谓不争之事实:

1. 警察是大部分侦查活动的实际主导者,警察机关是各个国家和地区刑事侦查的主要力量。由警方负责一般刑事案件的侦查,本来是一个法律的常识问题,但有的国家和地区的规定使这个问题复杂化了。例如,德国以及中国台湾地区等具有大陆法传统的一些国家和地区规定,检察机关是侦查机关,而警察机关只是侦查辅助机关。[3]然而,这里存在一种法律与实际脱节的现象:检察机关是法律上的侦查机关,而警察机关才是实际的侦查机关。著名的德国刑事诉讼法学家赫尔曼称:"在阅读刑事诉讼法文本时,我们不能陷入一种天真的法律证实主义的思想,认为实际中的刑事诉讼程序在任何一个方面都是与法律的规定相吻合一致。我们应当把刑事诉讼程序视为一种具有生命的有机体,它如同其他任何一个在社会中产生功能的系

---

* 原载《法学研究》2000 年第 2 期。

统一样，时刻在经受着变化，也常常以偏离法律规定的方式自己在发生变化。”赫尔曼先生就这一观点所举的第一个例子就是德国的检警关系问题。他说：“德国《刑事诉讼法》第163条规定，在侦查刑事犯罪行为范围内，警察只担负着辅助检察院的责任，只能作‘不允许延误的决定’，对自己的侦查结果应当‘不迟延地’送交检察院，由检察院进行进一步侦查。然而实际情况却是警察常常自主地将侦查程序进行到底，然后才向检察院移送侦查结果。而对于检察院来讲，如果没有足够的人员，它也根本不可能执行刑事诉讼法所规定的程序模式。”[4]据实际考察，德国侦查程序的主宰者为司法警察而非检察官。警察可以独立而不受影响地从事犯罪侦查，全部犯罪案件中约有70%是由警察单独侦查。而且警察侦查的结果通常被检察机关照单全收，甚至移送起诉书引用的法律条文也少有改动。大部分不起诉处分实际上是由警察局作出决定，只不过因法律规定而在表面上由检察机关制作不起诉处分书。[5]

中国台湾地区刑事侦查规定与实践脱节的现象也十分突出。刑事案件大部分是由警察机关独立侦查完成的。检察官的基本作用是在规定上作“过滤”和监督，如决定法定搜查扣押手段的使用，提请逮捕，[6]尤其是决定起诉或不起诉。

2. 检察与警察具有不同的隶属关系，并未形成“一体化”。在实行现代检察制度的各个国家和地区，检察机关与警察机关具有不同的隶属，并未形成“上命下从”的一体化关系。一般来说，检察院属于法务系统，而警察属于内务系统。虽然均属政府下属部门，但检察院具有相对的独立性，政府首长一般不能直接指挥检务官员。检察官则具有行政和司法双重属性，而在某些国家，如德国和意大利，检察官的司法官属性被特别强调。美国的情况比较特殊，其检、警均分为不具有隶属关系的联邦和地方两个系统。地方警察对地方检察官在组织上互不隶属，但在业务上警察须受检察官指导。联邦一级，联邦检察官与作为国家警察的联邦调查局同属司法部，但组织上二者相对独立，只是在办案时，联邦检察官可能调动和指挥联邦调查局特工。

检察官与警察在组织和体制上互不隶属，但在刑事司法业务上则可能相互协作，而且由于侦查服从于起诉需要，通常检察官对侦查官员有一定的监督和指导乃至指挥的权力。但这只是一种工作关系而不是检、警一体化要求的组织关系。[7]

所谓检警一体化“基本”不存在，意味着也有个别例外情况。据笔者所掌握的前些年的资料，瑞士的巴塞尔城邦即实行“检警一体”。瑞士系联邦国家，无统一刑事诉讼法，刑事诉讼制度由各邦分别规定。其中以巴塞尔城邦最为特别。该邦在检察机关之下设有一百人编制的刑事警察队侦查全部刑事案件，由一名检察官充当刑警队长，刑事案件的侦查程序无论在法律上还是在事实上都由检察官直接指挥进行。[8]然而，这种情况十分个别，并不具有普遍意义。所谓“侦检一体化模式相继成为刑事诉讼结构改革完善的目标”[9]的断言是很不准确的。

二、检警一体化将损害刑事司法的合理性与效率

为什么各个国家和地区实行检警分离而不实行检警一体，我国为什么也不能推行检警一体化，这就必须从刑事司法体系、程序及实际条件和状况进行合理性分析。

否定检警一体的理由主要有：

1. 从现代检察制度设立的意义看，需要保持检警的适当分离以形成必要“张力”，从而维持对侦查进行“过滤”以及对侦查活动实施法律控制的机制。检察制度的创设，除了为实现诉审分离以维系审判公正以外，还有一项目的，即以一个受严格法律训练及法律拘束的公正客观的官署，通过对侦查结果进行“过滤”以实现刑事追诉的需要，同时控制警察活动的合法性，避免警察国家的形成。堪称德国检察制度的创始者著名法学家萨维尼（Carl Friedrich V. Savigny）在探讨引入检察官制度问题时曾称：警察官署的行动自始蕴藏侵害民权的危险，而经验告诉我们，警察人员经常对关系人不利，犯下此类侵害民权的错误。检察官的根本任务，应为杜绝此等流弊并在警察行动时赋予其法的基础，如此一来，这一新的创制（检察官）才能在人民眼中获得最好的支持。[10]而完成这一创制并实现检察官对警察法律控制的一个要点，是将检察官与警察适当分离，以形成一种制约关系。如果检警一体，检察官承担警察职能，成为所谓“高级的司法警察”，检察官将因深陷侦查事务而带上浓厚的行政机关的色彩，丧失其司法机关的非偏倚品格，其“过滤”与制约的功能实际上也就丧失了。因为作为警察的上司，他不可避免地从警察的角度去看问题。

2. 将刑事警察从警察机关剥离，将大大损害刑事警察的侦查能力。检

警一体化主张的关键,是“将承担侦查职能的司法警察划归检察机关领导和管理。即采取司法警察与治安警察分离制度”。检警在组织、体制上的一体化,无疑有利于检察官对司法警察的指挥、调动,因为“管事不管人”的管理方式可能缺乏有效性。然而,从总体上看,这种剥离却将大大削弱刑事侦查的能力。这是因为,警察机关刑事侦查能力的构成,绝不仅仅取决于它的专业刑侦力量,而是在相当程度上依靠警察机关(公安机关)的总体构成和综合能力。不仅治安与刑侦相互依存、相互支援,而且公安的其他部门对刑侦也有重要的支持作用,如内部保卫、边检、交警等部门。尤其是治安派出所,作为国家维系社会秩序最基层的力量,更是刑警的基本支持力量:人员的排查、调查的实施、缉捕与布控,都离不了他们。因此,将刑警剥离于公安肢体,脱离于治安网络,刑警将在一定程度上陷入孤军作战的境地,难以得到其他公安力量的有力支持(只能获得一般的支持),其侦查能力无疑会大大下降。尤其是重大案件办理,如缺乏公安方面全面配合、统一协调的总体作战,办案将十分艰难。而且在实践中公安机关的相当一部分案件是由治安力量办理,检警一体,刑侦任务完全压在力量比较单薄的检察机关(含刑警)身上,将导致国家刑事司法任务不能完成。

3. 由检察官全面负责刑事侦查在一定程度上是强其所难,不利于保证侦查的专业化和实现侦查的效能。这一是因学养不同。由于检察官的学养为法律学养而非侦查学养,对一般刑事案件侦查素质不足。二是因思维方式有区别。侦查思维是讲求实效性具有机敏性的行动思维,而法律思维是追求合法性注重审查的评判性思维。三是心理上有障碍。传统观念上认为检察官是实施审查、监督和指挥作用的“书桌官署”,而司法警察则系实际从事犯罪侦查工作的“行动官署”。因此检察官即使实际参与侦查也主要限于法律控制,而侦查方案的制定与实施则由作为“行动官署”的司法警察进行,检察官难以实际承担多数案件的侦查责任。[11] 由于这些原因,法律上即使规定检察官主导侦查,实践中也难免在相当程度上出现名不符实的情况。

综上所述,虽然“检警一体化”具有一定的积极意义,但总的看,弊大于利,为各个国家和地区司法体系所不采,也不能得到通说的认同,[12] 而且在我国的体制背景和历史传统之下,可行性甚低,不能成为刑事司法改革的可选方案。

三、当前检警关系调整的关键:加强对刑事侦查活动的检察调控和监督

笔者不赞成“检警一体化”方案,但肯定这一主张所具有的积极意义,其积极意义突出体现在,适应刑事诉讼改革的需要,协调检警关系,加强控诉能力。同时应当指出,主张者对于作为现存检警关系基础的“三机关配合制约原则”的批评,如扭曲检警关系、造成相互扯皮等,也可谓切中要害。

检警关系调整是一个普遍的问题。例如,我国台湾地区学者蔡碧玉称:检警关系因检警任务上之差异性,专业功能及组织隶属之不同,在合作关系上形成一种紧张状态。一方面司法警察本于组织及专业侦查技术上之优势,在第一线犯罪对抗之处理上,较能掌控犯罪现场、缉捕犯罪嫌疑人及搜集证据,实际上经常先于检察官实施犯罪侦查;另一方面检察官在法律上对于司法警察侦查案件固有完全之指挥监督权,然因检警组织隶属之分离,欠缺行政机关内部之直接纪律监督权能,其指令权有被架空之趋势,因此司法警察但求消极不拒绝检察官之指令,却缺乏动力积极配合检察官之侦查工作。而检察官则因受有严格之法律训练,善于证据之法律评价及逻辑思维,并因对案件负有起诉与否之最终决定权,故经常不满意司法警察所搜集之证据及对案件所持之法律意见。上述检警关系的紧张状态,不仅存在于像中国台湾地区这种以检察官为侦查程序绝对主导者的地方,而且“即临近之日本、欧陆之德国、海洋法系之美国,虽检警关系在法制面之规定各有不同,但在侦查实务面则均曾面临不同程度之检警关系紧张问题”。[13]

就各个国家和地区的情况看,检警关系在两个方面存在突出问题:一是检察对警察的控制不够有力,造成刑事侦查不能按照检控的要求实施,甚至双方“扯皮”,损害了检控能力;[14]二是法律与实践脱节,在规定检主警辅侦查模式的司法体系中,法律与实践脱节,检察机关难以承担主要侦查任务,而实际担当“一线侦查”主要责任的司法警察有时因其在法律上的辅助性而感到办案权能不足。

相较而言,我国的检警关系并未产生十分突出的、严重影响刑事司法体系运作的问题。分析起来,这大致与三个因素有关:一是法律上分工比较明确。其规定我国警察机关是主要的侦查主体(根据《刑事诉讼法》第3条,除检察机关直接受理的案件的侦查外,对刑事案件的侦查,由公安机关负责),公安侦查名实相符。检察机关负责自侦案件的侦查和对公安侦查案件批捕

起诉,彼此责任划分比较明确,可减少推诿扯皮的现象发生。二是在法律上规定了检察机关的退侦制度和不起诉制度,检察机关可以通过这些程序性措施制约公安,这也有利于减少扯皮。尤其是退案补充侦查制度,对于提高公安侦查绩效颇为有效。[15]三是通过1979年《刑事诉讼法》实施以来的近20年磨合,检警之间相互适应的一面增加,刑事司法审前机制的协调性有所加强,因此在多数地方,总体上看,检警关系不能称为"紧张"。

然而,随着我国的法治化进程的推进以及刑事司法制度的改革,检警关系也反映出一些比较明显的问题。这些问题与其他国家和地区普遍存在的问题有一致性,同时也有我国条件下的特殊性。突出表现在两个方面:一是检察对侦查活动的调控力度不足,不适应形势发展的需要。在刑事诉讼制度对控诉活动要求更高的情况下,检察机关对警方的侦查取证控制指导不够,难以保证其侦查活动符合追诉要求,导致控诉力量不足,妨碍对犯罪的有效追诉。二是法律与实际的脱节。检察机关的法律监督名不符实,警察行为不能受到检察官有效的法律控制,仍然存在所谓"侦查任意主义",妨碍了侦查程序的法治化。

《刑事诉讼法》的修改,出于对人权保护的考虑,适当强化了嫌疑人、被告人的诉讼地位和诉讼权利,限制了侦查行为,同时强化了程序的约束力,从而增大了控诉犯罪的难度。而且,改造审判方式确立了检察官的法庭举证责任,强化了辩护方的举证权利,使审判前侦查结论的不确定性增加,需要通过继续侦查随时提供指控犯罪应有的证据。这就要求侦查和起诉方进一步协调关系,形成合力,尤其是侦查必须围绕起诉指控的需要进行,侦查方面必须准确全面地提供指控所需要的证据。正是因为这种需要,1996年《刑事诉讼法》修改时在第140条增加了"人民检察院审查案件,可以要求公安机关提供法庭审判所必需的证据材料"的规定。然而,由于一些基本原则和制度的限制,检警协调的问题并未有效解决。突出的问题是检警相互制约相互配合的原则和制度本身不尽合理,与刑事诉讼制度的改革更不适应,从而妨碍了追诉力量的强化。

我国《宪法》和《刑事诉讼法》所规定的公、检、法三机关"分工负责、互相配合、互相制约"的基本原则在法理上有缺陷,在实践中有弊端。笔者曾在几年前专题分析了这方面的问题,[16]指出配合制约原则存在"可能扭曲诉讼结构""可能模糊诉讼关系""可能抑制检察、审判职能的发挥并导致相互扯皮”三大弊端。就公、检关系而言,公安承担一般刑事案件侦查,是执行机关;检察掌握批捕、起诉和侦查活动监督权,是侦查监督机关。因此,相对于公安侦查机关来说,检察机关的主要诉讼角色是诉讼监督者。如果说执行刑事诉讼职能的不同国家机关之间在权力互涉的意义上存在一种制约关系,那么,这种制约也主要是一种“递进制约”关系。他们之间的职能关系,不应当是平行的,而应当是起伏的——侦查实施者对检察监督者呈伏势,而检察相对于决定起诉命运的审判呈伏势(否则无以确立审判的权威)。互相制约原则肯定了制约的双向性,却忽略了制约的递进性,明显具有“平分秋色”的意味,从而直接抑制了检察职能,并隐伏了互不买账、互相扯皮的契机。

由于“互相制约”原则的贯彻以及检察监督的形式化,检察机关对侦查行为的法律监督难以实施,侦查活动仍具有“任意主义”的倾向,突出表现在除逮捕以外的各种人身强制措施,以及搜查、扣押、查封、冻结等对物的强制措施无须经司法审查获得司法令状,这有悖于刑事侦查法制的普遍原则,即令状原则(司法审查原则)。同时对强制侦查在法律上未规定严格的执行条件和程序,也是“任意主义”的表现。[17]当然,解决“任意主义”问题,应当实行法院对强制侦查的司法审查,同时,由检察机关对日常侦查行为进行有效的法律监督,也是重要途径。现代检察制度设立的目的之一,正是监督制约警察,保证公正而合法的侦查,以实行法治。在我国,虽然确立检察机关为法律监督机关,其法律地位似乎十分崇高,超过各个国家和地区水平,但在实践中却对警方的违法缺乏有效监督权力,其监督制约程度可以说低于现代多数国家和地区。《刑事诉讼法》修改时增加了关于立案监督的规定,但由于制度不配套,公安立案后不侦查或消极侦查从而使立案监督丧失效用的问题并未解决。

鉴于以上情况,我国刑事司法的改革,必须克服各种障碍,有效解决检警协调增强控诉力量以及通过加强检察监督提高侦查程序法治化水平这两方面的问题。

四、调整方案选择:双重领导制或一重领导一重监督制

确定我国检警关系调整的路径与具体方案,必须借鉴其他国家和地区的经验,同时应充分注意立足于我国的实际情况。以“证谬”方式论证,以下

三种方案似乎不足取:(1)检警一体化,如前所述,缺乏合理性与可行性,不足取。(2)检主警辅模式,即检察机关为侦查主持机关,警察机关为侦查辅助机关。这种检警关系模式主要问题在于:一是检察官由于学养、侦查力量与网络以及与警察不同的隶属关系,难以有效地实施侦查指挥,造成法律与实际脱节;二是处于刑侦第一线的警察机关不具有侦查主体地位,不利于发挥其积极性,会影响刑事司法的效率。[18]而且这种模式在我国条件下基本不具备实施可能,难以作为我国司法改革的可选路径。(3)重新分配刑事诉追任务,警察负责侦查,检察官只负责起诉。警检对侦查起诉各负其责各行其是,似乎分工明确,各用其长。然而,这一方案与对侦查实施法律控制的法制原则相悖,造成警察活动缺乏节制,同时由于侦查必须围绕起诉进行,将两者截然分开,会造成侦查取证难以充分符合控诉需要,因此这种方案也不能成为可选方案。

为提高刑事诉追能力及侦查行为法制化水平,笔者认为,在我国检警关系方案的选择和实施上应贯彻三项原则:

1. 检警二元制侦查原则。上述说明单以检察机关为侦查机关和单以警察机关为侦查机关的做法都不可取。根据普遍的经验结合我国的情况,应实行警检均有侦查权的“侦查二元制”。在这样的刑事侦查体系中,对大多数案件的侦查无疑应由公安机关承担,同时检察机关亦有侦查权。检察机关的侦查权包含两个部分:一是对应当由检察机关受理的案件(目前主要是由国家工作人员实施的贪污贿赂渎职犯罪案件)立案侦查;二是对公安侦查不充分的案件进行补充侦查,即实施所谓的“二线侦查”[19]。侦查二元制应当说比较符合执法的实际情况和现实要求,并能体现检警关系发展方向的侦查体系设置模式。

2. 保证侦查效率与实现法律控制相结合的原则。当前,由于市场经济条件下社会规制的放宽等多方面的原因,刑事犯罪是一个十分严重的社会问题,为维持社会的正常秩序,对犯罪的打击绝不能放松。必须有效保证侦查效率,为此应当确认具有较充分的侦查技能、手段、力量和网络的公安机关在一般刑事案件中的侦查主导地位。同时应当赋予他们在侦查程序中必要的处置权,如组织和实施侦查的权力,直接采取任意侦查措施[20]的权力,以及直接实施某些轻度影响公民权利的强制性侦查措施(如取保候审、监视居住、拘传等)的权力。

但对侦查行为的法律控制是依法治国的基本要求,同时也是司法实践中反映出的迫切需要。实践证明,不受制约或者受到很少制约的侦查权力最容易对公民权利造成严重损害,同时也极易发生腐败现象。为此,必须加强对侦查行为的司法控制。从各个国家和地区的情况以及我国的司法体制看,对侦查行为的日常性司法控制主要由检察官实施。这包括对侦查立案行为的监督,对部分强制措施(包括对人的强制和对物的强制)的审批,对侦查结果进行评价以决定是否起诉等。从目前的情况看,就诉讼程序的设置而言,在保证侦查效率和实现法律控制两个方面都需要加强,但更突出的问题是实现对侦查行为的法律控制。[21]

3. 法律实效性原则。我国检察机关的侦查监督形式化,法律监督名不符实,这是多年来公认的突出问题。从根本上看,这是由于一套引进的法律概念和相应制度(法律监督机关的定性主要是学习苏联,与列宁的思想有关)与本国实际的权力结构发生冲突的结果。1996 年修改《刑事诉讼法》,加强了立案监督,这是一个进步,但相关保障措施未跟上。同时在某些问题上还削弱了检察监督(如机动侦查权的严格限制)。但毕竟检察机关对侦查的监督为法治所需要,这种监督必须加强,尤其强调其落在实处而不是空悬于法律。

根据以上三项原则,结合目前我国检警关系实际,有以下三个突出问题必须解决:

第一,关于检警关系模式的确定。我国检警关系模式的调整有两种可行方案。一种方案是实行双重领导制。对公安的刑事侦查活动,实行公安与检察双重领导制。这与反走私警察接受公安和海关双重领导相似。公安有关单位的刑事侦查活动,既受公安机关的领导,又受检察院的领导。这样,公安侦查人员未脱离其系统和网络,其侦查能力不受损害。同时检察官有权指挥调动和监督公安侦查人员,这种关系的确定,也有利于检警形成合力,有利于检察监督的强化和落实。

另一种方案是实行一重领导一重监督体制,但强调将监督落在实处。公安侦查活动由其上级领导,同时服从检察机关的监督。这也许是更为现实的一种方案。

第二,关于检察监督的实质化。一是监督范围要扩大。主要是指贯彻司法审查原则,对公安的强制性侦查措施除强制性轻微的外,原则上应交检察机关审批。例如,根据《刑事诉讼法》第 69 条第 2 款,对流窜作案、多次作案、结伙作案的重大嫌疑分子,拘留后提请审查批捕时间可以的延长至 30 日。鉴于公安独自决定羁押公民的时间太长,大大超过国际一般标准,容易造成对公民权利的侵犯,法律应规定凡拘留延长至 30 日,须由检察院审查批准。对搜查、扣押、冻结等措施也应由检察院批准。这样检察机关对侦查行为的法律控制将会明显增强。[22]

二是监督措施要配套。例如,对立案监督,目前检察机关对公安立案撤案情况并无法定了解渠道,只能根据当事人以及单位和群众的反映发现某些问题。因此应当借鉴其他国家和地区做法,要求公安方面将全部发、破案以及立、撤案情况报检察院。由基层派出所开始,在报上级机关的同时将有关案件的情况报检察院。还可以实行电脑互联,以便检察机关能够有效实施立案监督。

三是管事与管人相结合,以增强监督效力。检察机关管事不管人,使其监督可能被对方漠视,因为即使如此,监督者对被监督者也奈何不得。从日本法例看,日本司法警察是独立的侦查主体,检察官也有侦查权,同时根据日本《刑事诉讼法》第 193 条规定,检察官对司法警察可作一般指示、一般指挥或具体指示,司法警察必须服从检察官依法实施的指挥监督。为保证这种监督权,日本《刑事诉讼法》第 194 条规定,检事正以上检察官,如认为司法警察无正当理由不服从检察官的指示或指挥,必要时,可向国家公安委员会或都道府县公安委员会,提出诉追,要求惩戒。在中国台湾地区,根据“调查司法警察条例”第 11、13 条,检察官对于二级司法警察官与司法警察,有直接奖惩权;对于一级司法警察官,有转请其上级长官奖惩的权力。在我国大陆,如果实行前述对公安刑事侦查的双重领导制,可以借鉴我国台湾地区的做法;如果实行一重领导一重监督制,则可借鉴日本的做法。总之,只有将事务监督权与人事奖惩权结合起来,做到事权统一,才能有效地实施监督并防止“抗命”和“扯皮”。

第三,关于侦查分工的协调。目前在检警关系上既影响侦查效率又妨碍检察监督的一个突出问题是《刑事诉讼法》对侦查管辖的截然划分。根据《刑事诉讼法》第 18 条的规定,刑事案件侦查除法律有规定的外,由公安机关负责;人民检察院立案侦查“贪污贿赂犯罪,国家工作人员的渎职犯罪,国家机关工作人员利用职权实施的非法拘禁、刑讯逼供、报复陷害、非法搜查的侵犯公民人身权利的犯罪以及侵犯公民民主权利的犯罪”。1996 年《刑事诉讼法》修改了 1979 年《刑事诉讼法》第 13 条第 2 款关于检察院有权侦查“人民检察院认为需要自己直接受理的其他案件”的条款，只规定经省级以上人民检察院决定，检察院可以对国家工作人员利用职权实施的其他重大的犯罪案件立案侦查。从而使上述管辖分工更缺乏机动处置的余地。根据 1998 年 1 月最高人民法院、最高人民检察院、公安部、国家安全部、司法部、全国人大常委会法制工作委员会《关于刑事诉讼法实施中若干问题的规定》第 6 条规定，公安检察在侦查自己管辖的案件时遇到由其他机关侦查的案件，应当相互移送而不能并案侦查。这些法律规定给侦查实践带来突出问题。它导致一个犯罪嫌疑人被两个机关同时立案侦查，在侦查措施的采取、强制措施的使用上难以协调，不仅浪费司法资源，而且对犯罪嫌疑人带来难以承担的双重压力。与此相关的，对共同犯罪和牵连犯罪案件，只因主体身份、案件性质不同即由两个机关侦查，也损害侦查效率，浪费司法资源。

出现上述问题的主要原因，是将检察机关当作单纯的办案机关，而忽视了其作为监督机关的性质，同时忽略了侦查活动的实际需要。虽然立法上有防止检察机关利益驱动越权办案的考虑，但确有因噎废食之嫌。为解决上述问题，应当赋予检察机关以机动侦查权，同时规定对涉及两个侦查机关管辖的案件，可以由负责主罪的侦查机关并案侦查，也可以在作出一定限制的情况下，允许检察机关根据案件侦查需要确定侦查管辖。

注释

1 陈兴良：《诉讼结构的重塑与司法体制的改革》，载《人民检察》1999 年第 1 期；陈卫东、郝银钟：《侦、检一体化模式研究》，载《法学研究》1999 年第 1 期；陈卫东、郝银钟：《实然与应然——关于侦检权是否属于司法权的随想》，载《法学》1999 年第 6 期。

2 陈卫东、郝银钟先生提出检察主导型、指导参与型、协助型三种模式，参见陈卫东、郝银钟：《侦、检一体化模式研究》，载《法学研究》1999 年第 1 期；宋英辉、张建港先生提出警、检分立和警、检结合两种模式，参见宋英辉、张建港：《刑事程序中警、检关系模式之探讨》，载《政法论坛》1998 年第 2 期。

3 德国《刑事诉讼法》第 163 条；我国台湾地区“刑事诉讼法”第 228 ~ 231 条。

4 ［德］赫尔曼：《德国刑事诉讼法典中译本序言》，载李昌珂译：《德国刑事诉讼法典》，中国政法大学出版社 1995 年版,第 3 页。

5 蔡墩铭:《刑事诉讼法》,台北,五南图书出版公司 1983 年版,第 82 页。

6 经“刑事诉讼法”的近期修改,我国台湾地区的批准逮捕权已经由检察院移交法院。

7 陈兴良先生和陈卫东、郝银钟先生主张的检警一体化都是要求将刑事警察从警察机关拿出,在组织上隶属检察机关领导,形成一种结合紧密的组织关系,而不仅仅是一种工作关系。参见陈兴良:《诉讼结构的重塑与司法体制的改革》,载《人民检察》1999 年第 1 期;陈卫东、郝银钟:《侦、检一体化模式研究》,载《法学研究》1999 年第 1 期;陈卫东、郝银钟:《实然与应然——关于侦检权是否属于司法权的随想》,载《法学》1999 年第 6 期。

8 蔡墩铭:《刑事诉讼法》,台北,五南图书出版公司 1983 年版,第 84 页。

9 陈卫东、郝银钟:《实然与应然——关于侦检权是否属于司法权的随想》,载《法学》1999 年第 6 期。

10 林钰雄:《检察官在诉讼法上的任务与义务》,载《法令月刊》1998 年第 49 卷第 10 期。

11 我国台湾地区《联合报》曾刊载一位检察官指挥侦查的体会:“一遇重大刑案,警方要求前往坐镇指挥时,心里就发毛。老实说,要谈‘法律’,这些大我二三十岁的警察‘伯伯’‘叔叔’不是我的对手,可是,要谈‘侦查方法’,我却不得不承认甘拜下风。这些要检察官坐镇指挥的重大刑案,件件都是‘烫手的山芋’,警方破不了案,甚至茫无头绪,才会敦驾请求前往坐镇指挥。去嘛,当他们的‘挡箭牌’,转移舆论责难的焦点;不去职责攸关,不但在法律上说不过去,而且也将贻人口实。最后,当然硬着头皮,抱着‘明知山有虎,偏向虎山行’的心情非去不可……每遇坐镇指挥情事,我即宣布二事。其一,刑案‘何人所犯’,全权委由警察机关去侦查,如何调兵遣将,那是司法警察官的事。其二,侦查到‘犯嫌’了,他‘该当何罪’‘应否起诉’‘是否搜捕’等法律问题,则属我的事。这种‘指挥’,他们都很欣然接受。事后,他们也私下曾告诉我,我很‘上路’,门槛甚精,我却苦笑不置,我如此做,已违背法令了啊!”(参见杨仁寿:《检察官与警察》,载《联合报》1979 年 4 月 28 日)

12 蔡墩铭先生称,有法国学者主张将司法警察自普通警察之组织系统分离,而置于检察机关之下,但“本方案虽可统一事权,指挥灵便,但将使检察机关显现太重之行政机关之性格,造成审判机关与检察机关在比重上之不平衡。同时,因司法警察与其他警察孤立而脱节,亦足以削弱其在犯罪侦察之能力。因此,本方案似是弊多于利”。(参见蔡墩铭:《刑事诉讼法》,台北,五南图书出版公司 1983 年版,第 86 页)

13 蔡碧玉:《检警关系实务之研究》,载《法令月刊》1997 年第 48 卷第 1 期。

14 举一“洋扯皮”案例。美国的一个嬉皮士集团(所谓“曼森家族”)在洛杉矶杀害了 5 名无辜者,庭审前地方检察官办事处助理检察官巴勒斯召集办案警察开了一个会,布置了 52 项补充调查的任务。但在布置完工作后,警察们保持沉默。然后,主办警官卡尔金斯抱怨:“干吗要我们去干这些事情?我们是警察,不是检察官。”巴勒斯称:“等等,这项工作完全是为了获得更确凿的证据,以便在法庭上击败那些凶手。”“但那不是我们的工作。”卡尔金坚持反对。这使巴勒斯大为吃惊,他气愤地质问:“难道调查案子,收集证据,这不是警方的工作吗？你们是警察，我们是检察官，我们每个人都有自己分内的工作。如果我们中哪一个想放弃工作，曼森就会逍遥法外。好好想想吧！"后来警方比较勉强地按照检察官的要求进行了侦查（参见大案纪实《堕落、嗥叫与死亡》，宁丽丽编译，花城出版社 1988 年版，第 154 页）。美国司法部调查认为，在美国，检警联系沟通不够，检警相互埋怨是比较普遍的问题。参见 William F . Mcdonald, Police – Prosecutors in the United States, US. Department of Justice July 1982, pp. 6 – 7。

15 我国台湾地区早就提出要借鉴大陆的退侦制度，允许检察官向警方退案。为调整检警关系，我国台湾地区所谓"立法院司法委员会"于 1995 年 6 月审查通过修正"刑事诉讼法"第 231 条，规定了检察官的受案审查和退侦权。

16 龙宗智：《论配合制约原则的某些"负效应"及其防止》，载《中外法学》1991 年第 3 期。

17 龙宗智：《论刑事司法中个人权利与国家权力的冲突与协调》，载《中国律师》1998 年第 4、5 期。

18 德国为解决检主警辅侦查模式名不符实的问题，于 1978 年 11 月由司法、内政部长会议所设置的联合委员会向国会提出提案，指出基于警察组织的发展、技术装备、教育训练已较过去进步等理由，主张重新确立检察官与警察的法律地位，赋予警察独立侦查的决定权，废止检察官对于警察的指挥权及警察将案件移送检察官的义务等。国会虽承认检警关系上存在一定问题，但又认为，这一变革不仅关系刑事程序上检察官的地位，而且足以动摇法治国家刑事程序之根本，因此而将其否决。

19 日本及中国台湾地区有的学者将侦查分为警察机构的"一线侦查"和检察机关的"二线侦查"。所谓"二线侦查"，是指有侦查权的检察机关对警察移送的案件进行补充侦查。有学者提出，检察官应当尽量站在侦查第一线进行"了解、指挥、处理或疏导"，以发挥功能。如以此种分类，我国检察机关就自侦案件系"一线侦查"机关，而对公安侦查的案件，因补充侦查功能可称为"二线侦查"。

20 任意侦查是指不使用强制手段的侦查。

21 就侦查法制化问题，我国应当说在有些方面尚未达到刑事司法最低限度的国际标准，如对羁押和搜查等强制性侦查措施的司法审查，羁押时限，侦查手段包括技术性侦查手段的法制化等。

22 检察机关对侦查的监督还不能代替法院的司法审查，因此，从发展看，可以考虑将最严厉的强制性措施——逮捕的审批权今后交法院。

中国法语境中的检察官客观义务*

检察官的客观义务，是指检察官为了发现真实情况，不应站在当事人的立场，而应站在客观的立场上进行活动。检察官担负控诉职能，在刑事诉讼学理上，属于代表国家提出控诉的诉讼原告(当事人)，然而，客观义务要求其超越当事人角色，在诉讼活动中坚持客观立场，这是一个矛盾，对检察官是一个难题。有学者认为，要求检察官承担客观义务，是知其不可为而为。也有学者认为，检察官客观义务与检察官的司法官角色及职权主义的诉讼构造相伴随，客观义务论可能强化检察官的强势地位，损害控辩平衡。[1]笔者认为，对检察官客观义务问题的研究，是中国检察理论研究中的一个有意义的课题，它关系到中国检察制度构建的合理性与检察权行使的效能，甚至关系到中国检察制度的建设方向，尤其在当前司法改革强调“加强监督”的背景之下，而目前对这一问题的研究还很不充分。[2]本文主要从中国司法制度的背景与检察制度的特殊性出发，结合当前的司法改革与法律实践，研究检察官客观义务问题，希望能对中国检察制度的建设及检察权的行使产生积极的学理影响。

一、“客观义务”的渊源、分类及内涵

在我国，对“检察官客观义务”的概念和相关理论的初始了解，在相当程度上来源于日本学者松本一郎所著的《检察官的客观义务》一文。[3]该文在溯源的意义上，认为“检察官的客观义务”，“是以实体的真实主义和职权审理主义为基本原理的德国法学的产物”，称：“在德国自 1877 年法典制定以来，

---

* 原载《法学研究》2009 年第 4 期、《中国检察官》2009 年第 9 期。

一直把检察官列为追诉前程序的主持人，和主持判决程序的法院一同被赋予‘司法机关’的地位。法官和检察官是性质相同的、为发现真实情况而努力的合作者，只是分工不同而已。检察官是官方的‘护法人’，而不是‘当事人’。检察官不但要侦查使被告人成为有罪的情况，还要侦查使被告人成为无罪的情况（德国《刑事诉讼法》第 166 条第 2 款），而且，还能为被告人的利益而进行上诉（德国《刑事诉讼法》第 296 条第 2 款）。也就是说，检察官为了发现真实情况，不应站在当事人的立场上，而应站在客观的立场上进行活动，这就是赋予检察官的‘客观义务’。”

我国台湾地区学者林钰雄先生在其著作《检察官论》一书中，就客观义务论在德国的确立背景作了介绍，指出德国司法制度史上，曾就检察官地位与功能展开辩论，形成所谓“主观派”与“客观派”两大阵营。前者基于控辩平等要求，主张检察官作为当事人只需履行其控诉职能；后者则强调检察官的“法制守护人”角色要求，赋予其超越当事人的客观义务，结果是“客观派”获胜，并使检察官客观义务始终体现于刑事诉讼制度中。[4]

孙长永教授根据有关资料进一步分析客观义务论产生的制度缘由，指出，随着预审法官强制侦查权力的弱化，特别是预审法官制度在大陆法系的德国、意大利等国家的废止，审前程序的主导者由预审法官转变为检察官，原来由预审法官行使的强制侦查权以及随着科技进步而取得的侦查取证权转由检察官及其指挥或指导下的司法警察行使。这种情况下，大陆法系的诉讼理论和立法对形式上构成刑事诉讼一方“当事人”的检察官提出了明确的“客观义务”要求，以防止检察官单纯出于“当事人”的角色滥用强大的侦查追诉权力，背离其作为“公益代表人”的司法官身份。[5]

综上所述，具有制度支持和系统法理的检察官客观义务论，属大陆法系的检察理论，严格地讲，是大陆法系中德国法学的产物，并为日本、意大利等与德国法类似的司法制度和学理所认可。因为这一概念，与职权主义的诉讼构造和检察官的司法官地位以及检察官作为审前程序主持者的制度安排相联系，而在法国等大陆法系国家，实行预审法官主持审前程序以及检察官作为行政体系的官员并成为控诉当事人的制度，并未产生德国式的检察官客观义务概念。

然而，应当看到，检察官制度由法国发源，这一制度自始就有维护和完善国家法制的意义，检察官活动必须遵循法制原则，同时必须维护公共利益。从这两点出发,在其活动中必然要求其客观公正。不过这种要求在不同的检察制度中的法律体现、制度配合以及学理支持是不相同的。对各国检察官制度作比较研究,从学理上应能确立两种不同类型的客观义务论。一种是严格意义上的,亦即“狭义的”检察官客观义务,即作为刑事诉讼制度和检察制度基本原则,而且制度化的“客观义务”。其典型为德国法,主要特征为以下三点:

其一,检察官系“法制守护人”,具有司法官或“准司法官”地位。司法的特征是中立,由此而自然要求其超越一方当事人角色限制,在证据调查与诉讼行为上保持其中立性的“客观义务”。同时,司法官的地位与权利,也要求其以“客观性”作为其相应义务,以保持权利义务的统一。

其二,职权主义类型的诉讼构造。由于职权主义构造中,检察官具有当事人不能比拟的强大侦查与控诉职权,如果没有客观性要求对其约束,将增加滥用权力的可能。同时,职权主义构造中,控辩双方实质上存在较大的力量不平衡,这种力量对比以及制度平衡的要求,使检察官对犯罪嫌疑人、被告人作“诉讼关照”,包括为辩护活动提供必要条件等,成为可能与必要,这也支持了“客观义务”。

其三,客观义务具体体现于诉讼制度。主要是两个方面:一是审前阶段,客观、全面地搜集证据。既要搜集对嫌疑人不利的证据,也要搜集对其有利的证据,并在此基础上客观公正地提出指控。二是审判阶段,基于客观公正的要求,要求法院判决无罪,或为被告利益提出上诉及再审请求。[6]

另一种是“广义的”客观义务论。即以客观性为检察官履行职务的一般原则——要求检察官客观评价案件,公正履行职务,但这一要求并未成为有效的刑事诉讼法律规范,因此未形成一种严格意义上的法定义务,而在法理分析上,一般将其称为检察官的伦理责任或伦理标准。这是当事人主义诉讼中的情况,其中,美国法可为代表。

在美国检察制度研究中,十分强调检察官“实现正义”或“寻求正义”的责任。“实现正义”(或“寻求正义”)责任,可以基本上表达“客观义务”对检察官中立客观性的要求。同时,近年来美国检察官研究中提出并强调“检察中立”,这一概念也与客观义务的客观中立要求一致。[7]

美国律师协会(ABA)在其制定的《检控与辩护职能刑事司法准则》中,对检察官职能总的要求是:“检察官的职责是寻求正义,而不仅是定罪。”[8]美国律师协会制定的《检察官职业行为示范规则》在“检察官特别责任”项下规定:“检察官不单纯是诉讼代理人,他也承担司法管理的责任。”[9]这两项关于检察官实现正义责任即检察官客观义务的规定,是具有经典意义的,在美国刑事司法理论与实践中普遍引用的对检察官履行职务的基本要求。在1935年伯格诉合众国案中,美国最高法院裁决指出:“美国检察官代表的不是普通的一方当事人,而是国家政权,他应当公平地行使自己的职责;因此检察官在刑事司法中的目的不是胜诉,而是实现公正(do justice or seek justice),也就是说,从这个特别的、有限的意义上讲,检察官是法律奴仆,具有双重目标,既要惩罚罪犯,又要确保无辜者不被错误定罪。检察官可以而且也应当全力以赴地追诉犯罪,但在他重拳出击时,却不能任意地犯规出拳。不允许使用可能产生错误结果的不适当手段追诉犯罪,与用尽全部合法手段寻求公正的结果,二者同样属于检察官的职责。”[10]这一裁决,是关于检察官责任的最重要判例。

美国法律制度中检察官履行客观义务(寻求或实现公正的责任),其主要缘由和根据为两点:一是因为检察官所具有的权力。由于检察官代表国家,行使调查和检控的“准司法”的权力,而且其自由裁量权实际上缺乏抑制,这种远远超过诉讼对方的权力,要求他必须承担客观公正的责任。二是因为检察官作为国家政权代表的职能作用。检察官作为公权力的代表,它也有责任正当地、客观地行使其权力。[11]

在美国法中,检察官寻求或实现公正的责任是一个十分重要的概念。这是因为,美国法的对抗性,使检察官在诉讼中往往成为“热情的诉讼斗士”,不遗余力地争取胜诉。但过分热情,又会损害司法的公正。因此,法官、辩护律师和社会公众一旦遇到或者他们认为遇到“过分热情的检察官”时,往往提及检察官的这一责任。[12]另外,检察官也常常提到自己所承担的这种责任——用它来说明检察官的决定并不是为了自身的利益,“因此应当比其他律师受到更多信任,同时其行为应当受到较少的审查”[13]。

除了前述法律责任与伦理责任的区别外(这是一个大致的划分,实际差别似乎不像语言表述的区别那样大),与德国法的另一点区别是,美国法设定的主要是一种“消极义务”而非“积极义务”。即要求检察官不得违反法律要求及作为公益代表的职责行事,不得损害其职务的客观性,但一般不要求其为被告人的无罪或罪轻进行诉讼努力,因为在对抗制度中,这是辩护方的职责。也可以说,这是有限的客观义务,即“底线义务”。其中的法哲学意义是认为检察官是人而不是神。因为他在刑事诉讼中代表控方,需要努力实现打击犯罪、维护社会利益的目的,如果既要求他成为积极抗制犯罪的斗士,又要求他作为客观中立、不偏不倚的法官,这在某种程度上是勉为其难,也是不现实的。因此,对他的客观性只能提出适度的要求,而主要依靠制度性的外部约束,来实现司法的客观和公正。这种外部约束主要是两个方面:一是司法约束。即“法官可以通过审判案件要求检察官采取适当的行为,并对不适当行为作出惩罚性的处理,从而贯彻正确的检察官行为准则”[14]。二是政治约束。即如美国律师协会指出的,“定期选举的制约——民众对检察官工作优劣的直接反映——是体现人民控制其公仆的权力的一种机制”[15]。

上述德国与美国两种不同类型的客观义务论,分别基于职权主义和当事人主义的诉讼构造,形成客观公正要求的两种典型。但还有非典型化的,介于二者之间的客观义务论。尤其是在诉讼构造调整改造的过程中,随着职权主义向当事人主义的转变以及检察官的当事人化,一些国家的法律制度虽然在相当程度上仍保留检察官客观义务要求,但对抗因素的增强以及检察官当事人角色意识的强化,使检察官客观义务的基础有所动摇,从而形成新样式的检察官客观义务要求,在此基础上,也产生了一些新的客观义务论。[16]

至于联合国有关法律文件与文书中确立的检察官客观义务要求,可以说是一种努力寻求共识的底线要求。鉴于联合国有关文件只能作准则性(原则性)的规定,而不宜规定具体的程序规范,同时考虑到在不同法律制度中的可适用性,联合国有关规则只能设置底线。如联合国《关于检察官作用的准则》(1990 年 9 月 7 日通过)第 13 条规定,检察官在履行职责时应当:(1)不偏不倚地履行其职能,并避免任何政治、社会、文化、性别或任何其他形式的歧视;(2)保证公众利益,按照客观标准行事,适当考虑到嫌疑犯和被害者的立场,并注意到一切有关的情况,无论是对嫌疑犯有利还是不利……这些规定,应当说只是设定前述所谓“消极义务”,而未设定“积极义务”,总的看并未超越控方立场,因此这种规定与美国法较为接近,其底线性要求应当说具有普适性。

二、检察官客观义务论的内在矛盾和实现难题

由于检察官制度是国家为维护法律秩序与社会正义所作的制度安排,

因此，从检察官制度的基本法理中应当引申出检察官的客观义务，同时，这一要求及相应的制度安排，又是为平衡检察官的控诉角色与护法职能的应对性措施，其突出意义在于抑制检察官作为控方当事人而可能造成的对法律制度的偏离。

检察官偏离法律制度，是国家法律制度设计与运行中值得注意的一个问题。因为在以诉讼的方式实现国家刑罚权的过程中，检察官代表国家和公众，系实际处于当事人地位的原告人，同时他是以积极主动的方式揭发和控诉犯罪，努力实现国家的刑罚权。这就使检察官活动存在“双重危险”，一方面，作为控方，他可能仅仅从控诉的角度考虑问题，而不能超越控诉角色，客观全面地评价案件和采取行动；另一方面，他所采取的积极主动的行为方式，使他可能过分热情，在不遗余力地揭露与控诉犯罪的同时，压制对方当事人的活动，突破法律对检控活动的约束。实现刑罚权过程的对抗性质，对方当事人及其辅助者所作的防御以及对控诉的抗制，更容易助长检控方这种控诉倾向与热情。由于检察官是刑事审前程序的主持人，在调查取证方面，他既有重要权力又有方便条件，而就是否控诉及如何控诉，更有其他主体不能分割甚至难以有效控制的酌定权，一旦滥用这些权力，国家法制和公民权益将受到极大损害。

正是为了防止和消除检察官因其角色立场产生的片面性及权力滥用，法律制度特别要求检察官客观公正地履行其职责，而在大陆法尤其是德国法的背景中，由于强调检察官作为官方“护法人”的身份与地位，更是强化其客观义务，不仅要求他全面地搜集证据评价案件，而且要求他在刑事追诉权发动后能够及时撤回与终止其追诉活动，甚至在必要时责成他为被告的利益提起上诉。也就是说，不仅要求检察官不得以主观偏见损害被告人的权益，而且还要求其在维护被告人合法权益上发挥积极的作用。从法理上分析，这种客观义务要求，是保持国家刑事追诉制度合理运行的需要，同时也符合权利（权力）义务（责任）相统一的原则——检察官享有重要的国家权力——国家追诉权，并具有相应追诉资源，当然应当要求其承担客观性义务。

然而，在实践中，客观义务要求则往往较难实现，这是因为“客观义务”本身蕴含了内在矛盾。这种内在矛盾，主要是指检察官在承担客观义务时的角色冲突。一方面，检察官为履行其打击犯罪的职责须成为热情的（控诉方)当事人;另一方面,又因客观义务而应充当冷静的、无偏倚的法官,而这两种角色是矛盾的。检察官是人不是神,要求其同时兼任两种角色并同时发挥两方面的功能,与心理学的规律以及诉讼职能分工的学理相悖。如有学者认为:"要求检察官有效打击犯罪,以维护社会秩序之同时,复要求其应当保障人权,首先就人性而言,宛如对以打猎为生之猎人,要求其于打猎之余,不得滥杀野生动物一般,不是不可能,而是实难期检察官会有良好成效,通常会流于伪善的钓鱼式查证,当然检察官也无法如无辜被告所期待的,成为一位热切忠实的人权辩护者。"[17]

检察活动中的角色冲突,导致客观义务的履行常常受到阻碍。对此几成定论。美国刑事诉讼的对抗制特征,使检察官客观义务容易受到诉讼对抗性的影响,强烈的胜诉欲望可能使其忽略客观义务。即使是在最为强调客观义务的德国,其实际状况也并不理想。德国学者对客观义务探讨多年也不得不承认,"赋予检察官客观义务,从心理学的角度来看,与其控诉职能是冲突的"。[18]"事实上,德国检察官的角色与其他国家的公诉人其实很类似。虽然法律规定检察官得为被告之利益提起上诉,但实际上,检察官很少这样做,因为检察官如果认为被告的犯罪嫌疑不足时,是不会提起公诉的。法律赋予检察官应公正执法的规定,并不表示检察官如果违反,就会发生法律责任,除非检察官是故意对明知其为无罪之人提起公诉(德国《刑法典》第343条规定参照)。检察官通常不会草率提起公诉,这主要与他们的侦查效益考虑及对自己专业性的要求有关。一旦他们对于某犯罪决定提起公诉,他们往往会与美国的检察官一样尽力使得被告受到应得之刑罚。"[19]

客观义务难以有效实现的根本原因,存在于现代刑事诉讼制度的结构与机理之中。其中关键在于两点:一是结构塑造;二是角色期望。所谓结构塑造,是指在刑事诉讼结构即控辩审三方组合的结构中,他不是一个客观中立的司法官员,而是一个控方官员,作为控方当事人,代表国家与社会检控犯罪的利益,他是以半行政半司法的方式履行着一种准司法的职能。正是由于警惕这种角色与立场的限制,现代刑事司法制度不赋予检察官以中立司法官员的职权,如重要强制侦查行为的审批,也不分享定罪权与刑罚裁量科处权,同时通过法院的司法审查制约检察官的活动,抑制其打破法律的冲动。所谓角色期望,是指无论社会对检察官的期待,还是检察官自己对其履行职能的期许,均主要系之于打击犯罪的业绩。那么,可能妨碍其业绩的任何行为，都可能受到检察官在心理上的排斥。例如，当检察官与司法警察通过大量调查活动锁定嫌疑人，搜集了犯罪证据，后又将其诉之于法庭时，出现可能对被告有利的证据，而搜集、采纳这些证据可能使检察官及司法警察的工作前功尽弃，甚至因耗费了司法资源乃至损害了公民权益（因逮捕、搜查等）而受到内部及外部的负面评价，此时，要调适检察官心理使其客观对待案件，中立而无偏私地搜集、评价证据，进而承认自己工作的无效甚至失当，确有相当难度。

客观义务难以实现，是否就意味着客观义务是一个没有意义的制度概念。对此，笔者认为，客观义务的实现虽有一定难度，但这一要求毕竟有一定的约束作用。对客观义务的制度性确认，可以促使检察官适当注意其行为的客观公正，也可以作为外界检验检察活动的标准，其制度安排亦将促进检察官履行客观义务。反之，在检察官享有重要的国家权力的情况下，不作这一要求，更会使检察官的权力行使缺乏必要约束，在某些情况下，可能导致灾难性后果。因此，不能否定客观义务，而应确认检察官的这一义务并尽力促使其履行。尤其是要通过相应的制度安排使检察官客观义务比较能够具有履行的可能性（这一问题将在文后进一步探讨）。当然，我们也不能不切实际地对此寄予过高的希望，因为检察官是人不是神，因此也要设置适当的制度来防制检察官违背其客观义务的不当行为。

除上述内在矛盾外，客观义务论还会遇到一种外在的冲突。严格意义上的客观义务论，无疑是以实体的真实主义与职权主义为特征的德国法学的产物，确立客观义务，固然增加了检察官在行使权力时的义务与责任，但同时产生的检察官的司法官化，以及作为被告人的利益保护者而强化检察官的诉讼地位，可能威胁控辩双方平等对抗的诉讼结构。这是德国、日本、意大利学者在客观义务问题上的主要担心，也是我国一些学者的担心之处。应当说，这一担心是有根据的。[20]出于这种担心，一些学者主张不走确立或强化客观义务的路径，而是通过强化被告方的辩护能力，以辩护权抗制检控权的滥用。

依靠诉讼对抗的制度安排，通过控辩平衡及辩护权对检控权的制衡（以审判的独立和权威为必不可少的配合要件），来抑制检察权的滥用，实现司法公正，这是对抗制诉讼体制所蕴含的法理。然而，即使是对抗制诉讼构造，也有设置客观义务的必要。因为检察官享有国家权力资源。控辩双方虽有形式平等,但实际的资源享有不平等,因此对享有更多资源尤其是享有公民不可能获得的权力资源的一方,应当承担相应的约束性义务。这就是客观义务。虽然这种自律性义务约束可能刚性不足(需要依靠外部制度来防范检察官滥用权力),但如不设定这种义务,将会进一步增加其权力滥用的可能性,因为在刑事检控方面享有几乎不受抑制权力的检察官,如果缺乏基本的客观性理念,更容易给相关公民带来不应有的灾难。

在职权主义或类似的,以强调国家权力运用为特征的刑事司法制度中,设定检察官客观义务更有其意义。因为这种刑事司法制度的机理不是“对抗性”而是“保护性”——强调国家权力对公民的保护,检察官是法制的守护人,也是公民权利的保护者。相对于个体化的公民权利,检察官无疑处于资源优位,这种情况下,如果不设定客观义务,就会出现权力与责任的严重失衡,以及控辩双方关系的严重失衡。因此,在职权主义或类似的制度构造中,不仅要设定检察官的客观义务,而且较之对抗制应当加重这种义务,即由一种防范性的消极义务,进而要求履行有作为的积极义务——为对方利益而搜集证据并提起上诉等。

由此可见,权力与权利的失衡,根源不是检察官客观义务设定,而是在于职权主义的诉讼构造与机理,客观义务的设定虽然是对职权主义的一种确认,而且可能由此增强了职权主义的正当性,但客观义务也是在职权主义之下缓和控辩失衡的一种装置,一种必要的制度设置。在这个意义上,我们对设定检察官的客观义务持肯定的态度。以强化检察官优位为由否定客观义务,似有本末倒置之嫌。

不过,由上述正反意见的交锋,笔者认为,在客观义务论上有以下三点值得警惕:

一是警惕客观义务论所跟进的制度安排,防止因控辩失衡,破坏诉讼的基本构造。因为职权主义与强化的客观义务论之间具有一种相互支持与补强的作用。这种客观义务论是以检察官作为司法官和法制守护人的角色确认为前提,使检察官成为公民权益的“保护人”,这就使承担控诉职能的检察官相对于其诉讼对方明显处于优位。这种情况,容易使诉讼中的控辩均衡受到破坏,从而导致程序公正及公民权益的受损。

二是警惕高估客观义务论的效用,承认角色冲突,注意建立更为有效的公正性保障机制。不能否认控诉角色与客观义务存在冲突,要求承担侦查、控诉职责的检察官履行客观义务，尤其是加强的——积极的客观义务存在一定困难。也许他们因为外在与内在的制度安排在一般情况下会履行这种义务，但在某些冲突状态之下，如案件具有社会关注性或政治敏锐性，如不继续推进控诉可能直接损害检察官及检察机关的利益时，这种利益要求以及一种心理定式与行为惯性就可能抑制其客观性。客观义务相当程度上是一种自律性约束机制，而自律的作用是有限的。因此，对客观义务论的效用不能过分高估，而应当注意通过合理的诉讼构造与制约机制来提供更为有效的公正性保障。

三是警惕客观义务论的"空洞化"，应创建必要制度和条件，促进客观义务论的实效性。客观义务论最大的问题在于其实效性。如前文考察有关国家的情况，无论是美国还是德国，虽然不能否认检察活动的客观性，但实际状况均难达到预期。从理论与实务上探讨，客观义务实效性的关键在于，客观义务不能成为空洞的呼吁，而应有相关制度和条件的配合，如缺乏制度和条件的支持，仅寄希望于检察官的自觉和自律，客观义务论是难见实效的。例如，社会评价体系和检察机关内部设定的绩效制度，如只强调检控的效能，同时对改变和撤回控诉等妨碍绩效的行为作负面评价，将会阻止检察官履行其客观义务。又如，在刑事诉讼构造中，审判的独立与权威不足，对检控内容照单全收而不能有效过滤，不能通过实体和程序的控制有效约束检控行为，势必强化检察官的检控效能意识而弱化其客观性，因为即使缺乏客观性其检控活动也不会受到抑制，而有效检控犯罪，正是检察官"天性"的体现，因为从刑事诉讼构造的意义上讲，检察官主要是为控诉而设立的。

三、中国法语境中客观义务论的法理根据

在对检察官客观义务论相关理论问题进行探讨后，需要回到本文的主题——在中国司法与法律制度的背景中下，如何看待检察官客观义务，中国检察制度是否应当设定检察官的客观义务。

如前所述，检察官客观义务，是西方检察制度中的重要概念，而众所周知，中国的检察制度，镶嵌在中国政治制度背景之中，是"有中国特色的社会主义的"检察制度。而且就检察制度作为法律制度的性质和内容，中国与西方也有重要区别。突出表现在，中国检察制度属于国家法律监督制度，检察权以法律监督为基本内容，检察官以法律监督为基本职能，因此中国与西方

的检察制度在其政治性质与制度内容上有重大区别,那么中国是否应当移植,以及能否移植客观义务这一概念及其制度安排,是需要认真分析研究的。

笔者的基本观点是:中国检察制度有必要确立检察官客观义务这一概念并作出相应的制度安排。主要理由是:

1. 中国检察权行使的司法制度框架以及检察权的权能内容具有比较法上的类同性,因此同样需要设定检察官的客观义务。中国当今的司法制度,采用现代型司法制度模式。在刑事司法中,实现国家刑罚权,采用诉讼的方式,即承认被告人的主体地位及辩护人的诉讼作用,以抗辩双方诉讼对抗和法院居中裁判的方式处理刑事案件;另外,实行国家司法权力的划分从而形成权力多元——侦查、检控和审判权分别由不同的国家机关行使并形成制约关系。因此,可以说,刑事司法的基本构架和基本方式在制度层面与现代各国普遍采用的构架与方式具有类同性。[21]在这种制度框架中,检察权的权能内容也具有比较法上的类同性。我国检察机关在刑事诉讼中担任控诉职能,包括提起和实施公诉,以及对职务犯罪进行侦查。在控、辩、审三方组合的刑事诉讼格局中,检察机关是代表国家的诉讼原告人,虽然它作为国家司法机关和法律监督机关,在法律上不是诉讼当事人,但作为抗方,在法理上应属当事人。然而,作为担负维护法律正确有效实施的国家司法机关,在行使国家赋予的权力时,检察机关又应当超越当事人的局限性,坚持客观的立场,因此,检察官的客观义务,应属从中国检察权行使的司法制度框架以及检察权权能内容所生发出的检察权行使要求。

2. 中国刑事司法制度的国家主义(职权主义)特征,加强了检察官的客观义务。如果说前述所谓"类同性",是由司法制度框架及检察权能内容的普遍性,证成检察官客观义务的一般要求,即可以普遍适用于各种检察制度的"消极性"客观义务,那么,再深入分析中国刑事司法制度的特征与类型,似乎可以证成中国检察官应当承担更高要求,包括"积极性"内容的客观义务。

众所周知,中国刑事司法仍然具有强烈的国家主义(职权主义)特征。虽然从 1996 年修改《刑事诉讼法》启动了诉讼结构的改革,对抗制因素已经渗入刑事诉讼构造与运行机制,如审判已经具有某些对抗制特征,但国家权力较为强大而制约不足,公民权利较为弱小而保障不够的基本状况并未发生根本变化。这种国家主义(职权主义)的特征突出表现在侦查程序是封闭的、单向的(这一点与职权主义国家相似,当然我们的职权主义更为强势)。强制侦查,包括对人与对物的强制,是控诉方自决而不受中立司法官员审查的,同时刑事侦查行为是不可诉的。上述情况,尤其是强制侦查的自决性与侦查行为的不可诉,使我国刑事司法中的侦查与检察机关,其权能已明显超过德国这样的职权主义国家,而使中国的刑事诉讼具有所谓"超职权主义"的性质。

中国刑事诉讼中强烈的国家主义(职权主义乃至超职权主义)的因素,要求进一步强化相关国家机关的法律义务,对于检察机关而言,就是要求强化其客观义务,包括基于客观立场,为被告的利益搜集证据、撤销公诉以及提起抗诉的义务。通过这种客观义务所建立的自我约束以及外部制约,约束权力滥用行为,维护司法公正的底线。

3. 中国检察制度的特殊性质与内容,并不消解客观义务,反之还要求强化这一义务。中国检察制度除了具有和一般检察制度的类同性以外,鉴于中国的具体国情,现行的检察制度确实具有不同于一般检察制度的某些特性和制度内容。其主要方面可以概括为三:

(1)检察权的社会主义性质。检察机关必须维护社会主义的经济与政治制度,尤其是维护和服从执政党——中国共产党的领导,并且强调服从和服务于"党和国家工作的大局"。相对于其他国家检察机关的"去政治性"或受法律严格限制的政治性影响,[22]中国检察机关及检察活动具有较强的政治性。

(2)检察权的法律监督性质。法律监督,是宪法和法律对中国检察权的定位。这一定位对中国检察制度具有多方面的影响:一方面,以法律监督统揽检察活动,使检察行为不再是单纯的诉讼行为,而成为国家法律体系及其运行机制的基本组成部分之一,而各项具体的检察行为,均应纳入法律监督的范畴,受法律监督属性及其制度要求的约束。另一方面,使检察机关增加了一些普通诉讼机制塑造的检察权能以外的重要权能,如监督法院刑事审判的权能、监督民事审判和行政诉讼的权能等。[23]这些权能具体表现为:检察机关对法院的违法审判活动有权提出纠正意见、检察长有权列席审判委员会讨论案件、检察机关有权对生效民事和行政裁判提出抗诉,以及检察机关有权对涉嫌职务犯罪的审判人员直接立案侦查并提起公诉等。[24]

(3)检察权的司法性质。虽然对检察权的司法性质尚有争议,但主流意见认为中国检察权作为司法权的一部分毋庸置疑,无论在有关法律条文、学术研究以及法学教育中,检察权的司法权性质应当说均获确认。笔者也认为,中国的检察权虽然具有一定的行政属性,如上命下从的组织关系、积极主动的行为方式等,但法律定位是法律监督权和司法权。[25]检察权作为司法权的制度渊源,除了检察机关享有起诉审查尤其是决定不起诉这种“消极裁判权”外,还因中国检察权中包括批捕权即长期羁押审批权等具有司法性质(程序裁判性质)的权利。长期羁押审批权,因为严重影响公民人身自由这一基本宪法权利,需要独立、中立的司法官员在听取控辩双方意见的情况下予以决定(参见联合国《公民权利和政治权利国际公约》第9条的规定)。然而,迄今为止我国检察机关被认为是长期羁押审批的合格主体,这实际上是让承担检控职能的机关承担一般要求由中立司法机关承担的职能。[26]这使我国检察权的司法性质更为明显。

以上可谓中国检察制度的主要特色,笔者认为,这些特色不仅不消解客观义务,反而会加强客观义务要求,主要理由是:

第一,检察机关的政治性要求加强客观义务。我国检察机关必须“服从党的领导”,必须“服务大局”,检察活动因而具有较强的政治性,但中国共产党在国家政治生活和司法活动中并无自身的特殊利益,按照“三个代表”的要求,它所追求的应当是保护和实现“人民群众的根本利益”。这种利益体现在司法活动中,就是实现司法公正,以维护法律秩序,维护涉案当事人的合法权益。因此,承担客观义务,努力去实现公平正义,而不是单纯追求有罪效果,这也是我国检察机关政治性的基本要求。而且,正是因为我国检察活动服从领导服务大局,体现出较强的政治性,如果没有客观公正作为贯穿其中的价值要求和行为指引,不仅检察活动的正当性容易受到社会的质疑,而且在实际活动中检察权还可能蜕变为个别党政领导人实现其违法意志的工具(实例见后)。

第二,检察活动的法律监督性质要求检察官必须履行客观义务。客观义务的产生及其强化,正是源于检察官作为“法制守护人”的角色和地位。因为必须维护法制,所以不能把自己降低为普通的诉讼当事人,而应超越当事人角色限制。由于中国检察机关是宪法和法律所确认的法律监督机关,甚至担当监督法院刑事、民事和行政审判的特殊职能,可以说检察机关已经不是普通的法制守护人,而已成为其他法制机关(包括行政执法机关与司法审判机关)执行法律的监督者。在一般法治理论中,担当审判职能的法院已是(司法活动中)维护法制的最后防线,而检察机关审判监督权的确立,在某种意义上消解了这种最后性。由此可见,中国检察机关已经不是一般的法制守护人,而是以法律监督为业的特殊法制守护人。监督法律实施最基本的、也是最重要的要求,是监督者的客观公正,即站在法律的立场而不是任何当事人的立场。因此,可以说,中国检察官作为法律监督官员的角色界定,进一步增强了他承担客观义务的必要性和重要性。这一点应当毋庸置疑。

第三,检察活动的司法定位进一步要求检察官履行客观义务。行政有别于司法,行政的目的是实现行动效益,而司法的目的则是维护法制。行政活动注重统筹协调,强调命令服从,而司法则以判断为中心,要求中立。检察活动既有行政性,又有司法性,在不同国家也有不同的定位。一般来说,定位于行政机关,则重在检察效率;定位于司法机关,则注重其护法功能,强调其客观公正。我国检察机关不仅具有司法机关的定位,而且实际行使某些中立司法机关的司法职权,如长期羁押审批权,这就更要求承担客观义务。因为如果不超越控方当事人角色,仅仅从有利控诉的角度去考虑问题,就背离了司法权行使的基本要求,并且不适当地损害相关公民的合法权利。

四、确立和强化检察官客观义务的现实理由

以上是从中国司法制度的背景中分析检察权的性质和内容,得出确立检察官客观义务必要性的结论。应当说,上述分析属制度法理分析,由此或能建立客观义务论的学理基础,但仅此尚嫌不足,因为“理论是灰色的,实践之树常青”——只有在理论分析的基础上,认真观察和分析中国的法制实践,才能对客观义务论的意义有更深刻的认知。

笔者认为,在中国检察官中树立和加强客观义务观念,不仅有法理分析上的合理性,而且是检察实践活动的迫切要求——这一要求体现在以下两个方面:

1. 检察活动中仍然存在某种偏向,为此而须呼吁客观义务。这些年来,尤其是2000年以来,检察机关十分强调自身的法律监督职能,要求以法律监督为工作主线,以法律监督统揽检察业务。由于法律监督相对于各项具体

的检察业务,乃至相对于公安法院的各项业务,系一上位概念,强调法律监督职能,既符合宪法、法律的规定,又有利于检察工作的展开。在现今司法不公、司法不廉的问题较为突出的情况下,强调法律监督,也顺乎党意民心。因此,检察工作以法律监督为主旋律展开,是有根据、有意义的。

然而,这里出现了一个实践问题:检察机关虽然强调法律监督,但这种强调常常具有一个特点,即“外向性”很强而“内省性”不足。亦即检察机关行使检察权,对其他机关和个人实施监督时,强调本身所承担的法律监督职责及其权力,但在自身业务指导思想、自身建设要求上似乎并未充分注意法律监督者的角色要求。一些检察官在实施侦查、控诉、批捕等监督措施时,不是站在法律监督者的客观立场,而是单纯地站在控方立场,缺乏超越性,仅仅从控诉的角度评价案件、搜集证据、运用诉权,只是追求有罪判决的效果。[27]更有甚者,某些机关的检察权运用已经背离法律的基本要求,成为权贵实现私利的工具,如河南“吕静一案”。河南平顶山原政法委书记李长河任舞钢市委书记时,该市干部吕静一因不同意增加农民负担提过意见,并向上级反映了李长河的一些违纪违法问题。于是李长河利用职权向检察机关施压,通过检察机关以贪污罪将吕静一起诉,后被法院定罪。河南省高级人民法院于 1999 年 5 月改判吕静一无罪。吕静一继续举报,李长河雇凶杀人,致吕静一妻子死亡、吕静一重伤。[28]又如“张志坚案”。2007 年,在国家药监局郝和平、曹文庄先后“落马”之后,海南某制药企业工作人员张志坚转载一篇网文,提到海南的康力元公司与国家药监局一些官员“权钱交易”,却被以涉嫌“损害商业信誉罪”被检察机关批捕并提起公诉。直到药监局局长郑筱萸被“双规”后,检察院才撤诉。[29]再如社会影响很大的“彭水诗案”。一个喜好文墨的年轻公务员秦中飞,受一条短信内容刺激,在 10 多分钟内即兴发挥,写出一首讽刺当地领导“政绩”的打油诗并转发给一些朋友。此行为显然不构成犯罪,但县检察院仍然批准对秦中飞予以逮捕。[30]

以上个案具有一定的典型性,它在一定程度上反映了检察机关存在的问题。不过也应当承认,在缺乏充分调研数据的情况下,以个案来论证普遍存在的问题及其严重性,似乎有以偏概全之弊。然而,有一组数据却有一定参考价值,即全国人民代表大会(以下简称全国人大)对“两高”报告的投票票数统计。仅从本届全国人大的两次投票看,2008 年最高人民检察院报告赞成 2270 票,反对 514 票,弃权 142 票,得票率约为 77.6%,而且赞成数低于最高人民法院报告17票;2009年最高人民检察院报告赞成2210票,反对505票,弃权162票,得票率约为76.8%,比上一年下降0.8个百分点,高于最高人民法院报告38票。考虑到全国人大代表分布的状况及投票的某些特点,[31]"两高"得票率并不高,应当说在一定程度上反映了人民代表对司法的不信任。[32]从反映出的情况看,基本原因是认为"司法不公"、"司法不廉",以及"司法不力"(包括反腐败、打击犯罪维护法律秩序不力,尤其是民事执行不力)。[33]这里值得注意的一个问题是,最高人民检察院报告的得票率与最高人民法院相差无几,有时(包括2008年)甚至还低于最高人民法院。[34]按理说,司法不公、不廉的问题突出表现在法院,因为法院才有司法处置权,而且法院处置的大量民事案件包括民事执行,是产生司法不公、司法不廉和司法不力问题的主要部位。而检察机关经手处置的案件仅占法院审判案件数的约1/10,但失票数与法院相差无几,对这种情况,有人以人民群众对反腐败不满,使检察机关受了牵连来解释,也有的以对司法整体不满意检察机关受了影响来说明。笔者认为,这种情况确也存在,但将得票率低的主要原因归于这种外部因素,是不准确的,是对全国人大代表认识与评价能力的一种误判。应当说,检察机关在自身建设以及履行职能中存在的问题,才是失去部分代表信任最根本的原因。

检察机关存在的问题突出表现在不能客观公正地履行职责。其原因确与前述"角色冲突"有关,即作为控诉机关的当事人角色要求与作为法制守护人和法律监督者的客观义务要求难以协调。在我国检察制度中,虽然强调检察机关的法律监督职能,但确实存在"盛名之下,其实难副"的问题。在实际运作中,检察机关作为侦查、公诉机关的诉讼职能具体而实在,作为监督者的职能则较为虚化。应当说,检察机关的功能主要是通过包括立案侦查、起诉抗诉、审查批捕等各项诉讼职能体现的,在诉讼机制中,检察机关承担具体的诉讼职能,既有权力又有责任,与诉讼当事人及相关国家机关有互动性,同时受到社会的关注。但检察机关在前述诉讼职能之外的监督职能(狭义的监督职能)则比较虚化,一方面缺乏有效的手段(如对法院的纠正违法通知,就只是一种不附任何实体与程序性法律效力的建议),另一方面也不便于考核与评价。这种情况下,在处理个案时,检察官不容易站在法律监督者的中立立场考虑问题,而容易站在侦查、控诉的立场考虑问题,其诉讼作为总是倾向于有利侦查与控诉。

应当说,由于与生俱来的角色冲突,无论在哪个国家哪种诉讼体制中,检察官的控诉偏向都很难避免,不过可以弱化和抑制。尤其是中国检察官作为法律监督官员,更应当主动地抑制其执法偏向。然而,由于在中国司法制度中,检察机关作为法律监督机关的特殊地位,以及刑事司法采取“分工负责”,各管一段,未设置法院对审前程序进行司法审查的制度安排,这种偏向未能受到有效的抑制。而且由于以下几方面的原因,还可能在某种程度上得到强化。

第一,检察机关内部考绩制度强化了执法偏向。我国检察机关虽然属于司法机关,但其内部管理基本采用行政管理方式,包括运用自上而下的行政性考绩制度。无论是检察院,还是检察官,均纳入统一的考绩体系,进行“数目字上的管理”。这种考绩制度的主要特点之一,是肯定和鼓励“积极行为”、否定和限制消极行为。即凡是增加侦查立案、起诉、抗诉等办案数字,属于工作业绩的上升,而凡是这些数字减少(相对于自身历史或其他检察院、检察官)则属于业绩的下降。同时严格限制撤案、不起诉、撤诉等“消极”诉讼行为,常常是严格限制比例,如不起诉不得超过办案数的1%或3%等。在实务中,检察官履行客观义务,常常是通过撤案、撤诉、不起诉,或降低控罪等具有“消极性”的诉讼行为来实现的,对这些行为限制过严,固然可能有促业绩增长,防司法腐败之效用,但其负面效应是可能妨碍检察官履行客观义务。不仅如此,考绩制度的不科学,在实践中甚至产生背离客观义务,为实现业绩违法操作的所谓“逼良为娼”效应。例如,有相当一部分检察机关对不具备立案条件的案件,或者不应当由本院管辖的案件进行立案侦查,就是这种考核机制的不良影响。[35]

第二,检察机关受到的主要来自外部的“生存压力”强化了执法偏向。我国政治与法律制度中的“一府两院制”,使检察机关作为法律监督机关并列于政府与法院,享有崇高的法律地位,然而,检察机关法律监督在相当程度上名不副实,其实际权能与其崇高地位不相匹配,使检察制度显出某种尴尬,使检察机关始终面临着某种“生存压力”。这种压力表现在:一是检察职能受到质疑。可以说,除刑事公诉外,检察机关的其他各项重要职能均在不同程度上受到质疑。例如,法律监督职能除在一定程度上名不副实外,其中的审判监督因冲击审判权威以及“运动员”与“裁判员”一身两任形成角色冲突,长期受到学界质疑,1996年《刑事诉讼法》修改即由此改变了检察院当庭监督的规定。检察院的职务犯罪侦查权,也被有些人以效率不足、手段不够以及难以自我监督等理由建议转移出检察院。检察院的批捕权则被认为是由控方行使长期羁押审批这一司法权力,而违反了法理和有关国际规则。检察院的民事、行政抗诉权也被批评为损害了当事人平等原则与处分原则,破坏了民事诉讼构造,妨碍了审判权威。二是检察功用受到质疑。近年来中国的廉政与反腐败工作,案件查处取得重大成绩,但大要案件往往是在纪委的主导之下,在纪检程序中就已突破,检察机关常常只起辅助作用。因此,在整个国家反腐败格局中,检察机关职务犯罪侦查职能中有"边缘化"倾向。检察机关的实际功用也因此受到质疑。三是相当一部分检察机关资源不足,面临经济压力。除少数经济发达地区的检察院外,多数检察院的资源是不充分的,仍然面临一定的经济压力。尤其是欠发达地区,一些检察院还不能不自行解决某些经费问题,包括日常运作、干警福利、办公场所修建等经费。

上述所谓"生存压力",对检察官在执法中履行客观义务可能产生不良影响。例如,对检察机关侦查权设置的意义和功能的质疑,以及已经实际存在的某种"边缘化"倾向,有时可能迫使一些检察机关为反驳这种质疑,证明自己存在的价值而办案,从而使某些不宜作刑事案件处理甚至不构成犯罪的案件被人为拔高成为刑事案件。经济压力更容易使一些检察机关为解决经费需要而采取不规范的做法,将实现本身的经济目的作为办案的重要价值目标,甚至某些制度设置也出了问题。例如,前些年检察机关允许民事行政检察部门对民事、行政诉讼中法官的职务犯罪进行初查,实际上将民事诉讼与刑事犯罪问题搅和起来,以刑事调查权来形成对解决民事问题的威慑力量,这是明显违背民事诉讼规律扭曲诉讼结构的做法。[36]这些做法都将会严重损害检察权行使的客观公正。

第三,检察机关缺乏必要的独立性对执法偏向的形成也有影响。人民检察院依法独立行使职权是我国宪法所确立的原则,我们应当承认检察机关依法独立行使职权只是一种相对的独立,因为它是国家政策的执行机构,需要服从与服务于国家政策的贯彻("党和国家工作的大局"),同时在我国的社会主义法治中,它还必须服从党的领导。然而,服从领导、服务大局,应当是以坚守法律底线,维护公平正义为前提,但在实际工作中,有的检察机关和检察官员不能适当把握服从领导与坚持依法独立行使职权,服务大局与坚守法律底线的关系，屈从于某些地方指令，维护了某些地方利益甚至某些私利，前面所举三起错用检察权的案件，可以说无一不是因为检察机关未能依法独立办案，屈从于权势或者受某些利益驱动的结果。

2. 当前国家司法制度的改革方向，要求检察机关确立和强化客观义务。改革开放 30 年，我国的法制建设有长足的进步，然而，司法的公正与司法的廉洁问题仍是亟待解决的基本问题。为解决这一问题，新的司法改革方案，明确了司法体制改革要"以加强权力监督制约为重点"，"紧紧抓住影响司法公正、制约司法能力的关键环节，进一步解决体制性、机制性、保障性障碍，优化司法职权配置，规范司法行为，建设公正高效权威的中国特色社会主义司法制度"。[37]在已下达的司法改革方案中，检察机关的法律监督职能被进一步强调，其法律监督的各项权力被全面强化，以期通过加强对司法权的监督制约，达到保障司法公正与廉洁的目的。

在"优化司法职权配置"的各项改革措施中，检察机关的法律监督权得到全面强化，可以说，这是中国检察机关面临自身发展并发挥其法律职能的最好时机。检察机关以及其他政法机构贯彻中央改革方案的意见和措施亦将相继出台。在面临中国司法职权进行重要调整的时候，检察机关以何种态度面对并以何种方式应对，是一个值得重视和需要认真考虑的现实问题。

笔者认为，检察机关在利用这一最好时机全面加强法律监督职能的同时，应当对改革措施的制度性安排以及实际工作的展开采取一种比较谨慎的、客观的态度。之所以要采取这种态度，主要是基于在中国司法活动中检察权面临的一些基本矛盾并未解决，在以后的改革和制度操作实践中它不可避免地显现出来。这些矛盾如：对检察权行使的监督与控制在制度与实务层面尚需完善；检察机关作为侦查、控诉机关的原告（当事人）角色和法律监督者的超越性仍会存在冲突；检察监督权的行使与审判的权威、诉讼的机理之间的关系仍需协调。解释如下：

在我国司法制度中，检察机关是监督机关，监督公安机关和人民法院，然而，"谁来监督监督者"，这是一个缺乏答案，仍需解决的问题。当然，也有司法体制外的监督，包括纪检部门的监督和人大的监督等，然而，公安、法院受到内外双重监督，检察部门只有外部的监督而缺乏司法体制内的监督，这种情况下，检察机关的自律就显得尤为重要。此外，就司法职权配置，由于贯彻"分工负责"的原则，我国的侦查、检察职权仍具有一定程度上"自运行"

特点，司法审查制度基本没有建立。如检察机关对职务犯罪的侦查，其中的强制措施包括对犯罪嫌疑人长期羁押，仍由检察机关自行决定。这一问题已经引起了相关方面的注意，中央的司法改革方案要求自侦案件的决捕权上收一级，这是在法律未修改的情况下相对合理的举措，对于防止某些案件中案外干扰等不利于司法公正的情况会有积极的作用。但是在“检察一体制”的体制之下，上级审查所能产生的制约作用还是比较有限的。因为基本的立场相同，而且体制上、工作中有紧密的联系，上级往往比较能够理解下级办案的“难处”，因此，这一方案应当说并未从根本上解决有效制约问题。

除检察权的制约问题外，在强化检察机关法律监督职权以后，检察机关面临的所谓“角色冲突”不仅没有减弱，也许更加突出。因为一方面，强化监督需要加强检察院包括职务犯罪侦查、公诉在内的具体检察职权和工作力度，尤其是在查办检控职务犯罪方面，检察机关应当进一步发挥作用。另一方面，司法改革对强化检察机关作为法律监督者的地位以及改善其作为法律监督者的形象又提出了更高的要求，党和人民群众对检察机关加强法律监督尤其是保持客观公正寄予厚望。在理论分析上，这两方面的要求似乎完全可以协调，但在实务活动中，其矛盾不可避免。因为刑事司法活动具有对抗性和很大的难度，实务工作者都能体会到，“用违反宪法的手段去认定有罪的被告，比在宪法允许范围内通过审判认定要容易”。[38]但检察机关作为法律监督者的身份又不允许它打破法律，破坏程序。这种角色冲突有时可能使检察机关进退两难。在这个意义上，检察机关必须模范执行法律的法律监督者身份，可能成为它作为一线办案的侦查机关的羁绊与负担。[39]因为法律监督强调的是合法性，而侦查重视的是效率。

还有一重矛盾，是检察监督与审判权威和诉讼构造的冲突与协调问题。检察机关是刑事诉讼全过程的法律监督者，因此在监督法律关系中，处于上位而其他主体包括审判机关处于下位。但在刑事诉讼法律关系中，检察机关是诉讼请求人，而法院处于诉讼三角构造的顶端，是对诉讼请求作出判断与处置的裁决者，为此，法院需要保持其独立、中立与权威。但检察机关法律监督者的地位不可避免地会与法院的独立、中立和权威发生冲突，甚至在刑事诉讼中形成检、法两个中心。同时，检察机关作为法律监督者还可能改变刑事诉讼中要求控辩平等（法律地位平等、诉讼手段对等）的诉讼机理，导致结构的失衡。而强化刑事诉讼的检察监督，如果不作特定约束，可能导致诉讼构造的失衡更为突出。

以上三重矛盾,是笔者的概括但不是创造,相关问题早已提出,而且立法(《刑事诉讼法》修改)以及司法体制改革方案也在对其中某些问题进行解决。然而,在具体的制度安排上,如果不考虑周全,可能使上述三重矛盾更为突出,从而对司法的整体效益带来不良影响,从长远看,也会阻碍检察制度的发展。[40]因此,为了维护国家司法体制的合理运行,为了中国检察制度长远的、可持续的发展,笔者认为,在推进中央司法改革方案,加强检察监督时,检察机关应当自觉地采取比较谨慎和客观的态度,而其基本方略,是贯彻和强化“客观义务”。

站在法律的立场,坚持客观公正,超越当事人局限,是“客观义务”的基本内容,这也应当是对法律监督的基本要求。履行客观义务,就是进行自我约束和制约,也是解决所谓“角色冲突”,避免权力冲撞以及诉讼构造扭曲最有效的方法。按照权利与义务、权力与责任相统一的原则,强化法律监督与强化客观义务,应当说具有一种毋庸置疑的对应关系。

五、强化客观义务——中国检察制度建设的方向

理论分析不甚困难,但是在当前的制度安排与工作部署上,将确立与强化检察机关与检察官的客观义务作为一个重点,设置为中国检察制度建设的一个方向,就会产生一些疑问,可能受到内部与外部的双重质疑。

就内部质疑而言,由于这里体现了检察权行使的谨慎以及适度与收敛,可能在检察机关内部引起质疑甚至反对,认为这一做法可能会阻碍某些重要检察业务的发展,妨碍检察业绩。例如,职务犯罪侦查,强调客观义务意味着更加注意被追诉人的合法利益与程序公正以及谨慎的侦查与起诉,它无疑会影响查处的效率;又如,民事抗诉正是发展的关口,强调客观义务可能会抑制民事行政监督部门的办案积极性。有相当一部分人会认为,既然中央司法体制改革在司法职权配置上加强了检察监督,而通过加强监督促进司法公正与廉洁,也反映了人民群众的要求,因此,检察机关应当借此良机充分发挥职能作用,实现监督业绩,以不负重托。

这样的质疑基于实践操作的现实需要,而且也注意了大局的要求,应当说十分有力。

应当承认,检察机关当前加强法律监督也存在两难,一方面应当履行客

观义务,另一方面需要体现监督业绩,而这两方面的要求在实践中不可避免地会发生某些冲突。那么,应当如何处理两者关系?

笔者认为,兼顾两方面要求的举措当然为最佳,而且不能否认两种要求之间能够在法制原则之下统一起来。因为加强监督与履行客观义务,都是以法律为准绳,都是为了实现司法公正。如果二者之间有冲突,应当也是可以协调的。因为检察监督是以客观义务的履行作为其前提和必备条件,脱离客观义务去加强监督,必然会使监督偏离方向,导致不良后果。

当前加强监督的呼声强劲,而如前所述,检察机关的某些执法偏向并未从根本上得到克服,而且可能随当前的强化监督的活动进一步发展,检察权行使的某些内在矛盾和外在冲突可能会更加突出,在这种情况下,强调检察机关的客观义务,有利于国家法制协调发展的大局,有利于检察监督活动取得积极效果,有利于检察制度的长远发展。当前之所以需要强调客观义务,还有一个原因是就检察机关而言,强化监督相对容易而真正履行客观义务比较困难。因为加强监督是权力行使以及扩张的过程,而权力天然具有扩张性。同时,在一般情况下,权力扩张也会有(部门)利益的扩大,因此权力主体总是比较愿意有效行使及扩张其权力。而加强客观义务,则是要求其加强自我约束,这是困难得多的课题,因此特别需要重视和强调。

与此相关的,就外部质疑而言,即有的人尤其是某些学者会质疑所谓强化检察官客观义务的可能性,认为要求检察官履行客观义务,常常沦为制度设计者与学者的一厢情愿。甚至可能认为在中国目前加强监督的语境之下,要求检察官客观义务的强化,无异于"与虎谋皮"。因此,防止检察官滥用职权,不应当走强化客观义务论的路径,而应当强化对抗制度与司法审查。

这一质疑也应当说是出之有据。因为如前所述,即使在客观义务论的发源地德国,检察官的客观义务履行也不尽如人意。这是由于律人易而律己难这一社会主体活动的基本规律使然。不过,回答这一质疑,我们提醒注意以下几点:一是如果不是过于理想主义地看待客观义务论的作用,那么,应当承认这一与相关制度安排相联系的理论,具有一定的实际效用。在已经确定的检察官职权主义甚至超职权主义的制度安排之下,如果没有客观义务论以及包括其中的制度予以约束,检察权的滥用将会更普遍地发生,而对法律制度与公民权益带来更大的不良影响。二是检察官客观义务论不是简单的自律要求,而必须伴随相应的制度设置,其中包括直接与间接地影响检察权行使方式的各种制度与措施,包括鼓励检察官履行客观义务而防止其立场偏颇,以及限制其职权滥用同时促使其依法行事的具体制度安排。由此而使客观义务具有一定的现实可能性。三是客观义务论并不排斥外部性制度约束。在强化检察官客观义务的时候,也承认外部制度的约束,包括诉讼对抗制度的形成,以及有效的司法审查。也就是通过平衡协调、合理有效的诉讼机制来防止检察权的滥用。

那么,如何使客观义务论不致成为单纯的"空气振动"而具有一定的实效性? 结合检察制度运行的现实状况,需要我们多方面的努力,其中的关键,是尊重诉讼规律,维系构造功能。

由于检察官是在特定的诉讼结构和程序中开展活动,因此,履行客观义务最重要的体现,是对诉讼规律的尊重以及构造功能的维系。所谓遵循诉讼规律和维系构造功能,是指司法与诉讼是一个动态的体系,是一个有多种主体参与的平衡的构造,在这个体系和构造中,每一种角色有特定的功能定位,发挥特定的作用,否则将会导致秩序的紊乱和机制的失衡,以致妨碍系统功能。为此,要求检察角色的设置与功能的塑造,与国家法治系统与司法构造相协调,保障司法建设的整体利益。否则,即使可能产生一时一事的监督成效,但因为在国家法治系统中不协调,会损害整体效益,同时不能实现检察工作的可持续发展。同时,也要求检察机关的内部管理制度符合检察管理的规律,适应完善法制的要求。

1. 正确处理加强法律监督与维护审判权威的关系,坚持既要实现司法公正,又要维护审判权威的法律监督原则。法院的"司法",即适用法律处理案件,是判断是非处置纠纷维护法律秩序最重要的法律行为。司法目的能否实现,法律关系能否有效调整,在相当程度上取决于建基于审判公正之上的审判权威。没有审判的权威,就不能产生对法律规范的严格执行,对被侵害权益的有效救济,对违法犯罪的强大遏制,以及对党和国家大局和中心工作的充分保障。[41]检察机关的审判监督,其目的是实现司法公正,这在根本上与维护审判权威是一致的,因为审判权威实现的前提应当是司法公正;否则,法院及其裁决在国民心中不能产生崇高的公信力,就不能形成审判的权威。但在法律监督的实际运行中,加强监督与维护审判权威又可能发生一些冲突:如果检察机关在诉讼活动中处处以监督者自居而忽略自己的诉讼角色,如果事无大小过度监督,或者启动监督程序包括司法调查程序的根据不足,不仅难以获得司法公正的效果,而且会损害审判的权威——使法院的公信力受到不当损害,使裁判的既判力难以维持、执行力难以实现。因此,既要实现司法公正,又要维护审判权威,这一要求应当成为检察机关审判监督活动的一项重要原则。[42]

尤其在目前情况下,需要适当强调这一原则。因为由于这些年司法不公、司法不廉、司法不力的问题比较突出,尤其是一批法官包括大法官,乃至还有最高法院大法官出事,可以说已经使中国司法活动中的审判权威降低到前所未有的低点,司法的公信力严重受损,司法的自尊已难以维系,这种状况已经严重损害司法的功能,甚至可能阻碍法治的进程。[43]因此,为了法治的大局,检察机关在实施审判监督时,应当充分注意尊重和自觉维护审判的权威。

实现上述要求,需要慎重行使审判监督权。尤其应注意慎重行使民事抗诉权以及慎重行使刑事调查权。民事抗诉要慎重,是因为如前所述,这种抗诉是在正常民事诉讼机制运行中,在当事人对抗、法官判定的诉讼构造里,横插进一种国家权力,在诉讼主张及其论证乃至证据搜集上支持诉讼之一方,其正当性只有在司法不公、法官偏袒造成诉讼结构扭曲,而且在正常的诉讼体制内难以矫正的情况下才能成立。让一种外在的力量嵌入本已具有纠纷解决正义实现能力包括救济能力的民事诉讼结构,必须十分慎重;否则,不仅不利于司法公正,还会扭曲诉讼结构,冲击审判权威,损害裁判的既判力和执行力。为此,民事抗诉应当遵循"抓大放小"原则,即只对司法公正影响较大的案件发动抗诉,而对影响较小的案件则不予问及。"影响较大"主要包括两种情况:一是案件重大且司法不公;二是案件虽小,但司法不公严重,社会影响较为恶劣。

要求刑事调查要慎重,则是由于检察机关既是法律监督机关又是代表国家担任控诉职能的诉讼原告人,如果允许诉讼请求权人对法官的职务行为直接发动刑事调查甚至采取强制措施,可能威胁审判权的独立性及权威,因此,除现行的普通刑事罪以外,各法治国家十分注意对法官职务行为进行弹劾的方式与程序。而在我国,对法官职务犯罪的调查和指控未设特殊程序。在目前司法腐败较为严重的情况下,刑事调查的易于发动也许对司法腐败具有某种遏制作用,但由于我国检察机关职务犯罪的调查与指控权十分强大,即在不受司法审查的情况下,有权自行采取包括长期羁押在内的全部对人和对物的强制措施,因此,如不慎重使用这种调查权,就可能损害审判权威,同时压制法官依法特立独行的审理判决,从而对司法公正造成损害。在现行体制下慎重行使对法官的刑事调查,建议加强内部控制,如对涉嫌职务犯罪的法官的传唤询问以及立案,适当增加审批环节和提高审批等级等。

2. 妥当处理实施诉讼监督与维护诉讼平等的关系,在履行监督职能的同时,尊重辩护权利,维系控辩平等。任何诉讼,都是一个"对抗与判定"的结构,即首先是"两造具备,师听五辞",然后是由法官作出裁断。刑事司法,如果采用诉讼的方式而不是行政治罪的方式,也必须维持这种控、辩、审三方组合形成的"三角结构"。而这种结构形成、维系及有效运行的基础,是控辩平等。因为控辩不平等,结构失衡,就会引致程序公正的破坏,并导致实体正义的损害。所谓"控辩平等",并不意味着双方实力相当,而只是要求一种"形式的平等",即"诉讼地位平等和诉讼手段对等"。

在中国刑事诉讼中实现控辩平等,确实存在制度上的障碍,因为作为抗诉机关的检察院,同时又是国家法律监督机关,有权监督审判机关,同时也监督法定诉讼当事人和其他诉讼参与人的诉讼行为,这是一种单向的监督与被监督的法律关系,检察机关的一身两任,使控辩平衡的原则在中国刑事诉讼中受到了挑战。

然而,控辩平等毕竟是维系诉讼公正最重要的结构原则之一,检察机关维护司法公正的责任及其客观义务要求它维系这一原则而不是打破这一原则,而且笔者认为,在现有制度框架内,可以进行某种相对合理的操作,采取一种功能适当分离的观点和措施,使检察监督与控辩平等并行,各自发挥其功能。为此,建议以下几点:

(1)明确承认控辩平等原则。由于自身的特殊地位,检察机关始终对控辩平等原则采取了一种比较模糊的态度——由于这一原则体现了程序公正,也是通行的原理,因此明确反对似乎不妥,但检察机关的特殊地位,又使其不便于承认这一原则。对此,笔者认为,检察机关的客观义务要求其尊重诉讼的规律,因此应当明确表示尊重和维护这一原则,明确表示尊重辩护律师和嫌疑人、被告人的诉讼权利,表示检察机关的法律监督与尊重诉讼规律行使控诉职能并行不悖。由此,如果这样做,加上相关的实际措施,有利于检察机关建立客观公正的外部形象,而且增加其亲和力。

(2)将控诉职能与监督职能适当分离。检察机关在诉讼程序中行使控诉职能时,应当尊重诉讼平等原则;而在监督程序中行使监督权时,则按照法律监督关系的单向性及有效性要求实施。这种分离无论是在理论分析还是在实践操作中,都具有一定的可行性。因为,《刑事诉讼法》(1996 年)中的审判监督条款,即第 169 条规定,“人民检察院发现人民法院审理案件违反法律规定的诉讼程序,有权向人民法院提出纠正意见”。这种“提出纠正意见”,是以人民检察院而不是公诉人为监督主体,以人民法院而不是合议庭或审理法官为监督对象,是控诉和审判程序外的行为,因此可以和检察机关根据刑事诉讼法行使控诉职能适当分离。此外,检察长依法列席审判委员会,也不是控诉行为而是监督行为,无论是主体还是行为,都可以实现相对的分离。

(3)贯彻控辩平等原则,尊重和保障被追诉人及其辩护律师的权利。这一点尤为重要。因为在中国刑事诉讼中,控辩方实际地位与诉讼权能的差别很大,而在“分工负责”的体制中,被追诉人及辩护律师权利受侵犯,难以得到有效的司法救济,因此,需要以客观义务为依据,强调控诉方尊重被追诉人权利尤其是辩护权。一是要尊重和保障辩护律师和被追诉人的诉讼权利。例如,支持、协助而不是妨碍律师依法会见嫌疑人,依法为律师阅卷提供条件,尊重律师的调查权,重视律师和当事人调查辩护性证据的请求等。二是树立平等观念,坚持以理服人而不以势压人。公诉人在法庭内外,都应将辩护律师当作平等的诉讼对手,依靠事实和法律去实现成功控诉而不依仗于任何外在的手段与条件。由此可见,树立平等观念贯彻平等原则,也会有助于公诉人增强能力、改善公诉,从而更好地履行控诉职能。

3. 重新检讨、合理设定绩效认定制度。检察机关绩效制度即内部考绩制度,是对检察机关和检察官包括检察长提出工作要求和进行效能评价的制度。绩效制度的设定,直接影响单位和个人的工作目标即努力方向。前文已经分析,现行的绩效制度对检察官客观义务的履行产生了不良影响,在某些方面甚至起到了“逼良为娼”的作用。因此,强化客观义务,必须改革绩效评价制度。一是要将检察官客观义务的履行情况,作为绩效考核的重要内容。主要包括保护嫌疑人、被告人合法权利的情况,对不应当立案或不应当采取强制措施的案件进行监督的情况,保障辩护律师合法权利的情况以及为被告人的利益提起抗诉和采取其他法律措施的情况等,应当纳入考核评价指标体系。二是要合理设定工作效能的指标体系。应当体现宽严相济政策的要求,对不立案、不批捕、不起诉等“消极诉讼行为”不能卡得过严,以致形成案件退出机制阻滞,甚至违背客观义务,知不可为而为。另外,对于立案侦查、起诉、抗诉的指标不能要求过高,否则也会导致不适当的“逼迫”效应。三是要适当软化指标要求。指标体系应当实事求是,根据客观实际情况产生,而各地的情况不同,不同时段的案件情况也在变化,因此要保持考核体系必要的弹性,脱离实际下指标定数字,不完成就视为考核不合格,势必也会造成勉强而为,执法不当。[44]

4. 在“一体化”与独立性之间寻找平衡点。履行客观义务,正确行使检察权,在内部关系与工作制度方面还应当相应调整,其中涉及的一个重要问题,是如何协调检察工作一体化与不同检察职能的相对独立与相互制约的关系问题。

检察工作一体化,是指检察工作应当成为一个整体,内部协调,上下贯通,形成合力,以有效发挥检察职能、贯彻检察政策。检察工作一体化,是与“检察一体制”相通的一个概念。后者是大陆法学检察法学的一个重要概念。然而,“检察一体制”应当包括三个方面,即检察活动的一体化,检察组织的一体化与检务保障的一体化。但我国目前的检察制度,干部任免以地方为主,检务保障“分灶吃饭”,虽有加强集中性的倾向,但并未实现一体化,因此,只能是在检察工作上要求一体化。加强检察工作一体化,对于发挥检察效能,抵御外部干扰,都有积极的作用。但这种一体化仍然有一个限度。即不能以此而否定各个检察院的法律管辖权与独立负责性,不能以此否定检察官,尤其是具有较强司法性的检察官(如公诉检察官)的相对独立性,不能以此否定检察内部职能部门的监督制约功能。对于最后一点,即职能监督制约功能,对履行客观义务具有直接的保障作用,因此需要特别注意。

近年来,有的检察机关为加强职务犯罪查处力度,提出并实施了“侦捕诉”一体化的办案机制。这一机制打通了检察机关内部的工作环节,由于侦查、批捕(批准长期羁押)和起诉是重要的诉讼行为,实际上也打通了审前程序的各诉讼环节。这一做法对于实现自侦案件的侦查效率具有积极作用,然而,它实际取消了不同检察职能之间的制约作用,取消了不同诉讼环节的过滤和监督功能,势必阻碍检察机关履行其客观义务,因此这一办案机制不符合刑事诉讼制度和检察制度法理要求。这里尤其值得注意的是批捕的功用。

批捕,即批准长期羁押,应当是一项司法职权,因为长期限制公民的人身自由,严重妨碍公民权益,是最严厉的强制措施。为了既有利于打击犯罪,又有利于保护公民的合法权益,按照刑事程序法理,也是根据联合国有关准则的要求,这项职权应当由具有中立性的司法机关行使。而由承担侦查、控诉任务的机关批准和决定长期羁押,则未能实现中立性要求。[45]如果我们更进一步,甚至在检察机关内部取消批捕对侦查的制约功能,以致完全按照侦查需要决定是否逮捕,甚至以捕代侦,将会阻碍检察机关批捕权正确行使,损害检察机关客观义务的履行,损害公民的合法权益。因此,类似的工作一体化无疑应当废止。

最后,还有一个小问题,即中国法语境中,检察官客观义务的表达方式。笔者认为,在对中国检察制度的理论研究中,可以直接使用"检察官客观义务"一词。因为这一词语表意明确,能够进行国际对话,而且已经为诉讼法学界、检察学和检察实务界普遍接受并使用。[46]但在教科书以及正式的文件中,可以考虑使用另一种表述方式,如检察活动的"客观公正原则""检察官客观公正的义务"等。笔者在高级检察官培训教材——《检察制度教程》一书中,将"客观公正原则"列为检察活动的三大基本原则之一(与"法制原则""依法独立行使职权原则"并列),以此表达"客观义务"的相同要求。[47]主要理由是,"检察官客观义务",毕竟是"以实体的真实主义和职权审理主义为基本原理的德国法学的产物",中国检察制度中客观义务的产生条件与制度内容有所不同,加上"政治正确"因素的考虑,在正式的制度话语中调整其表达方式应当说比较有利。

注释

1 陈雷:《检察官的客观义务比较研究》,载《国家检察官学院学报》2005 年第 4 期。

2 国内对这一问题研究已有一系列文章发表,如孙长永:《检察官客观义务与中国刑事诉讼制度改革》,载《人民检察》2007 年第 17 期;陈雷:《检察官的客观义务比较研究》,载《国家检察官学院学报》2005 年第 4 期等。湖南省人民检察院曾经担纲研究湖南省社科重点课题

《检察官的客观义务》，并于 2007 年 7 月邀请国内主要的诉讼法学者和实务工作者 60 多人召开了专题研究会。但不能否认，这方面的研究总体上还处于初始阶段，文献资料比较缺乏，问题研究不够深入。

3 ［日］松本一郎：《检察官的客观义务》，郭布、罗润麒译，载《法学译丛》1980 年第 2 期。文章不长，但对检察官客观义务的内涵、渊源、客观义务论的矛盾以及日本制度背景中新的客观义务论作了准确的表述和分析，而在这方面的其他译介文章缺乏，因此译文刊出后至今始终为中国检察理论在研究检察官客观义务方面最重要的学术文献。

4 林钰雄：《检察官论》，台北，学林文化事业有限公司 1999 年版，第 32 页以下。

5 孙长永：《检察官客观义务与中国刑事诉讼制度改革》，载《人民检察》2007 年第 17 期。

6 参见德国《刑事诉讼法》第 331 条。

7 "检察中立"，是要求检察官"无偏见的作出决定""无党派之间的作出决定"。有时也是指"有原则地作出决定"。其中包括"避免考虑不允许考虑的因素""避免私利""排除个人信念""避免党派政治""独立""客观""确保程序公正"等。参见 Bruce A. Green & Fred C. Zacharias, *Prosecutorial Neutrality*, Wisconsin Law Review, 2004, pp. 837 – 906。

8 ABA Standards for Criminal Justice, *Prosecution Function and Defense Function*, Third Edition, Part I. Standard 3 – 1.2(C).

9 ABA Model Rules of Professional L Conduct R. 3.8 (2004).

10 Berger v. United States, 295 U. S. 78(1935).

11 Bruce A. Green, *Why Should Prosecutors "Seek Justice"*, Fordham Urban Law Journal, Vol. 26, pp. 625 – 627(1998 – 1999).

12 美国法学中的检察官研究，十分注意检察官的双重角色问题。即认为检察官在证据调查尤其是在公诉审查中，实际上是一种冷静中立的司法官。而在审判程序中，检察官就成为代表控诉方的热情的诉讼代理人。这两种角色是有冲突的，因此需要以寻求公正的客观义务抑制其作为诉讼代理人的过分热情与冲动。参见 Dirk G. Christensen, *Incentives Vs. Nonpartisanship: The Prosecutorial Dilemma In An Adversary System*, Duke Law Journal, Vol. 1981, pp. 311 – 337。又参见 H. Richard Uville, *The Neutral Prosecutor: The Obligation of Dispassion in A Passionate Pursuit*, Fordham L. Rev. Vol. 68, 1999 – 2000, pp. 1695 – 1718。

13 Bruce A. Green, *Why Should Prosecutors "Seek Justice"*, Fordham Urban Law Journal, Vol. 26, p. 614. 又参见 David A. Sklansky, *Starr, Singleton, And the Prosecutor Role*, Fordham Urb. L. J. Vol. 26, pp. 509 – 538 (1999)。

14 ［美］琼·雅各比：《美国检察官研究》，周林谦译，中国检察出版社 1990 年版，第 390 页。

15 ［美］琼·雅各比：《美国检察官研究》，周林谦译，中国检察出版社 1990 年版，第 386 页。

16 例如，日本井户田教授提出的弹劾制侦查观，即以检察官为顶层，在司法警察、嫌疑人和检察官之间形成一个"诉讼"的结构，该结构以检察官客观的、司法官的地位为当然前提。松尾浩也教授则主张在当事人主义框架内，要求检察官作为拥护正当程序的人员而从事活动，并在这一范围内承认检察官具有司法官的性质，承担客观义务。而冈部教授则反对检察官司法化的主张，认为“客观义务”的根据，应从检察官作为行政官的公职地位中寻找，并强调对检察官违反义务行为应受到法院的司法控制。参见［日］松本一郎：《检察官的客观义务》，郭布、罗润麒译，载《法学译丛》1980 年第 2 期。

17 朱朝亮：《检察官在刑事诉讼之定位》，载《东海大学法学研究》2000 年第 15 期。

18 陈卫东、刘计划、程雷：《德国刑事司法制度的现在与未来》，载《人民检察》2004 年第 11 期。

19 ［德］汤玛斯·魏根德等：《“德、日、美比较刑事诉讼制度研讨会”专题演讲及座谈记录（上）》，载《法学丛刊》2002 年第 177 期。

20 陈雷博士的《检察官客观义务比较研究》一文认为对此无须担心，称：“客观义务的存在不会破坏诉讼结构的平衡，而是恰恰相反，客观义务是平衡控辩实力差距的重要工具，须知客观义务令检察官负担了更多的义务，而不是扩充了检察官的权力。上述美国关于检察官是否应当追求公正的争论中，赞成者的主要论点就是强调该义务乃平衡控辩双方实力差异之举，正是为了平衡控辩双方之间天然的不平衡，才出现了调节控辩悬殊的客观义务。”笔者认为该观点似乎过于乐观。因为在德国法的意义上强调客观义务总是伴随强调检察官的司法官地位，强调检察官作为法制守护人包括被告人保护者的身份，这不免会影响控辩平衡。

21 虽然也承认中国刑事司法的真实结构与运行机制有其自身的重要特点，如侦查、检察与审判机关形成“互相制约、互相配合”的关系，控、辩、审三方的等腰三角的构造尚未真正形成等，但并不因此而否定这种比较法上的类同性。

22 主要是通过司法部部长对检察工作行使一般指挥权或具体指挥权来贯彻政治方面的要求，但司法部部长指挥权的行使受到法律较严格的限制，尤其是对于社会关注的大、要案件，极少看到司法部部长行使指挥权（改变检察决定）的情况。

23 法律监督还包括对刑事侦查活动及刑罚执行活动的监督，但这些监督在普通诉讼机制内应能容纳。例如，就侦查监督而言，因侦查是为公诉创造条件，因此检察官监督侦查活动的合法性与效能，从公诉权中也可得出。

24 在一般刑事诉讼制度中，因为保障法官独立性的制度安排，检察官作为实质上的诉讼当事人（代表国家的原告），不能直接对处于裁判地位的法官涉嫌职务犯罪的行为发动刑事侦查并采取强制措施，但因中国相关保障措施设置不足，加之检察机关系法律监督机关，因此而实行对法官涉嫌职务犯罪直接立案侦查并提出公诉的制度。

25 龙宗智：《检察制度教程》，法律出版社 2002 年版，第 83 页以下。

26 有一些国家和地区也曾经实行检察官审批长期羁押的制度，但按照联合国公约所确立的原则和规范，相继作了调整，将检察官的这一权力移转至法官，如俄罗斯等诉讼体制转向的国家，以及中国的台湾地区等。

27 由于中国司法的某种封闭性，实难取得有关的统计资料，而且有些案件也不便公布。但媒体已经披露的某些案件暴露出检察权运用的问题。笔者通过自己的观察，且与多名熟悉实务的学者包括知名学者以及司法实际工作者交谈，对检察官不履行客观义务、检察权运用缺乏客观公正性的问题，已是颇有微词。

28 陈正云、苗春瑞文：《“保护伞”职务犯罪剖析》，载中国职务犯罪预防网，http://www.yfw.com.cn/shownews.asp? id=4637，2009 年 3 月 28 日访问。

29 新快报文：《揭露郑筱萸网民张志坚被关押 9 个月惊动中纪委》，载新浪网，http://news.sina.com.cn/c/2007-04-10/095511608561s.shtml，2009 年 3 月 28 日访问。

30 “百度词条”：《彭水诗案》，载 http://baike.baidu.com/view/813180.htm，2009 年 3 月 28 日访问。

31 人大代表中有一部分少数民族代表、农村的代表以及军队的代表，对大会报告一般持支持的态度。

32 可以比较的是同期政府工作报告，2008 年赞成 2885 票，反对 32 票，弃权 12 票，得票率为 98.5%；2009 年赞成 2824 票、反对 42 票、弃权 22 票，得票率为 97.8%。司法机关与行政机关得票率的这种区别，与一般法治国家的情况相反。第六届亚太地区首席大法官会议通过的“司法机关独立基本原则的声明”（“北京声明”），第 1 条载：“在亚太法协成员国的社会中，司法机关一直是最受尊重的机关。”

33 赵蕾文：《谁投了两高报告反对票?》，载《南方周末》2009 年 3 月 19 日。

34 2009 年最高人民检察院报告的得票高于最高人民法院 38 票，除其他原因，应当说与最高人民法院原副院长黄松有有关。参见南方新闻网文章：《两高报告反对票原因调查：企业主反对意见最集中》，中国法学网转载，http://www.iolaw.org.cn/2009/showNews.asp? id=18028，2009 年 3 月 30 日访问。

35 笔者曾经在对检察机关讲管辖的合法性以及取证效力时，不止一次地听到检察官的反馈意见：我们也知道不符合立案条件，但不立案怎么能完成任务呢。

36 据悉这种做法已经在中央司法改革方案中被制止。

37 《中央讨论司法体制改革　重点加强权力监督制约》，载中国新闻网，http://www.chinanews.com.cn/gn/news/2008/11-28/1467248.shtml。

38 ［美］艾伦·德肖微茨：《最好的辩护》，唐交东译，法律出版社 1994 年版，第 11 页。

39 为何这些年纪检部门查办案件成效显著，而检察机关不够突出，其原因不难分析。照理说检察机关在查办职务犯罪方面更为专业化，但纪检部门除了作为反腐败中心部门具有检察机关不能比拟的条件与资源外，还有一个基本原因是，纪检部门不在法律系统，因而方法更为灵活，力度更大。

40 制度发展无疑是一个博弈的过程，但在社会不断发展、制度不断完善的过程中，最终是理性的力量发挥作用，不适当的制度会被淘汰，合理的制度将逐步建立。因此任何制度的长远发展，必须以其合理性为基础，否则所行不远。

41 江必新:《良善司法的要义》,载《光明日报》2008 年 10 月 20 日,第 4 版。

42 2001 年最高人民检察院向全国人大的工作报告拟制过程中,笔者提出检察机关“民行监督”应当“既要实现司法公正,又要维护审判权威”,这一意见后被报告所采纳。但后来听到检察机关有不同意见。

43 近年来,一些资质优秀的法官调离法院,除待遇问题外,应当说与这种法院缺乏权威、法官自尊不足的状况有一定的关系。

44 近年来,有的检察机关在检察管理中引入 ISO9000 质量管理体系,用企业管理中主要解决生产线质量问题的管理模式进行检察业务管理,笔者对其合理性与有效性持怀疑态度。因为企业生产与检察业务有重要的区别,以物为对象的管理和以人为对象的管理十分不同。而 ISO9000 作为基于数目字的管理,除某些精神和原则可以借用外,整体管理模式与方法不适于检察业务管理。

45 英美法系国家和地区认为,检察官的主要职能是公诉,其地位等同于当事人,检察官不具有中立性地位。因此,将强制处分决定权交给检察官既不符合司法审查中的分权制衡原则,又违背了控辩双方的“平等武装”原则。而欧洲人权法院则并不排斥检察官行使强制处分权,但其条件是检察官必须保持独立与中立,如果他同时为控诉官员,则不符合中立性要求。参见高峰:《欧洲人权法院视野下的检察官中立性问题——兼论检察官行使强制处分权的正当性》,载《犯罪研究》2006 年第 1 期。

46 最高人民检察院及某些省级人民检察院设置的检察理论研究课题中,有研究“检察官客观义务”的专题;《人民检察》杂志在 2007 年还组织了专题讨论,在各种关于检察制度的研究文章中经常使用这一概念。

47 龙宗智:《检察制度教程》,法律出版社 2002 年版,第 198 页以下。

我国检察学研究的现状与前瞻*

一、检察学研究的进步与存在的问题

我国检察机关恢复重建以来，随着检察制度的建立与改革完善以及检察实践的丰富发展，检察理论（检察学）研究取得了长足的进步。这种进步主要表现在：

1. 检察研究的组织比较有力，动员比较充分，产生大量研究成果。由于最高人民检察院的重视，检察理论研究成为各个检察院的工作任务，研究资源被充分调动。[1]在国家一级，检察官学院、检察理论研究所、检察日报社发挥了重要的引导与动员作用。从 1998 年至今（此处指 1998 年至 2011 年。——编者注），已召开十一届检察理论研究年会。最高人民检察院自 2000 年建立检察应用理论研究成果奖励制度，2006 年建立检察基础理论研究成果奖励制度，对相当数量的应用理论研究成果和基础理论研究成果进行了奖励。最高人民检察院自 1998 年建立检察理论研究课题年度立项制度，每年组织研究课题的招标投标，牵动大量学者和检察工作者进入课题研究。近年来，最高人民检察院及所属机构和各级检察机关针对检察理论与实践中的突出问题，分别召开高级检察官论坛和一系列理论研讨会，有力推动了对重点问题的理论研究。正是由于有效地组织与动员，有一定调研能力的检察人员普遍参加理论研讨，形成前所未有的，而且超出其他法制机构的研究成果。且有相当一部分学者参加理论研究，成为中国检察理论的推动者。[2]

---

* 原载《国家检察官学院学报》2011 年第 1 期。

2. 检察研究回应了理论挑战，捍卫了中国检察制度的特色和检察机关的宪法地位。检察制度，作为近现代发展起来的一种新的法律制度，是在较为成熟的法院制度与警察制度之间开辟自己的道路，如何定位，如何建设和发展，是各国司法普遍面临的课题和难题。中国检察制度在其发展过程中也步履艰难。[3]作为一种具有明显中国特色的法律监督制度，其正当性与合理性不断受到理论质疑乃至实践挑战。[4]检察机关开展理论研究的目的，就是要证成中国检察制度的特色及检察机关的宪法地位。[5]用最高人民检察院副检察长朱孝清（时任）的概括，近年来的中国检察理论研究，在宏观的层面，主要是“揭示特质，基本回答了什么是中国特色社会主义检察制度”；“阐释原理，基本回答了为什么要建立中国特色社会主义检察制度”；“探求规律，基本回答了怎样发展、完善中国特色社会主义检察制度，怎样深入开展检察工作”。[6]

不能否认，从总的情况看，这方面研究的政治性较强，而学理性仍有待提高（后析），不过，检察机关从上到下，乃至最高人民检察院机关的领导发表的文章，都比较注意检察规律，而且也注意拓宽视野，借鉴域外检察制度的建设经验，学习其理论。例如，最高人民检察院检察长曹建明（时任），在2010年中国检察学理论研究年会上，一方面强调检察研究要“着力加强对检察机关如何更好地服务党和国家工作大局的研究”，另一方面也强调检察研究要着力加强对检察工作规律的研究：一是深化对检察活动基本规律的研究和认识；二是深化对检察制度发展规律的研究和认识；三是深化对检察职权配置规律的研究和认识；四是深化对检察管理规律的研究和认识。[7]又如，最高人民检察院有关领导著长文论证检察官的“客观公正义务”。[8]众所周知，“客观义务”是大陆法，尤其是德国法中检察制度的重要概念。再如，最高人民检察院副检察长孙谦曾著文评介我国台湾地区学者林钰雄所著的《检察官论》；[9]最高人民检察院检察委员会原专职委员、现任职山西省人民检察院检察长王建明（时任）又将《检察官论》推荐给检察官阅读，认为该书“精彩论述让人耳目一新”。[10]正是注意适当兼顾中国特色与检察规律，相关文章应当说仍有一定的理论分量。而从实际效果看，不仅使检察机关内部对中国检察制度的认同感有所增强，而且使外部的质疑与挑战得到一定的回应，而且至少在相关管理机关方面，得到了一定的认可。[11]甚至可以说，这方面的研究作为一种促动因素，促进了新一轮司法改革以“加强监督”为工作重心,从而使检察机关获得进一步发展的空间。

3. 回应实践需求,推动了检察改革和检察工作的发展。除了上述较为宏观的、涉及中国检察制度建设的基本问题的研究外,更为丰富,似乎也是更有实效性的,是检察机关内外对检察工作和检察改革的各种中观、微观问题的研究,近年来的这些研究,直接推动了检察实践的改善和检察制度的完善。例如,如何在检察环节贯彻宽严相济刑事政策、如何推动刑事和解制度与实践、如何建立和完善检察机关量刑建议制度,以及附条件不起诉制度的建立等,是在检察改革方面着重探讨的新课题。大量的调查研究伴随理论分析及国外经验的借鉴,有效推动了且仍在推动相关的检察改革和实际工作。又如,对检察机关几项主要职能的研究,包括公诉权的正确运用以及公诉质量的提高,批捕(决捕)权运行机制的改善,民事审判行政诉讼法律监督制度的完善,自侦案件初查工作的改善以及证据制度包括技术侦查取证制度的完善,以及在刑罚执行和看守所工作中加强检察监督问题等,在这些问题上理论研究的加强,直接促进了检察改革和检察工作。再如,对检察机关如何加强基层基础建设、加强检察官队伍建设,完善上下级领导关系制度及检察一体化制度建设,改善检察机关工作机制和责任机制,建立完善人民监督员制度,以及加强自身监督包括切实履行客观义务的研究,对于提供检察工作持续、良性发展的基础,对于在加强监督的同时防止检察权的滥用,起了积极的作用。[12]

4. 检察学理论进一步发展,理论体系基本形成。在检察机关恢复重建以来的检察理论研究,按朱孝清副检察长(时任)的总结,经历了重新起步、发展深化,以及加强提高的三个阶段。到恢复重建 30 年,即 2008 年左右,"初步建立了中国特色社会主义检察理论体系"。这个理论体系,"是关于中国特色社会主义检察制度系统化的理论,其基本内容包括检察制度发展史理论、检察制度原理、检察机关组织结构理论、检察权理论、检察活动理论、检察管理理论等方面"。"这个理论体系具有科学性、民族性、综合性和开放性等特点。"[13]

应当看到,虽然对检察学的独立学科地位在学界尚有不同意见,但在学科高度分化又高度综合的现代知识体系迅速发展的背景下,检察学作为一门综合性学科存在应当说能够获得学界的基本认同。其理论发展的必要性应当说也较能获得共识。而且检察理论已经基本实现体系化,即虽然研究者对理论体系的构建有不同的看法,但是检察理论体系包括史的部分、比较研究部分、制度原理部分、制度实践部分等。而检察理论应当关注检察职权配置、研究检察职能、研究检察权的运行机制、研究基本的检察制度与各项具体的检察制度,包括检察业务制度、检察管理制度,研究检察实践与检察经验。这些研究内容以及基本的逻辑关系,应当说也已成为共识。而且对上述问题均已有相当的单项研究成果以及综合性、体系性的研究成果。因此,称检察理论体系基本形成似不为过。

理论体系的形成,使单项的研究能够获得定位,使学习者容易把握检察理论的基本内容,从而更为准确、全面地把握中国检察制度,也有利于制度改革的设计与操作者们能够高屋建瓴、成竹在胸地谋划与推动检察改革。理论体系的形成,也是检察学学科建立和地位确认的必要条件。

看到上述进步,我们能够增强信心,但同样重要或许更为重要的是,我们应理性地分析在检察理论研究方面存在的问题,以进一步推动中国检察理论研究的发展。

主要从近年来的研究尤其是检察理论研究的现状看,检察理论研究尚存在视野不够开阔、方法较为简单、基础理论研究不够等问题,但从总的情况看,最突出、最须解决的是以下两个问题:

一是研究深度不够,能力有待加强。总的来看,检察理论研究的大量文章来自检察机关。这些文章数量很大,但普遍质量不高。我们多年参加检察机关组织的不同层级的理论研讨会,这些研讨会收到的论文很多,有的会议收到文章几百份,汇编上、中、下,合计上千页,但是学术分量不重。大量的文章选题或论述角度重复、引用的资料较为陈旧而且十分有限,尤其是文章深度不够,对某一问题的研究往往浅尝辄止。缺乏深度的重要原因,是对制度的正反效应、对制度与工作实践中遇到的矛盾和问题、对操作中的复杂性缺乏必要的分析,满足于大而化之,缺乏细致深入的问题解析。由于缺乏深度,必然缺乏新意,因此其并不能使阅读者获得新的知识、感受和启迪。因此,文章虽多,但除了少量实证性研究资料外,有价值、可保留的材料很少,往往研讨会一完,会议文章就完成使命。

理论研究缺乏深度,与理论人才的缺乏有关。作为司法实务部门,主要培养操作型人才,如职务犯罪侦查的办案能手、法庭上的优秀公诉人等,但也需要一批能够结合实际工作进行深入理论研究的人才。一方面,“理论是灰色的”,而实践之树长青,鲜活的司法实践,是产生理论研究的课题、素材、思想及研究动力的源泉;另一方面,理论能够有效地引导与调整实践活动,尤其是当今司法活动的精密化、规范化要求日益提高,司法实践者没有必要的理论素养就难以有效地解释与解决实践中的问题,尤其是其中一些复杂的问题。在司法实践中,如果没有较为深入的学理研究和探讨,对一些新的实践问题也难以解答和应对。因此,理论研究深度不足,正是在一定程度上反映我们司法能力与水平的不足,这种不足将对司法实践产生消极的影响。为了提高中国检察机关的工作能力,我们需要培养一批实践型理论研究人才。在国外,我们能够看到像波斯纳、卡多佐这样的学者兼法官,中国目前的制度环境与实践条件,应当说很难产生这样卓越的“双栖型”法律/法学人,但是为了中国法治水平包括检察制度建设水平以及检察业务操作能力的提高,我们需要努力培养这样的人才。除了实践型理论人才外,中国检察机关也需要一些关注基本理论,思考检察制度宏观问题的理论家,这部分人才可能不多,而且可能主要集中于最高检察机关及省级检察机关。这些人才,是专职或主要从事检察理论研究的人才。他们的理论研究,能够为中国检察制度的建设奠定理论基础、指明发展方向,同时也能为检察改革与检察实务提供思想支持。检察机关已经有一批优秀的理论工作者,但是总的来看,仍需要培养人才,尤其是需要产生为部门所公认,也为学界普遍认可的理论研究的“大家”。[14]

二是部门性较强,公允性不足。这是近年来检察理论研究存在的又一突出问题。正如有的学者指出的,“检察理论研究仍然存在着一定程度的部门化倾向,甚至还有较为严重的部门狭隘主义,以至于有些文章只要简要地看看主要观点,就能知道‘肯定是检察院的人写的’。一般来说,这种部门化倾向的基本立场是:凡是利于扩张部门权力、利于增加部门利益的,无论在逻辑上是否周密,体系上是否圆融,都极力主张之。凡是可能限制部门权力的、不利于部门利益的,无论是否有可取之处,则全力反驳之”。[15]

部门主义表现在检察研究的各个方面。例如,研究侦查监督,大体上是讲侦查监督的重要性以及如何加强立案监督、侦查行为监督的措施,而很少论及侦查监督自身的局限,如如何处理同为控诉角色,立场的一致性对侦查监督的不利影响,包括对侦查取证中的违法行为常常从控诉的角度给予理解与宽容,对逮捕必要性常常只是从是否有利于控诉来考虑等。又如,研究民事审判监督，相关部门的文章都是讲此种监督对于实现司法公正的意义，以及如何强化检察机关在民事审判中的作用，如何为检察机关有效地实施审判监督创造必要条件，包括克服法院方面对民行监督的抵制等，却很少考虑在一个当事人平等、法官居中裁判的民事诉讼构造中，如何防止另一种公权力介入，可能打破构造平衡，影响诉讼规律运行的问题。再如，谈论检察改革的文章，往往是对检察机关所推行的一些改革大力鼓吹之，而对其局限性和运行中的一些矛盾缺乏必要考虑。如人民监督员制度，对其目前的设置与运行，不能否定其加强检察机关自身监督的积极意义，但客观地分析，这种监督仍然存在非常态化、外部性不足、实效性有限以及易受检察机关操控等局限，因此论述时应当有分寸。但检察机关人员所写文章，往往是谈积极意义而不谈和少谈其局限性，同时也缺乏对其投入产出效率的实证分析。

部门化倾向对检察理论研究是有害的。首先，它可能引致理论研究本身的歧误，即对理论和学理的评判不是依据真理性有时合理性标准，而是以利益（部门利益）为标准，从而背离理论研究的真谛，使检察理论研究沦为部门利益之说，这对于检察理论研究的深化和水平提升十分不利，因为检察理论研究如果脱离了对真理的追求，如果不采用理性的思维方式，如果沦为急功近利的辩护而非批判之说，那么，中国检察理论研究就没有前途和生命力，这种危害性，应属不证自明。其次，它可能形成一种不良学风，即缺乏论理性而采用"咄咄逼人"的方式，甚至有些"党同伐异"的味道，以缺乏论证的批判，代替学理探讨。这种作风在当今不太宽松的学术环境中，可能进一步损害学术生态。再次，它使检察理论研究缺乏说服力和影响力，使检察理论研究成为"检察圈"内的"自说自话"，而使一些有见识的学者"敬而远之"。由于检察制度的存在与发展十分需要外部的支持，如果检察理论不能发挥影响力，最终将会妨碍检察制度的发展，也会损害检察制度的运行环境。最后，对检察机关自身而言，部门化倾向虽然可能一时性地捍卫部门自尊和荣誉，但不利于培养检察官平和、理性的思维方式，妨碍检察官科学地认识问题，揭示矛盾，并在制度改革与操作实践中，寻求更为合理地解决问题的方案。因此理论研究的部门化倾向对检察建设与检察工作必然产生不利影响。

二、当前检察理论研究面临的形势

研究形势，就是说明检察学研究的语境及要求。检察理论研究或称检察学研究,必须结合实际、观照现实,回应社会需求,因此必须充分理解与把握社会现实状况与社会发展需求,在中国社会发展、法治进步以及法学研究的大背景下,适当地设置检察研究的位置,设定检察研究的题目,探索检察研究的进路与方法,因此,对检察研究面临形势的考量,是发展和深化检察理论研究之必需。

检察机构是国家维护法律和秩序的重要力量,检察制度是国家司法制度的重要组成部分,然而,检察制度确是一种比较晚近产生,而且仍在发展的制度。检察机构的组织、职能及职能行使方式,还需要进一步的研究。尤其是中国检察制度作为法律监督制度这种"特色"制度,其正当性需要进一步论证;同时,在目前司法改革强调"加强监督"的形势下,检察建设的发展方向与具体路径也需要理论支持。就如中国检察建设面临重要的机遇同时也面临挑战的情况相似,检察研究也面临发展契机和诸多挑战。

(一)检察制度需要论证,有待发展完善

有社会共同体有社会越轨就会有警察,因此国家的警察职能及其存在的合理性是不证自明的(警察与小偷是一个有深刻意义的逻辑命题,也是一种隐喻,它喻示了社会越轨与国家规制的相对的、互为存在条件的关系);有利益冲突有个案纠纷就会有仲裁者,因此法官的角色也是社会不可或缺的(无论它采用何种形式或称谓)。然而,检察官却是社会发展到一定阶段的产物,是司法多元化、民主化与专业化发展的产物。一般认为,检察官制度发源于14世纪的法国,但现代意义的检察官制,诞生于法国大革命,被称为"革命之子",正式建立于1808年的《拿破仑治罪法典》。而在英国,直至20世纪80年代下半期才建立了独立和统一的国家检察机构。在此之前,虽然存在一个功能狭窄机构甚小的公诉处,但在司法实际运作过程中,人们仍然认为"警察局与法院之间并未插入任何独立的机构,只是有些犯罪案件需要在诉讼程序开始前获得一位非警方官员的批准(例如总检察长或检察官)"。长期以来,大部分案件是由警察局的起诉部门直接向法院起诉。而在"私人起诉主义"的观念下,这种起诉也只是被认为一名穿制服的公民将案件诉诸法庭。

由于上述状况,检察制度具有一种与生俱来的矛盾和"尴尬性",它体现在两个方面:

1. 检察制度是在警察制度与法院制度之间寻求自己的位置,即在司法体系的“夹缝”中开辟自己的道路，其定位是一个普遍性难题。因此，有一个问题被不少国家的检察官不断地提出：“我是谁？我的位置在哪里？”[16]

我国台湾地区学者林钰雄先生曾称，自欧洲大陆创设检察制度以来，检察官处于法官与警察两大山谷的“谷间带”，在两大旗帜鲜明集团的夹杀之下，摸索自我的定位。检察官在刑事诉讼上虽然自始有监督法官裁判、控制警察侦查的功能，但此种与检察制度相生伴随的谷间位置，让检察官与非检察官如入五里雾中。一方面，检察官不欲沦为次等的“侏儒法官”；另一方面，检察官也不愿成为高级的“司法警察”。学说上有谓检察官乃奇奇怪怪的“半人半马兽”，有谓检察官乃来路不明的“特洛伊木马”，借以形容其特异而尴尬的位置。其实，如何厘清检察官定位，使其摆脱“副标题”命运，向来是各国检察官制的难题。[17]

2. 检察制度在历史发展进程中，出现一种评价性“悖论”。检察制度的产生在很大程度上受到制度环境的影响：一是产生于对法院和警察双重制约的需要；二是对法制与人权的重视。检察官及其制度在法国曾有“革命之子”的美誉。现代意义上的检察官产生于监督警方侦查防止行政滥权，以及监督法院裁判避免司法专横的需要，它是司法分权和制约体制的产物，是司法民主化发展的结果。法学家梅里曼在评价大陆法系刑事司法制度的近现代发展时称，“努力将公正客观地进行活动的检察官发展成为诉讼活动的核心”，是欧洲近一个半世纪以来刑事诉讼程序向更为正义和人道的方向发展的两个主要成果之一。[18]

但检察机关毕竟担负以国家权力检控（调查、指控）犯罪的职能，检察权的强大，在一定意义上表示司法程序中国家权力的强大，这就可能与该程序中的公民权利形成一种此消彼长的反比关系。因此，过分强大的检察权力意味着刑事司法具有某种专制性特色。正是在这个意义上，比较法学家埃尔曼说：“社会越是趋向专制，检察机构的地位便会越高，他们的对手所受到的限制便会越多。”[19]因而，如何设置检察制度，使其功能合理发挥并适应国家的民主化进程，也是检察制度建设必须解决的问题。

司法的精密化、合理化以及民主化趋势，使检察制度改革成为司法改革的一项普遍性课题。其中，检察职能的确定，检察权的定位（归属于司法权还是行政权），检察权与政治权力的关系，检察与警察、检察与法院的关系，检控权与公民权利的平衡，检察权行使的法定原则与便宜原则等问题，是检察改革实务与检察理论研究中具有普遍意义的热点问题。

（二）中国检察制度具有特殊的制度背景、社会条件和历史原因，使其成为一种特殊的制度类型，因此，中国检察制度建设与改革需要认真研究

中国检察制度除了检察制度的一般内容和特征外，还具有自身的特质和特点。因此与其他国家检察制度——无论英美，还是欧洲大陆，有重要区别。这是由于中国检察制度产生和发展具有独特的制度背景、社会条件与历史原因。

所谓制度背景，主要是指检察机关的定位和功能是在一个特定的政治体制，即“社会主义的政治体制”中实现的，这个体制的关键，是中国共产党对各项事业的领导，即执政党“统揽全局，协调各方”。这种“统揽型”体制，其构造特点是集中性，而不是分权与制衡。由此，司法机构，包括检察机关，在司法工作中，必须服从党的领导，必须服务于党所设定的党和国家工作的大局。同时，检察官员应当具有“党性”，应当“增强党性”。

不能否认，任何国家的检察机构，作为国家体制的一部分（不少国家是国家行政体制的组成部分），作为一种国家政策实现工具，都具有一定的政治性。但是，在其他推行法治的国家，这种政治性受到法治原则和检察独立原则的限制。因此，检察机关排除政治和行政干扰，对执政党或政府的领导人物发动侦查和追诉，为常见的情况。同时，检察政策的设定与实施，也有相当程度的自主性。在当前我国的政治体制下，检察机关既要服从中心、服务大局，坚持执政党的领导，又要坚持法治原则，依法独立行使检察权，面临完全不同于西方国家的制度背景与执法条件，如何建设与履行职能，在已有的法治和检察理论中找不到现成答案。因此，需要中国的检察制度研究者进行认真的探索。

所谓社会条件，是指目前中国检察事业的发展，受制于转型时期的社会状况及转型时期的法制建设的情况与特点。改革开放的推进，使我国社会面临全面的社会转型。这种转型可以概括为四个方面：由计划经济向市场经济的转型；由经济、政治、文化等方面的一元社会向多元社会的转型；由封闭社会向开放社会的转型；由政治权力无所不能、无所不为的全能政治逐步向依法执政和依法行政的转型。虽然这些转型在有些方面还步履艰难，但由于市场经济体制的建立以及对外开放的推进，社会的变革应当说已经不可逆转。

社会的转型,产生了对法治即依法治国的社会需求。因为只有实现法治,才能保障市场经济的正常运行及经济的可持续的发展,只有依靠法治,才能有效地解决转型期的各种社会矛盾与纠纷,保障社会的长治久安。而实施法律、维护法制的国家专门机关,在依法治国的过程中具有重要的作用。但社会处于转型期,有效实现法治的条件并不具备,社会治理方式还没有实现根本的转型,因此,我们维护法治的工作还会受到许多条件的制约,遇到许多障碍,我们还不可避免地将以所谓"相对合理主义"的方式履行我们的职能,推进我们的法治。那么,在转型时期,如何实现一种"相对合理"的检察制度建设以及推进检察工作,也是需要研究的问题。[20]

所谓历史的原因,是指中国检察制度的产生与发展,受到了列宁的法律监督思想以及苏联模式的深刻影响。尤其是检察机关作为国家法律监督机关,担负监督法律实施,维护法制统一的职能与责任,这来自列宁的思想。[21]不过对此我们应当注意两点:

第一点,苏联的检察模式的正当性与有效性尚未获得历史证明。因为苏联并不是一个法治国家,法治未能有效建立,有时已建立的法制还受到极大的破坏,如在 20 世纪 30 年代的"大清洗"时期。检察机构维护国家法制的功能无法履行。[22]而且其职能设定,即对全社会的法律实施活动实行普遍监督即所谓"一般监督",也因为过于宽泛而使检察机关"力不从心"。

第二点,我国的检察制度,即检察机关实施法律监督的制度,虽然与列宁思想和苏联模式有渊源关系,但已经结合中国的国情作了重要的改变,因此,可以说是具有中国特色的检察制度或法律监督制度。其中较为突出的改变如:其一,检察机关受人民代表大会的监督,也是人民代表大会监督的延伸和具体化,不是国家的"最高监督"。这种定位,既避免了检察监督在监督体系中名分虽高却"名不副实"的问题,又因为与人民代表大会监督权合理的衔接,而找到了中国检察监督制度新的生长点。其二,中国检察监督,主要是司法监督,即对司法机关与司法活动进行的监督,包括刑事诉讼和执行监督、民事审判与行政诉讼监督等,也包括对部分与司法相关、相衔接的行政行为进行监督,但不从事"一般监督"。所谓"一般监督",是对国家机关、企事业单位,以及公民个人的行为合法性进行普遍的监督,这是十分庞杂、繁重的任务。对此,中华人民共和国成立初期的检察制度,因学习苏联模式而予确认,但实践中难以实施,后来改为"备而不用",直至取消。对此,当今检察界的主流观点仍确认检察监督的有限性,认为即使在目前司法改革"加强监督"的态势下,也必须注意不脱离、不超越法定职责和工作范围,否则会力不从心,甚至适得其反。其三,中国检察机关的领导关系,是实行上级领导与同级地方党委的"双重领导",不实行"垂直领导"。中国检察机关的领导关系,采用过不同模式,目前仍实行"双重领导"。而且由于检察机关的"人、财、物"主要由地方配置,因此,地方党委的领导作用更为重要。与上述两点不同的是,对"双重领导"体制的看法存在较大分歧。一般认为,"双重领导",更有利于加强党委的领导和实现为大局服务,有利于加强对检察机关的监督与管理。而"垂直领导"体制,更有利于检察权行使的独立性,防止检察权的"地方化",并以此实现执法的严格性和统一性。

法治,作为一种国家管理、社会治理的规则系统,必须适合于特定国家与社会的现实条件与实际需要,因此是一种"地方性知识"。由此可见,法治建设简单地照搬国外的模式是没有出路的。对于中国检察机关法律监督制度,仅仅是从列宁关于苏联检察制度的意见与苏联模式中寻找渊源与正当性显然也有问题。因为它不能有效地解决这种制度如何在中国这块土壤上生根的问题,不能有效地回应在今天的改革开放的历史条件下,在社会转型时期,国家与社会对检察制度建设的现实需求。因此,思考检察制度建设,应当重新考虑中国检察制度的理论根据包括正当性依据。这也是检察理论研究的重要课题。[23]

(三)中国检察制度建设面临新的机遇与挑战,检察理论研究面临新的课题

社会发展对检察制度建设与检察工作提出了新的要求。这种情况下,检察理论研究应当为新形势下的检察制度建设与检察工作提供更有力的理论支持。尤其应当关注的是,2008 年年末启动的国家新一轮的司法改革,确立了以"加强监督"为重心,并在制度与机制改革方面采取了一系列的举措,检察机关既须承担并完成在司法体制中如何加强监督的新的任务,又须考虑在加强监督的总体要求之下,如何加强自身的监督,以保证公正、廉洁执法。

国家司法改革,为中国检察制度建设提供了新的、前所未有的契机。中国检察机关在新时期恢复重建以来,检察制度建设得到长足的发展,检察工作取得了巨大的成绩。检察制度不仅在较为成熟的法院制度与十分强大的

警察制度之间开辟了自己的道路,获得了生存的空间,而且以30余年的制度实践,证明了一个职能不同于公安、法院,同时对其发挥监督、制约作用的机构是必要的,是保障和实现法治的必要的制度安排。但对于检察职能与制度建设的争论始终不绝于耳。一方面,对检察基本制度,即检察机关法律监督制度,有从制度渊源质疑其源自苏联模式的正当性,有从实效性质疑这一制度"名不副实",更有从法理上和实践中论证其"运动员"和"裁判员"的角色冲突等。另一方面,对各项具体的检察制度和检察职权也有相当的争论。如对检察机关批捕权,认为长期羁押审批权应当归属中立的司法官员,而不应当由控诉机关持有;对民事审判、行政诉讼的监督,认为打破了民、行诉讼的自身构造与内在规律,因此"弊大于利"。即使对检察机关十分重视的职务犯罪侦查,也有人认为,应借鉴法制经验,独立设置专门的廉政机构,或者将其职能归入纪委,以强化职务犯罪侦查。[24]然而,中央下达的司法改革方案,在"加强监督"的总体要求之下,确认并强化了检察机关的法律监督及具体职权。在统一部署下,最高人民检察院制定了新的、与中央方案相配套的检察改革方案,提出了一系列的措施。包括加强立案与侦查行为的监督,加强未决犯羁押、监管监督,加强普通程序、简易程序审判监督,加强死刑包括死缓复核监督,对减刑、假释、监外执行实施同步监督,加强民事、行政诉讼及民事执行的监督等。除此之外,对检察机关如何加强自身的监督,也制定了一系列措施,对"宽严相济"刑事政策的贯彻,明确了新的改革举措。同时,对检察工作保障与队伍建设提出了新的要求。

应当承认,新一轮的司法改革方案,为加强检察机关法律监督提供了前所未有的契机,也为排除监督工作中的阻力创造了条件。然而,我们也应当看到,在加强监督的司法改革背景下,检察制度建设与检察工作说遇到的矛盾仍然存在,而且在某些方面可能更为突出。我们应当研究在新形势下,如何认识和处理这些矛盾,以实现检察监督制度的合理设置与运行,实现检察工作在国家司法系统内平衡、协调,以及可持续的发展,例如,如何认识和处理在刑事司法体制内,加强检察监督与诉讼规律可能产生的矛盾,包括处理检察监督与控辩平等的关系问题。检察机关对法院,既是诉讼请求人,又是监督机关,从而可能形成一种"角色冲突"的问题。例如,在对民事审判、行政诉讼加强监督的过程中,如何处理公权干预与私权自治、私权平等的矛盾,如何防止对已经十分薄弱的裁判既判力及裁判权威的损害,等等。在侦查监督方面，如何处理有效的侦查监督与我国侦查权的自治与强大的矛盾，从而有效地实施立案与侦查行为监督，同时如何正确运用长期羁押审批权，避免只考虑打击犯罪，不考虑保障人权的需要。可见，加强监督为检察制度发展提供了新的机遇，同时也对检察理论研究提出了新的、重大的课题。

三、检察学研究之期望与前瞻

（一）保持理论的公允性与部门主义的克服

检察理论研究出现部门主义，首先是由于这一研究的立足点和出发点与一般的法学学科研究以及其他社会科学理论研究有区别。一般的法学学科，如诉讼法、民商法、刑法、行政法等，主要是以调整对象和方法为标准，在法学学科体系中作逻辑梳理而形成的，简言之，它产生于学科体系。检察理论和检察学，则是以部门为支撑，回答部门的制度建设和工作问题，而在学科的逻辑分野上具有交叉性和综合性，因此它产生于部门。同时，理论的立足点和研究出发点在部门。这就使检察理论研究与检察学具有与生俱来的部门色彩。这是部门主义最根本的原因。

其次，部门主义也与部门的特点即检察的角色特性相关。检察机关的职责是捍卫法制、维护法律秩序，在德国等大陆法系国家和地区，检察机关是“法制守护人”，我国检察机关则为法律监督机关。然而，在司法体制中，检察机关的具体职权，主要是侦查和起诉，它被安排为一个控诉角色，即代表国家的诉讼原告人。这一制度安排和角色定位，使检察官认识和处理问题常常难以脱离其控诉角色的思维方式。就检察工作的社会期望看，民众往往也是以“打击犯罪是否有力”作为检察工作的评价标准。因此，检察官认识问题，包括在检察理论研究时的立场和观点设置，虽然也力图做到公正合理，但也常常难以避免着重从是否有利于侦查、起诉的控诉需要，是否有利于惩治犯罪来考虑问题，即难以避免一种“当事人”思维方式。[25]相比之下，虽然法院尤其是中国的法院，也有角色限制，也难以摆脱部门主义的影响，但由于它控、辩、审三方组合的三角式诉讼构造中处于“居于其间、踞于其上”的中间和超越的位置，其角色限制相对较小。这是就部门特点讲部门主义的克服。

最后，检察研究中的部门主义也受中国检察制度生存的外部环境的影响。所谓外部环境，如前所述，是指近年来，关于检察制度的争论不绝于耳，如对检察机关在刑事诉讼中一身兼办案机关和法律监督机关的质疑,对民、行监督的正当性的质疑,对检察机关批捕权与决捕权的质疑,对检察机关职务犯罪侦查的效能与作用的质疑等。在这种情况下,检察机关及其工作人员为捍卫制度的正当性,论证工作的成效,不可避免地要从部门生存发展的需要考虑问题,因此而使检察研究的部分内容具有明显的论辩色彩和"守土"特征。这种特征,突出表现在对检察机关"宪法地位"的捍卫上。相当一批检察制度和检察理论研究的文著,由检察机关的宪法定位出发,论证目前这种"中国特色社会主义检察制度"模式的正当性。不能否认,这一论证是有根据,也是有意义的。因为宪法规范是检察制度的基础,是检察权的权源,而中国宪法所建立的国家制度架构,体现了"中国特色的社会主义"的政制和法制要求,至少是现阶段或现时的要求。而这种政制和法制安排在整体上的正当性,在目前社会科学研究及法学研究的体制内,似乎是不证自明的。

但是,源于现行宪法的检察理论论证,仍未摆脱部门主义的影响,仍带有某些学理缺陷。一是学术必须追求真理,而真理总是需要论证,观点也是可以质疑的。宪法应当"与时俱进",因此也是可以修改的,如果过度囿于现行宪法规范,而在学理上分析不足,对宪法确认的某项现行制度的正当性论证就是不充分的,也是缺乏足够说服力的。这正是部分检察理论研究在检察机关宪法地位论证上的缺陷。二是从论证检察机关宪法地位的理论研究看,一些重要问题似乎并没有得到合理的解决。例如,检察机关作为法律监督机关源自列宁思想与苏联模式,这也是过去我们解释中国检察制度理论渊源的传统观点。但是,这一思想与制度模式毕竟是针对他国的情况所作的制度构想,而且彼国的实践并不能证明它的成功。那么,我们如何确立中国检察机关法律监督制度的正当性根据,这仍然是一个有待进一步的问题。此外,法律监督所遇到的矛盾,如角色冲突问题、与诉讼规律的冲突问题,如何解决,也还缺乏有充分说服力的理论。学理说服力不足,大量的论证就带上了较为明显的"守土",即部门主义的色彩。

检察理论研究的部门化,从两个方面对检察理论研究造成损害。一是部门利益影响——制度评判、观点臧否以是否有利于本部门为标准,从而损害理论的公允性;二是部门视野限制——局限在自身的思维定式中考虑问题,难以吸收合理而多元的外部思想,从而损害理论的开放性。因此,要发展、深化检察理论研究,应当十分注意对部门主义的克服。要建立合理并被普遍认可的检察学理论体系,更应当注意这一点。因为,如果说检察理论研究尤其是对策性、实用性研究,不可避免地会带有部门色彩,而在一定范围内的部门立场、部门观点也是可以理解的,但如检察理论研究发展成为一个学科,那么,超越狭隘利益而追求真理,是学科精神最重要的内容,也是学科建立最基本的要求。因此,检察学的体系构建与研究展开,必须克服部门主义,实现理论方法与理论的科学性即公允性。为此提出四点意见:

1. 确立系统思维,坚持谦抑原则。"在其位谋其政",从事检察事业,应当关注并促进其发展。因此,在一定意义上,"部门思维"也无可厚非。然而,检察理论要具有真理性,具有说服力,就必须突破部门和角色的局限,具有"大局意识",确立系统思维。应当看到,现代社会的法律制度中,检察制度不可或缺,但它只是国家法律制度的一个分支。在司法制度中,它虽然十分重要,但也只是司法系统的一个构成部分。而且,它代表一种秩序维系的力量,具有一种压制性,它压制不法行为,但如稍有不慎,就可能压制公民和组织的合法权益,因此,无论是检察权的设置还是其行使,都应当保持一种谨慎和谦抑。依法治国是一项系统工程,"必须全面协调各种法律关系,在公民权利与国家权力之间寻找平衡点,在司法系统的各个分支间寻求一种建设性的积极的协调,以求得最有利于社会发展,最有利于国家利益和公民权利全面保护的制度效益"。[26]而且,随着现代社会对公民权利的保护日趋强化,随着诉讼民主的进一步发展以及法治原则的贯彻,对于以积极运用国家权力尤其是国家强制性权力为特征的检察活动,法治国家必然会设置较为严格的限制。因此,检察机关的扩权性思考应当限制在法制系统协调性的范围内,不能只是从本部门的角度考虑问题。例如,民事审判与行政诉讼监督,在司法不公、司法不廉、司法不力较为突出的情况下,加强监督有其积极意义。但是民事、行政诉讼自身就有一种救济机制,如果只讲加强监督,不重慎行与谦抑,就可能损害审判的权威与裁判的既判力,增加法院执行难度,还可能因打破民、行诉讼的自身运行规律,产生弊大于利的效果。因此,从系统的观点看,民、行监督,应当遵循"既要实现司法公正,又要维护审判权威"的原则。

2. 超越角色局限,不忘"客观义务"。树立大局意识,克服部门主义,体现在检察机关的刑事诉讼角色和功能问题的思考上,应当充分注意坚持"客观义务”，超越控诉性、压制性角色局限，树立全面的法律思维。

“客观义务”，即检察官客观公正执行法律的义务和责任。检察官不能只是从控诉的角度考虑问题，而应当全面把握法制需求，综合考虑法律利益，坚持打击犯罪与保障人权并重、实体公正与程序正义并重。这一客观义务，源自德国法，来源于检察官作为“法制守护人”的制度安排。但其基本思想与要求，也为对抗制诉讼体制中的英美法检察制度所肯定。在美国，检察官不能只考虑定罪，而应当履行“追求公正”或“实现公正”的责任，这已成为普遍认可的法律思想，成为法律制度对检察官的基本要求，甚至成为美国检察传统的基本内容之一。而在当代，由传统的检察思想中又发展出“检察中立”的观念，即检察官在刑事诉讼中具有中立性的思想。进一步确认检察官在刑事诉讼的一定阶段（主要是指在起诉斟酌过程中），应当像法官一样中立、独立、全面地进行判断和作出决定。我国检察官是司法官员，又是法律监督官员，在维护法律全面公正地实施并保护公民权利方面，负有重大责任，因此，更应当避免简单地从控诉角度考虑问题并操作法律。[27]

检察业务操作是这样，检察理论研究也应当强化“客观义务”观念，超越检察业务角色尤其是控诉角色的局限。在检察制度研究方面，不仅要考虑如何加强监督，包括加强检察机关的侦查、控诉能力，也要认真研究如何限制检察权，防止其滥用，亦即“扩权”与“限权”应当并重，不能偏废（当然具体的研究项目有特定的重点）。要有效限权，不能简单地考虑内部制约，这是因为对权力主体，自律的能力与效力都是有限的，必要时，应当有外部的，即本体制以外的权力因素的制约，对此，检察机关的论者从理论上往往赞同，但就具体问题上则可能受部门因素的影响而缺乏理论的彻底性。例如，当我们讲要加强对司法行为的法律监督时，我们论证必须有外部的监督机关才能实行有效的监督，但我们在论证检察机关对自侦案件决定逮捕权的正当性时，却不再强调外部的监督，而强调自律。这就给人以部门性较强、客观性不足的印象。

3. 养成理性思维，尊重司法规律。[28]检察机关是司法机关，履行司法职能，其活动基本是在司法制度与体制以内，因此，研究检察工作，必须尊重司法的规律，涉及诉讼问题，应当尊重诉讼的规律。而部门主义的一个突出表现，就是强调部门利益与部门要求的同时，忽略了司法与诉讼的规律。例如，有的论者主张包括加强开庭时出庭检察人员对法庭审判活动的监督，应当允许检察官当庭履行监督职责,提出监督意见。这一做法,确实在1979年《刑事诉讼法》中有规定,但在1996年《刑事诉讼法》修改时,已经明确规定,检察机关的审判监督应当是人民检察院向人民法院提出(《刑事诉讼法》第167条),而不是出庭公诉人向合议庭提出。法律修改的意旨是明确的,就是限制当庭监督,避免检察权与审判权的冲突,以维护审判权威。但有部分论者以"加强监督"为由,仍然主张恢复过去的做法,应当说,这在学理上是难以成立的。因为在控辩方形成的三方组合诉讼构架中,审判的独立、中立与权威,是维系审判秩序与效能的必备条件,也是法律权威的具体体现,因此出庭公诉人有责任维护法庭秩序,服从法庭指挥,尊重审判权威,因此,法律将审判监督修改为集体监督和事后监督是适当的,这也是兼顾审判监督与司法权威的较为妥当的处置方式。

在诉讼平等问题上,检察机关的论者长期不提或少提刑事诉讼中的控辩平等,理由是检察机关是法律监督机关,形式上、实质上与被告和辩护方都不平等,因此,在我国刑事诉讼中似乎不应主张控辩平等原则。然而,任何一个平衡、公正的诉讼结构都是以当事人(原、被告)的平等(诉讼地位平等、诉讼手段对等的"形式平等")为前提的,在不平衡而扭曲的诉讼结构中,法院无法手持公平的天平,因此,诉讼平等是诉讼的规律。这一点,已经为我国检察机关逐步认识。检察理论研究也开始关注这一问题。如2009年的最高人民检察院理论研究重点课题,就包括"法律监督与控辩平等"这一题目。然而,如何认识中国法律制度条件下的控辩平等,如何协调法律监督与诉讼平等的关系,仍然是尚待研究的课题。

检察研究中的理性思维,要求我们尊重司法规律和诉讼规律,为此,需要肯定法治、司法和诉讼,均有其内在的规律,而这些规律具有普遍适用的意义,亦即公理性。例如,控告与审判应当分离,"任何人不能当自己案件的法官",因为自身利益的牵涉,审判无论是形式还是实体都难以体现公正。又如,诉讼应当公开,因为"阳光是最好的防腐剂"等。就诉讼规律而言,可以大体上说,现代各国诉讼制度构建后面的基本法理,总体上体现了诉讼规律。因此,尊重诉讼规律,就是对诉讼法基本规范的尊重。

4. 注意分寸把握,恪守真理界限。检察学是立足部门的理论,受到部门支持,其研究需应对部门需要、解决部门问题,从这个意义上,具有一定的部门性,但只要恪守合理性界限,就不至于成为褊狭的部门主义。列宁说过,

“哪怕是朝同一方向多走半步,真理也会变为谬误”。因此,检察机关研究检察理论问题,需要十分注意分寸的把握,观点要鲜明,但不片面,论证要到位,但不过头。始终坚持理论研究尊重真理、实事求是的原则。

理论研究时把握分寸,需要注意法律制度施行的制约因素,同时要注意利弊分析的全面性。例如,刑事诉讼中的辩诉交易制度,在有的国家,如美国,已经有长期实践并普遍的制度化(个别州除外),而在其他国家,包括过去实行起诉法定主义的大陆法系国家,也在不同程度上解决辩诉交易,以克服定罪的困难,提高诉讼的效率,并使刑事司法体制更加灵活。我国实施以辩诉交易等协商性司法,至少对于争取污点证人,打击主要犯罪,提高诉讼效率,也有积极意义,因此协商性司法应当有一定实施空间(这一点可以通过考察司法实践证实),但是目前条件下普遍推行辩诉交易制度,会不会造成弊大于利,则是需要慎重对待的。因为我国司法官包括检察官的素质仍然不高,而从外部环境看,转型期社会道德较为低下,对协商性司法有效的外部制约也难以构建,这种情况下,辩诉交易的普遍化会不会酝酿出较多的司法腐败和执法不严,这种可能性不能排除。由此可见,对一个具有合理性的制度也需要考虑其实施条件,同时需要注意分析的全面性,既谈其利,也论其弊,再析如何兴利除弊,或尽力实现利大而弊小。

(二)应用研究与基础研究的结合与改进

检察理论研究可以区分为应用研究与基础理论研究两个部分。前者是直接关注制度构建与操作问题,后者则着力于理论探索,包括探索制度与操作后面的缘由和下面的理论根基。两者是紧密联系的,甚至是相互交叉的。一方面,应用研究的深入,有赖于基础理论的扎实。同时,应用研究的过程,往往引发对基础理论的思考,促进理论的深化。另一方面,基础理论研究需要实证资料支持,也需要实践来检验。这些年,检察系统的理论研究注意在应用研究与基础理论两方面展开,设置课题、引导和组织研究,并分别评奖以作促进,基本做法是适当与有效的。

然而,我们不能不看到,检察理论研究无论是在应用研究还是在基础理论研究方面都需要进一步的深化,同时应实现二者更好的结合。前述检察研究缺乏深度的问题,突出表现在应用研究贴近实践,进行细致入微的实际观察与实证研究不够。同时基础理论研究也有浅尝辄止、人云亦云的倾向。

应用研究的实践性不强,是这类研究的大忌。因为应用研究是针对实践的研究,对实际情况调研不足,分析不够,缺乏第一手资料的全面把握,就无法提出具有实践合理性与可操作性的应对办法与改革建议。这一点,相对于我国法院系统的研究,应当说检察研究尚有差距。这些年最高人民法院的课题,集中于实证性研究,从司法实践中提出问题,设定应用性课题,同时要求进行大量的实证研究,在实际资料的基础上进行问题分析和对策建议。法院的各种出版物包括人民法院报,均有较大数量的调研报告,统计数字、图表、典型案例包含其中,显得比较有内容、有分量。而检察理论研究一般化的论述多了一些。每次研讨会的大量论文,一般性论述、重复性论证大量充斥其中,而实证研究的材料并不多。有时即使有一些实证材料,也不够细致、全面,问题分析也不深入。这种状况严重损害了检察研究的质量和效果。大量身处实际部门的检察干部,如果说基础理论研究有某些先天不足,以及现实条件的限制,那么,在应用研究方面,在开掘现实运用实证资料方面应当是具备有利条件。这方面的缺陷,明显暴露出研究者的分析能力、研究方法尤其是学术态度上的弱点。

加强应用研究,应当着重于加强调研,采用实证研究方法。调研方法是我们比较熟悉的一种应用研究方法。从广义上讲,这也是一种实证研究方法。运用调研方法,就是要调查制度的实际运行,从实践中发现问题、基于实践分析问题,考虑实际条件和实际需要提出应对方略,从而成为一种"务实的"研究。调研方法的运用,既要注意面上的实际情况,又要注意点上的资料。尤其是注意选好具有代表性与典型性的"点",进行深入剖析,才可能产生有分量的调研成果。应用研究是针对实际问题的研究,因此调研方法运用的关键,在于有敏锐和准确的问题意识。调研题目的确定,主题思想与研究框架的形成,以及研究工作的展开,均取决于问题意识的强弱和优劣。这种问题意识来源于长期的实践观察与理论训练。

法律研究中调研方法的专业化发展,就是对严格意义上的法律实证分析方法的运用。"所谓法律实证分析,是指按照一定程序规范对一切可进行标准化处理的法律信息进行经验研究、量化分析的研究方法。"[29]法律实证分析方法,是在法律研究中借鉴社会学、人类学等学科的研究方法而发展起来的。它与一般调研方法的区别,一是经验研究的前提、意义与功能不同。调研方法是目的在先,主题在先,实证研究服从于主题思想。实证分析方法,则是坚持一种"半知假定"[30],虽有一定研究框架,但主题思想与结论总是产生于分析之后。因此更强调由经验中获得真知。二是经验研究的深度不同。一般调研方法,主要适用于基本实践情况的把握,了解实践走向、把握主要问题,尤其是解决有倾向性的、值得注意的问题,虽然也有个别性、具体问题的调研,但由于重在面上问题的研究,具体问题往往展开不够。而实证分析方法,十分强调经验研究的深度与细致。其要求具体入微的研究个案,分析方方面面因素的作用,从而使个案具有一种“鲜活性”与“立体感”。三是定量分析的必要与否。调研方法,虽然也使用一些统计数据,但它以社会科学本身的非精确性和数理分析手段的局限性为学理前提,着重于定性分析。而实证分析,则强调“有理无数慎谈学术”,认为“法律现象是质的规定性和量的规定性的统一”。[31]因此,在肯定定性分析的同时,重视数据的获取以及定量分析。

在检察理论研究中,加强实证分析方法的运用十分必要。因为中国转型时期的法治是一种“有限法治”,法律的功能有限,而且由于法律实施的条件不充分,“纸面上的法”与“实践中的法”常常存在较大的差异,显在与潜在的双重规则系统同时运行,如果不充分进行经验研究,将无法把握法律的实际运行状态,也不能提出有效的改进办法。如对检察制度,我国宪法与法律对检察制度作为法律监督制度的定位及其运行要求,与制度实践中检察制度的运行状态存在较大的差异。加强监督的某些法律措施,又可能产生新的矛盾,造成法律制度系统的某种不协调与不平衡。这些问题的认识和应对,仅靠法理分析是十分不足的,而必须进行调研,尤其是运用实证分析方法,进行经验研究。检察理论研究中加强实证分析方法的运用,其必要性还体现在检察理论研究中经验研究的严重不足。本书后面的章节,笔者还将以美国检察官研究为例,从比较研究的角度检察理论研究中经验研究的意义及方法做进一步分析。

在强调应用研究实践性的同时,也需要重视检察制度的基础理论研究。因为基础理论研究才能为检察制度的存在提供依据,为其改革发展指出方向。同时,基础理论也是学科建立的根基,是学术发展的前提。针对检察理论研究的现状,加强基础理论研究,一是要处理好公理与特色的关系。公理是基础,特色也重要,二者应当统一而不应相互矛盾。检察官在一个分权制衡的司法构架中发挥功能,检察官的职能处于警察职能与法院职能之间,担当以公诉为中心诉讼职能,这是检察制度设置的共性。因此,制度建设必然有一些共同的规律和特点。如任何检察机关的基本职责是“将违反法制的人送上法庭”(列宁语),检察机关内部具有一种领导关系以保障工作效能,同时检察官应当是有职有权的检察活动主体等。这些都反映了检察建设的共同规律。当然,东西方国家的检察制度建设又采取了具有不同特色的制度模式。我们不能以特色否定普遍的规律,而只能是要求普遍规律在具体实现时应当采用符合实际的方式。基础理论研究,更需要注意公理,包括检察规律的研究。而当前检察建设的问题,也主要是对检察规律缺乏把握及不予尊重的问题。二是要注意基础理论研究深度。检察制度恢复重建以后的30多年,中国检察制度的基础理论已经有了相当研究成果,问题在于一般化的成果,同义反复的理论解说很多,但结合中国国情的有深度、有创新的理论研究严重不足。因此,基础理论研究需要重点解决深度问题。而要实现深度的研究,重要的一点,是敢于直面问题,善于发现矛盾,并作出合理与有深度的理论解析。中国社会的转型时期,社会的不平衡问题突出,各方面的矛盾突出,检察制度建设亦同。回避矛盾、粉饰太平,理论研究就丧失了意义,基础理论研究也不能深入。

(三)拓宽视野形成有深度更大气的检察理论

相对于其他的行业体系,检察体系的组织、工作以及视野上的封闭性更为明显。公安机关工作,涉及刑事司法、行政执法甚至部分民事问题的处理,其工作内容十分广泛。法院处理一切成为诉讼的涉法事项,更容易具有法律的“全景思维”。检察机关职能以刑事司法为主,而且职能定位上偏于控诉。违法犯罪毕竟是社会的异常现象,比较之下,检察机关的工作范围比较窄,受此影响,研究视野也容易受到限制,因此,要使检察理论不成为“自说自话”“孤芳自赏”,而获得社会的认可以及实现与学术界和实务界的有效交流,就需要拓宽视野,打通学术,使检察研究具有国际眼光、历史厚度、交叉知识及充分的学术底蕴。具体应注意以下两点:

1. 要注意理论研究的系统性与相关性。储槐植教授提出的“刑事一体化”思想,要求“在刑法之上研究刑法、在刑法之外研究刑法、在刑法之中研究刑法”,[32]这一思想对于检察制度研究也是很有意义的。例如,在检察制度之外研究检察制度,就要求将检察制度放在中国法治的背景之下、放在中国政治体制的构造与运行和发展的背景之下,放在中国经济社会转型时期的背景之下进行观察和分析,这种宏观分析方式,对于认识检察制度的政治、社会和法治意义,认识检察制度与国家政治、经济与社会发展“大局”的关系,认识检察制度的发展方向,是很有意义的。这种研究,除了考虑检察如何适应社会发展的一面外,也应当考虑,在中国的社会发展出现多种趋向与可能性的时候,检察制度能否或者怎样能够促进国家管制方式的改善与社会运作机制的合理化发展。

系统性与相关性的研究,还要求能够以相关部门法的方法以及由相关部门法的领域研究检察制度。相关部门法中,关系最为密切的是司法制度与程序法,尤其是刑事诉讼法。因为检察制度是一种司法制度,同时,在刑事诉讼中的检察活动,又属于刑事诉讼制度。如职务犯罪侦查制度、审查批捕制度、刑事公诉制度等,既为刑事诉讼制度,又是检察制度。不过,刑事诉讼法的研究与检察制度的研究角度不同,研究方法也有区别,具有互补的功效。如对公诉制度,刑事诉讼制度着重研究公诉的法律程序,而检察制度注意公诉权的配置与运行方式包括公诉部门的工作制度。刑事诉讼法学者研究公诉制度,往往强调公诉运行的法定性、平衡性、公开性等要素,注意公诉权的权力边界及与辩护权、审判权的分界。这些思路与研究成果是检察制度研究者应当借鉴使用的。对民事审判、行政诉讼法律监督问题的研究,也要充分注意民事诉讼法与行政诉讼法学者的研究思路和成果。因为民事诉讼法、行政诉讼法的学者研究民事、行政诉讼法律监督,更加注重这种监督符合民事、行政诉讼的机理,能够与诉讼程序运作相协调,他们的知识背景与研究方法,往往是检察制度的研究者可能欠缺的。

2. 要适当注意比较研究。在技术设置相似的司法制度框架中建设检察制度,往往面临共同的矛盾和挑战。例如,我国检察机关恢复重建的相当一段时间,笔者曾多次听到基层的检察长和检察官问一个问题:我们检察院是做什么的?其实如前所述,这个问题也可以算检察史上的“千古一问”,即“我是谁,我的位置在哪里?”因为,检察制度是在成熟的警察与法院制度的“谷间地带”开辟制度建设的路径,因此,其定位是一个普遍的难题。而各个国家和地区司法制度与检察制度建设及其改革发展对这个问题所给出的答案,尤其是法制较为成熟国家和地区的制度建设经验,值得我们思考并结合国情予以借鉴。

又如,各个国家和地区检警关系是检察制度建设与实务需要思考和应对的一个问题。目前,随着《关于刑事立案监督有关问题的规定(试行)》等文件的颁布执行，我国检察与刑事警察的关系更为密切而检察监督进一步强化。但在研究检警关系的过程中，鉴于检警同负控诉职责但又分隶不同体系，有的学者曾提出检警一体化的制度建设思路，笔者也曾撰文分析，认为应当加强检警之间协作以及检察院对公安机关的监督，但组织体制上的一体化不符合检察制度设置的目的。[33]2010 年 4 月，笔者随团出访丹麦、西班牙，见到丹麦实行了一种特殊的检警一体化的制度。即在上层与下层，检警一体，检察首长同时为警察首长，而其内设部门包括警察部门和检察工作部门，有了矛盾交到检察长兼警察局长处，很快就得到解决，检警之间配合密切，工作效率高。而在中层，设置地区性检警分离的检察机关，与中级法院对应，同时监督基层检警机构的运作。而这种有分有合的体制在该国兼顾了公正与效率，能够有效运作。这种做法，打破了我们思考检警关系时或分或统的两极化模式。当然，中国与丹麦等国的法律制度与司法制度背景不同，对国外做法不能简单套用，但如果能够对其运作的实际状况及其利弊作深入的研究，也许能为我们提供某些有意义的借鉴。

我国不同法域的比较研究也是有意义的。我国属于大陆法体系，我国台湾地区、澳门特区也属于大陆法体系，司法制度包括检察制度有一定的类同性，但香港特区属英美法体系，与内地差别较大。我国四法域，不仅政治制度不同，而且法律制度与司法制度也有较大区别。进行不同法域检察制度与实务的比较研究，不仅有利于获得检察建设的启示，还有利于加强相互间的司法协作包括检务互动，从而有力打击犯罪尤其是涉两岸的犯罪活动。[34]

注释

1 调研材料的写作与应用，成为检察绩效考核的重要内容，是检察院和检察长工作加分或减分的重要依据。

2 近年来，各级检察机关采取的学者到检察机关挂职的做法，对学者参加检察理论研究起了较大的推动作用，如 2006 年 7 月底，何家弘等三名学者被任命为最高人民检察院副厅级官员，《民主与法制时报》就此评论称："最高检的这次特殊任命有深刻的政治意义。其中之一就是，面对各种质疑检察机关宪法地位、取消和削弱检察权的声音，面对检察制度和检察理论的挑战，最高检要培养自己的中青年法学家，坚决捍卫中国特色的检察制度。”（《民主与法制时报》2006 年 8 月 6 日）

3 中国检察制度几起几落，而在过去的中国，撤、裁检察机关的议论也时有兴起。参见张培田：《近代中国检察理论的演进——兼析民国检察制度存废的论争》，载《中国刑事法》2010 年第 4 期。

4 如最高人民法院曾经发出多个司法解释，限制检察机关在民事诉讼和执行中的监督权力。

5 曾有人概括 20 世纪 90 年代后、本轮司法改革之前的司法改革，是“法院大闹独立，检察院死守阵地，司法部扩张权力，公安机关则坐收渔利”。虽然说法有不恭，不能登大雅，但因被认为比较形象地描述了现实而广为流传。前些年，检察机关的监督地位和性质、侦查权、批捕权、民行监督职能等，都受到了质疑，因此“守阵地”似有必要。

6 朱孝清：《检察理论研究 30 年的回顾和展望》，载《人民检察》2008 年第 16 期。

7 曹建明：《建设和完善中国特色社会主义检察理论体系，努力以检察理论创新推动检察事业创新发展》，载《检察日报》2010 年 4 月 26 日，第 1 版。

8 朱孝清：《检察官客观公正义务及其在中国的发展完善》，载《中国法学》2009 年第 2 期。

9 孙谦：《维护司法的公平和正义是检察官的基本追求——〈检察官论〉评介》，载孙谦：《检察：理论、制度与改革》，法律出版社 2004 年版，第 183 ~ 267 页。

10 王建明：《精彩论述让人耳目一新》，载《检察日报》2010 年 4 月 23 日，第 2 版。

11 中央政法委领导近年来多次讲话要维护检察制度的特色，维护宪法所确认的检察机关的性质和地位。

12 主要学术刊物同时发表两篇关于检察官客观义务的长篇文章，即《中国法学》2009 年第 2 期载朱孝清所著的《检察官客观公正义务及其在中国的发展完善》一文，及《法学研究》2009 年第 4 期载龙宗智的《中国法语境中的检察官客观义务论》一文。这是在加强监督的背景之下，对检察机关的自律和他律重要性的论证，说明检察理论界的敏感和积极回应现实需求。

13 朱孝清：《检察理论研究 30 年的回顾和展望》，载《人民检察》2008 年第 16 期。

14 对检察研究的深度不够，笔者深有体会。笔者曾多年兼任一法学核心期刊的编辑，接到大量检察系统的来稿，但很少使用。主要原因：一是深度不够，论证不充分；二是部门主义明显，学术公允性不足。

15 赵丹：《检察理论研究之反思》，载国家检察官学院：《法律方法与检察官思维研讨会论文集》，2008 年 4 月印制，第 83 页。文章作者赵丹是国家检察官学院的老师，《国家检察官学院学报》的编辑，“部门化”之说，体现了她对检察研究的观察与反思。据我们了解，这种部门化倾向，是学界对检察机关开展检察理论研究的普遍反映，也是各法学刊物相关编辑的共同感觉。一篇关于检察制度和检察工作的文章，不需看作者，只看文章中的观点、立场以及论述方式，就大致能够判断其作者是否为检察中人。

16 1986 年第 56 届德意志法律工作者大会上，奥地利司法部部长艾格蒙 · 弗瑞格在其贺词中曾以反讽的语气提及一件轶事:1849 年,年仅 19 岁的奥匈帝国皇帝弗兰西斯·约瑟夫下令以“最快的速度”创立检察官法。而直到这位皇帝死了 70 年后,奥地利才制定了这部法律。“最快的速度”花了 137 年。其间,所有奥地利检察官都得不断地问一个问题:我是谁,我的位置在哪里?

17 林钰雄:《谈检察官之双重定位》,载《刑事法杂志》1998 年第 12 期。

18 [美]约翰·亨利·梅里曼:《大陆法系》,顾培东、禄正平译,西南政法学院 1983 年印,第 147 页。

19 [美]埃尔曼:《比较法律文化》,贺卫方、高鸿均译,三联书店 1990 年版,第 177 页。

20 例如,对于检察机关履行法律监督职能,有学者认为,作为担当侦查、公诉职能的刑事追诉机关,在请求法院作出刑事裁判的同时,又是法院审判的监督机关;在民事审判中,以国家权力介入民事诉讼活动,有可能打破民事诉讼的平等与均衡的格局,背离了民事诉讼通过自身的程序设置实现司法公正与纠纷解决的要求。这些批评,应当说有一定的法理根据,但是,如果考虑到目前法院建设以及民、刑事审判的实际状况,这种法律监督,是否也具有“相对合理”性。

21 列宁在《论“双重”领导和法制》《论新经济政策条件下人民委员会的任务》《怎样改组工农检查院》《宁肯少些,但要好些》等文著中,阐述了检察机关建设和法律监督的思想。对列宁思想的具体介绍与分析参见王桂五主编:《中华人民共和国检察制度研究》,法律出版社 1991 年版,第 210~225 页。

22 如“大清洗”中,总检察长维辛斯基及其领导的检察机构秉承当时的政治意志,发挥了十分负面的迫害性作用。参见康春林:《莫斯科三次公开审判》,中国社会科学出版社 1995 年版,第 54~55、141~147、173~177、263~272、362~367、388~414、422~450 页等。

23 在 2010 年 7 月下旬北京市人民检察院召开的“2010 诉讼监督论坛”上,笔者提出“中国检察机关法律监督的理论根据与制度渊源”的“一家之言”,认为主要包括四个方面:一是列宁关于法律监督的思想。主要针对检察机关的职能:监督法律实施;保障法制统一。二是大陆法系国家“法治守护人”的思想。检察机关不是诉讼的一方当事人,在司法体制内,应当按照法治守护人的角色来建设检察机关、设置检察制度。三是人大制度及人大法律监督权延伸的思想。这也是检察机关法律监督的重要制度渊源。四是在特定历史时期和特定的国家政治、司法体制之下,司法制度设置与运行“相对合理”的思想。由此解释检察监督制度中所遇到的一些矛盾和问题。

24 蒋石平:《我国侦查主体与侦查权的合理设置与配置》,载《河北法学》2008 年第 2 期;钱昊平:《30 纪委干部建议监察反贪合署办公》,载《新京报》2010 年 7 月 13 日。

25 诉讼中的原告和被告是诉讼当事人,在刑事诉讼中,检察机关是代表国家的控诉原告人,因此从学理上属于当事人。但是因为我国和其他某些国家检察机关作为司法机关或法律监督机关的特殊法律地位,在诉讼法上不纳入诉讼当事人序列,从而区别于普通的诉讼当事人。如樊崇义老师所称,“检察机关属于不是当事人的当事人”。

26 龙宗智:《检察制度教程》,中国检察出版社 2006 年版,第 17 页。

27 关于检察官客观义务及其现代发展和不同类型的论述,以及中国检察官客观公正执法的责任,参见龙宗智:《中国法语境中的检察官客观义务论》,载《法学研究》2009 年第 4 期。

28 这些年的中国法治建设与法学研究,在不断进步的同时,也存在某些问题,如不尊重法治和司法建设的规律,将肯定一些具有公理性、规律性的思想斥之为照搬西方、不顾国情。但这种现象在检察机关不突出,如最高人民检察院的领导仍然在强调尊重中国现实国情的同时,要尊重司法的规律、诉讼的规律与检察建设的规律。这是应当肯定的。

29 白建军:《少一点"我认为",多一点"我发现"》,载宋英辉、王武良主编:《法律实证研究方法》,北京大学出版社 2009 年版,第 65 页。

30 白建军:《少一点"我认为",多一点"我发现"》,载宋英辉、王武良主编:《法律实证研究方法》,北京大学出版社 2009 年版,第 72 页。

31 白建军:《少一点"我认为",多一点"我发现"》,载宋英辉、王武良主编:《法律实证研究方法》,北京大学出版社 2009 年版,第 75 页。

32 储槐植:《刑事一体化论要》,北京大学出版社 2007 年版,第 271 页。

33 龙宗智:《评"检警一体化"兼论我国的检警关系》,载《法学研究》2000 年第 3 期。

34 2010 年 8 月,我国福建省人民检察院与台湾地区"高等法院"检察署联合召开两岸检察实务研讨会,就"检察权的变革与完善""追赃与查扣不法所得""检察官求刑与量刑建议制度""共同打击跨境诈骗犯或毒品犯罪"四个问题进行研讨。笔者应邀出席并为会议作了"两岸检察的同与不同及其思考"的学术评论与总结。参会期间,笔者对我国台湾地区检察官的敬业精神、法治信仰、认真的研究态度和较高的学术能力很有感触。笔者认为在业务建设方面,我国大陆检察官有必要向台湾地区检察官学习,同时很有必要加强两岸检察的交流和比较研究。

检察机关内部机构及功能设置研究*

检察机关内部机构如何设置是司法责任制改革中的一个突出问题。在长期实行的“三级审批制”下，内部机构按业务类型划分，以便承担业务“审核”责任。推进司法权运行机制改革，部门的设置方式及职能就可能有所调整。但在这一问题上，各层级、各地区的检察机关认识不一，做法各异，甚至形成机构设置的所谓“三乱”现象。[1] 而这种混乱，在近期改革过程中并未解决，甚至有所加剧。不仅基层人民检察院、市人民检察院，甚至省级人民检察院，也采取了不同的部门设置方式，机构名称也各不相同。为理顺内部管理关系，贯彻司法责任制，保障检察一体制，合理有效地发挥检察功能，在深化司法责任制改革的过程中，需要认真探讨检察机关内部机构及其功能设置的法理与实践，在此基础上，设计和实施较为适当的机构设置方案。

一、检察机关内部机构设置的基本法理及模式比较

关于检察机关设置中层机构的意义何在，日本原检察总长伊藤荣树的概括较为准确。他称，检察机关内设部门的目的有二：一是大体确定检察官相互之间的事务分工，根据业务分工以谋求提高工作效益，同时明确责任所在；二是对拥有多数检察官的检察厅，可以大体上把分担事务性质相同的检察官集中在一起，便于上级进行适当的指挥监督。[2] 简言之，内部机构，一是为了实现专业分工提高效益，二是有利于上级指挥监督。同时，有一前提：检察官数量较大。如果检察官数量较少，检察长可以直接指挥监督，无须再经中层机构，即所谓“扁平化管理”。

---

* 原载《法学家》2018年第1期、《中国检察官》2018年第11期。

按照业务类型设置业务机构,同时设置若干行政保障机构,是检察机关内部机构设置的一般模式。其中,内部业务机构设置,可分为主要根据业务类型设置,主要根据案件类型设置,以及兼顾业务类型和案件类型的模式。

根据业务类型来划分部门的机构设置模式,比较典型的是苏联、东欧国家和越南、古巴等国以法律监督业务类型设置内部机构的模式。由于检察机关是国家法律监督机关,其内部职能机构,一般是以检察机关法律监督的不同职能为基础设置,包括对国家管理机关、企业事业单位、公职人员和公民是否遵守法律实行监督的一般监督部门,对侦查机关和其他调查机关的执法实行监督的侦查监督部门,对法院审判案件的活动进行监督的审判监督部门,对拘留所、羁押场所和执行刑罚及其他强制性措施的执法活动实行监督的执行监督部门,以及实施工作保障的有关部门等组成。例如,古巴共和国总检察院组织章程规定,古巴共和国总检察院设置下列职能机构:(1)法律监督局;(2)审理监督局;(3)刑事、民事、行政和劳工诉讼监督局;(4)监狱、看守所、劳教机关执法监督局。[3]

大陆法系国家和地区检察官的基本业务包括侦查、公诉和指挥刑罚执行,最为典型的模式,是设置若干侦查兼公诉业务科、处,这些业务科、处的检察官既负责指挥或指导侦查,也负责提起公诉及出庭公诉。这些业务科、处工作职能基本相同,但根据案件类型或者根据管辖区域确定科、处内检察官的职责。此外,由于检察官负责刑罚执行,因此通常专设一个执行科、处,由检察官负责,但部门内人员多系不具有检察官身份的政府雇员。

法国的巴黎检察院,即以案件类型为主设置业务部门,同时兼顾业务类型。包括5个厅,厅内设处,合计15个处(组)。5个厅分别是公诉和实时处理厅(第一厅),其设两个地区案件处,一个未成年人处,以及一个实时处理小组;经济、金融和商业犯罪厅(第二厅),设打击诈骗犯罪处,财政案件处及商业案件处;一般行政、民事案件和媒体厅(第三厅),设秩序和庭审处,刑罚执行和引渡处,民法和司法职业处,新闻和自由保护处;打击恐怖犯罪、危害国家安全和有组织犯罪厅(第四厅),设恐怖活动和危害国家安全处,打击非金融性有组织犯罪处;公共健康、打击经济和社会犯罪厅(第五厅),设健康、经济和社会案件处,欺诈和支付手段处。[4]

德国检察机关与此类似。如弗赖堡市在2017年有检察官41名(含7名从司法专业学校毕业,未通过司法考试,只能在区法院出庭,不能在市法院执行业务的检察官），有秘书（书记员）38 人，负责执行工作和行政工作的雇员 33 人。2016 年共处理各类案件 6.5 万余件（我国属于治安行政违法的案件，在德国亦需检察官处理或批准处理）。检察院内设 6 个侦查（公诉）处，每处 6 名至 7 名检察官，由一名经州司法部任命的高级检察官任处长。6 个处含一个青少年案件处、一个交通犯罪案件处、一个经济和税务案件处、一个有组织犯罪和毒品犯罪处，另外两个处处理其他类型案件。但按地域划分管辖范围：一个处负责城区内案件，一个负责城外案件。另有一个 15 人组成的执行处，一名检察官负责，其余均为政府雇员，负责自由刑的交付执行和财产刑的执行（德国无死刑）。检察长依法可以指挥检察官，但通常不干预检察官的决定，只是必要时可以将案件转移给其他检察官办理。检察长有时召集 6 个处长及执行处长一起研究有关的检察业务问题。[5]

美国检察机构的基本职能是实施刑事公诉，同时兼有较为灵活的侦查职能，通常内设调查机构或调查人员承担补充侦查及少量案件的直接侦查职能。检察官作为政府法律顾问，还承担代表政府参与民事诉讼（起诉和应诉）职能。美国检察官刑事案件办案流程可分为“旋转检察”（rotation prosecution）和“垂直检察”（vertical prosecution）。前者系指随诉讼进程而将案件传递到不同检察官的流水作业型检察；后者则要求办案检察官或团队根据案件性质，从接案到量刑自始至终跟踪办理，即检察官从警方侦查发动、案件建档/立案、提审、拘留听证、审前听证、有罪答辩、裁判听证及安置听证等不同阶段，全程参与。[6] 因此形成不同类型的部门划分。“旋转检察”模式，要求检察官办事处内设处理不同诉讼环节事务的业务机构，而适应“垂直检察”需要，则以案件性质、轻重区分业务结构。为提高案件办理的质量与效率，具有专案办理特征的“垂直检察”模式，是当今美国检察所倡导的模式，因此，除民事业务、刑事调查专设部门外，根据案件类型划分刑事检察部门，是较为普遍的部门设置方式。[7]

比较不同国家、地区检察机关内部机构的设置，可以总结出两点共同的规律：一是业务机构设置的基本标准是适应案件办理需要，将处理同类业务的检察官集中在一起，以便于组织调配和业务管理；二是内部机构设置应当适应特定检察机关的职能、组织特点和业务发展需要。如在现代都市，为应对不同类型的重大、复杂刑事犯罪，检察业务根据案件类型设专组应对为一趋势。又如，在实行“检察一体制”的国家和地区，为便于检察工作的整体协调和推进,较为强调上下级检察机关内部机构的协调统一,以便于上下联络。[8] 而"各自为战"的检察机构,如美国地区检察官办事处,因为并无"上级领导机关",无论是官署还是内部部门设置,都较为灵活、多样。

二、内部机构调整的考量因素及应注意的问题

检察机关内部机构的设置,是一项需要考虑多种因素的系统工程,不可草率行事。为了在改革背景中合理调整设置检察机关内部机构,应注意斟酌以下因素:

1. 司法责任制及其限度。检察机关实行司法责任制,需要确认员额检察官的办案主体地位,以及在一定限度内的独立处理案件的权限。但是,此种独立负责具有相对性,因为检察官业务活动仍是在检察长的监督指挥之下,服从检察一体制的要求。因此,为贯彻检察一体制,协助检察长实施业务管理和监督,可以设置中层业务机构,并由部门负责人协助检察长承担一定的监督指导责任。因此,平衡检察官责任制与检察长指挥监督权的关系,是在部门调整及其功能设置中需要着重考量的因素之一。

2. 办案业务量和检察官数量。业务量大,随之检察人员数量较多,需要设置部门实施必要的管理、协调和监督。反之,业务量较小,检察官员额少,则应考虑合并部门;在案件很少人员很少的检察院,甚至可以不设部门,由检察长直接管理检察官。对某一业务事项或者某些类型案件的业务,是否设置部门专管,也应当考虑业务量。在司法员额制之下,员额检察官、法官必须达到一定的办案业务量,否则就没有必要配置员额。司法机构间以及机构内部员额配置的平衡,也主要是指业务量的平衡。[9] 业务量评估,需要考虑业务开拓空间,将设置部门后可能开拓的案件业务量计算在内,但是需要有实践依据。由于司法程序是在多种因素共同作用下运行,设置部门专事专办,对业务量的影响通常比较有限。[10]

3. 办案组织的设置以及与部门的关系。检察业务以检察官单独承办和办案组承办两种方式实施。办案组由主任检察官领导,办案组和主任检察官的设置,可采取临时设置和常设两种方式。[11]临时设置办案组,不影响部门设置;但如主任检察官负责的办案组为常设办案组织,业务部门的设置及其权限安排就应当注意与其协调,防止叠床架屋的多级管理,即防止行政因素的强化。

4. 业务工作特性。内部机构,应当考虑业务工作特性,即主要实施业务指导还是个案办理。最高人民检察院和省级检察院的多数内设业务机构,以业务指导为主,更适合采取部门体制,以便于条线联系,下情上达,上令下行,同时也便于对外协调工作。而基层人民检察院,作为个案办理单位,则可加强承办检察官和检察官办案组的功能,在较小的检察院,还可采行大部制管理,以适应办案需要。

5. 日常管理因素。部门的功能,不仅有业务管理和监督功能,还负有行政管理功能,如维系工作纪律、业务考绩等。在中国制度背景中,还有政治学习、政治活动,如开展“两学一做教育实践活动”等政治功能。设置业务部门及其职责,要同时考虑该部门的行政管理和政治功能由谁承担,如何承担。是实行统一模式,即“一岗双责”,还是使业务与行政适当分离,这是机构调整时也应当考虑的问题。

6. 上下级检察机关的业务对接。我国政治体制属于集中性体制,检察机关也属于集中性检察机关,大陆法系检察机关实行的检察一体制及其制度法理基本适用于我国检察制度。在这种集中性体制中,必须考虑上下级检察机关的业务对接关系,其中包括:检察机关之间的业务领导关系通过部门实施;上级业务部门对下级业务部门的业务指导和监督;个案办理时的级别审查关系,如审查逮捕案件报请上级检察机关批准逮捕,提起抗诉的案件由上一级检察机关审查支持抗诉或者不支持抗诉等。部门及其功能设置,应当注意一定程度的上下协调。如果业务配置错位程度较大,就可能使上下联系不畅,妨碍上下互涉业务的展开,也妨碍检察一体制的贯彻。

除以上因素外,目前在机构调整中还应当注意两个问题:一是注意机构设置的适度稳定性。司法职业的一个特点是稳定性,即司法人员工作条件、工作环境的相对稳定,如果变化较大,而司法人员又需要被动适应,不利于维系其职业责任感与尊严,不利于形成长期稳定的职业规划并专注于检察业务工作。因此机构改革,应当注意“谋定而后动”,不宜仓促决策调整。有的检察院,领导换了,机构就变了,这不利于检察机关的长远建设。

二是注意机构设置的基本统一性。区别于政治体制上的复合型与分权制,我国政治体制属于单一制,且集中性强。这种体制在机构设置方面的表现,就是具有较强的统一性,防止各行其是。我国检察机关在职能设置与组织构造上接近大陆法系检察机构,也贯彻“检察一体”的制度法理,因此,检察机构及其内部机构的设置,应受法律明确规制。而且为了便于上下联络且一致对外,内部机构设置应具有基本的统一性。由于我国实行统一的法制,各地方人民检察院的功能配置、执法依据均有一致性,因此,在机构设置上也就不应该各行其是。当然,由于案件数量和特征以及工作特性等因素的区别,不同层级、不同地区的检察机关,内部机构的多少和设置方式可以存在一定区别,但设置标准和原则应当一致,同时不妨碍或基本不妨碍上下级检察机关的工作联络。此外,对外的名称最好能保持一致或基本一致,以便于对外联系,同时易为社会所理解和接受,也体现出“检察一体”的特征。[12]

三、关于“大部制改革”

我国检察机关的内部机构调整,一直在局部范围内尝试,而在党的十八届三中全会确定新一轮改革基本任务,继而推动以司法责任制为核心的司法改革后,内部机构改革成为检察机关贯彻司法责任制的一项内容。贯彻司法责任制,要求确认检察官的办案主体地位,同时降低上命下从的行政因素的作用范围。一项试行的改革措施,是建立主任检察官负责的办案组织,同时实行扁平化管理,将原有的部门制改为“大部制”,即合并业务部门,且适当虚化部门在业务管理方面的责任。[13]然而,通过试点,发现推行“大部制”改革,可能遇到一些矛盾和问题。包括:

1. 固化主任检察官办案组,并以其为基本业务单位和管理层级,不太符合司法责任制改革要求,可能增加了管理层级。检察机关司法责任制改革的试点方案,倾向于建立主任检察官办案组,同时建立大部门体制。但在试点过程中发现,建立并固化主任检察官负责的办案组织,可能使其成为缩小版的科、处。由于检察机关考虑中层干部配置职数等原因,其对撤裁部门、建立大部,往往比较慎重。这就形成部门未撤,而增加了办案组,这种改革导致管理层级不减反增,背离了适度降低行政化因素的改革初衷。

2. 与检察官责任制及员额制改革可能存在一定矛盾。因为,由承办检察官负责的办案独任制,是检察官办案的一种基本方式,只是办理部分大要案件时,实行检察官办案组负责制。如果固化主任检察官办案组,并将每一检察官都配置在主任检察官办案组中,可能与办案独任制发生矛盾。而且员额制改革,就是解决检察官适格即所谓“精英化”“职业化”问题,在员额检察官内再设置“主任检察官”官职,缺乏制度基础和必要性。因此,司法责任制改革的实施方案,并未固化主任检察官办案组,也未将主任检察官确定为检察机关一种正式的检察官官职。由于部门改革的基础已经改变,“大部制”不再成为当然选择。

3. 在案多人多的检察机关,实行“大部制”可能增大管理难度,妨碍管理效益。在检察人员较多,办案任务较重的检察机关,撤、裁业务部门,实行扁平化管理,可能导致管理正面过宽,监督协调功能弱化,也不利于提高检察工作质量。

4. 实行“大部制”所采取的业务管理与行政管理相分离,可能不利于检察管理。大部制改革中,有一种意见和做法,是主任检察官负责业务管理,综合性的业务部门(大部)负责行政管理,包括工作纪律、政治教育、业务考绩等。然而,业务管理与行政管理难以截然分开,如工作纪律首先包含办案纪律;而在办案中,也需要人员、车辆以及其他资源的行政性协调;业务考绩属于行政管理工作,但因其包含业务评价内容,产生业务激励效果,因此与业务工作的联系也是密不可分。因此,“一岗双责”的统一模式,是较为适当的部门设置模式,也是各个国家和地区检察机关普遍实行的模式。[14]

5. 上下业务对接产生的障碍。对检察机关各项业务分别设置业务部门并对全国检察业务进行指导监督,是最高人民检察院业务部门设置的基本方式,一般而言,省级检察院作为以指导业务为主的机关,也比较适合设置与最高人民检察院相互衔接的业务部门。如果地方人民检察院按照“大部制”改革要求,设置综合性业务部门,对上级部门的业务对接可能发生某些问题。就下级检察机关而言,“对接点”在“大部”,还是在部门内的业务口,或检察官办案组,可能呈现不同模式,如果不是建制性的部门作为对接点,下情上达、上令下行的效率与效果可能受到不利影响。

综上所述,笔者认为,总体而言,推进“大部制”,设置综合性业务部门,比较适合于案件数量较少,检察人员较少的基层检察院;[15]而案件数量较大、检察人员较多的检察机关,以及以指导业务为主的检察机关,更适合于对主要业务设置部门进行专管的部门体制。

四、关于“突出主责主业”

目前检察机关内部机构调整,遇到的一个突出问题,是刑事诉讼业务与刑事诉讼监督工作的关系及其相应的部门设置问题。传统的观点和机构设置意见是二者交叉统一,批捕、起诉时,同时实施侦查活动监督与审判监督。几年前,学界与检察实务界提出了批捕、起诉等诉讼职能与侦查监督、审判监督、执行监督等诉讼监督职能适度分离的观点,在职能区分的基础上,分离两种职能的机构设置方案亦在某些检察机关付诸实施。这种分离主要有两种方式:一种是部门内分开,即于侦查监督部门及公诉部门内设监督专组专门从事诉讼监督业务,如北京市人民检察院二分院曾经采取的机构设置方式;[16]另一种则是部门分离,即在批捕部门、公诉部门外,另设刑事诉讼监督部门,专司侦查监督与审判监督等监督职责,如湖北省人民检察院曾进行的机构设置改革。[17]

诉讼职能与诉讼监督职能相分离的机构设置方案,曾引起检察机关的讨论,但总的看,从最高人民检察院到基层检察机关,此种职能分离的机构设置意见并未成为主导观点。盖因分离后确有操作上的困难。然而,2016年年底启动的国家监察体制改革,因检察机关侦查职能被剥离,作为一种回应,检察界提出所谓"回归主责主业"之说,即在新形势下重新强调检察机关的法律监督职能及诉讼监督业务。在此背景下,根据诉讼职能与监督职能相分离的观点,分设批捕、起诉与诉讼监督部门,各司其职,成为部分检察机关机构调整的一时之选。[18]

然而,检察机关诉讼职能与监督职能能否分离,以及是否应当分设机构相对独立地开展业务,仍然存在严重分歧,需要充分论证以决定取舍的问题,具体如下:

1. 需要分析论证检察机关的诉讼职能与诉讼监督职能是否能够有效分开。笔者认为,从刑事诉讼本身的性质和职能展开,检察机关诉讼职能与监督职能有一定的可分性,但又不可能截然分开。例如,从侦查监督看,批捕属于诉讼职能,立案监督与侦查活动监督属于监督职能。但立案监督也是检察机关为有效实施刑事追诉所应当承担和展开的职能,亦具有诉讼职能性质。这种职能,在大陆法系的一些国家,属于检察官侦查指挥权或侦查监督权的内容,尤其是审判监督方面。审查起诉、提起公诉是诉讼职能,审判活动监督属于监督职能,但抗诉是监督职能还是诉讼职能,则不无疑问。最高人民检察院原副检察长朱孝清认为刑事抗诉属于监督职能。[19]但笔者认为,抗诉首先是诉讼职能,因为抗诉是对公诉的一种救济,而且受到公诉范围的限制。即如被告人的上诉权,同属诉权救济,应为诉讼权能。不过,由于我国检察机关为法律监督机关,而且抗诉权与上诉权之间平等性不足,抗诉的权能特别强大(可以对生效裁判提出对被告不利的抗诉),因此可以说抗诉也带有诉讼监督因素,尤其是再审抗诉,其监督性较强。[20]因此,诉讼职能与监督职能仍有一定的相互融合性,如果截然分开,可能违背诉讼及诉讼监督的内在规律。

2. 需要从实践效应分析,二者分合的利弊如何,包括对检察机关加强诉讼监督是否有利。两类业务分开,其主要的有利之处在于:专事专责专办,有利于强化诉讼监督职能,并由此突出检察机关的法律监督职能定位。这种有利性可以体现于两个方面:一是专责专办,可以防止诉讼监督被诉讼职能所掩抑。检察机关批捕、起诉等诉讼职能属于刑事诉讼的程序职能,在终止诉讼时,还具有实体处置功能。而诉讼监督,则大体属于所谓"拿着法律文书提意见",缺乏有力的程序支撑,并不发生直接的实体改变以及程序变更的效果,因此前者易受重视而后者易被忽略。设置专门机构开展诉讼监督,就可以在一定程度上克服上述弊端,从而强化诉讼监督业务。二是专责专办,便于采取一些专门的制度措施,提高办理成效。如建立和强化法律监督调查机制,在调查基础上实施监督,可以提高监督的准确性和监督力度。此外,目前检察机关的信息化建设,加强了信息融通,缓解了诉讼监督部门对办案部门掌握的监督线索了解不足的难题,也为职能分离提供了一定的条件。

此外,分离两种职能也可以在一定程度上缓解法律监督与诉讼职能之间的冲突。这种冲突,即学界所谓"裁判员"与"运动员"的角色冲突。一方面是代表国家的"控诉方当事人",另一方面又是可以对裁判法院实施监督的机关,这种角色冲突,一直为学界所诟病。如果分离两种职能,这种冲突应当有所缓解。

然而,分离诉讼职能与监督职能,也使诉讼监督因此而面临一些难以克服的障碍,同时,"角色冲突"问题并未从根本上解决。从操作实践看,分离职能和机构的主要问题在于,诉讼监督的信息来源不够,诉讼监督所凭借的手段不足,同时还存在两方面检察官的协调以及诉讼效率的问题。从信息来源看,虽然检察机关信息化建设加强了信息流通,但诉讼监督的线索主要在审查批捕、审查起诉和提起公诉的办案过程中发现,不参与这些诉讼活动而获得监督线索仍然有一定的障碍。而且,从手段看,在检察机关对公安侦查人员既无指令权,又无考绩权的情况下,检察机关主要通过审查批捕对侦查方面形成制约,侦查监督如果与批捕相分离,其监督力度可能减弱。再从审判监督看,如果由监督部门审查决定是否抗诉,将因缺乏对案件的深度参与以及对相关信息的充分理解,很难成为适格的抗诉审查主体。如果抗诉仍归公诉部门,那么审判监督的工作只剩下对法院提没有法律效力的意见和建议,其职能分离的价值如何体现。至于缓解“角色冲突”问题,因为检察机关是一个整体,并实行检察长负责制,前述职能分离只是内部的一种工作分工,这种分工并没有程序法的意义,因此,不能从根本上解决角色冲突问题。

国家监察体制改革,催生了所谓“回归主责主业”的需求,但也要看到,这种改革中对检察机关职务犯罪侦查职能与机构的转隶,对检察机关的法律监督职能也会发生一定影响。过去,检察机关的诉讼监督虽然手段不足,但因具有反贪和渎职犯罪侦查权,对诉讼监督有较强的支撑作用。一旦侦查权转隶,这种支撑作用丧失,如果再不借助批捕权和公诉权来展开监督,监督的力度与效用可能进一步削弱。也许这是反对两种职能分离的新的理由。

笔者分析两种职能与机构分合的利弊,并无非此即彼的结论,但是有一种基本认识:如果实施分离,可能遇到的矛盾较多、障碍较大,需要充分论证,慎重决策。

五、关于“捕诉合一”

部分检察机关实行“大部制”改革,将批捕与公诉部门合并,成为所谓刑事检察部(局),是一种普遍的做法。然而,是否应当实行“捕诉合一”,以及对两种职能性质和相互关系的看法,仍然存在较大分歧。

“捕诉合一”的主要理由如下:其一,推动“大部制”改革,降低检察机关的行政化因素,强化司法责任制。其二,有利于减少重复劳动,提高效率,而且同一名检察官在批捕和起诉两个环节持续实施侦查监督和指导,对于提高侦查质量及取证规范性可能更为有效。[21]

笔者认为,这两点理由均能成立,[22]但也要看到“捕诉合一”带来的问题。从学理上分析,批捕与起诉具有不同的性质,相互间可能具有某种不相容性。经审查批准或决定逮捕是审查确定涉嫌犯罪的公民在刑事程序中被较长时间羁押的国家行为。由于其妨碍公民基本宪法权利的严重性,属于重大的程序性国家行为,为了防止政府因管理需要便宜行事、任意决定,应当由独立的、有权威的审查主体,兼听羁押行为的利益方和不利益方意见后作出决定。因此,长期羁押审批被认为是司法机关尤其是法院的基本权力。因为,按照现代法治的比例原则和正当程序要求,审查逮捕属于司法权力,亦即裁判权力,其重要特征是中立性。而刑事公诉,则是代表国家,要求法院追究刑事被告人的刑事责任;控诉主体,系代表国家的刑事原告人,即控诉方当事人。可见,从法理上分析,"捕诉合一",实质上是将裁判权与追诉权交由同一主体行使,这种职能冲突与角色冲突,就是"捕诉合一"受到学界批评的主要原因。

在检察机关内部实行捕诉分离,虽然可以保持两种权力的某种相对独立性,但并未从根本上解决"捕诉合一"的问题。因为检察机关是一个整体,检察长统一行使指挥权,内部职能分离,并未从根本上克服侦查、公诉机关,即代表国家的一方当事人行使程序裁判权的矛盾,而只是缓解了这种矛盾。[23]

就实践观察,"捕诉合一",虽然不可避免地容易使批捕审查者主要从控诉角度考虑逮捕问题,审查逮捕可能增添控诉色彩。因为,羁押措施既能防止当事人继续危害社会,又可防止其在审判及审前调查时不在场,且羁押所形成的精神抑制和物理隔离,有利于获取有罪供述,并防止各种证据风险。因此,对控诉最有利的方法,当然是使嫌疑人、被告人处于羁押状态。但从实务角度看,"捕诉合一",可能使批捕承办者进一步考虑案件是否能够通过起诉审查,以法院作有罪判决的证据标准和法律标准衡量是否批捕,因此采取更为慎重的态度,并可防止实践中常发生的批捕"绑架"公诉的情况。[24]因此,"捕诉合一",在中国特定的制度背景之下,并不意味着对犯罪嫌疑人、被告人权利保障更为不利。

上述分析可见,"捕诉合一",有利有弊。笔者认为,学理上分析,弊大于利;但在中国特定制度背景之下的操作实践看,也许利大于弊。不过,有一个关于机构设置平衡性的现实缘由,使检察机关倾向于"捕诉分离":批捕(侦监)和公诉两个部门的业务人员众多,常常占基层检察院业务人员一半以上,如果合一,这个部门的人员数量和业务量太大,与其他部门很不协调。

而2016年年底开始的国家监察制度改革,直接减少了检察机关的内设业务机构,作为回应,检察机关产生了内部机构适度分离和"蓬松化"的需求。在此种背景下,维系或恢复"捕诉分离",更容易成为检察界的主导意见。

笔者也倾向于"捕诉分离"的机构设置模式。理由有三:一是这种分离,使批捕相对独立,有利于维系目前批捕程序的"相对正当性";二是前述机构设置和业务配置平衡性的要求;三是有利于对批捕程序实施适度诉讼化改造,[25]从而提高程序正当性及批捕质量。这也是在一定程度上克服批捕把关不严,导致"绑架"公诉弊端的一项措施。

不过,近年来的改革,"捕诉合一"又呈现出另一种趋向。即根据案件类型设置专门内部机构,并实行"捕诉合一"的职能配置。如各地普遍设置的未成年人检察部门,以及某些检察院设置的国家安全和公共安全检察部(处)、经济犯罪检察部(处)、金融犯罪检察部(处)、网络犯罪检察部(处),以及生态环境检察部(处)等。

笔者认为,未成年人案件办理,遵循特殊的诉讼理念和原则,[26]适用《刑事诉讼法》第五编第一章所规定的特别诉讼程序(如严格限制适用逮捕措施、实行社会调查、合适成年人在场制度等),形成对涉嫌犯罪的未成年人的特殊保护。强制措施适用,也是在特殊保护理念、原则的指导之下,属于未成年人诉讼保护制度的一部分。因此,未成年人犯罪案件"捕诉合一",在提高办案的专业性,有利于对未成年人犯罪适用特殊刑事政策的同时,也不至于损害未成年人权益,突破程序正当性底线。

然而,其他类型案件的"捕诉合一"则不同。因为,这些案件虽然可能存在新型、重大、复杂等特点,但其适用的诉讼程序与其他犯罪案件的程序并无不同。在同样适用普通程序时,划出部分案件由类案检察部门按"捕诉合一"模式审查批捕,虽有专案专办之利,但也有妨碍检察机关批捕权运用统一性与平衡性之弊。应当看到,虽然针对新型、重大、复杂犯罪案件设置专门的检察机构,是国外检察制度发展的一种趋势,但现代各国检察机关并无批捕权,因此设置专门内部机构,仅仅是从追诉的角度加强办案的专业化,不能由此佐证目前我国检察改革中采用的类案检察捕诉合一模式。因此,在设置专门办案部门时,是否采取"捕诉合一"模式,尚需慎重考虑。各地试行机构设置改革,也可采不同模式,上级检察机关乃至最高人民检察院再根据实践情况总结经验,进行指导。

六、国家监察体制改革与检察机关内部机构与职能调整

国家监察体制改革，检察机关的自侦部门及其人员转隶设置新的国家监察委员会，这一改革，对检察制度和检察机关影响极大，其利弊不是本论文研究的问题。但相应的内部机构与职能变化，却应当有一定的前瞻性研究。从目前的试点方案和有限的实践资料看，有以下两个问题需要探讨：

1. 检察机关是否还存在侦查职能及设置相应的组织。检察机关原有的侦查权涉及三个方面：一是根据 2012 年《刑事诉讼法》第 18 条第 2 款的规定，所行使的对贪污贿赂案件和渎职、侵权案件的侦查权；二是根据同上条款的规定，对国家机关工作人员利用职权实施的其他重大的犯罪案件，由省级人民检察院决定立案侦查，即所谓“有限的机动侦查权”；三是根据 2012 年《刑事诉讼法》第 171 条的规定，检察机关审查起诉时，对于需要补充侦查的案件，可以自行侦查的补充侦查权。国家监察体制改革中的体制划转，是指第一种类型的侦查权的划转，不涉及补充侦查问题，而且补充侦查是公诉的附属性权力，没有任何理由剥夺和限制。但是这种补充侦查，权力范围和应用空间是十分有限的，从工作量看通常也不需要设置专门的机构应对。至于检察机关的“有限的机动侦查权”，刑事诉讼法中的原规定，对于专属侦查权具有明显的补充和附属的性质，“皮之不存，毛将焉附”，这一权力难以按原样保留。

不过，在改革试点中，检察机关关注的，是能否保留某些犯罪，如涉及渎职、侵权犯罪的侦查权，以维系、支持诉讼监督功能。

笔者认为，检察机关作为公诉机关，对刑事案件指挥侦查或承担部分案件的直接侦查，是世界通例，因为侦查不过是公诉的准备行为，由公诉主体直接实施侦查并无任何法理障碍，不过因为专业化分工，普通刑事案件的侦查通常主要由警察部门实施。近期全国人大常委会审议《人民检察院组织法（修订草案）》，审议的文本将 1986 年《人民检察院组织法》规定的“对于直接受理的刑事案件，进行侦查”，修改为“对依照法律规定由其受理的刑事案件行使侦查权”，[27]已显示拟保留有限的立案侦查权的立法意向。如果立法确定检察机关的立案侦查权部分保留，则可再行研议是否设置与其工作量相适应的内设侦查部门。

2. 检察机关对监察委员会调查的案件及其嫌疑人审查逮捕和审查起诉

的职能和相应的机构设置问题。初步资料显示,监察委员会调查的案件,需要采取剥夺人身自由强制措施的,由监察委员会决定留置。在移送检察机关起诉后,由检察机关决定逮捕。由此可见,监察委员会办理的职务犯罪案件,对调查(侦查)阶段的强制措施检察机关不干预,其仅在起诉审查程序中决定是否逮捕。根据程序分工,起诉阶段的逮捕,仍应由批捕部门审查并由检察长或检察委员会作出决定。由于这类案件比较有限,加之由于留置措施前置,一般情况下,决定逮捕作为续行强制措施斟酌余地不大,因此没有必要为此专设机构。不过,如果能够达到一定的业务量,可以考虑增设一个专门负责职务犯罪、经济犯罪,以及国家安全犯罪的批捕(侦查监督)的部门。

监察委员会办理终结的案件,移送检察机关提起公诉。检察机关需要对事实证据及法律适用问题进行审查,决定是否提起公诉及如何起诉。其审查内容和程序,应当按照刑事诉讼法规定的审查起诉规范实施。但其中有一问题,即对此类案件能否实施补充侦查及如何实施补充侦查。尤其是对需要退回补充侦查的案件如何处理,目前尚无程序安排,可谓于法无据。相信下一步的制度完善会解决这个问题。但也应当看到,由于职务犯罪的取证较为困难,而且监察委员会程序的自运行特征较为突出,检察机关对此类案件的审查起诉可能会难度较大,补充侦查也常会发生。因此,在测算或经实践证明业务量足够的情况下,可以将公诉工作分为普通刑事案件的审查起诉及经济犯罪、职务犯罪以及其他特殊类型犯罪的审查起诉,分别设置公诉部门,即如目前许多地方检察机关已采取的公诉部门的设置模式。

注释

1 即“机构设置乱”“机构名称乱”“派出机构乱”,参见张智辉:《应当重视检察机关内部机构改革》,载《检察日报》2011 年 8 月 19 日,第 3 版。

2 [日]伊藤荣树:《日本检察厅法逐条解释》,徐益初等译,中国检察出版社 1990 年版,第 134 页。

3 陈健民等:《古巴〈共和国总检察院组织章程〉简介》,载《人民检察》1996 年第 2 期。

4 魏武:《法德检察制度》,中国检察出版社 2008 年版,第 36 页。

5 弗赖堡检察院的组织结构是2017年7月中旬，笔者在位于弗赖堡的马普研究所参加学术会议时，随中国学者走访该检察院，根据该院检察长提供的资料介绍。德国检察机关内部结构还可参见魏武：《法德检察制度》，中国检察出版社2008年版，第184～185页。

6 张鸿巍：《美国检察制度研究》，人民出版社2011年版，第15页。

7 如伊利诺伊州北区联邦检察官办事处的机构设置具有一定代表性。其芝加哥总部设有6个业务机构，即5个刑事处和1个民事处。5个刑事处分别为：(1)刑事收案与上诉处；(2)一般犯罪处，负责起诉涉及麻醉品和金融欺诈等类犯罪案件；(3)特别起诉处，负责起诉涉及政府官员腐败以及复杂的金融和白领犯罪等案件；(4)团伙犯罪处，负责起诉在非法营业、劳工敲诈和金融机构中的团伙犯罪活动；(5)团伙毒品犯罪执法专业队，主要起诉对涉及贩毒集团高级成员的案件。这些起诉业务均包含必要的调查取证。该办事处内设行政处，负责办事处的行政、财务、培训、人事等管理工作。参见陈健民：《检察院组织法比较研究》，中国检察出版社1999年版，第185页。

8 如日本检察机构的内部机构设置，由日本法务省发布的《检察厅事务章程》及其附表作出明确规定，根据检察厅规模，案件数量和工作要求，日本三级检察机关，即最高检察厅、高等检察厅、地方检察厅，分别内设3个至6个业务部。其中日本最高检察厅和东京高等检察厅内设置刑事部、公安部和公判部。而东京和大阪两个地方检察厅为设部最多的检察机关，分别内设6个部，即总务、刑事、交通、公安、特别侦查和公判部。此外，最高、高等和地方三级检察厅内均设置事务局，管理检察厅的会计、人事、文书、薪金、职员福利等事项。其内部机构设置呈现出法定化、统一性，同时兼顾业务层级和地区差别的特征。

9 笔者在2017年7月访问德国弗赖堡市检察院时，该院检察长介绍，该州检察官员额，是由一个著名的会计师事务所，根据检察机关的办案资料，确定不同类型案件检察官办案的平均工作量，根据检察官办理的各类案件数量，以及按工作日每天8小时计算检察官的工作时间，确定检察官员额。但从实际情况看，检察官员额配置较少，加班工作是常态。这种根据办案数据计算员额的方法，应当是检察官员额配置及部门设置的基本方法。

10 例如，近期一些检察机关将行政诉讼监督从民事诉讼监督中分离出来，成立独立的内设部门，意在发展、加强行政诉讼监督。然而，我国行政诉讼数量较少，专设机构监督行政诉讼，包括提起行政公益诉讼的业务量十分有限。如果员额检察官办案量过少，则不宜画地为牢，专设部门。此外，在改革背景下，有的检察机关将民事诉讼、行政诉讼监督交民行监督处负责，专设负责督促、提起民事公益诉讼和行政公益诉讼的机构，这是一种新的机构改革尝试。但对这一新的部门设置方式，也需要进行工作量计算。

11 最高人民检察院2015年9月发布的《关于完善人民检察院司法责任制的若干意见》第4条规定，“检察官办案组可以相对固定设置，也可以根据司法办案需要临时组成，办案组负责人为主任检察官”。

12 如“反贪局”的机构名称为社会普遍接受，对宣传检察机关的反腐败工作起了积极作用。又如，检察机关的原起诉部门改为公诉部门，对宣传检察机关的公诉职能也有积极影响。

13 龙宗智:《检察机关办案方式的适度司法化改革》,载《法学研究》2013 年第 1 期。

14 我国台湾地区主任检察官办案组,主任检察官协调本组业务,也承担检察官考绩等行政事项。

15 即所谓检察机构改革中的“小院整合”。湖北检察机关较早实施了此项改革,取得一定成效。

16 卢希:《论检察机关诉讼职权和监督职权的优化配置》,载《人民检察》2011 年第 21 期。

17 湖北省人民检察院检察发展研究中心:《实行“两个适当分离”优化检察职能配置——湖北省检察机关在法律制度框架内的实践探索》,载《人民检察》2010 年第 24 期。

18 如北京市人民检察院,在试点推进监察体制改革的背景下,进行内部机构调整,重新组建设置 5 个司法办案机关,即审查逮捕部、公诉部、国家安全和公共安全检察部、经济犯罪检察部、未成年人案件检察部;检察监督部门 5 个,即侦查监督部、刑事审判监督部、刑事执行检察部、民事检察部、行政检察部。此外,还设置了相当数量的综合业务机构、综合管理机构和检务保障机构。载北京市人民检察院官网,http://www. bjjc. gov. cn/bjoweb/syjg/index. jhtml,2017 年 7 月 4 日访问。

19 朱孝清:《论刑事抗诉的属性》,载《检察日报》2010 年 11 月 5 日,第 3 版。

20 龙宗智:《检察制度教程》,中国检察出版社 2006 年版,第 208 ~ 209 页。

21 “捕诉合一”的意义参见张和林:《检察机关内部机构改革若干问题探究》,载《人民检察》2014 年第 6 期。

22 笔者就此在广东顺德区人民检察院等检察机关做过调研,而且笔者于 20 世纪八九十年代在军事检察机关工作期间,由于检察人员少,当时办案均实行捕诉合一,因此,对其提高效率及有利于指导侦查的效果亦有体会。

23 检察机关审查决定逮捕,本属一种特殊的制度安排。笔者认为,在未能确认法官独立原则且未保障法官独立性的制度环境中,将此项权力转移至法院不一定能够改善待审公民处遇,甚至仍可能循目前实践中的逮捕绑定逻辑,使法院对其已批准逮捕的公民不能不作有罪判决(否则就是法院批捕错误并将因此承担赔偿责任),从而降低审判纠错的可能性。

24 即某些案件逮捕条件不充分也勉强批捕,捕后由于错案追究制度和刑事赔偿制度产生的压力,公诉部门不得不勉强起诉。

25 考虑程序限制、实际需要和办案压力,只需对少量有争议案件进行听证审查,听取和审查不同意见及根据,从而提高批捕质量。

26 《预防未成年人犯罪法》第 44 条第 1 款规定:“对犯罪的未成年人追究刑事责任,实行教育、感化、挽救方针,坚持教育为主、惩罚为辅的原则。”2012 年《刑事诉讼法》第 266 条也作了类似规定。

27 赵恩泽:《人民检察院组织法修订草案将初审:与国家监察体制改革衔接》,载人民网,http://politics. people. com. cn/n1/2017/0828/c1001 - 29499819. html,2017 年 9 月 25 日访问。

第三编

审判制度

关于“大调解”和“能动司法”的思考*

当前法院系统在主张“能动司法”的基础上，强调以调解手段解决纠纷，注意加强调解机制建设，包括推动建立“大调解”的纠纷解决机制，即实现司法调解、人民调解、行政调解的并用和联动，形成“三位一体”的大调解格局，并努力实现法院在这一格局中的主导作用。[1]对法院强化调解机能的主张和实际做法，学界尚存不同看法；就法院高层所提出并推行的“能动司法”，也有不同解读。本文拟探讨相关问题，提出个人看法，以之为司法改革的理性与效能做出些微知识贡献。[2]

一、“大调解”主张的积极意义

调解与判决是法院解决纠纷的两种基本手段。调解是通过法官主持下的协商，当事人双方自愿达成纠纷解决的协议。无法达成协议则以裁判方式“定分止争”。当前强调调解并推行大调解，应当说有其现实的缘由和积极的意义。

（一）因为中国的文化传统和国情

重人际、和为贵是中国文化的传统，有人称中国的传统文化是“和合文化”。在以和为贵的传统文化影响下，我们的纠纷解决也形成了注重调解的中国特色，通过调解实现既解决纠纷，又维持人际关系的双重目的。

从中国的现实国情看，我国的经济、社会存在很大的不平衡，不同区域之间、城市与农村之间差异较大。就中国的现实而言，经济文化总体上虽然有了巨大的发展，经济总量很快将要超过日本，位居世界第二，一些大城市

---

* 原载《政法论坛》2010 年第 4 期、《中国检察官》2010 年第 21 期。

经济实力已经达到中等发达国家水平;但一些老少边穷地区,经济文化依然与全球最不发达国家相当。广大的农村地区,尤其是中、西部的农村,仍然具有乡土社会、熟人社会的特点。在这种情况下,以和为贵,在纠纷解决中,多调解,少判决,对于协调人际关系,实现社会和谐,有其积极意义。

(二)因为中国转型期构建和谐社会的需求

我国当前处于社会转型时期,由于社会利益格局调整,社会矛盾较为突出。同时,由于社会规制方式不完善、规制能力不足,纠纷的发生具有广泛性。社会纠纷,尤其是非常规、群体性纠纷的发生,呈普遍增长趋势。如企业改制、农村征地、城市拆迁、山林土地水利权益纠纷以及各种利益群体为实现利益诉求引起的纠纷等,表现出发生数量大、参与人员多、行为比较激烈以及负面影响较为严重等特点,需要我们高度重视。

社会矛盾的突出,纠纷发生的广泛性,使有效化解矛盾平息纠纷,构建和谐社会,成为重大的社会管治课题。而充分动员社会资源,解决纠纷,构建和谐,也成为司法的重要任务。建立"大调解"的机制,就是为了适应转型期纠纷解决的要求,通过充分调动各方面的纠纷解决资源,同时建立不同纠纷解决方式的对接、联动与协调,提高通过软性手段(调解)解决纠纷的能力,以利于实现社会的和谐,因此具有积极的意义。

(三)因为中国法治资源与司法能力的有限性

调解具有自愿及非强制性的特点,可以不运用国家强制力而解决纠纷。而中国当前司法的资源配置与调整能力有限,强制能力和权威性有限,因此注意采用调解方式处理个案,可以避免法院可能遇到的执行不能等尴尬。法院能力的这种有限性主要表现在以下几点:

1.法院的资源配置能力的局限性。法院作为裁判机关,只有对存量资源的配置进行调整的能力,但没有直接的资源"增量"的能力,而目前的纠纷解决,尤其是群体性纠纷的解决,往往需要资源的"增量"而非存量资源在配置上的调整。通过调解,由当事人或当地党委政府提供增量的资源,尤其是提供相关法规没有要求的增量资源,有利于纠纷的解决。从纠纷解决实践看,大部分群体性、非常规性纠纷的解决,都是通过资源增量来满足诉求,如拆迁补偿,复、退人员救济等。对这类救济,往往裁判无据,即没有法律、法规上的根据。调解的意义之一,就是有利于提供增量的资源。因为通过说服动员以及对方的某种妥协,常使有能力一方自愿提供增量资源。

2. 法院对法律关系的调整能力以及法院权威的有限性。对部分案件，尤其是涉及各种非常规性纠纷的处理，以强行裁判的方式，社会效果不一定好，甚至难以被有效执行。在目前的权力配置体系及国家管治格局中，法院所作裁判，难以强制同一权力体系中处于主导地位的当地党委与政府，[3]也往往难以被相关民众所充分信任和自觉或不自觉地服从——如果裁判意见与群体性纠纷中的民众意愿相悖的话。[4]而调解机制的强化，则可通过调解解决纠纷，弥补了裁判资源的不足。

3. 转型期的部分案件不太适合作简单的法律评价。对这类案件，调解效果通常好于裁判。这是因为社会转型时期，旧规范失效，而新规范又因社会关系不成熟难以有效建立，因此，对一些社会现象和社会行为的法律评价存在一定的困难，有些行为虽然可以在规范评价上予以否定，但在行为实质意义分析上，仍然不能否认其具有某种程度的社会合理性，如征地、拆迁过程中有关主体以过激手段维权的行为。在处理这类纠纷时，注意采用调解等“软性的”方式，劝解、说理，并充分注意各方面利益关系的协调，对于解决纠纷，维系社会和谐往往更为有效。

二、推进“大调解”时应当注意的问题

明确“大调解”积极意义的同时，也应当注意在推动这一工作中应当注意的一些问题，否则不能实现其健康发展，甚至可能产生负面的效应。具体包括以下几个方面：

1. 应当充分注意我国社会转型的法治需求，通过解决纠纷的司法活动建立规则，促进法治。

目前有一个现象值得司法界和法律界的学者注意，就是当前的社会转型，产生出很强烈的法治需求，一批经济学家、社会学家、政治学家呼吁法治，呼吁审判权的独立。比如，经济学家、时任全国人大常委会副委员长成思危先生著文称：“我国的改革当前已进入深化和攻坚的阶段，首先需要处理的矛盾是法治和人治的关系问题。应当切实贯彻依法治国方略，核心是依宪治国，首要任务是依法行政或称依法治官。”[5]著名经济学家、曾经人称“吴市场”的吴敬琏先生，现在十分强调法治，已被改称为“吴法治”；他呼吁“法治的市场经济”，称没有法治的市场经济，只能是“权贵资本主义”。[6]但是法学界、司法界反而不太讲法治、不太讲规则、不太讲司法机关行使职权的

独立性。[7]

笔者认为,实践科学发展观,实现中国经济社会的可持续发展,并成功实现中国经济、社会与文化的转型,关键性条件是建立法治。为什么这样讲?因为:(1)建立法治,才能保证市场经济的正常运转。市场经济的竞争性需要公平规则、可预见性规则、具有普遍适用效力与权威的规则、能够与国际惯例相协调的规则,这些规则的建立及其有效的运作,就是法治的功能,因此市场经济就是法治经济。可以说,市场经济与法治之间的逻辑关系十分清晰,毋庸赘述。(2)建立法治,才能实现国家的长治久安。因为法治秩序是不因人而异的,它维系的是一种稳定的秩序;法治是充分协调社会利益关系的平衡机制,是和谐社会最重要的保障;法治是解决纠纷最合理、有效而且具有防止后续不良效应的手段。(3)建立法治,是对中国国家管理与社会治理历史经验的深刻总结。我国传统的治理方式,一是明君治国,二是教化治国。然而,历史最终告诉我们没有法治,人是靠不住的,即使伟大的人物也会受到不良的影响,以致对事业和个人造成很大的不幸。[8]没有法治,教化也是管不住的。从已揭发的贪腐案件看,那些贪官污吏接受的各种思想教育比谁少吗——这厢信誓旦旦,那厢仍不妨碍贪腐无度。

我们应当注意到,我国社会正在转型,其中包括由乡土经济与计划经济转轨为现代经济与市场经济;由传统的熟人社会、乡土社会转型为陌生的、主要靠规则来维系的现代社会。城市里的小区,楼上、楼下甚至对面住了谁,甚至相处几年都不清楚。我们用的手机、电脑,穿的衣服,吃的饭菜,谁认识生产者是张三还是李四?社会日益陌生化,靠人情已经不能维持社会的正常运转,只能靠规则,靠一种共同遵守的、具有可预期性的规则,来维持我们之间的相互交往,来实现商品的生产与交换并维系社会的生存与发展。社会由封闭变为开放,以及在经济、贸易以及规则方面的全球一体化,更提升了对法治的需求。

这里,有些学者以国外目前有些国家也在强调调解支持自己的观点,如日本在法治现代化进程中,提出规制软化的概念,以此来印证中国当前强调调解的正当性。然而,我们应当看到,我国与发达国家面临着不同的法治任务。我们正处于传统社会向现代社会转型的过程,没有规则,需要建立规则;而有些后现代国家已经在长期的法治建设过程中建立了规则,现在的任务是让规则更加符合社会的需要,更加符合人情事理,因此需要适当软化某些规则。不同国家社会背景不同,社会需求与社会任务不同,不可相提并论。

从纠纷解决的方式和路径看,首先我们要注意,对于构建和谐社会,实现国家长治久安而言,强化社会法治意识,建立依法运作的社会机制,是防止和解决纠纷最有效的手段。我们不能急功近利,只想到目前纠纷解决的效率,更应该考虑的是,如何建立防范纠纷发生和解决纠纷的长效机制。这个机制,就是建立法治,因此,有时我们依法裁判,也许一方当事人不服,但是通过辨法析理,通过分清是非,通过建立规则,可以强化社会的权利义务意识,增强人们对行为后果的可预期性,从而有效地防止纠纷的发生。目前有一种不良社会机制,笔者将其称为“极端化机制”,即通过将矛盾推向极端来促成解决矛盾。这就是人们常说的,“小闹小解决,大闹大解决,不闹不解决”。打破这种不良机制,关键一点是建立法治,根据法规和法理,采用法治的力量去解决纠纷是最根本的办法。也就是说,纠纷解决,最终还是要靠建立法治、确立规则、执行规则,一旦打破规则就要受到应有制裁,从而保障社会机制的合理有序。

建立法治,必须强化人们的规则意识,即权利义务观念;同时需要强化行为的可预期性,即预知法律规范对各类行为的肯定或否定的评价,以便人们自觉地遵守规则。而司法,即法院的裁判,是建立社会的权利义务观念,以及确立人们行为的可预期性的最好方式。

然而,在纠纷解决的过程中,如果过分强调调解或者对调解适用不当,将可能导致负面的效果。调解,相对于判决,因为避免了事实认定与法律评价等环节,从而也具有模糊权利义务规则,容易使权利打折的特点,这可能弱化社会的权利义务意识和规则意识,妨碍人们行为可预期性的建立。如果纠纷处置手段应用不当,对于正在建构中的中国法治,对于市场规则和市场秩序的建立,将产生不利的影响。有鉴于此,我们一方面肯定在有可能调解时应当充分利用调解手段,另一方面,也要注意防止一味调解,导致弱化规则意识的负面效应,从而坚持“该判则判”。

2. 应当注意法院审判活动的独立性,以司法权实现对行政权力的法律制约。

还应当注意,中国国家管理与社会治理的一个突出问题,是国家政治与行政的权力不能受到有效的法律制约。国家的法治,是以法律对权力的制约为标志的,如果过分强调调解,如果在大调解机制建立过程中,不注意与行政权适当疏离并保持对行政权滥用的监督和救济,那么,司法就不能发挥其应有的功能,中国政治与社会中这个突出弊端就不能得到哪怕是一定程度的解决或抑制。

这些年,各级政府官员的法律意识有所加强,依法行政也在稳步推进,而法院依法裁判行政诉讼案件,支持政府依法行使行政管理权,同时维护与救济公民的合法权益,对政府依法行政发挥了重要的督促和推动的作用,对此应当充分肯定。但是,由于中国政治体制改革存在一定的滞后性,行政权的强大与司法权的较为弱势还是中国的政治现实。在这种情况下,人民法院应当更加注意强化对行政机关依法行政的监督。"大调解"形成,人民调解、行政调解与司法调解联动的机制固然有利于加强调解能力与效果,但其间也应注意两点:

其一,不应当因"三调联动"而损害人民法院"依法独立行使职权",不要在社会上形成政府和法院"坐一条板凳"、是"一家人"的印象。既要注意纠纷处置上的"对接性",又要注意作为不同主体的独立性。尤其是在行政诉讼中,二者是当事人和裁判机关的关系。不能因大调解中的对接性而混淆诉讼关系。

其二,不因推动"大调解"而忽视在行政诉讼中依法裁判的重要性。可以说,调解有利于化解矛盾,但对于行政机关依法行政和行政官员强化规则意识,依法裁判也许更为重要。

3. 应当注意司法程序的正当性,维系和发展这些年司法改革的成果。

如果我们不能正确理解和适用调解手段,笔者担心会损害这些年司法改革尤其是审判方式改革的成果,使法院走回头路,减弱法院审判行为的正当性。这些年的司法改革,应当说取得了相当的成果。例如,在司法理念上,无论是检察机关还是法院,都初步确立了程序与实体并重、(在刑事司法中)打击犯罪与保障人权并重的理念。同时,法院和检察机关在程序正当化方面的努力也推动了中国司法的法治化进程。例如,刑事、民事审判方式的改革,加强了法院的中立性、独立性;当事人举证责任的强化,避免了法院代当事人举证,甚至在刑事诉讼中,由此而变相地成为控方从而导致角色错位的尴尬。举证时效制度等一系列审判程序制度的建立,虽然有时会因过分强调规则忽略老百姓对司法正义的朴素感受,不符合中国的现实国情,但应当说整体的改革方向是正确的,是符合司法规律,有利于建立公正、权威、高效的司法的。而调解虽有诸多积极意义,但如过分强调,过分追求调解率,势必弱化诸项程序规则,妨碍程序公正,过分影响诉讼效率。同时,我们如果将作为“大调解”基础的“能动司法”作错误的理解,认为可以在诉讼案件中不坚持审判的中立性与被动性,我们就可能走回不区分当事人与法院的职能,也不讲形式正义、程序公正的老路上,最后必然损害司法的公正与效率。

4. 应当注意维护审判权威,防止对司法公信力的损害。

笔者常在各级检察机关讲课。这两年笔者讲中国检察制度建设,一直强调一个观点,就是检察活动要遵循司法规律,要维护审判权威。强调检察机关法律监督,既要实现司法公正,又要维护审判权威。因为,笔者认为,人民法院的审判是适用法律处理案件的活动,审判的权威就意味着法律的权威。目前,中国法院的权威与公信力严重不足,因此今天应当尤其注意确立审判权威。

法院是裁判机关,它存在的本来意义是通过裁判解决纠纷,因此法院解决纠纷的主要手段应当是依法裁判。法治的基本条件,就是有一个强有力的裁判机构。如果脱离了裁判,法院必然会丧失权威性。笔者曾经在讲课中半开玩笑地说,法院如何在刑事审判中建立权威——判几个无罪,法院就会有权威了,侦查机关怎样侦查,公诉机关如何控诉,就会有规范了。否则,法院就只是侦查结果的确认机器,判决也只能建立侦查的权威和公诉的权威。因此法院调解的同时,不能忽略裁判的手段。否则,它会没有权威,也可能会继续丧失其公信力。

张卫平教授称:“只有司法过程和司法裁判才是我们最好的‘老师’。没有或弱化了这一功能,也就谈不上真正的、充分的法治,以及法治的实现。法院真实存在的主要价值是裁判,依据事实和法律进行裁判,通过裁判赋予形式法律以生命。调解有助于化解纠纷,但无法达到司法的这一功能。就法院的本性而言,法院当然不是,也不应当是国家的调解机构。”[9]他的说法是有其理据的。

5. 应当注意区别情况,采用不同的应对方式。

我国国家管理方式具有集中性和统一性的特点,这是“大一统”的历史文化传统所延续下来的。这使国家的资源调动能力很强,国家政策的贯彻能力很强。然而,不同地区、不同层级,以及针对不同性质的任务,在应对和处置方式上应当有区别。忽略了差别,政策执行效果会大打折扣。推动"大调解"亦应注意坚持不同情况不同处置的原则。要有效并合理地发挥"大调解"与"司法能动"的功能,笔者认为需要注意以下三个区别:

(1)司法管辖区的区别,即城市与乡村有所区别。陕西省陇县人民法院"能动主义八四司法模式"研讨会上,时任最高人民法院常务副院长沈德咏有一个讲话:我国社会的发展还很不均衡,沿海与内地、城市与乡村、发达地区与欠发达地区民众的司法需求也存在较大差异,中国特色社会主义司法制度在保持法制统一性的前提下,必须将普遍性与特殊性相结合,允许并尊重各地因地制宜探索适合当地特色的司法模式。尤其是在我国中、西部广大地区,农业文明样态下乡土社会、人情社会的特征仍然比较明显并将长期存在,人民法院在中国特色社会主义司法制度建设中必须解放思想、实事求是,尊重并有效回应乡土社会的司法需求,注意探索适应乡土社会需要的司法模式。[10]笔者觉得这个观点是正确的。从司法方式与社会的对应关系看,大调解的机制以及对调解手段的强调虽然具有普遍意义,但应当说更适合于农村地区,适合于乡土社会、熟人社会。

(2)法院层级的区别。不同层级法院,行使司法权的方式应有区别,这是司法制度的一般原理。调解等软性的司法手段,更多地适用于基层法院,尤其是在基层法庭处理的那些人情重于法理的案件。这些案件标的较小,法律关系常常较为简单,有时还存在赌气等非理性因素。基层法院多用调解,一方面可以促进"案结事了",增进社会和谐;另一方面还可以促进案件分流,将一部分案件在尊重当事人意愿的前提下,引出法院,交由更适于解决相关问题的其他纠纷解决机构处理。因此,基层法院应适当注意加强调解,而"大调解"机制最适合于基层法院的司法管辖区域。

在中级以上法院,因案件重大,法理性强,则应注意把握软性司法手段适用的限度,注意维护法律正义与法律秩序,适当注意"当判则判"。

(3)案件类型的区别。从案件类型上讲,强调调解,以及大调解机制的应用,更多地适用于普通的民事法律关系的调整,以及涉及群体性纠纷的案件,或因改革措施引出的、不太适合作简单法律评价的案件,如因某些行业提前下岗的职工起诉单位的案件等。而在其他诉讼领域,则应当比较慎重地使用调解或者注意使用的限度。一是在刑事诉讼中,目前虽然贯彻恢复性司法的理念,主张刑事和解,允许一部分案件进行刑事调解,但其只能限制于某些具备条件的轻微刑事案件,而不能扩大其适用范围。大部分甚至绝大部分案件只能依法裁判。二是商法领域的案件,涉及公司法、证券法,以及调整市场经济法律关系的案件,要注意调解手段的适度使用,坚持能调则调,当判就判。否则,一味调解,可能会损害市场经济秩序。三是行政法领域的案件,也要避免过分迁就行政机关,或者不能有效支持行政机关依法行使职权,而过度使用调解手段。适当有一点调解是可以的。但是目前的主要问题是如何制约行政权,保护行政相对人尤其是广大公民的合法权利,因此,该判就判,甚至该判行政机关败诉就要判,判它败诉了,它才知道如何依法行政。但是如果行政机关依法行使职权,也应明确对其予以支持。

6. 应当注意防止过分强调调解率而扭曲调解本身的性质[11]。

(1)确保调解的自愿原则。还要注意,调解是当事人自愿为基础的纠纷解决过程,过分强调调解率,可能违背当事人自愿的原则,还可能妨碍实现当事人应当实现的利益。在某些地方,这种情况已经有所显现。

(2)坚持调解的公正原则。所谓公正,就是“每个人得到他应当得到的”。调解应当有利于贯彻公正原则,而不是总让双方妥协,让权利打折。如果过分强调调解,就容易出现这种问题,从而损害当事人权益。

还有一个问题,是辨法析理的必要性。笔者认为,司法调解不同于人民调解,司法调解,是以裁判权为后盾的调解,调解成功往往是以查明基本事实、分清是非,甚至辨法析理为前提的。没有这个基础,当事人尤其是没有错误的当事人很难妥协。因此,我们好的调解,往往是查明基本事实却不正式认定事实,分清是非却不表述或不直接表述是非。我们现在强调调解,有些法院不讲认定事实,不讲辨法析理,却提出司法要“从辨法析理向案结事了转变”,一味地讲妥协、和稀泥,模糊是否界限,这是不妥当的,实际社会效果也是不好的。

另外,还有一点应当注意,我们有一些自上而下推行的活动,操作中容易忽略一线操作者的判断以及作为判断基础的智慧。一个案件,是否具备调解条件,能不能调解成功,以及以何种代价(成本)才能调解成功,一般来说,承办法官最有发言权。“能调则调,当判即判”,一般应当由办案法官来掌握,而法院可以提倡调解结案,尤其是针对一些调解率历来很低的法官,可以进行一些督促。但管理上不宜设定统一的调解率,不宜过分地强调调解结案,否则会扭曲调解的性质,妨碍法院司法功能的全面发挥。

三、正确理解和运用“司法能动”与“司法克制”

由法院去推动包括行政调解、人民调解在内的“大调解”构架和机制的建立，并在其中发挥法院主导作用，这是以最高人民法院主张的“能动司法”为其理论基础的。近一两年来，以比较保守为特征的法院系统，呈现出比较活跃的思想动向，尤其是“能动司法”的提出，原来强调中立被动、冷静客观的法院院长和法官们似乎纷纷挽起袖子和裤腿，要走向社会，去到田间炕头，为老百姓提供司法服务。各地还出了不少的经验，陕西省陇县人民法院创造的“八四司法模式”，更使人开了眼界。但是在这些热闹中，我们似乎应当注意一个问题，就是法院是司法机关，法院的活动是司法活动，那么，是否应当注意遵循司法的规律。

说到司法规律就可能有两种不同意见：其一是谈司法规律，就是西化，就是不注意中国国情。其二是问什么是司法规律。你有你的规律，我也有我的规律。

但是有一些司法的共同规律，是我们所公认的，是任何诉讼法和理性的法治实践所需要遵循的。例如，司法的公平、公开、公正。从程序正义的意义上讲公平，就是在诉讼中当事人平等。公正，包括实体与程序的公正。程序公正，对法院的基本要求就应当是“任何人不能充当自己案件的法官”，也就是说，不能既是法官，又是当事人。法官就做法官的事，除非某些特殊的、需要司法扶助的当事人以外，不能去站在当事人立场，帮当事人做事，如越俎代庖、代行诉权等，否则会成为“自己案件的法官”。

司法的规律，还表现在司法的亲历性与判断性。毛泽东同志讲“没有调查研究就没有发言权”，他讲亲历性的必要时说，“要知道梨子的滋味，就得亲口尝一尝”。中国古代也讲“五声”听狱讼，要求法官善于察言观色辨别真伪。现代司法中的直接、言词原则，更是主张亲历判断的必要。不看卷、不出庭，只是听汇报，就确定了案件的事实真相，是不是有违认识的规律？因此，庭长、院长的审判管理权应有限度。

可救济性也体现司法的规律。我们现在有相当一部分有争议的案件，案子还在一审，就向二审法院请示，二审法院也表了态。实际上两审合一，审级制度形同虚设。二审的救济功能不能发挥，裁判的纠错机制受到损害。虽然强调现实中有这样那样的理由，但这样做是否也是违背诉讼规律呢？

对“能动司法”的主张及其正确的理解,也不能打破司法的规律。

最高人民法院提出“能动司法”,在实践贯彻中出现了一定偏差。[12]但笔者认为这个概念有其积极意义,关键看怎么理解和运用。“能动司法”的含义,可从以下三个方面理解:一是司法回应。即法院适用法律、解释法律要与时俱进,能够有效回应社会发展的需求。可以说这是本来意义上的“能动司法”,即“司法能动主义”。二是司法功能扩张。主要是扩张管辖权,扩大受案范围,强化法院处理纠纷的能力,以有效地应对社会的司法需求,促进法治国家的建立。与此相对应的概念是“司法克制主义”,即法院谨慎的选择受理案件的类型,以适应自身的裁判资源。三是司法方式的主动性。法院必须保持中立,以保持客观判断的最好条件,因此法院就只能被动地受理案件而不能主动地承揽诉讼。对诉讼事务,法院应当保持一种被动性。这也是司法规律的要求。与之相对的是主动性司法,即类似“马锡五审判方式”,以便民为原则,上门服务,田间地头,积极调处民间纠纷。此外,司法方式的主动性也包括在中国特定的体制与社会条件下,法院发挥其非讼功能为中心的工作服务。

目前的现实是,法院在司法功能上,意识到自己能力和权威的有限性,近年来比较注意采取“克制主义”立场。如四川涉震案件的司法受理,法院就十分谨慎,在一定时期内,使大部分甚至绝大部分可诉争议不进入司法评价,采取了“克制主义”的态度。各地法院在对涉众案件,即涉及群体性纠纷的案件的受理上,也十分慎重。在司法方式上,“马锡五审判方式”的提倡以及“大调解”等工作的推进,则显示出较强的能动主义倾向。

司法功能的克制主义以及司法方式的能动主义,有其现实的缘由。前者是因为对法院资源有限性的深刻体认;后者则是对法院进一步发挥其社会功能的一种期望和努力。然而,我们也应当注意,社会的法治需求,无论是就经济发展还是社会稳定而言,都需要法院进一步发挥功能上的能动作用。同时,应当注意,司法的被动性,即对法院在诉讼案件中的地位和角色必须保持中立和被动,这是司法规律的要求,我们不能违背规律。[13]

那么,当前法院应当坚持何种司法政策,应当如何贯彻能动司法的思想呢? 笔者的基本观点是,适应时代要求,遵循司法规律,同时考虑自身资源状况,坚持司法能动与司法克制相结合,“有所为有所不为”。具体体现在以下三个方面:

1. 在司法回应社会方面，坚持能动主义与保守主义相结合，与时俱进地解释和适用法律，但同时注意坚持法治原则不动摇，注意司法政策的稳定性和法律适用的确定性，如死刑案件。在死刑政策的设置与把握上，应当一以贯之。死刑适用受社会政策与治安形势的影响，但政策执行不应当出现人为的波动。

2. 在司法功能和司法管辖权方面，坚持能动主义与克制主义结合，同时与时俱进地扩张司法功能，包括扩大管辖权。法治社会，需要贯彻“司法最终解决”的法治原则，虽然在当前实现这一原则还很不现实，但建立法治社会的过程，确需司法作为社会利益的有效调解器，作为公民权益的最后防线。因此法院应当根据条件，逐步由克制主义转为能动主义，强化其以审判处置社会冲突和纠纷的功能。

应当肯定，最近在行政审判方面已经出现了扩大司法功能好的迹象。最高人民法院在2009年11月发布《关于依法保护行政诉讼当事人诉权的意见》，强调保障行政诉讼当事人的诉权，要求废除妨碍诉权行使的各地的“土政策”。如果说这份文件还只是“收复失地”的话，2009年12月发布的《关于审理行政许可案件若干问题的规定》，就进一步体现了司法功能上的“能动主义”倾向。该文件意在完善行政诉讼规则，统一行政许可案件审判标准，保障行政许可法的有效实施。同时，为了进一步提高诉权保护水平，允许公民、法人或者其他组织不仅可以起诉受行政许可法规范的各类行政行为，还可以起诉事实上具有最终性的过程行为、上级机关批准行为、下级机关初审行为。而且该司法解释还增加了两种新的诉讼类型：补偿诉讼和查阅权诉讼。这些内容都明确无误地传达出要求行政审判增强诉权保护力度的信号。不过，由于体制与制度等原因，行政诉讼中对诉权的司法保障在实践中仍然不可避免地会遇到一些障碍。

3. 在司法方式上，坚持被动主义与能动主义相结合，以被动主义为主导。法院作为处置个案解决纠纷的司法机关，其基本姿态应是被动性的，以使其能区别于诉的职能，保持客观中立的判断条件。同时，也不能否认法院在发挥其非讼功能时的能动性。非讼功能，即法院服务社会、服务中心工作的非诉讼功能。当今中国的法院并不是一个单纯的裁判机关，作为国家管治机构的一部分，它需要在整体性的管治构造中发挥一种对有关法律事务的“主动”及“联动”的作用。如为党委政府处理涉法事务提供法律建议，以及在“大调解”的“三调联动”格局中发挥重要甚至主导的作用。这是法院非裁判功能的一部分,在这个意义上“能动司法”,具有政治构造和国家管治运作机制和机理的支持。此外,法院在为党委政府处理涉法事务方面提供意见和建议等,也是法院能动主义的一种表现。

但应当注意这种能动不得损害法院处理诉讼事务的中立性、独立性与被动性。同时应当注意法院是一个主要通过处理个案发挥其功能的机构,因此,在司法方式上,应当是以被动主义为主,而能动主义为辅。即要求法院在处理非讼事务方面坚持某种方式的“能动司法”的同时,在其主要功能方面,即诉讼事务上,应当遵循司法的规律,防止法院与当事人的角色混淆,坚持司法的中立性与被动性。当然,法院也应注意便民、利民,尤其是在乡村,注意灵活运用司法方式,以有效解决纠纷、维系社会和谐。

注释

1 2009 年 7 月,最高人民法院专门召开全国法院调解经验工作交流会,提出认真贯彻“调解优先,调判结合”的原则,全面加强法院调解工作,积极争取各方面支持,着力推动构建人民调解、行政调解和司法调解“三位一体”的大调解格局。由“能调则调、当判则判,调判结合、案结事了”到“调解优先,调判结合”,这是在司法手段使用上指导思想的一个转变;从法院专门从事诉讼调解到推动“大调解”机制,又是一个转变。为贯彻会议精神,最高人民法院于 2009 年 7 月颁布了《关于建立健全诉讼与非诉讼相衔接的矛盾纠纷解决机制的若干意见》,要求:“充分发挥审判权的规范、引导和监督作用,完善诉讼与仲裁、行政调处、人民调解、商事调解、行业调解以及其他非诉讼纠纷解决方式之间的衔接机制,推动各种纠纷解决机制的组织和程序制度建设,促使非诉讼纠纷解决方式更加便捷、灵活、高效,为矛盾纠纷解决机制的繁荣发展提供司法保障。”文件还从促进非诉讼纠纷解决机制的发展、完善诉讼活动中多方参与的调解机制、规范和完善司法确认程序三个方面提出具体措施,改进对各类调解协议、仲裁协议的司法审查标准和审查程序。在这一过程中,法院还提出“调解是高质量的审判、高效益的审判、高水平的审判”等观点和主张,以大力推动调解。

2 笔者于 2009 年 10 月应邀参加了最高人民法院和四川省高级人民法院召开的大调解与能动司法研讨会并作了专题发言。本文系对发言内容进行整理修改和充实而成,因此行文也不免带有会议发言的痕迹。

3 政府可能成为法院的当事人,但是政府的行为常常出自党委的决定,二者可能具有一体性。党委领导、政府制约之下的法院,对党委、政府的行为进行调整的能力实际上是十分有限的。

4 由于裁判资源有限,近年来,法院尽量不受理集资纠纷等牵涉多数人利益,难以裁判的纠纷,即使这些纠纷完全符合诉的要件。

5 成思危:《制度创新是改革的核心》,载《读书》2008 年第 10 期。

6 吴敬琏、马国川:《从"吴市场"到"吴法治"》,载《读书》2008 年第 9、10 期。

7 2009 年 11 月笔者在法院安排之下到某县法院调研"大调解",听有位庭长说,我们感觉自己已经从法律工作者变成社会工作者了。

8 1980 年邓小平在题为《党和国家领导制度的改革》一文中指出:"我们过去发生的种种错误固然与某些领导人的思想作风有关,但是,组织制度、工作制度方面问题更重要,这些方面的制度好可以使坏人无法任意横行,制度不好可以使好人无法充分做好人,甚至会走向反面。即使像毛泽东同志这样伟大的人物,也受到一些不好制度的严重影响,以致对党对国家对他个人造成了很大的不幸。"原文载《邓小平文选》(第 2 卷),人民出版社 1994 年版,第 342 页。

9 张卫平:《回归"马锡五"的思考》,载《现代法学》2009 年第 5 期。

10 沈德咏:《立足中国国情积极稳妥推进司法改革,努力完善中国特色社会主义司法制度》,载《人民法院报》2009 年 9 月 11 日,第 1 版。

11 如根据新浪网的报道,2009 年 2 月,河南省南阳市中级人民法院日前下发文件,决定在全市基层法院的各个法庭中开展"零判决竞赛"活动(http://news. sina. com. cn/o/2009 – 02 – 19/071615186094s. shtml)。根据中国法院网的报道,2009 年作为广西法院的"调解年",经过一年努力,也出现了"零判决"法庭(http://www. chinacourt. org/html/article/201001/17/391377. shtml)。根据人民网的报道,河北省高级人民法院于 2009 年 10 月行文,积极倡导基层法庭"零判决"模式(http://politics. people. com. cn/GB/14562/10241502. html)。

12 如有的地区推行"马锡五审判方式",不注意区分地区状况、法院层级与案件类型,忽略了程序公正的基本要求;在纠纷解决时注意各种管治力量配合,却忽略了与政府应有的距离以及通过司法监督依法行政的责任等。

13 近年来,似乎有一种倾向,笔者称为司法工作与司法建设中的"反智主义"。如一讲司法规律就被认为是不尊重中国国情;要求法官职业化、专业化,似乎就与司法的民主化与大众化相悖等。

重建民众对司法的信任感*

——当前司法的难题及应对

在社会转型时期,司法承担着调节权益、解决冲突,实现治理正当化的功能。然而,当前的司法状况并不令人满意,面临诸多难题,可说已陷入一种困境。怎么办?

一、“院长难当,法官难做”

司法难题与困境的背后,是司法面临的三重矛盾。

一是社会对法治有强烈需求,管治方式却传统依旧。本质上是人治与法治的矛盾。市场经济就是法治经济,长治久安也得靠法治。但在司法工作中,规则至上的法治原则,与服从中心、服务大局注意执法社会效果之间可能产生矛盾,司法机关依法独立行使职权,与各级组织及其负责人对司法工作的领导之间也可能产生矛盾。

二是社会转型期需调处大量矛盾纠纷,司法资源却很有限。改革有“试错性”,不可避免地出现社会管治上的错漏,社会矛盾比较突出,违法犯罪也呈高发态势。司法是常态社会调处纠纷的基本途径,任务十分繁重。然而,由于法治体制尚未建立,社会资源配置及矛盾解决,仍是党政主导。司法的资源,包括其权威及资源配置调整的能力十分有限,常感力不从心。

三是司法建设中,社会逻辑与司法自身逻辑的矛盾。司法,是对冲突的事实及诉求进行判断和处断,司法的中立性、被动性、亲历性,司法官的独立性以及相生伴随的德性和才能,是司法的逻辑。以“上令下从”为特征的行

---

* 原载《南方周末》2010 年 7 月 15 日,第 31 版。

政逻辑,是各种权力运作中共同的根本行为逻辑。在此之下,司法作为社会整体管治体制的一部分,它的中立性与被动性也受到一定限制。在外部,为配合中心工作,司法需要采取某种比较主动的姿态;在内部,法官办事员化,上命下从的行政原则渗透于司法。由此形成社会逻辑与司法自身逻辑的矛盾。

面临三重基本矛盾,司法步履艰难。法院不能不讲法,否则不可能实现司法的公正、廉洁;但又不能不遵循社会与政治逻辑,否则,如何适应体制要求?有时,法院工作是左不得、右不得,前不得、后不得。院长难当,法官难做,是普遍的体会。法官流动,调出的情况比较突出。

司法困境的现实表现之一,是法院的权威、公信力较低。最高人民法院常务副院长沈德咏(时任)2009年指出:“部分群众对司法的不信任感正在逐渐泛化成普遍社会心理,这是一种极其可怕的现象。”针对“杀法官”“泼硫酸”等恶性事件,以及网上相应出现的一些负面舆论,都反映出问题的严重性。

司法出现的问题,以及民众对司法不信任的根本原因,集中体现于“三不”问题,即司法不公、司法不廉与司法不力。解决这些问题,仅靠法院是不够的,但法院确实应有所作为。

二、警惕司法“反智主义”

最高人民法院提出“能动司法”,在实践中出现了一定偏差,如该能动的不能动不该能动的却乱动。但这个概念也有其积极意义,关键看怎么理解和运用。“能动司法”,可从以下三个方面理解。

一是司法回应。即法院适用法律、解释法律要能有效回应社会需求。这是本来意义上的“能动司法”,即“司法能动主义”。

二是司法功能扩张。主要是扩张管辖权,增大受案范围,强化法院处理纠纷的能力,促进法治国家的建立。与此相对应的是“司法克制主义”,即法院谨慎地选择受理案件的类型,以适应自身的裁判资源。

三是司法方式的主动性。法院必须保持中立,以保持客观判断的最好条件,因此法院就只能被动地受理案件而不能主动地承揽诉讼。与之相对的是主动性司法,即类似“马锡五审判方式”,以便民为原则,上门服务,田间地头,积极调处民间纠纷。此外,在中国特定的体制与社会条件下,司法方式的主动性也包括法院发挥其非讼功能为中心工作服务。

可是,目前的现实却不太乐观。法院在司法功能上,意识到自己能力和权威的有限性,近年来比较注意采取“克制主义”立场。例如,四川涉震案件的司法受理,法院就十分谨慎,在一定时期内,使大部分甚至绝大部分可诉争议不进入司法评价,采取了“克制主义”的态度。而在司法方式上,“马锡五审判方式”的提倡以及“大调解”等工作的推进,则显示出较强的能动主义倾向。

这种选择,有其现实的缘由。前者是因为对法院资源有限性的深刻体认;后者则是对法院进一步发挥其社会功能的一种期望和努力。然而,社会的法治需求,无论是就经济发展还是社会稳定而言,都需要法院发挥功能上的能动作用。同时,司法的被动性,即对法院在诉讼案件中的地位和角色必须保持中立和被动,这是司法规律的要求。

近年来,似乎有一种倾向,笔者称为司法上的“反智主义”。如一讲司法规律就认为是宣扬西化;要求法官职业化专业化,似乎就与司法的民主化与大众化相悖。司法工作自身的规律不能违背,应当警惕这种“反智主义”。

三、“能动司法”要有所为有所不为

面对前述司法困境,法院应当坚持何种司法政策,如何“能动司法”呢?有以下三个方面:

其一,司法回应社会,能动主义要与保守主义相结合,与时俱进地解释和适用法律,但同时注意坚持法治原则,司法政策要有稳定性,法律适用要有确定性。如在死刑政策的设置与把握上,应一以贯之。死刑适用受社会政策与治安形势的影响,但政策执行不应出现人为波动。

其二,在司法功能和司法管辖权方面,坚持能动主义与克制主义结合,同时扩张司法功能,包括扩大管辖权。法治社会,须贯彻“司法最终解决”的法治原则,虽然在当前还很不现实,但建立法治社会的过程,司法要做社会利益的有效调节器,做公民权益的最后防线。法院应逐步由克制主义转为能动主义,强化其以审判处置社会冲突和纠纷的功能。

其三,在司法方式上,坚持被动主义与能动主义相结合,以被动主义为主导。法院作为处置个案解决纠纷的司法机关,其基本姿态应是被动性的,以保持客观中立的判断条件。

当今中国的法院并不是一个单纯的裁判机关,作为国家管治机构的一部分,它需要在整体性的管治构造中发挥一种对有关法律事务的“主动”及“联动”的作用,如为党委政府处理涉法事务提供法律建议,以及在“大调解”的“三调联动”(指人民调解、司法调解、行政调解的对接联动)格局中发挥重要甚至主导作用。这是法院非裁判功能的一部分,在这个意义上“能动司法”,具有政治构造和国家管治运作机制和机理的支持。此外,法院为党委政府处理涉法事务提供建议等,也是能动主义的一种表现。

但这种能动不得损害法院处理诉讼事务的中立性、独立性与被动性。同时应当注意法院是一个主要通过处理个案发挥其功能的机构,因此,在司法方式上,应当是被动主义为主,能动主义为辅。在法院主要功能,即诉讼事务上,应当遵循司法的规律,防止法院与当事人的角色混淆,坚持司法的中立性与被动性。

四、法律效果与社会效果并不对立

现今的司法,须坚持执政党的领导,服务于国家的总体目标与要求,同时也要强调坚持依法、独立行使审判权。针对目前司法中存在的突出问题,首先要处理好法律效果与社会效果的关系。

目前民众对司法的不满,最集中体现于司法机关不依法办案,受利益关系驱使,受社会关系影响,受权力意志左右。而在中国社会建立法治,关键是强化规则体系,建立规则意识。法院是适用法律的机关,是社会规则体系建立的关键环节,必须依法办案。

社会效果的要求,也是法律本身的要求,不能将二者对立起来。在多数情况下,依法办案本身就是对社会效果的尊重。社会危害性的有无和大小,是确定犯罪是否成立、刑罚处理轻重的关键。讲法律效果,本身也是讲社会效果。

不能用讲社会效果,冲击依法办案。近两年有一种偏向,一旦在案件办理中讲社会效果,常常就意味着在执行法律上打折扣,搞灵活,美其名曰是反对“就案办案,机械执法”。

有些法官反映,不知道该如何办案判案了。最高人民法院应当强调“有法必依、执法必严”,须在依法办案的前提下讲社会效果,而不是相反。鉴于“两个效果”的说法在实践中往往被误解,为了厘清两方面要求的关系,可使用这样的说法:坚持依法办案,注意(或关注)社会效果。少用或不用“追求办案的两个效果相统一”这类可能发生误解和混淆的说法。

(一)尊重政治现实,也要独立行使审判权

在具体案件办理上,要坚持法治原则和独立行使审判权的原则。对地方党委领导的意见,司法方面要尊重,但也应当有原则、有底线。否则会丧失法治原则和独立判断。当前,地方党的领导与司法的关系未能妥善处理。某些地区的司法,在个别案件的处理中,已经沦落为政治与行政的附庸,司法公正受到严重的干扰(如“白宫书记案”中,检察长成为书记报复陷害的帮凶)。

虽然目前法院较弱,很难抵御各方压力,但为了维系法院作为一个裁判机构的基本功能,维系起码的司法公信力,应当强调依法独立审判,至少在最低限度上坚持依法独立行使审判权的原则。这是司法公正最基本的保障。党的领导是政治领导、组织领导与思想领导,不是包办司法事务。应当坚持执行中发〔1979〕64 号文件,坚持党委领导不批案。若有例外,要严格限制范围并使其规范化。

(二)处理好司法与民意的关系

司法须尊重民意,这关系到司法的性质和基础。但应当注意,民意进入司法,要有适当渠道,不能随心所欲违背司法规律搞创新。如有些法院在庭审中推行所谓民众发言人制度,庭审结束让庭审群众议论庭审。这样的“创新”建立十一种司法随意性基础上,并不可取。如果发言人是法院选择的,他就不代表民意而代表法院;如果是随机选取的,那他代表原告还是被告,他理智是否健全等,都成问题。

法官在审判时,应当与社会舆论保持距离,甚至要适当隔离,以真正做到依法公正审判。为此,需要防止舆论对审判的干扰,保证法官独立判断、公正裁决的条件。目前网络媒体的介入程度很高,社会舆论往往具有情绪化、从众性及可操纵的特点。事实证明,凡是受民意影响大的案件,处理时容易脱离事实与法律基础,轻重失当。

国外的陪审团审判,十分注意防范社会舆论对陪审团的影响,甚至采用物理隔离的方式。为防止舆论的不当影响,可以试行某种分离:法官及合议庭的判断和审判意见只考虑事实和法律问题,民意和舆论问题主要由审判委员会来斟酌,但仍要求不得突破“以事实为根据,以法律为准绳”的原则。

如果要真正尊重民意,就试行陪审团制度,让老百姓来判案。

(三)不能"只调解,不判决"

无论是处理群体性纠纷,还是处理普通民商事案件,以及对刑事案件的处理,使用司法手段,都应坚持刚柔结合。化解矛盾,调解很重要,但仍应当坚持调判结合,不能简单依赖判决,也不能过分强调调解。

在一个关于大调解与能动司法的研讨会上,与会教授大都强调调解的意义,笔者则着重讲了六点需要注意的问题,包括:(1)充分注意转型期社会的法治需求,通过裁判培养规则意识、构建法治社会;(2)注意法院与行政机关保持必要的距离,运用司法权促进政府依法行政;(3)注意区别地区状况、案件性质、法院层级,适当把握和调整调解与判决的关系;(4)应当注意司法程序的正当性,维系和发展这些年司法改革的成果;(5)应当注意维护审判权威,防止对司法公信力的损害;(6)应当注意防止过分强调调解率而扭曲调解本身的性质,坚持调解的自愿原则、公正原则,同时不能否认司法调解中辨法析理的必要性。

这些问题是有感而发,一些法院在调判关系的把握上有偏差,出现了几个突出问题,如:(1)只调不判,甚至追求"零判决",损害法治原则,降低法院权威。(2)无原则的调解,忽略司法公正,损害有关当事人的合法权益。(3)弄虚作假,人为制造调解率,败坏法院作风。

(四)不走行政化和非专业化的老路

司法管理包括业务管理和组织管理。前些年,强调司法管理遵循司法规律,减弱法院管理中的行政因素,同时注意加强法官职业化建设,基本方向是正确的。要总结司法管理上的经验教训,但不能走回老路上;否则,司法公正、廉洁等问题不仅不能解决,还可能更加严重。

当前法院的行政化有卷土重来的趋势,主要表现在两个方面:一是法院内部对法官的相对独立性尊重不够,行政审批有所抬头,法官的独立性、合议庭的功能有所削弱。院、庭长的把关,在目前的法院状况之下有积极一面,但不审案要定案,确有不符合审判规律的一面。要考虑如何在提高和保障法官道德与业务素质的同时,继续推行法官独立负责地审判案件的制度,把握好行政性的监督机制与审判的独立性之间的度。

二是审级关系被打乱。较大量一审案件内部请示,实际上将两审变为一审,审级独立不能保障。这方面明显在走回头路。最高人民法院是否考虑作适当限制,《人民法院第三个五年改革纲要(2009—2013年)》讲要规范法院上下级关系,如何规范,要拿出具体措施。

此外,司法组织管理的问题上,法官队伍建设是关键。法官应当超越当事人,应当是位高权重、高素质并令人尊敬的。现在的法官状况以及制度对法官的塑造与保障情况,很难产生廉洁、公正、高效、权威的司法。这方面,最高人民法院有难处,但应当呼吁和尽量争取。在内部,尽量提高法官素质、加强法官保障、尊重法官权力,同时也有必要的监督。

审判管理：功效、局限及界限把握*

2010年以来，最高人民法院将加强审判管理，作为法院的一项重点工作，进行了一系列的动员部署。相关会议多次召开，相关文件出台或将出台，法院审判管理已呈全面强化之势。法院的审判管理不是一个普通的内部管理问题，它关系司法运行的机制、影响依法独立行使审判权等司法原则的贯彻，并最终在相当程度上影响审判的公正与效率。因此，如何认识这一趋势，在加强审判管理的过程中应当注意什么问题，是当前司法制度研究需要关注的课题。本文对此作一探讨，以供有关方面参阅考虑并活跃相关问题的学术研究。

一、加强审判管理的内容及缘由

（一）当前加强审判管理的内容和特点

审判管理，即对审判活动的组织、协调和监督，是保证审判的有序进行，保障司法的公正与效率的必要活动和制度安排。[1]我国传统的司法模式，是审判与管理不分的司法权行政化模式，其中并无专门的审判管理活动。随着"文化大革命"结束，法制逐步建立，传统司法模式被打破，法院系统开始重视审判管理，将其作为法院改革和制度完善的重要内容。首先是一些法院基于自身法院管理制度建设的需要，对审判工作管理模式进行了有益探索，积极推行案件审理流程管理制度，设立独立于审判机构的管理部门对立案、送达、开庭、结案等审理阶段进行统一安排并采取跟踪措施。这一改革措施在最高人民法院颁布的《人民法院五年改革纲要（1999—2003年）》（以下简

---

* 原载《法学研究》2011年第4期。

称“一五纲要”)中得到肯定,纲要将建立案件审理流程管理制度,作为加强审判管理的重要任务,同时提出了办公现代化的建设目标。最高人民法院颁布的《人民法院第二个五年改革纲要(2004—2008 年)》(以下简称“二五纲要”),进一步提出,改革和完善司法管理制度,为人民法院履行审判职责提供充分支持和服务。“二五纲要”进而提出法院审判管理制度改革完善的内容:一是建立健全审判管理组织制度,明确审判管理职责;二是健全和完善科学的审判流程管理;三是改革司法统计制度,加强统计信息的分析和利用。从“二五纲要”的体系框架来看,法院审判管理制度是一项独立于诉讼程序制度、执行制度、审判组织和审判机构制度的,具有自身理论逻辑的管理制度,它与司法政务管理、司法人事管理制度一起,构成了法院管理制度的三大支柱。根据“二五纲要”的精神,各地法院开始在总结审判管理制度改革经验的基础上,对改革的内容和具体措施进行调整和完善。除进一步改进审判流程管理规定之外,还制定了一系列有关案件质量评查的具体规则。从各级法院审判管理制度改革的实际内容来看,这一时期法院审判管理制度改革的重心已经由原来的案件流程管理制度改革,向强化案件质量管理方向转变。人民法院审判管理制度改革被认为是进入了一个新的阶段。[2]

总的来看,2009 年以前的人民法院审判管理,主要包括三个方面的内容:一是案件流程管理。即由专门机构对案件的立案、排期开庭、审理、送达、审限跟踪、执行、归档、移送上诉等不同诉讼阶段进行跟踪检查和监督的管理活动。审判流程管理的实质是将实体审判权和流程控制权实行相对分离。从而实现在案件审理上的权力制约。增强案件审理的透明度,从制度上保证司法的公正和效率。二是案件质量评查。审判管理制度的根本目的是提升案件审判质量和效率。因此,建立科学的案件质量评查制度是各级法院进行审判管理制度改革的一项重要举措。案件质量评查制度是指上级法院对下级法院,各级法院对本院所审(执)结的各类案件的实体、程序、法律文书、案卷归档等情况进行的内部检查、评价。三是司法绩效评估。即根据司法的目的、功能和特点,从客观反映司法质量、效率、效果和社会公众满意度各方面情况出发,结合各种统计资料,对法院和法官的司法绩效进行总体性、数量化的评价和判定,将司法绩效评估指数的高低作为法院评先评优和考核法官业绩的主要依据,发挥司法绩效评估的价值指引和行为导向功能。[3]

最高人民法院于2009年3月发布的《人民法院第三个五年改革纲要(2009—2013年)》(以下简称"三五纲要"),仍然要求改革和完善审判管理制度,但着墨不多。延续了"二五纲要"的基本思想和举措,同时强调了制定符合审判工作规律的案件质量评查标准,以及统一适用的审判流程管理办法等。但在2008年3月,王胜俊任职最高人民法院院长以来,法院工作整体呈现加强管理的趋势。从2010年以来,最高人民法院进一步强调加强审判管理。结合"社会管理创新"的政法工作总体要求,提出了加强审判管理的新思想和工作内容。如王胜俊院长(时任)于2010年8月10日,在江西井冈山举行的全国大法官审判管理专题研讨班上强调"创新和加强审判管理",重点抓好五项工作:一是创新和加强审判质量管理。包括宏观层面的审判质量评估,及微观层面的案件质量评查,以及建立常态化的案件质量评查机制。二是创新和加强审判效率管理。主张合理配置和优化司法资源,推进案件繁简分流,倡导均衡结案,注重考察审限内结案率。三是创新和加强审判流程管理。包括强化节点管理,强化审限监控,强化程序监督,加强对审判行为和过程的监督。四是创新和加强审判层级管理。要求进一步完善院、庭长依法监督指导办案制度,进一步加强上级法院的宏观指导和业务指导,统一法律适用和裁判尺度等。五是创新和加强审判绩效管理。要求设定科学的审判绩效考评指标,完善评价方法,同时要建立审判管理与考核奖惩对接机制。[4]

分析2010年以来人民法院加强审判管理的工作,可以梳理出以下几个特点:

1. 审判管理组织与管理措施的强化。2010年11月,最高人民法院审判管理办公室正式成立,最高人民法院常务副院长沈德咏(时任)在成立会上强调,要以设立审判管理办公室作为新的起点,以更大的决心,更实的举措,切实推进审判管理工作。[5]地方各级法院的审判管理机构也呈加强趋势。同时,按照最高人民法院的要求并基于本身的自觉,各级法院加强审判管理的一系列措施相继展开。

2. 管理的严格性与精细化程度的提高。案件质量评查与绩效评估的指标分解更细更严,从而更有利于对案件质量和审判绩效进行全面的监控。流程管理则强调"节点管理"。有的法院将审判、执行过程分解为上百个节点,进行细致的案件流程监控,从而使管理者对每一案件的重要情况与进程都能充分了解和有效监督。

3. 信息平台的构建与技术手段的充分利用。信息平台的构建与信息化技术手段的运用是整个加强审判管理的条件和基础,因此从最高人民法院到基层法院,在加强审判管理中非常重视信息化手段的利用。通过信息化建设,及时、全面地获得审判资讯,同时也促进审判公开,提高审判与审判管理活动效率。

4. 管理活动中行政元素的强化以及对审判的渗入。管理本身就具有自上而下的行政性质,而在法院工作中,对审判事务和审判相关事务进行行政管理也是必要和必需的。但行政权力能否直接介入审判过程并影响甚至决定案件的实体处理,在多年来推进审判管理的过程中,这一问题实际上并未解决。院、庭长并非审判组织,但作为行政负责人,其监督、指导办案的做法,实系各级法院长期以来的实际做法。但前些年的改革为遏制司法行政化趋势,强调对这种做法的限制和规范。近年来,法院工作的行政化有"回潮"趋势。本次加强审判管理的突出特点之一,是明确提出加强审判的"层级管理",要求"院、庭长监督指导办案"。虽然也讲尊重审判规律,但在强调院、庭长保障案件质量尤其是重点案件质量的责任之下,不可避免地使行政权介入审判过程,并使审判活动中的行政元素得到强化。而且案件流程管理、案件质量评查以及审判绩效考核,本质上也属于自上而下的管理方式,其强化过程,也必然促进法院活动中行政元素的活跃与行政功能的强化。在这个意义上,以"三五纲要"为制度背景的加强审判管理,以其行政管理权的强化和审判权的适度上收为重要特征,其与"一五纲要""二五纲要"施行期间强调将审判权"还权"于审判组织,辅之以审判管理的加强,已经有了一定程度的质的区别。

(二)当前加强审判管理活动的背景和缘由

当前加强审判管理,既有国家管理的宏观背景支持,又有法院自身的原因,主要有以下几点:

1. 国家管治中"集中性统合"的强化。这些年,中国经济高速增长,国力有了很大的增强,但传统的以集中统一为特征的国家管理和社会治理方式并未发生根本改变。而为应对危机、完成重大国家任务,以及巩固执政地位等需要,在某些方面进一步强调集中性,强化"举国体制"下的资源统合。而司法作为国家管治的一个基本方面,必然被纳入这种集中性统合。近年来,强调加强党的领导以及服务大局，正是服务于此一"集中性统合"的目的。在这一统合过程中，司法的自治性资源有减弱趋势。而法院系统加强审判管理，在法院系统内，在一定程度上由下而上地集中权力，应该说是体现并配合了这种国家管治上的集中化倾向。

2. 司法化改革遇到障碍后的改弦易辙。就法院自身看，加强审判管理的重要原因，是按照原有的司法改革思路建设法院遇到一定的障碍。前些年的改革，在审判管理上有一个中心思想，就是尊重司法规律，还权于法官与合议庭。这是针对长期以来司法行政化、不尊重司法规律的弊端，其改革方向应当说无可非议。但是这一改革存在一个很大的问题，就是司法体制和基本运行机制的改革，包括法官制度的改革没有跟上。如果配套改革缺位，法官权力增大，其腐败概率就可能增大。推动司法体制、机制与法官制度的配套改革，在保障法官独立的同时保障法官的素质及其公正审判的条件，形成司法体制的重大变革，需要政治体制改革的配合，只靠法院是不可能完成的。这种体制上的改革目前尚难成为现实。因此改革方向就可能出现某种扭变，即采取加强审判管理与监督的措施，通过行政的力量，弥补仅仅依靠一线审判力量的不足。即一线可能守不住，就加强二线甚至三线的防御，从而实现审判的基本功能。

3. 应对司法不公与腐败，提高审判质效的举措。当前加强审判管理，也是基于司法的现实，即司法腐败与司法不公的问题较为严重，司法的公信力较低。[6]这与法官队伍的总体状况不佳及司法廉洁与公正的相关支持条件不足有关。我国法官数量很大但普遍素质不高，而且保证其勤勉廉洁的机制不健全，这种情况下，按照司法本身的要求对他们放权，不可避免地会带来腐败与不公正问题。但法院不像政府，法院领导很难以行政命令的方式介入审判，因此"审判权旁落"，对审判质效不高的问题难以有所作为，是许多法院院长的感觉。这种情况下，院、庭长利用行政管理权，以加强审判管理的方式，"管住审判权"，尤其是一些重要案件的审判权运用，以提高审判质效并抑制腐败，已基本取得法院领导层的上下共识，并成为一种趋势。

4. 办案数量激增之下的应对措施。近年来，由于转型时期社会矛盾凸显、纠纷普遍，法院受理的案件大幅度增长，甚至有人惊呼"诉讼爆炸"。为提高诉讼效率，也防止因案件负担过重而出现"萝卜快了不洗泥"现象，降低司法质量，法院加强审判管理，可以说是因势而为。这也是一种普遍的司法行政现象。美国司法体制过去并无严格意义上的司法行政,但从 20 世纪 20 年代开始,司法行政运动(judicial administration movement)蔚为风潮,联邦最高法院塔夫特院长推动组织设立联邦司法会议,开始有司法行政雏形。20 世纪 60 年代美国法院的案件负担激增,伯格院长遂倡导专业化的法院管理(court management),其中一个重要内容是绩效评鉴(performance evaluation)包括法院整体绩效的评鉴与个别法官的评鉴。战后日本曾因司法行政过度干预的教训,在美军的授意下,取消考绩及案件收结情况报告。但后来因为制度运作的客观需要,逐渐恢复考绩制度,重新实施未结案收结情况、迟延审理案件清理计划等司法管理制度。韩国在 1993 年推动的大幅度的司法改革,考评制度的加强也是一个重点。该国此前对法官不作考评,后修改法院组织法,建立服务成绩的考评,并作为法官迁调等人事管理工作的参考。[7]不过,域外审判管理的推进,以不损害法官独立性为底线,一旦审判管理行为过度或不当,以致不符审判规律并可能妨碍审判独立,就会受到抵制,甚至废除或松弛相关管理制度。这也同我国目前的审判管理有质的区别。[8]

5.“能动司法”指导思想的体现。近年来,最高人民法院将“能动司法”作为法院工作的重要指导思想。这里所讲的“能动司法”,绝不同于国外司法中的“司法能动主义”。而是基于将“司法权作为至关重要的执政权”,“把人民法院工作放在党和国家工作大局中加以考虑”,[9]要求充分发挥司法服务大局的能动作用。能动司法,就外部功能而言,就是要求通过司法审判与推进“大调解”等,服务党和国家的工作大局。而在内部,就符合逻辑地要求“加强审判管理”,使管理层在审判事务上由被动变主动,由消极变能动,以实现法院工作一体化以及有效贯彻司法政策的要求。

二、当前加强审判管理的意义与局限性

如前所述,当前法院工作中加强审判管理,比较符合中国现实体制的要求,符合中国目前的“社会逻辑”。笔者曾发文分析法院工作中的突出矛盾,其中之一,是在司法建设中,社会逻辑与司法自身逻辑的矛盾。笔者认为,司法,是对冲突的事实及诉求进行判断和处断,司法的中立性、被动性、亲历性,司法官的独立性以及相生伴随的德性和才能,是司法的逻辑。但在目前这种体制之下,以上令下从为特征的行政逻辑,才是各种权力运作中共同的根本性行为逻辑。在此之下,司法作为社会整体管治体制的一部分,其内部

独立自治的程度十分有限,它的中立性与被动性也受到一定的限制。一方面,在外部,为配合中心工作,司法需要采取某种比较主动的姿态;另一方面,在内部,上命下从的行政原则不可避免地渗透于司法。[10]由此可见,在目前的体制及其运作机理之下,加强审判管理是符合"社会逻辑"的顺势之举。

当前加强审判管理的最重要的理由,也是其最显著的意义,是在现实条件的限制下,对于保障审判的公正与效率具有积极效用,对于防止司法腐败也能发挥一定作用,同时在法官数量大而素质参差不齐的情况下,还有利于加强司法的统一性,防止或减少同案不同判的情况发生。其理由前已提及。其支持理念有三点:一是对操作过程的精细化管理与质量监控。也就是说,将裁判的产生过程当成一个生产线及流水作业,借用企业质量管理方式来管理审判过程(因此企业质量标准管理系统近年来在司法建设中常被引用)。每一道工序的设置、技术与工装(生产制造过程中所用的各种工具)的采用、操作的规范等,都作较严格规定,并建立检查评估机制。二是对一线操作可能出现问题的警惕与防范。包括事前的防范(如分案的斟酌)、事中的动态监控与事后的检查评估等。总的概念是"加强监督",以防止司法腐败与司法不公。三是对重点部位的关注。本次加强审判管理虽然有强力推动,但应当说对整体的审判机制并无根本性冲击。因为法院系统经多年改革,审判运作方式的基本形态已经形成,审判组织的功能也大致明确,如果否定已形成的运作机制,将会导致审判秩序的紊乱,后果不堪设想。因此,加强审判管理,是在原机制上的局部性调整,重点解决一些突出的矛盾。而行政元素的活跃及其对审判的介入,主要表现在"管住重点案件和重点人员"。[11]所谓"重点案件",是指重大、复杂、敏感包括社会影响大的案件。所谓"重点人员"是指或业务不强,或操守可疑的人员。[12]

不能否认,这些理念与做法不太符合一般意义上的司法理念与规律。因为对审判进行流水作业式的质量监控以及对一线操作的防范,尤其是对审判活动的行政干预,与审判作为高智能性和复杂性活动并需要司法主体作自由裁量的特点不尽相符,与审判崇高的理念和机制有冲突,与审判独立的原则相矛盾。然而,我们却不能因此而否定其具有某种相对的合理性。

所谓相对的合理性,也称附条件的合理性,是笔者对中国司法改革与操作的一种基本主张。即在一种不尽如人意的法制环境中,在多方面条件的制约之下,司法改革与司法操作只能需求一种相对合理,而不能脱离环境与条件地去追求一种理性原则和理想状态。由宏观背景看,我国目前处于社会转型时期,社会发展不平衡,建立的法治也只能是一种“有限法治”,即法治与非法治的状态并存。就司法建设而言,司法化改革的管道受阻,法官队伍建设以及审判独立的保障条件跟不上,在现有的司法主体条件与司法制度资源约束之下,无理由充分信任法官、过度放权法官,而在限制条件下加强审判管理与监督,将在一定程度上有利于审判的公正与效率。[13]不能否认,当前加强审判管理的诸项措施确有不尽合理之处,而且难以避免其可能产生的副作用。但是,相对合理主义,正是承认合理的目的可能需要采用不尽合理的手段实现,这是因为环境条件对目的实现的程度以及所实现目的的手段形成双重制约。例如,有人会问,既然某些法官能力不足、操守可疑,为什么不采用从根本上解决问题的办法,即重建法官队伍、重设法官制度,从而重塑法官形象?但问题就在于,多种原因导致看似合理的应为之举,在当前并不现实。因此不可避免地需要采用其他不尽合理的方式实现相对合理的目的。这正是一种现实主义的改革进路。

但是,分析问题时也要注意,这些措施因为其本身具有某种不符合规律的特性,对现实司法运行可能造成一定的负面效应,分析如下:

1. 可能损害审判的亲历性与独立性,有悖于审判的规律,并妨害案件质量提升。强化审判管理,必然强化审判活动中行政的力量。对审判委员会不参加审判却要作出裁判的不符合规律性,过去已有大量论述。院、庭长介入审判亦同,即也难免出现不看病或不可能仔细看病的医生开药方的问题。对这种审判行政化的弊端,学界与实务界大体已有一致的认识。而克服和限制审判行政化,正是“一五纲要”“二五纲要”的一个重要出发点。不过,对上述“弊端”可能提出两个方面的反驳:

一方面是直接质疑前提的观点。有的学者认为,作为司法活动特点的亲历性,主要是解决事实认定的问题,不解决法律适用问题;现代科技已经解决了信息沟通问题,院、庭长可以通过重大庭审案件录像录音、即时电子卷宗查阅等远程手段解决亲历性不足的问题,因此不能机械僵化地理解参加庭审、主持询问才是亲历性,亲历性等经典原则也在不断变化发展并赋予新的内涵。院、庭长往往也是优秀法官,不让他们参加实体审判是审判资源的浪费。[14]

可以说,这一观点质疑诉讼的公理,虽然大胆却根据不足。因为司法程序作为判断事实处理个案冲突最合理、最公正的手段,一是因为它的亲历性。判断和处理者必须经历程序,以直接言词的方式获取最丰富的证据资讯。二是因为它的程序制约。即程序的展开与心证的形成,都受到严格而公正的程序规则包括证据规则的制约。三是它的相对制度。即作为裁判者的权威的第三方必须听取双方的意见和辩论,在一种三方组合互动的关系中,获得案件处理的结论。院、庭长以行政首长的身份参与案件的实体处理甚至主导案件走向,一是很难达成亲历性。他不可能像审判法官那样经历诉讼过程,只能通过听取汇报、通过查阅某些纸质或电子资料大致了解一下案件情况。如果我们认为这就是亲历性,那么,法庭审理似乎大都可以省略。二是难以受到程序制约。因为院、庭长参加实体审理的活动是不公开的、非程序化的、排斥法院外主体监督的,这种情况下,程序规则与证据规则的适用受到很大的限制。三是可能在某种程度上脱离兼听不同意见的相对制度。因为院、庭长所直接听到的往往是案件承办人对事实认定和案件处理的意见,而承办法官与合议庭的汇报很难避免其已有心证及法律意见倾向性的影响。依靠汇报处理案件,正是许多错案发生的重要原因。而且,在目前的用人制度之下,院、庭长不一定是优秀法官,或者说不一定较之合议庭的审判法官更高明。可见,院、庭长通过行政管道介入案件甚至决定案件处理的做法,确与诉讼规律有相悖之处,对其弊端必须充分注意并尽量降低。

另一方面的反驳意见,是认为通过"两权"分离,可以保证审判权的独立运行,不以审判管理权侵夺审判权。因此,既遵循了司法的规律,又保证了对审判的有效监督,促进了司法的廉洁与公正。这也是目前有关单位介绍经验的一个基本观点。为维系此种"双轨运行",在具体做法上,则要求院、庭长不能改变合议庭的意见,只能提出建议,或者通过审判长联席会议等方式帮助合议庭,如仍有分歧,则可提交审判委员会决定。然而,笔者认为,目前要对案件实体问题进行有效的审判管理,不可避免地导致行政权干预审判。因为,目前普遍推行的审判管理中,对案件实体处置所作管理,主要的手段和方法包括:对重要案件选择办案人员、裁判文书的审查签批、重大与敏感案件的把关即决定处置方向,甚至对某些案件的处理直接进行行政指导乃至下达指令等,这是审判管理的现实。而且由于审判管理的其他内容,以及目前的法院人事管理、司法政务管理,本质上都是行政管理,而处于行政上位的院、庭长因其权力所具有的资源,任何一个审判法官都不会轻视。因此,即使提出的是"建议",往往也可能是变相的指示。成都市中级人民法院的"点、线、面"审判管理经验,对于案件实体处理最为关键的一条,是"点上管住重点案件与重点人员"。而要管住,不可避免地要以审判管理权影响甚至在某些案件中决定案件如何处理,即可能在实际上代行审判权。这些做法,均与审判独立的要求相冲突。[15]因此,笔者认为,两权分离是相对的。或不如在确认两权分离的必要性的基础上,也承认分离的相对性,然后认真研究审判管理权对审判权的影响方式和影响限度并对其进行规范。

2. 可能形成审判与审判管理活动的不规范。审判管理权对实体审判活动的介入,其方式很难界定,各种显在的、潜在的资源,使行政上级具有较强的干预能力,同时这种干预具有很大的不确定性,导致管理的不规范问题。主要包括管理对象与内容的不规范,以及管理方式的不规范。即如前述,由于受到管理能力与司法规律的双重限制,对实体问题的审判管理,主要针对审判客体中的"重点案件"和审判主体中的"重点人员"。但是何为重点,却可能因不同的管理者看法不同而有较大区别。虽然法院加强审判管理的过程中力图界定其范围。由于这种管理具有选择性特点,因此不确定与不规范性很难避免。另外是管理方式的不规范。对实体问题的审判管理,原则上应当是磋商、建议而不是指令,但如前所述,由于管理者所掌握的权力资源,磋商、建议与指令常常并无实质区别,有时前者只是后者的一种委婉的表达方式。管理方式的不规范,还因为管理者对案件的介入是不规范的。有别于合议庭的参审与阅卷,院、庭长可能阅卷、可能听审,但通常没有时间仔细阅卷,也没有时间全程听审。[16]他获得案件信息的渠道,介入案件的深度,进行行政指导的方式都是不太确定的,因此其参与案件的方式是不规范的。这种不规范的一个重要原因,是没有法律程序来约束他。其管理行为是一种内部行为,外部也很难进行有效的监督。

3. 审判人员的积极性与责任心可能受到抑制,对法院工作的可持续发展产生不良影响。审判管理的强化,将从多方面影响法官的审判心态。一是审判权力的集中影响法官的审判责任心。目前强化审判管理,形成部分审判权力的上收。而权力上收会带来责任的上移,目前一线法官不愿负责,遇到问题就请示,将矛盾上交的情况趋于突出。法院一线法官的责任心与司法心态堪忧。二是严格的考核与管理可能使法官谨小慎微,缺乏创造精神。分解指标,严格评查与考核,对审判活动在数字上进行管理,有其管理科学上的积极意义。然而,审判是复杂的、高智能的,诸多因素交互作用的社会活动,不能简单地诉诸数字化管理与评价。否则,难以实现评价的科学性,还可能使法官过于谨慎,怕担责任,不敢特立独行,因此不能有效发挥裁判的把关作用与引导功能。三是案件负担加重,同时管理趋严,但激励不足,容易产生"约束疲劳",法院工作的可持续发展堪忧。近年来,诉讼案件大幅增加,法官的工作量加重,尤其在较发达地区,相当一部分一线法官已不堪重负。同时,由于影响、制约法院的内外部因素很多,裁判需考量的因素较为复杂,而法院和法官的权威性又严重不足,使审理与裁判难度增大。法院的行政化因素有增无减,同时法官待遇并无明显改善,加上严格的考绩与评查,使不少一线法官对法官岗位缺乏充分的荣誉感与自信心,同时缺乏积极向上的进取心态。如升迁为"某长"无望,则可能希望有好的机会而调离法院,或调离审判工作岗位,这种情况较为普遍。[17]

4. 产生一种"路径依赖",导致一定程度的"恶性循环"。由于加强审判管理的现有内容,不可避免地导致法院管理包括案件审判中行政元素的强化与活跃,而且不可避免地以直接与间接的方式限制合议庭与法官的审判权,这就可能在某种程度上形成一种偏于行政化的"路径依赖",甚至产生"恶性循环",即由一线不强引致加强管理。但加强管理后,可能反过来使一线不强的问题得不到解决,甚至更为严重。这与加强检察院的审判监督是一个道理。我们说,为什么要让检察机关这个侦查、起诉机关即代表国家的控方当事人来监督作为裁判机关的法院,基本理由是法院司法不公,但为什么不按照法院建设的规律,通过法官制度的改革以及程序正义的保障,而通过司法自身的机制去解决司法不公问题,就如司法较为公正的国家的共同做法,而要采取一种加强外部监督的方式去解决司法不公的问题。这多少使人感到似乎是看到了病症,却开错了药方。[18]

另外,我们还要考虑国家治理方式的转型。中国在市场化改革取得重要成绩、经济发展速度很快的情况下,如何适应市场经济的良性化和可持续的发展,以及如何解决目前社会矛盾尖锐、不稳定因素严重情况下的"维稳"问题,实现社会的长治久安,这是一个路径选择问题。如果没有法治,没有一个权威与公正的司法,中国经济社会发展就会遇到很大的障碍。可以说对此已有相当的共识。因此,我们当前以大力加强审判管理配合“集中性统合”的管治方法,对法治的建立是否可能产生负面的作用,这也是一个值得考虑的问题。

三、遵循司法规律建设司法

中国的司法改革及由此而实现司法的公正,可谓任重道远。在相对合理主义视角下的渐进式改革过程中,既要根据现实条件努力实现现实操作的相对合理,又要基于司法建设的规律明确司法建设的目标。因为只有明确目标、遵循规律,我们的改革才能有效地促进司法进步并以此促进社会进步,我们在现实条件下“相对合理”的努力才能具有渐进地推进司法效能改善的良性作用。

(一)由“法院逻辑”即“裁判逻辑”中寻求司法建设的常识

司法建设,既有复杂的关系需要清理,又有简单的逻辑需要遵循。当我们的智识可能被纷繁的说法所遮蔽时,最简单的除蔽方法是回到常识。对人类社会发展史稍作考察,就会发现一个普遍的现象:常态社会的纠纷解决,是争议的双方之间设置一个中立的裁决者。法学家夏皮罗(Martin Shapiro)称,“对于各种不同的文化而言,无论何时,当两个人之间发生了靠他们自己无法解决的争议时,根据常识的一个解决方法是召集第三方以帮助达成一个解决方案。这一简单的三方结构的社会发明在时间和空间上都如此地普遍地存在着,以至于我们发现几乎没有一个社会不使用它,不同地方的法院由于这个三方结构对于普通人想法的巨大吸引力而获得了基本的政治合法性。简言之,达到争议解决的目的的三方结构是法院的基本社会逻辑,这一逻辑如此令人信服以至于法院已经成为了一个普遍的政治现象”。[19]中国法文化亦同。从先秦时期,“两造具备,师听五辞”,即法官在争议双方到庭的情况下通过听审解决纠纷,已成为被普遍确认的纠纷解决的基本结构,亦为解决纠纷的基本方法。可见,争议双方在第三方主持下解决纠纷,可以说是具有普遍性的法院逻辑。

正是由“三方组合”的纠纷解决逻辑,可以发现对法院的基本要求:“公正”,也就是客观和不偏不倚地作出裁决,是法院得以存在所必不可少的,即“司法程序的心脏”;“争讼”是“法院工作的焦点和正当理由”;“法律原则”是必须的条件,因为它将法官和当事人之间的利益调解人区分开来,而后者

“只是为了达成当事人之间观点的妥协”;“独立性”则为法院存在的先决条件。因为“在法官做出判决的瞬间,被别的观点,或者被任何形式的外部权势或压力所控制或影响,法官就不复存在了”。[20]因此,法官的独立是与生俱来的,是法院制度设置最基本的要求。即如马克思所说,“法官除了法律没有别的上司”。[21]

此外,上述一切要素存在的前提和保障,是法官的德性和才能以及由此生成并由制度保障的权威性。

然而,对上述“裁判逻辑”或曰“法院逻辑”,及其蕴含的原理,似乎并非不容置疑,尤其在中国法的语境之下。其中,有两种质疑尤须回应。

1. 法院和法官也需要被监督,因此,“三方组合”中裁判的至上性是相对的、有限的。任何一种权力都需要监督制约,这是政治学的公理。然而,监督制约的方式则因不同权力的性质和特点而需妥当设置。对审判权的监督制约,符合规律的方法,主要通过两种管道:一是司法管道。即通过当事人的诉权及审判权的受动性、严格的程序要求,以及审级制度和复审来监督制约审判权。二是政治和人事的管道。即通过民众的选举和法官遴选组织的任免及弹劾来监督法官,保证法官的高素质和独立性,也监督其履职。设置监督法官的专门的监督权力和监督制度,则需注意这种权力的正当性以及监督的方式和限度。为此要求,一方面监督法官,其方式和限度需把握于不损害法官的独立性与权威。另一方面监督法官,要防止出现当事人兼监督者这种角色冲突的情况。否则,会造成被监督者屈从当事人等审判行为扭曲的情况。

2. 调解因素对“裁判逻辑”的影响,即目前大力推动的司法调解(调解为主)是否会消解裁判逻辑。调解因素对“三方组合”裁判逻辑的影响,是法学家包括法社会学家普遍关注的一个问题。应当看到,法院作为调解人通过调解处理纠纷,是一种十分普遍的司法现象。“大多数司法体制保留了很强的调解因素。”尤其在乡土社会。“一般情况是,在村民中存在着避免诉诸更像法院的中央政府的法院的强烈倾向,由此在农村中使用高度发达的调解模式来解决争议,连作为政权组成部分的法院也经常会采用调解模式。具有典型性的中国的情况表明了调解模式向上渗透的一个极端状态。”[22]

我国最高人民法院近年来提出的“调解优先,调判结合”的纠纷处理方针,进一步明确了调解在中国法院纠纷处理中的重要地位。调解与裁判的内在逻辑是不同的:其一,主持调解的第三方,"并不试图运用现有的法律规范来解决双方的争讼,而是对争讼双方提出的观点和要求策划一种妥协与和解的方法";其二,"调解人力求提出明智的、诉讼双方都能接受的解决争讼的建议,避免使争讼双方的任何一方被看作是完全错误的,并使双方都对结果感到满意"。[23]可见,调解改变了法律规范对争议解决的作用,同时也改变了裁判结果"非此即彼"的"两分逻辑"。而且,也是由于以调解方式解决纠纷的基础是双方的合意,裁判的权威并未凸显于调解模式中,这与裁判因无合意基础而必须以法院权威为基础与后盾明显不同。

然而,笔者认为,只要不滥用调解,保持法院的裁判功能,调解方法的使用并不损害"裁判逻辑",并不妨碍有效解决纠纷对法院建设的基本要求。其一,在调解模式中,"三方组合"的纠纷处置结构仍然存在。甚至可以说,调解活动所体现的三方结构,正是法院产生的原初形态。因为调解的前提是双方的自愿,而争议双方将其争议交付可信与权威的第三者解决,正是初民社会纠纷解决的基本形态。同时,调解是保持三方结构,防止在法院裁判后,该诉讼被败诉一方当事人看作"二对一"结构的重要方法。"对于败诉方而言,二对一结构是不符合社会逻辑的。"正是双方同意将纠纷交法院解决,以及法院所做的持续性调解活动,使三方组合的裁判逻辑得到尽可能的维持。[24]其二,法院调解的有效性,建立在它的裁判能力基础上。调解过程中的裁判能力,正是法院调解与民间调解最大的区别。也是法院调解常常能取得成功的基本原因。一般来说,法院是当事人在已不能妥协的情况下所做的最后选择。一旦将纠纷诉诸法院,法院仍能够让当事人妥协,这种转变的关键,在于当事人的一种评估——妥协是否较之裁判更有利。法院通过辨法析理所给出或所隐含的裁判前景,往往是使当事人妥协并使法院调解成功的关键要素。亦如夏皮罗所称:"(法院的)调解和诉讼,任何一个在没有另一个存在的情况下都不能运转良好……在没有诉讼威胁的情况下,如果调解失败了,那么参与调解的当事人很大程度上不大愿意接受经调解而达成的解决方案。大多数的调解远非看起来的那样具有双方合意性。在它的背后存在着诉讼的威胁。"[25]这也说明,法院建设与法院运作,必须构建其有效裁判的条件,必须遵循前述"裁判逻辑"及其相应的要求。

(二)重视审判管理,更须重视审判资源配置

"裁判逻辑"中内含了法院之所以成为法院并保持其功能有效性的基本

要求。因此,法院的建设与运作,首先是对这些基本要求的实现。否则,对法院审判活动的管理将会“先天不足”,即缺乏必要的基础性条件。这一方面使审判管理难以遵循司法的规律良性展开,另一方面也使法院很难有效运作,发挥其应有的社会功能。当前强调审判资源配置尤为重要。因为必要的审判资源的匮乏,仍然是中国法院建设与运作的现实。[26]这突出表现在两个方面:

1. 审判权的不完全享有及审判独立性保障不足。法院是我国法定审判机关,但某些重大案件的判决并不是由法院确定或者并不由法院主导。这是司法非专业化的表现。审理机关不判决而判决单位不审理,其中的“反智”因素是显而易见的。在法院内部,同样存在审与判相脱离的问题,而且在司法行政化因素强化的情况下,有趋于严重的倾向。这表现在合议庭及审判法官与院、庭长,与审判委员会之间,也表现在审理法院将较大数量的案件请示上级法院的现象上。因此,配置审判资源,首先是要让法院能够较为独立地审理并判决案件,不能让司法的理智屈从于其他的权力。同时,配置审判资源,也是要让审理者具有判决权,能够较为独立地处理案件,由此树立审判者的荣誉心、责任感,从而保证案件审判的质量。

2. 法官队伍建设堪忧。高质量的司法,关键在于有高素质的法官。由于法官担负解决社会不同主体之间的纠纷,维系社会秩序、坚守社会正义、评判和引导社会价值的重要责任,他在纠纷解决的三方组合构造中,居于当事人之间,踞于当事人之上,因此,必须具有为社会、为当事人所信服的德性、才能与权威。然而,目前法官队伍仍然具有数量多、素质差、权力小、待遇薄、地位低的总体特点。[27]近年来,由于加强监督,重视防范与打击,司法腐败应当说有所抑制。但是,即使有所抑制,在相当程度上也是因慑于反腐压力的“不敢为”,而不是由于建立了“不能为”的机制,也不是由于“不愿为”的自律。司法的质量,是由法官的品质与业务素质来保障的。不从根本上加强法官队伍建设,司法的公正和廉洁问题绝不可能得到解决。因此,配置司法资源,关键的问题,是建设高素质的法官队伍。法官应当成为社会尊崇的对象,人们提到法官时应当肃然起敬。为此,需要继续大力推进法官制度改革。提高法官地位,改善法官待遇,提供法官履行职务的必要条件,保障法官的独立性,从而让最优秀的法律人能够充任法官并安心任职。无疑,要做到这一点尚需一个过程,但国家主导方面以及法院自身对此应有必要认识,坚定不移地推动法官制度的改革以及高素质法官队伍的建设,从而为审判的公正与廉洁配置最重要、最基本的资源。当然,这不应当是一个孤立的作业,而必须伴随司法体制、审判制度的系统性改革。[28]

(三)强化基础意识,防止轻重倒置

近年来的司法改革与司法建设,强调了加强监督与管理,如前所述,确有其积极意义,也实际发挥了促进司法公正廉洁的作用。但是对于监督管理的作用不能过高估计。一方面,监督管理往往具有外部性、事后性,其能力与作用有限。另一方面,对司法进行大力度的监督管理,还可能与司法的亲历性、独立性、中立性与权威性相冲突,导致一定的负面效果。应当认识到,司法质量是靠司法的基础性工作来保障的。我们历来强调基层基础建设,称"基础不牢地动山摇"。司法工作的基础,就是一线司法人员的素质、责任心,以及他们为维护司法公正所作出的努力。例如,在刑事案件办理中,没有优秀侦查人员的破案取证,没有合格检察官的准确指控,没有审判法官的认真审理严格把关,疑难刑事案件的破案和正确处理是不可能的。而公安、检察、法院的领导即使有良好的愿望,也很难代替一线人员所发挥的作用。尤其是审判活动,在程序的展开中获得的对案件的认识、由亲历性产生的法官心证、由相对制度与辩证方法所形成的案件处置意见,只能有效产生于审判一线。因此,法院工作的重心,无疑应当是强化基础,即保证一线审判法官的基本素质、强化其责任心,赋予其荣誉感,提供必要的审判条件,使其能够负责任地审理和判决案件。当然,在目前的情况下,监督、管理也是不可少的,但是基础工作更为重要,不能轻重倒置。而且,监督、管理的方式要防止其负面的效应,即防止不适当地损害一线审判法官的荣誉感、责任心。

(四)继续按照司法规律推动法院改革

最高人民法院的"一五纲要""二五纲要"的制定与实施,以渐进的方式,推动了我国法院制度与审判工作比较符合司法规律的改革,其中包括程序制度的完善、审判方式的改革、法官与合议庭审判权力的保障、法官职业化的推进等。这些改革中的相当一部分内容,尤其是其中关于法官制度以及基本审判制度的改革,需以司法体制甚至政治体制改革为前提和基础,在体制未改的情况下,难以作实质性的推动。这些牵一发动全身的问题不解决,其他改革也就很难取得预期效果。例如,法官遴选制度以及法官保障制度不改革完善,“还权”于法官与合议庭的改革措施就缺乏必要的实施条件,因此就难以达到预期效果。

然而,条件不足,却不能因此而否定“一五纲要”“二五纲要”的方向和成绩。在国家改革开放、建立社会主义市场经济的背景下,在可容可控的范围内,法院的改革已经取得了重要的成绩。而且在尊重中国政治现实的前提下,法院改革的方向符合司法规律,体现了依法治国方略实施的司法要求,能够经受历史的检验。因此,我们不能因为条件限制而认为已经推动的改革没有意义或方向错误。只能是总结经验教训,继续推动这种符合司法规律的改革,因为只有如此,才能真正实现司法的公正、效率与权威;只有如此,才能为依法治国提供必要的司法保障,从而保障经济平衡稳定可持续的发展以及国家的长治久安。

为此,在当前一系列重大的司法问题上,应当在尊重我国转型期国情的基础上,注意以一种理性的态度和科学的方法应对。如党的领导与依法独立行使审判权、“能动司法”与司法的中立性与被动性、调解为主与依法裁判、司法便民与程序公正、司法的大众化与司法的职业化等,均应防止以外部配合代替司法的内在要求,扭曲法院的性质与功能。审判管理亦同。在当前体制之下,在法院“去行政化”是不现实的,甚至是不必要的。但是审判管理中行政元素的过度活跃,管理机能的超常发挥,法官荣誉感、权威性以及其他履职条件缺乏基本保障,司法公正是不可能实现的,法院事业也是难以为继的。

司法改革要尊重司法的内在要求,同时也应注意相关条件尤其是基础条件的支持,在操作上应注意两点。一是需要设定司法改革的路线图与时间表。有些举措是现实所需,但也存在与司法规律相悖而致负效应的一面,因此目前要注意其实施方式与限度,而在相应改革推进的情况下则需注意做必要的调整。同时,在现实条件下,在审判责任已经一再强调的情况下,应当加强对审判独立性和其他审判资源的保障。如果说,发达国家的司法制度已经从关注审判独立这样的司法现代化问题,转向关注审判责任这一可称为司法“后现代性”的问题,即强调法官对司法公正、效率的责任。而在我国,还面临审判独立性保障这样一个司法现代化的基本问题。我们应当在推动法官制度改革过程中,努力去创造条件解决这样一个涉及司法公正的最基本的问题。

二是可以根据不同地区法院的不同状况,采取多元的操作方式。有的法院,尤其是处于发达地区的法院,经过审判改革和法官队伍建设,审判权依法独立行使的条件较好,就应当注意约束审判管理权,防止走回老路;而有的地方一线审判力量较弱,则可适当加强审判中的行政指导。因此,最高人民法院设置的审判管理制度,就"两权"运行及相互关系,应当确定原则、基本方式和基本规范,但又留有相当的余地,以便不同的法院根据自身的情况对审判管理权的边界与行使方式做适当调整。

四、现实条件下寻找审判权与审判管理权相对合理的界限与互动

受中国司法的现实条件所制约,当前仍须相当力度与适当方式的审判管理。以行政权为基础的审判管理,与体现司法权特征的审判活动,彼此之间应当设立相对合理的界限并实现良性互动。

(一)审判管理重在审判权外部展开,实现"以外促内"

审判活动,是法官在诉讼程序中形成心证、认定事实并适用法律处理案件的活动。这种活动,是法官亲历程序、直接审查证据和事实并听取控辩意见的过程,因此以亲历性、程序性、庭审与裁判的统一性为其基本特点和内在要求。审判管理,则是对审判活动的调控与监督。审判权与管理权的作用领域、行使方式以及运行机制不同,承认并尊重两种权力的不同适用范围及相互的区别,是保障审判活动有序性,实现司法的公正与效率的基本条件。在这个意义上,成都市中级人民法院"两权分离"的经验具有理性基础及实践价值。不过,因审判管理权旨在"管理审判",因此不可避免地会影响审判运作。要尊重审判的规律,尊重法官对案件的审理和判断,审判管理权应当主要采取间接影响的方式,即着重在外部运作,"以外促内",努力避免直接干预审判活动,甚至代行审判权。外部运作,即采取案件流程管理、案件质量评查、审判绩效考核等方式,这些审判管理方式均不干预案件的审判过程,而是作程序管理、判后评价及人事考核,其对个案审判实体的影响是间接的。

(二)限制和规范审判管理权干预案件的实体处理

以理性而现实的态度处理"两权"关系,承认现实条件下审判权的可分性,但必须严格限制和规范审判管理权干预案件的实体处理。

目前法院各级加强审判管理的举措中,最重要、最敏感也是最难规范的

问题,是院、庭长等行政上级利用审判管理权对案件的实体审判进行干预。不干预,常常难以保障某些案件中的审判质量和司法廉洁,但院、庭长不是审判组织,直接干预依据不足,而且可能损害审判机制。因此,行政干预虽然长期以来是审判的现实,但规范不明确。即使在加强审判管理的各种研讨乃至各级法院的一些审判管理文件中,对此也往往是语焉不详。即使明确了一些管理办法,如组织疑难案件讨论等,在实际操作中,也不时会超越规定的方法。因此,当前加强审判管理,规范审判权与审判管理权的关系,合理设定院、庭长干预审判的权力、方式和责任,是一关键环节。

这个问题上,与某些学者不同,笔者持一种现实主义的立场,即院、庭长对审判的行政干预,有一定制度依据,而且在限制条件下,也有一定的现实意义。所谓制度依据,一是指宪法与法律确立的依法独立行使审判权原则,其主体是法院而非法官,因此系"整体对立"而非"个体独立"。法院的"整体",不可避免地在某种程度上由行政关系包括审判关系形成。因此,2001年《法官法》第 8 条第 2 项规定法官的独立审判权,仅要求"依法审判案件不受行政机关、社会团体和个人的干涉",即作了严格的限定。而在法院内部,法官的独立审判权是有限的。二是政治体制对法院运行方式的要求。在一种"统揽"(集中)型政治体制中,法院只是这个体制中的一个"职能部门",即行使特定职能的部门。它必须服从中心、服务大局、保证执政党的领导,它在体制中的这种从属性有别于分权制衡体制中的独立性,因此也不可避免地以内部具有行政性即上命下从特性的审判管理,实现作为司法"职能部门"的上述要求。正是由于以上制度与体制因素,司法的责任机制也体现了一定程度上的行政性追责的特点。[29]如法院出现错案,不仅承办法官与合议庭成员被追责,庭长、分管院长甚至院长本人也要承担一定责任。[30]

所谓现实意义,前面分析审判管理的意义时已经作了阐述,此处不赘述。

然而,对审判活动进行行政干预的弊端必须充分警惕。这一点前面已经作了分析。正是由于其中包含的不合理因素,对其必须严格限制,同时在改革过程中伴随着相关条件的创制,逐步减少乃至废止这种干预。相对合理主义者不回避现实条件与资源的制约,但始终以理性的精神坚持改革的目标。司法活动中行政因素的介入及独立性的减损,其实是许多国家和地区的司法曾经经历的现实。这在当时也许有一定的现实基础,但最终要通过改革让司法权实现其应有的定位。

以日本为例。发生在日本明治时期(1891 年)的大津事件,是日本司法史上维护司法独立的首起典型案例。俄国皇太子尼古拉访日期间被刺伤。对作案人是否可以适用日本刑法关于侵害本国皇室的条款判处死刑,司法与行政方面发生很大分歧。政府因事先与俄国方面有约定,承诺以本国皇室保护方式对待俄国皇储,更担心强大的俄国借此开战,因此强烈要求按侵害本国皇族治罪。法院则坚持依法办事,最后适用普通谋杀罪对被告处以无期徒刑。使这一事件成为日本司法独立方面的著名案例。但在这一过程中,日本最高法院院长对办案法官的劝说对判决结果起了重要作用,因此后有学者批评其逾越法院行政首长监督权限,用意虽好,但有损司法独立原则。[31]而到 1970 年,日本又发生了一起关涉司法独立的重要案件——平贺事件。日本防卫厅计划在北海道长沼町设置导弹基地,当地农民反对,提起行政诉讼。受理诉讼的札幌地方法院院长平贺健太,对此案写了一封信给该案审判长和承办法官,详述法律观点和处理建议。福岛审判长认为事关审判独立,乃向札幌地院的最高监督机关——法官会议提出报告,该会议认为平贺院长确有干涉审判之嫌,决议予以"严重注意"处分,最高法院基于监督权也对平贺院长作出"注意"处分。但因国会法官诉追委员会认为福岛审判长擅自公开院长信函的行为不当,札幌高院决定对福岛亦予"注意"处分。由此引发东京召开"维护司法权独立大会",很多法学家、律师、社会人士及学生参加,呼吁维护司法独立。[32]

在分权制衡体制下的司法独立,与我国宪法、法律规定的依法独立行使审判权,有重要的区别。然而,独立行使审判权和检察权必须保障,因为它影响甚至决定司法的公正,这是无论马克思主义经典作家,还是中国共产党的政治报告所确认的。[33]可见这一原则具有司法公理的意义。

处于必要性以及伴随的弊端之间的行政干预行为,为了在限制条件下尽可能地兴利除弊,保证司法的公正与效率,必须严格限制行政上级干预审判活动的范围、方式与程序。同时对审判组织,这里主要是指合议庭与独任法官的职权予以必要保障。笔者所虑及,有以下几点值得注意:

1. 通过审判委员会监督直接审理组织,减少直接的行政干预。相对于直接审理案件的合议庭,审判委员会是一个间接审理组织,其运作有悖于直接审理原则与审、判统一要求,因此不尽合理,适当时候仍需调整其案件审理功能。但在目前情况下,可以适当利用审判委员会的审判功能,并以此减少院、庭长对案件的直接行政干预。因为:其一,审判委员会虽然也带有行政色彩(如院长在审判委员会中可能发挥主导的作用),但毕竟是一个合议组织,可以发挥集思广益的作用,减少领导者个人意志决定案件走向的因素;其二,审判委员会制度目前相对成熟、也比较制度化,讨论决定案件已在尽量减少其不合理因素对案件的不良影响,因此它的合理性与可利用性相对较强,而领导者以行政管理权直接干涉审判的做法的合理性与可利用性则较弱;其三,审判委员会讨论案件有法律依据,而且法律严格限制了审判委员会审理案件的范围,可以在相当程度上避免院、庭长决定案件于法无据,而且随意性较大,会侵夺合议庭与审判法官裁判权的弊端。

但为尽量合理地发挥审判委员会的作用,对其人员构成、运行方式与程序以及案件审理范围应当继续改革完善。

2. 限制审判管理权的行使范围与行使方式。应当看到,虽然审判委员会在案件裁决机制中目前发挥着重要作用,但法院的实际运作中,院长(主要是分管院长)、庭长直接过问重大、复杂、敏感案件并影响其处理,这种情况十分普遍,而且在法院系统强调服务中心、服从大局和政治领导的过程中,在加强审判管理权的同时,院、庭长干预案件审理的情况呈明显强化态势。在不少的法院,案件承办人向庭长与分管院长汇报案件疑难问题并根据领导的意见决定案件处理方式,已经成为复杂、疑难案件的主要处理方式。出现这种情况的原因,主要包括:其一,因为操作较为方便、成本较低;其二,分管院长和庭长对重大、复杂、敏感案件的处理负重要责任,因此其责任心较强,而且因较长时期应对,专业性和经验可能占优;其三,这种汇报研究的过程常常也是协助解决相关问题的过程,而院、庭长因其地位和关系等因素,便于了解相关情况,协调有关部门的关系;其四,在目前司法强调社会效果的情况下,涉案相关因素尤其是一些案外因素的考量是不可避免的,而小范围的讨论便于展开,公开讨论则常有某些不便之处;其五,承办法官为规避审判风险,通常乐于向领导汇报案件,从领导处获得支持。由于上下都有意愿,这种做法就容易普遍化。有鉴于此,当前规范院、庭长对案件审理的行政指导,已成为正确处理审判管理权与审判权的“两权”关系、合理运用审判管理权的关键问题之一。

在当前中国的法院中,行政要素的强化与司法规律的要求,处于一种尴尬的胶着状态。将行政干预司法的做法制度化,有悖于法律与法理;但如不制度化,又容易导致各行其是,审判管理不规范。笔者认为,目前在这种尴尬的胶着状态中,相对合理的做法,是切实限制审判管理权的行使范围和行使方式。

限制院、庭长行政指导的范围。审判管理,应当强化流程和程序管理,淡化实体性管理。对于那些需要法官作出事实认定和价值判断的审判"核心问题",审判管理权一般不应介入。例外的介入,应当以法律、司法解释或高级法院审判委员会制定的司法规范性文件为前提。[34]对某些需要介入的"重点案件",应当明确限制其范围,防止审判管理权的随意介入。

限制院、庭长行政指导的方式。其一,在内部处理案件的方式主要采用合议方式。即一般应采用"审判长联席会议"或类似的庭长主持下的案件讨论会研究复杂、疑难案件,为合议庭提供咨询等符合审判规律的做法,尽量限制院、庭长对案件听汇报作指示的行政性做法。其二,院、庭长行政指导方式应当具有咨议性而非指令性。即使院、庭长听取汇报或参与案件讨论,其意见不应当作为指令,而只能是对合议庭的建议与咨询意见。当然,如前所述,由于院长、庭长的地位以及他们所具有的审判管理、司法政务管理权与司法人事管理权及其资源,他们的意见即使名为建议,往往也会对合议庭与法官发挥类似指令的作用。但是避免指令,再建立审判权的必要保障机制,仍可以在一定程度上防止审判权在审判管理权的压制下扭曲其本性、弱化其功能。

3. 合理设定"两权"的相应责任。责任界定与责任追究制度的合理设定与实施,是形塑权力运行机制的关键要素。关于法官的责任,首先,应当明确事实审问题,即证据的审查、事实的认定,由法官负责;这方面的错案追究,责任重在法官。其次,对案件的实体处理和实体法适用方面的问题,法官处理或建议不当的,应承担相应的审判责任。最后,对审判权范围内的程序错误包括诉讼迟延,承担相应的审判责任。

院、庭长则承担以下责任:(1)无论是事实问题还是法律适用问题,只要其介入处理并提出处理建议和要求的,即承担相应的审判管理责任。如果合议庭及审判法官提出的意见正确,而院、庭长意见不当,则由院、庭长承担全部责任。(2)对纳入重点管理范围的重大案件、社会敏感案件的案件处理和法律适用上的错误,承担相应的审判管理责任。(3)对各类案件在事实认定、法律适用方面出现明显的、以必要关注即可发现并纠正的错误，承担相应的审判管理责任。（4）对审判管理权范围内的程序问题，如决定回避、流程管理中对超审限的监督等，承担相应责任。

在加强审判管理的过程中，需要有错案责任追究制度相配合，但是，司法责任追究制不同于行政责任追究。应当充分注意其实施限度及合理依据。即在进行错案追究时，仍应注意司法的规律。其一，应当尊重和保护法官的独立判断和负责精神。过度的责任追究，将会使法官谨小慎微，不敢担责。或者责任上推，遇事请示汇报；或者和尚撞钟，有机会即离开审判岗位。其二，应当注意当前体制中法官能力所受的限制。如目前的刑事审判，由于实行侦、检、审分工负责而非审判中心制度，同时又实行证据上的侦、审联接机制。侦查材料，尤其是绝大多数书面证言和供词直接进入审判并作为定案依据，法官不能接触大部分直接人证甚至关键证人。这种审理，在一定程度上并非直接审理而系间接审理，如果依据经书面审查已经形成证据锁链的证据判案，仍出现证据事实上的错误（在实践中大量表现为人证出错），法官能承担及应承担的责任是十分有限的。[35]其三，应当注意司法的复杂性，以及多元判断的可能性。正是由于这种复杂性和判断的多元性，就要求司法责任追究不能简单化，如不能简单地以上级审发回重审或改判确定下级审的责任。其四，应当注意“追责合理性”。追责合理性，系法律合理性在司法责任追究上的体现。而法律合理性，是要求一个“合理的人”，在特定的约束条件下，实施“合理的行为”。如对可能致错因素的必要关注，社会行为的必要谨慎等。追责合理性，重视特定职责在致错问题上的合理行为。如负有审判管理职责之人，对普通案件的审判管理责任有限，只有在明显的、应当关注的致错问题上失职，才应承担相应责任。不过在这里，对“明显的”“应当关注的”问题要作适当把握和理解。院、庭长不需要、也不应当关注每一个案件，所谓“明显的”“应当关注的”，通常只是限于已经显露出问题苗头，通过某种渠道院、庭长已经知晓或应当知晓问题存在的。或者是素质较差，但仍然留在审判岗位的所谓“重点人员”所办理的较为重要的案件，院、庭长为防止出错需要有所关注的。即如成都市中级人民法院“管住重点人员”的经验所内含的管理责任。

4. 建立审判权运行保障机制，以维系“两权”的合理关系。就像任何行政权一样，“审判管理权具有天然的扩张性，难免会介入和干预法官对案件的自由判断”。“而在实践中,面对审判管理权的过度的介入、侵蚀和干预,审判权并无主动对其形成有效反作用的能力。”因此审判管理权对审判权实际上是一种“单向关系”而非双向互动关系。[36]

要通过完善审判管理制度,合理调整“两权”关系,就必须以制度约束审判管理权,保证这一权力行使的谦抑克制,同时确立审判权行使的保障机制,并使其能“反制”审判管理权。从而改变“两权”之间的单向关系,实现两种权力的有效互动。其方式如:将审判权保障作为审判管理权运行状况的考核评查指标,并作为审判管理人员的奖惩依据,避免将加强审判管理过程作为行政权力单向强化的过程;建立审判权运用的免责及追责限制制度。将审判责任追究限于较为严重的失职渎职,同时规定在特定情况下,法官只要已尽必要的关注和谨慎义务,就不应当以客观上的错案后果追究法官责任;责任追究的程度应当与法官主观过错的程度相适应。再进一步,是逐步创造条件建立法官权利保障机制,保障法官的物质和政治待遇,使法官有正常的、制度化的晋升机制,同时保障法官的工作条件,使法官依法审判不致因行政领导的不满而导致其前途无望。这是解决审判权保障的长远而根本的措施。

(三)正确把握评查与考绩的方法与限度

案件质量评查是针对具体案件,审判绩效考核是针对审判人员,二者具有相关性,是审判管理的两种重要形式。

从比较法的角度看,我们现在所推行的案件质量评查作为相对独立的审判管理制度,在其他国家和地区难以找到参照系。因为这种由法院的行政管理者或法院的某些法官来评查各个法官办理案件的做法,其前提设定是法院的行政管理者和某些法官的地位和能力高于其他法官,这可能有悖于法官平等的司法组织原则。而且质量评查的评定方法与准确性也是可疑的。没有经历过该案的法律程序,也不直接听审的院长、庭长或某些法官,主要通过阅卷、审查法律文书的方式就可以确定案件办理的质量,容易打破审判的规律。这种做法通常只能发现案件审理和裁判中明显的法律、事实错误或程序问题。因此,其他国家和地区一般只是将其作为审判绩效考核的一种形式,没有系统地建立案件质量评查制度。

审判绩效考核则有比较法上的参照物。不过这在不同国家和地区处理方式不同。主要区别是,在科层化的司法行政体制之下,如大陆法系国家和地区,绩效考核比较重要。而在非科层化的体制下,如美国,绩效评鉴则只供法院管理者参考,只对法官起某种督促作用,而不与法官升迁和惩戒挂钩。[37]

对中国这种强科层化的司法行政体制,大陆法系国家和地区的做法,显然更具有可参照性。在大陆法系,法官是公务员或特殊公务员,其考核属于公务人员考核制度的一部分。其具体做法:一是考核指标上,既有量也有质。例如,中国台湾地区曾参照国外做法,订有"法院法官办案成绩考查实施要点",确定考查项目包括:结案件数、结案速度、当事人折服率、办案维持率及调解成立率五项。德国萨克森邦的法官考核办法,将考核项目分为九项:专业知识、理解能力、口语表达能力、文字表达能力、处理能力、待人接物、沟通技巧、贯彻能力及吃苦耐劳。对法官分别考核后加总成绩,评定为极为适任、非常适任、相当适任、适任、不太适任、不适任六个档次。二是考核主体与方法多元化。考核主体主要有行政首长为主及法官考评委合议两种类型。前者成本较低,而且因为院长等行政首长地位比较超脱,不具有"竞争者"身份,可以避免"同僚评鉴"产生的一些微妙情结。尤其是在行政权强大的德国、日本等国,法院行政首长成为主要考评主体。而考评方法,可能采取书面审查、平时观察、指标审核、法庭现场观察等多种方式。美国法院管理中的法官评鉴,自 20 世纪 70 年代后,纳入了"消费者"的观点,考察礼民、便民及民众信赖等。同时使用外部评价,如参考对律师、陪审员、当事人的外部调查。有的法院,将评鉴工作交给退休法官组成的委员会进行。三是具有轻积极评鉴、重消极评鉴的发展趋向。由于数量、速度、维持率、上诉率等指标,虽然具有清晰量化、便于评价的功能,但难免受到过于粗糙的质疑,而且引导作用较大,可能扭曲法官的行为。因此一般来说,这些考核指标,只适宜于在与平均值有明显差距时,作为负面评断的依据,而不宜作为正面评价的重要依据。因此,中国台湾地区的"法院法官办案成绩考查实施要点",已于 1997 年废除,而且合理放宽法官管考制度,同时大幅提升法官待遇。从德国看,各邦司法部也只是将未结案件过多等指标,作为将法院报核的总评等次向下调整的重要依据。不过,这种轻积极评鉴、重消极评鉴的做法,也受到法律人和学者的批评,认为这种防弊心理下的改革有其合理性,但长此以往会助长"平头主义",乃至"平庸主义",不能促使法官力求精进。[38]然而,其他各个国家和地区,法官考核不能损害法官独立,这是基本的原则。在具体把握上,则要求考核的方法与限度应有适当把握。由行政主导的考核,如果过于强势,就容易推演至以长官意志介入案件审理,损害法官独立。

我国法院采用高度科层化的结构,院、庭长的行政权十分强势,而法官的数量大、素质较弱的情况短期内很难解决,因此可以而且可能也需要实施更为严格、效力也更大的考核机制,如实施案件质量评查制度,设定更多、更细的考核指标,将审判绩效考核与法院人事管理包括奖惩制度相结合等。然而,这种考核也有一些基本的规律需要遵循,同时,其他国家和地区的审判管理的经验教训也应当吸取。例如,其一,根据司法智力活动的特点,采取量与质相结合的考核方法,避免简单量化的不适当评价;其二,量化的指标设定要合理,应充分注意科学评估,防止负面的导向效应;其三,重消极评鉴、轻积极评鉴的评查、考绩结果应用,主要将评查、考绩情况用于“面上”的审判运行状况把握,以及在“点上”发现某些突出问题,而不主要将其作为单位的评价与个人的业绩排名并决定其人事安排的依据;其四,采用行政主导下的多元考核主体与考核方法,包括采用外部评价方法。同时,还须充分注意一条底线,即法官考绩必须尊重法官的荣誉和法官的独立判断与负责精神,防止由于行政主导过于强势而损害法官依法独立负责地行使审判权。

注释

1 根据最高人民法院2011年下发的《关于完善人民法院审判权与审判管理权运行机制的意见(征求意见稿)》,对审判管理的界定是:人民法院通过组织、领导、指导、评价、监督、制约等方法,对审判工作进行合理安排,对司法过程进行严格规范,对审判质效进行科学考评,对司法资源进行有效整合,确保司法活动公正、廉洁、高效运行。转引自孙辙、朱千里:《积极主动或谦抑克制:“审判管理权”的正确定位与行使》,载《法律适用》2011年第4期。

2 胡夏冰:《审判管理制度改革:回顾与展望》,载《法律适用》2008年第10期。

3 胡夏冰:《审判管理制度改革:回顾与展望》,载《法律适用》2008年第10期。

4 罗书臻、姚晨奕:《创新和加强审判管理,实现人民法院工作科学发展》,载《人民法院报》2010年8月11日,第1版。

5 王逸吟、任生心:《最高法设立审判管理办公室》,载《光明日报》2010年11月25日,第9版。

6 虽然可比对的统计资料有限,但近年来几名大法官违法犯罪,甚至最高人民法院大法官犯罪,这在现代各国可以说是难以想象的。近年来全国人大代表对司法的肯定性投票率不高,甚至远远低于对政府工作的评价,这在现代各国也是十分反常的。

7 苏永钦:《司法改革的再改革》,台北,月旦出版社股份有限公司 1998 年版,第 369 页。

8 我国实行人民法院依法独立行使审判权的制度,因此在审判管理活动中与其他国家和地区的制度要求不同。

9 贺小荣:《能动司法是人民法院服务经济社会发展大局的必然选择》,载《人民法院报》2009 年 9 月 1 日,第 1 版。

10 龙宗智:《重建民众对司法的信任感——当前的司法的难题及应对》,载《南方周末》2010 年 7 月 15 日,第 31 版。

11 这是成都市中级人民法院加强审判管理经验,加强“点、线、面”管理中“点上管理”的主要经验,并被最高人民法院及法制媒体所重视和宣传。参见蒋安杰:《“两权”改革:中国审判运行机制的微观样本》,载《法制日报》2010 年 12 月 1 日,第 9 版。应当说,这一做法在法院系统审判管理中具有共通性。因为,管理者无须,且也无力实施对案件实体的全面管理。一般案件,仍然需“放权合议庭或独任法官”。

12 由于人事管理制度等原因,这些人员在目前仍占一定比例,进行全面淘汰还不太现实,主要的应对方法似乎是“加强监督管理”。

13 如成都市中级人民法院加强审判管理效益明显。试点的青羊区人民法院从“放权与收权”到逐步明确审判机构的管理职责并形成制度体系,结果显示,青羊区人民法院仅一年的时间,审判质效明显提升,审判质量指标得分从 2007 年上半年的 77.65 分,排名 19 位,上升到 2008 年上半年的 84.41 分,排名第一;审判效率指标排位也有所提升。2008 年上半年,在收案数同比下降 12.46% 的情况下,结案率同比增加 19.99%;2008 年上半年的改发率同比下降 3.53%,信访投诉率从 0.19% 下降至零。参见蒋安杰:《“两权”改革:中国审判运行机制的微观样本》,载《法制日报》2010 年 12 月 1 日,第 9 版。

14 孙海龙、高翔:《构建分权制衡机制　实现公正高效廉洁》,载《人民法院报》2010 年 12 月 1 日,第 8 版。

15 其他各个国家和地区对审判管理的主要担心,是将监督与考绩等管理行为作为法院行政首长控制法官的工具,损害审判独立。我国台湾地区因坚持审判独立原则就裁判文书由行政首长审查的制度发生过争议,并出现了“谢说容案”等很有影响的关于审判独立的案例。因这种制度有悖司法规律,损害审判独立原则,实行 60 余年的裁判书于宣判前送审制度,于 1991 年被改为宣判后送审制度,于 1996 年被废除。

16 根据笔者的调研,院、庭长到法庭听审往往是听一听就走了,因为他们还有其他事务需要处理。而且听审常常是为了看看庭审有什么问题。

17 笔者到检察机关作过调研,目前检察机关的干部尤其是检察院的领导和中层干部,不太愿意到法院。而法官希望调离的人不少,如果在法院工作,也比较愿意到综合部门而不太愿意到审判一线。据介绍,2011 年某省检察机关招聘 100 多名检察官,就有 300 多名法官报名。这种情况,可以说世界罕见。这与前些年检察院的干部愿到法院,而法院的法官和领导不太愿意到检察院,而且法院骨干愿意在审判一线而不愿到综合部门的情况形成较大区别。亦有法院法官著文指出,由于当前的管理模式更多地体现了"管""考""罚"三大特征,法官的"逃逸性"反应已经显现:"逃离"审判业务重的部门,"逃离"审判部门。如果不能去行政事务部门,也要去综合性审判部门,总之要离开办案一线。(参见肖宏:《激励型管理与司法效率》,载《人民法院报》2011 年 1 月 19 日,第 8 版)

18 最高人民法院原副院长王怀安老先生 10 多年前说的一段话很有针对性,至今仍有很强的现实意义。他说:"有人说,今天中国法官的素质不行,不能实行法官负责制。这不对,是倒果为因。我们不是法官素质不高,才没有采用法官负责制,而正是因为没有采用法官负责制,才影响法官的选配和素质的提高。须知'今天'已是建国 50 年的'今天'。50 年来,法院办案的首长负责制基本未变,国内重新组建的仲裁委员会,建立远比法院迟,但一成立就实行仲裁员(含仲裁庭)负责制,并按此标准来选任仲裁员。找领导打电话、写条子,'案子一进门,两头都托人'的现象没有了。实行仲裁员负责制的结果,是既提高了仲裁员的素质,又保证和提高了办案质量。医院也是实行医生负责制,对病人的诊断和处置不能由院长包起来。这值得我们参考。"参见王怀安:《法院体制改革初探》,载《人民司法》1999 年第 6 期。

19 [美]马丁·夏皮罗:《法院:比较法和政治学上的分析》,张生等译,中国政法大学出版社 2005 年版,第 2 页。

20 [英]罗杰·科特威尔:《法律社会学导论》,潘大松等译,华夏出版社 1989 年版,第 296 ~ 297 页。

21 《马克思恩格斯全集》(第 1 卷),人民出版社 1995 年版,第 181 页。

22 [美]马丁·夏皮罗:《法院:比较法和政治学上的分析》,张生等译,中国政法大学出版社 2005 年版,第 21 页。最高人民法院提出的"调解优先,调判结合"的纠纷处理方针,进一步明确了调解在中国法院纠纷处理中的重要地位。

23 [英]罗杰·科特威尔:《法律社会学导论》,潘大松等译,华夏出版社 1989 年版,第 239 页。

24 以双方的同意和法院的调解,来防止三方结构变成二对一的结构,正是夏皮罗先生的观点。不过他也指出,随着社会的复杂化,以法律规定和专门设置的机构来代替双方当事人同意,使专门的法院得以产生。参见[美]马丁·夏皮罗:《法院:比较法和政治学上的分析》,张生等译,中国政法大学出版社 2005 年版,第 2 ~ 7 页。

25 [美]马丁·夏皮罗:《法院:比较法和政治学上的分析》,张生等译,中国政法大学出版社 2005 年版,第 23 页。

26 政法经费保障这些年有了很大的改善,这里所论资源配置主要不是单位的经费与硬件条件。

27 这五个特点是最高人民法院原副院长王怀安 10 多年前所总结提出的。参见王怀安:《法院体制改革初探》,载《人民司法》1999 年第 6 期。

28 近年来的司法改革,十分强调“加强监督”,这从理念上是有根据的,因为任何权力都需要监督制约。然而,监督体制需要建立一个权威和中心。没有法院的权威就没有法治,这是法治的常理。

29 行政性追责要求对行政链条上的相关因素进行清理,不仅追究承办人员责任,而且要追究负责管理、监督的行政领导的责任。而司法性追责,则应当限于追究承担审判职能的人员的失职、渎职责任。

30 2010 年 12 月发生的所谓河南“天价收费案”。河南省高级人民法院于 2011 年 1 月直接处分办案出错的平顶山市中级人民法院的承办法官及相关领导,这一追责方式,正是法院责任机制行政性的体现。

31 章瑞卿:《日本大津事件对司法独立思想之影响》,载《刑事法杂志》第 34 卷第 5 期。

32 章瑞卿:《从札幌地院院长平贺事件与台南地院院长王与仁事件论法官审判独立原则》,载《刑事法杂志》第 35 卷第 4 期。

33 江泽民同志所作中国共产党十六大工作报告要求:“从制度上保证审判机关和检察机关依法独立公正地行使审判权和检察权。”

34 孙辙、朱千里:《积极主动或谦抑克制:“审判管理权”的正确定位与行使》,载《法律适用》2011 年第 4 期。

35 刑事诉讼运行机制的特点与问题,参见龙宗智:《论建立以一审庭审为中心的事实认定机制》,载《中国法学》2010 年第 10 期。

36 孙辙、朱千里:《积极主动或谦抑克制:“审判管理权”的正确定位与行使》,载《法律适用》2011 年第 4 期。

37 不过,英美法系法官有较强的荣誉感,绩效评鉴对法官心理的作用也不可小视。

38 本段相关资料转引自苏永钦:《司法改革的再改革》,台北,月旦出版社股份有限公司 1998 年版,第 361 ~ 378 页。

“内忧外患”中的审判公开*

——主要从刑事诉讼的视角分析

阳光是最好的防腐剂，司法公开的阳光，也是司法公正最重要的保障条件。近年来，我国法院系统根据中央司法改革的安排，在审判公开上采取了一系列举措，取得了一定成效。然而，在审判公开问题上的一些深层矛盾并未解决，而互联网和自媒体形成的信息化浪潮的冲击，以及法院裁判经常受到社会质疑，其公信力普遍缺失的状况，使法院往往采取较为保守的策略，对审判信息公开呈现出选择性倾向。此种策略倾向，虽然从法院角度看有理性抉择的因素，但可能使审判公开基本制度的实施受到威胁，发展下去可能使近年来司法改革在这方面付出的努力无功而返。分析我国审判公开面临的问题和矛盾，以理性而现实的方式，促进审判公开底线的坚守，是法学学者的责任。

一、目前的情况与问题

现代司法制度有两个重要支点：一是独立；二是公开。由于前一问题受基本体制约束操作空间不大，而在为民司法的旗帜下，司法公开的正当性不证自明，且对此法院自身可掌控性较强，因此，改革开放以来人民法院的司法改革，始终将审判公开作为一项重点内容，甚至有时可称为“重中之重”。近十几年来，最高人民法院先后发布了三个“五年改革纲要”，为司法公开制度的改革完善提供了基本框架。从1999年以来，最高人民法院发布了《关于严格执行公开审判制度的若干规定》《关于加强人民法院审判公开工作的若干意见》《关于人民法院执行公开的若干规定》《关于进一步加强民意沟通

---

* 原载《当代法学》2013年第6期。

工作的意见》《关于司法公开的六项规定》《关于人民法院接受新闻媒体舆论监督的若干规定》《关于人民法院在互联网公布裁判文书的规定》《关于人民法院直播录播庭审活动的规定》《关于庭审活动录音录像的若干规定》《司法公开示范法院标准》等十几个重要的改革文件,部署了百余项司法公开的改革措施。法院有关人士认为,“通过这些改革举措,司法公开从原来单纯的庭审公开扩展到全方位公开,从法院案件审理信息公开延伸到所有管理工作信息的审务公开。司法公开的形式越来越灵活,从传统静态的司法公开方式发展到多角度、全方位动态信息化的传播方式”。[1]

然而,也应当看到,在推进审判公开的过程中,一些基本问题始终未获解决,因此对审判公开的社会看法与法院的自我评价形成一定反差。对社会关注的大要案审判,经常看到媒体批评法院违背审判公开原则的文章。[2]审判公开的问题,集中体现于审判信息的实质性公开不足。[3]从刑事案件审判公开的情况看,可以用通俗化表达方式归纳为三个特点:其一,“开小不开大”。普通案件审判信息可以公开,但大要案件,尤其是社会关注度高的大要案件,审判信息公开不足。其二,“开表不开里”。即对一般审判信息,如立案、罪名、审判结果等较为表面的信息能够公开,但对案件争议焦点、控辩理由、判决形成的实质性原因等,则公开不足。其三,“选择性公开”。即对审判信息的公开进行选择,主要不是根据法律的规定,而是根据法院对公开效果的考量,选择案件、选择公开审判信息的内容,乃至选择公开的方式与时机等。即如有学者和法官称,“目前审判之公开,基本上是经过‘人为检查能够拿得出手’的内容、做法、程序的公开”。[4]

正是长期未解决的一些问题和近期的一些管控措施,使法院审判信息的实质性公开明显不足,从刑事诉讼角度观察,主要表现在以下几个方面:

1. 庭审限制公开。从学理上分析,审判公开包括两个面向,即对当事人公开,以及对社会公开。然而,中国目前的情况较为特殊,对于公开审理的案件,如果系大要案件、社会关注度高的案件,或可能引起一定社会逆向反应(与官方意见不一致的社会反映)或有风险的案件,法院虽受制度限制不能不公开审理,但又不愿真正实行向社会公开。因此采取一种名为对社会公开实为不公开的可称为“内部人公开”的审判公开方式。即通过设置旁听证制度,通常安排较小的审判法庭,然后以席位有限为由,将旁听人员限制于可控的“内部人”范围。内部人选择主要根据一个标准——意见可控,如人大代表，政协委员，公、检、法、司（包括律师）人员，发案单位代表等。当事人亲属或亲属代表也能获得旁听证，属于另一种性质的“内部人”。在这种安排之下，除少量可控媒体记者外，其他多数不可控或法院认为不可控媒体的记者，则往往是高度防范的对象。因为他们会以自己的眼光报道庭审，虽然按照现今的宣传纪律，不能表现出明显的倾向性，但往往与法院拟发的统稿不一致，而且会使案件增加社会关注度，从而可能增加法院审判的压力。

2. 部分审判程序不公开。重大、复杂和社会关注的刑事案件审判，合议庭通常不能审决，因此还有实质性的其他审判程序需完成。主要包括院、庭长汇报研究案件以及审判委员会（以下除法律文本原文规定外，简称审委会）研究案件程序，这是审判法院的内部程序。还包括向上级法院汇报请示包括案件报请内审的程序，以及向法院外单位协调的程序，如与检察院的协调，向政法委的汇报以及政法委安排的协调等，属于外部程序。但这种交换意见和案件协调的内容，当事人及其律师均不得而知。甚至案件经历哪些庭审外程序，案件审久不裁，究竟处于何种协调阶段，当事人及其律师均不清楚，法院也一般认为无义务告知（而且一些外部程序也不便告知）。如果说，审限内协调情况辩护律师不清楚尚可容忍，因为时间毕竟有限。但有的案件协调时间大大超过审限（法院内部掌握的“土政策”是外部协调包括向上级法院请示不算审限），当事人和律师长时期等待，如无“内部人”沟通，常常如堕五里雾中，不知案件去往何处，搁在哪里。[5]大要案件的实质性审判程序包括其内容不公开，突出体现了当今中国审判公开的局限性。

3. 部分审判理由不公开。判决书说理，是审判公开的重要内容，也是多年来审判改革力推的举措，其目的是判得明白，以“看得见的方式实现公正”。但是迄今部分判决仍然说理不足。如对辩护理由的驳回，常以“缺乏证据支持”等简单概括，一言以蔽之。[6]又如，对部分因社会效果考量，或因外部因素影响而形成判决的案件，判决中有“难言之隐”，因此也只能概括而含糊地陈述裁判理由，真实的裁判理由并未公开。再如，上级法院发回重审案件，发回裁定中所述理由也趋于简略，而又以“内函”或通过电话具体说明。最高人民法院 2010 年 12 月关于规范上下级法院关系的司法改革文件，明确规定，发回的理由应当在法律文书中详细说明，但这一规定贯彻不力。鉴于上下级法院的密切关系，上级法院合议庭倾向于在正式法律文书上表达发回理由比较概括笼统，以减少对下级法院绩效考核的影响，同时也避免详述发回理由而被当事人及辩护律师利用，对下级法院重审增加困难，有时甚至引起原审检察机关对上级法院的不满。然而，这种做法，又使发回重审的审判信息公开大打折扣。

4. 某些审判公开制度未能有效执行，甚至形同虚设。最高人民法院2009年12月制定的《关于司法公开的六项规定》第2条规定，“独任审判员、合议庭成员、审判委员会委员的基本情况应当公开，当事人依法有权申请回避”。最高人民法院为贯彻上述规定所制定的《司法公开示范法院标准》第7条规定，“依法提请审判委员会讨论的案件，应当向当事人宣布审判委员会委员名单，并询问当事人是否对审判委员会委员申请回避”。（执行情况计分为2分）这一规定本意为增强审委会程序的正当性，但缺乏具体的配套措施，具体操作中也有一定难度，因此基本未能执行。最高人民法院《关于司法公开的六项规定》第2条，就庭审公开如何“消除公众和媒体知情监督的障碍”作出了规定。最高人民法院《司法公开示范法院标准》第4条进一步明确要求，“公开开庭审理的案件允许当事人近亲属、媒体记者和公众旁听，不得对旁听庭审设置障碍。对影响重大、社会关注度较高的案件，应根据旁听人数尽量安排合适的审判场所”。而在实践中，对影响重大、社会关注度较高的案件设置旁听障碍，并有意安排较小法庭进行审判的做法十分普遍。又如，最高人民法院《关于人民法院接受新闻媒体舆论监督的若干规定》第3条规定，“对于公开审判的案件，新闻媒体记者和公众可以旁听。审判场所座席不足的，应当优先保证媒体和当事人近亲属的需要”。但实践中，如前所述，就社会关注度高的案件，往往将媒体记者作为主要防范对象进行特别控制。这条规定也执行得不好。此外，在互联网公布裁判文书的规定，在许多法院没有执行。

二、影响因素与约束条件

目前在审判公开方面存在的问题可以说显而易见。[7]法院在司法改革并努力推动审判公开的同时，又对某些社会特别关注的案件的实质性信息进行封闭，这种背反的现象，与多种影响因素有关，也反映了中国审判制度所面临的矛盾。

近年来，由于现代信息技术的发展和普及，法院审判公开面临新的挑战。一方面,信息化技术的发展,使审判公开获得前所未有的支持条件,促进了包括审判信息公开的司法公开进程。另一方面,也正是信息化带来的变化,审判公开已经出现了一些新的影响因素,给法院审判公开带来新的压力。这些新因素包括:其一,由法院控制下正式媒体的审判信息公开,走向审判信息的自公开。庭审的参与人和旁听者有条件通过微博、微信等方式自行公开审判信息。其二,由延时公开走向即时公开。过去审判信息向社会公开,凭借庭审结束后的报道,但现在通信条件的极大改善,可以通过正式或非正式的方式即时公开审判情况。其三,由有限公开走向宽广无比的社会公开。只要不控制,互联网将信息迅速传播到每一个有网络的角落,路途远近对获得信息毫无影响。这些变化使法院的审判信息公开面临前所未有的压力。包括某种对法院裁判倾向不认可的舆论反映,可能经过高级数传播与扩大迅速成为一种舆论浪潮。

但近年来由于多方面的原因,对法院审判的质疑不断,法院公信力较为低下。[8]羸弱的法院,已经很难承受高关注度、高争议性案件所带来的社会舆论压力。因此,在高信息化和低公信力这两种基本因素影响之下,法院采取一种也算理性的自保方式,就是对审判信息公开进行选择并适度封闭一些可能引起争议的审判信息。其中有两种较重要的措施:其一,将社会关注的案件审判纳入法院主要的舆情控制乃至危机应对事项。大案审判均制定应对舆情和意味情况的预案,这种预案还可能被要求上一级或上两级法院业务部门审查批准。为了防止舆情不可控,则首先要求限制公开审判,控制旁听人员。其二,严禁诉讼参与人和旁听人员记录和即时发送庭审信息。最高人民法院 2012 年 11 月制定的《关于适用〈中华人民共和国刑事诉讼法〉的解释》第 249 条第 3 项对此作出新的规定,“不得对庭审活动进行录音、录像、摄影,或者通过发送邮件、博客、微博客等方式传播庭审情况,但经人民法院许可的新闻记者除外”。第 250 条第 1 款第 4 项规定:“未经许可录音、录像、摄影或者通过邮件、博客、微博客等方式传播庭审情况的,可以暂扣存储介质或者相关设备。”为执行这项制度,实践中法院遇大要案审判,常常要求参审及旁听人员交出手机等可能记录以及即时发送审判信息的器材统一保管。现代科技发展使得对法庭录音录像已经十分方便,现代各国审判公开制度的发展,对于法庭的录音录像控制和“自媒体”控制趋于宽松,[9]而且,国内相当一部分社会与法界人士希望最高人民法院放宽法庭记录控制以适应科技发展和审判公开要求,在这种国际和国内背景之下,有关规定所要求的管控措施却前所未有的严厉,可谓反其道而行之,不免引起社会对法院严控的正当性与审判公开真诚性的某种质疑。

近年来,法院就某些案件向媒体尤其是市场化媒体封锁信息,也是受法院对媒体报道的倾向性看法以及司法与媒体近年来呈现的紧张关系的影响。法院对媒体的担心和戒备意识主要表现于以下几点:一是法院担心重要案件的媒体报道被娱乐化或不得要领。因为部分媒体为使其新闻具有可读性,会将新闻内容作某种处理。如不报道庭审内容而报道庭审“花絮”,不报道案件事实而报道隐藏在案件背后的“鲜为人知”的故事等。而且一些参与公开审判报道的记者欠缺法律素养,有关公开审判的报道抓不住重点和关键。二是法院担心媒体报道把握不住分寸,将办案中的问题暴露于社会。尤其刑事案件中程序违法的积弊,如辩方在法庭上提出的非法取证、超期羁押等,审判常常难以有效回应,如果媒体报道,势必使司法机关难堪。三是担心法院审判的某些问题被报道出来影响法院形象。如部分法官业务素质不高,庭审主持、控制能力不强,一些审判行为欠妥,媒体报道对法院不利。[10]四是担心媒体误导公众,尤其是一些社会关注度很高的案件,媒体推波助澜形成的舆论浪潮,可能使本已难判的案件更难处理。加之近年来法院系统有一种比较普遍的认识,就是媒体借某些案件裁判中的问题做文章,抹黑了法院,损害了法院的公信力,因此普遍对媒体存有戒心。在这种情况下,法院对媒体报道重要案件防范意识很强,甚至有较为普遍的抵触情绪。受此种认识影响,法院与媒体的关系趋于紧张。如有论者所称,“在过去三十余年中,转型中国的警媒关系经历了《法治在线》式的伙伴与同盟关系、‘孙志刚案’式的监督与反制关系之后,现在已经进入了互不信任与互相利用的第三阶段”。[11]这里所称的“警媒关系”,同样适用于司法与传媒关系,甚至其特征更为明显。一方面,法院的审判公开,离不开媒体报道;媒体基于自身责任并争取市场,也十分需要案件审判的信息。另一方面,法院不信任媒体,认为不仅不能体谅法院的难处,还经常借机炒作,与法院裁判倾向不一致,甚至抹黑法院。同时媒体也不信任法院,认为司法不中立、审判欠公正,且常常筛选信息。因此一旦发现有价值的信息就抓住不放,且乐于质疑法院审理程序与裁判内容。这也是因为媒体这样做有专业主义基础和社会基础(民众普遍关心此类信息),而且可能为其创造商业价值。

实质性审判信息公开不足,除了上述一些具体原因,从本源上看,也是因为现代司法透明制度与我国政治与司法的传统和运行机制存在某些冲突。现代刑事司法制度建立的根基是多元化,即任何被追诉者都有权获得辩护,即使你不赞成他的辩护观点,但他具有发出其声音并被社会所知晓被司法所斟酌的权利。在我国现行具有集中性与整体性特点的政制构造之中,声音与言论是需要管控的,舆论也是服从于导向性安排的。而且受管控的重要信息传播,遵循由上到下、从内到外的层级式及"外渗性"传播方式[12]。因此,如果事涉安全"维稳"、政治运作,乃至权力机构及重要官员声誉的重要的政治、司法和社会信息,需服从于信息管控和导向安排,这是体制的要求。[13]在司法审判中,相当一部分此类信息,本身并不属于标注下的国家秘密,在法律上应属公开范围。但有关部门可能因"维稳"需要,导向要求,以及重要信息传播模式的影响,认为需纳入信息管控轨道,不宜向社会普遍公开,而"内部人公开"的审判方式,成为此类案件比较普遍适用的审判方式。[14]尤其是涉及重要官员的犯罪案件,不仅不能按照常规程序公开审判信息,而且有关方面还可能要求承审法院做好保密工作。甚至案件开庭公告也是选择时间,在电子屏上显示则转瞬即逝;案件立案不经立案庭进入案管系统,而采用最传统的纸质立案方式立案,以防止法院内部其他人员获知案件信息等。

审判公开与体制的矛盾,还体现在我国司法制度的职能分化以及自治性不足。具有审判权的,不仅是出现在法庭的法官,还包括庭后能够对案件发生决定性影响的院、庭长和审委会等主体。其中,有的主体,如审委会,依法也属于审判组织,但它不采用诉讼程序,而采用具有行政性特点的内部程序。至于院、庭长,则依据审判管理权非正式地行使部分实质的审判权。这些内部的程序,都是难以公开的。职能分化和自治性不足,还表现在上级法院的指示、其他权力机构的意见,都可能影响乃至决定某些重要案件,这势必影响对庭审、其他审判程序以及对裁判理由的审判公开。内部程序操作不严格,规范化程度不高,同时缺乏程序性监督,这也导致相关信息不宜公开。

三、审判信息为何需要实质性公开

某些案件审判有"难言之隐",且法院有时对自己的审判人员及其审理和裁判也欠缺自信,此为"内忧";担心媒体、担心网络,即担心社会和民众的反映，此为“外患”。双重忧患意识之下，法院审判信息的实质性公开可谓步履艰难。

权力必须在阳光下运作才能保证公正和廉洁，而“暗箱操作”必然产生司法不公和腐败，这是常识，已毋庸论证。然而，在具体操作中，法院却常常担心审判公开可能产生的“负面效应”，因此，做表面文章，在审判信息的实质公开上打折扣的情况时有发生。此种情况下，对审判公开问题，仍有作利弊分析及关系厘清的必要。以下作两点说明：

1. 要破除法院的一个认识误区，就是将信息公开当作法院的一种特权，当作法院与社会交往的技术，当作法院自我宣传的工具，因此而将“选择性公开”的审判信息公开方式视为理所当然。在这个问题上，我们应当认识到，从根本上讲，审判公开关系法院是否为真正意义上的“人民法院”。“为民司法”就必须公开审判，接受民众监督。而如不使这种监督成为“虚应故事”，审判信息就应当实行实质性公开。因为审判公开首先是民众的权利，是民众知情权的重要体现。这是民众监督国家政权的宪法权利以及对审判信息知情的司法权利的重要构成。法律已经界定了审判信息公开的界限，因此，除非十分特殊、须作特别利益权衡的情况，法院已经没有公开信息上的“自由裁量权”，它必须依法履行其审判公开的义务。如果对民众知情权与监督权这一基本权利不尊重，何谓“人民法院”。

2. 应当纠正在审判公开问题上法院较普遍存在的一种错误认识，就是认为媒体和网络借个案炒作，抹黑法院，导致法院公信力丧失。不能否认，一些典型个案，尤其是冤假错案的曝光，确实影响司法公信力。但是我们应当看到，其一，这种公信力的损害是司法自身的不公、不廉所造成的。揭露问题及发生问题的原因，是司法改革和改善的重要动力和契机；否则，讳疾忌医、养痈遗患，司法将始终不得改良。其二，虽然不能以个别错案否定司法的成绩，而且出现个别错案是司法不可避免的代价，但我们目前的司法不公与司法不廉已经达到一定程度，个别错案后面反映的带有根本性、机制性以及普遍性问题不可小视。笔者认为，在目前司法环境之下，司法的质量不高并非偶然。揭露的问题包括错案还只是一小部分，[15]还不至于被确定为以偏概全，以个别错误抹杀司法成绩。其三，民众对司法的部分不信任即司法公信力的丧失，不是受了别有用心不良宣传的影响或因自己的误判，而是主要基于自身经验和观察形成的一种具有基本合理性的判断。因为民众主要是由自身的社会经验来认识司法的，而他们是司法的直接使用者和外部观察者，既能如鱼饮水，冷暖自知，又能因外部观察而保持相对客观，避免当事者迷。而且从目前情况看，普遍民众对司法的反映，与人大代表对最高人民法院、最高人民检察院工作报告的看法，甚至领导同志对司法的认识，可以说大体上相互印证。因此，将司法公信力问题怪罪于媒体和网络炒作，由不信任媒体和警惕民众反应，继而发展为对媒体和社会封闭部分重要审判信息，同时以大力发展法院对外宣传工作去代替公开审判的功能，并发挥所谓的“舆论引导”作用，这是建立在认识误判基础上的错误的司法应对。

当然，也不能否认，媒体报道确实存在一些问题，部分记者社会责任感及专业能力都有欠缺。而且媒体以多元视角进行的观察和报道可能对民众产生某些误导，包括对司法的某些误解。但是误导和误解的消除，不应当通过封闭而应当通过充分的信息公开。尤其在现代高度信息化的社会，封闭信息，不仅成本过高，而且通常难以有效封闭，这种官方封闭同时伴随不可避免的部分信息的泄露，只会增加社会的猜疑和对司法的不信任。而且在我国目前的传媒体制中，规制媒体的审判报道有较多渠道和方法，即使有不负责任、不重事实的报道也不致造成严重危害。

此外，审判公开还决定法院是不是一个理性的，或者说讲理的法院。从根本意义上讲，审判的力量，不在于它的国家强制力，而在于它的理性力量包括说理能力。现代司法建立在一种“相对制度”的基础上：允许不同的观点及其依据能够发出并且相互碰撞，法院需要辨别、评析并最终决定取舍，整个诉讼过程是一种理性生成和发展的过程。审判公开，就是对审判理性最好的促进手段和检验方式。这一方面是因为，向社会公开包括程序和实体的审判信息，将“倒逼”法院能够充分注意程序正当性及实体判断和处断的合理、有据，经得起检验；另一方面，由审判公开而生成社会验证体系，能够最大限度地检验司法的理性，包括促使法院纠正其错误。如果持之以恒地实施审判公开，其效果是在内部导致司法质素的改善，在外部逐步形成民众对司法的信任。因此，明知当前某些审判信息公开可能导致内部问题的暴露，仍要大力推动这种公开，就是希望借此形成一种“倒逼”效应。这就是最高人民法院经常讲的“以公开促公正”。

在解析疑虑方面，还需要说明，审判的实质性公开因审判的程序特征而一般不具现实危害。首先，法律制度已经限制了审判公开，以防止对其他利益更大的损害。即涉及国家秘密、商业秘密和个人隐私的案件不公开,这就在根本上为审判信息公开划出了边界。其次,(刑事)案件到审判阶段,程序已由事实调查转入事实的判断与案件的处理,信息公开已不至于对侦查取证活动形成损害。最后,司法“内卷”制度,对司法活动中某些不宜公开的材料,如技术侦查手段取证的过程,已经做了必要遮蔽,也可以进一步防止损害相关利益。尤其在我国司法运作中,“内卷”适用面较为广泛,足可满足必要的遮蔽要求(而现在面临的问题是避免司法信息“内卷化”,对有效质证与审判公开形成实质损害)。而且在当今我国社会,政府对于事后舆论控制包括网络控制和导向具有很强能力。因此,虽然如前所述,体制上有信息管控和导向要求,但因上述制度性措施,通常情况下足以防范审判信息公开可能产生的不可控负面效应。在这种情况下,法院对依法应当公开审判的案件,还要人为选择审判公开的方式和信息内容,遮蔽部分实质性审判信息,显然已经超过了必要性与合理性界限。

四、进一步推进审判公开的举措

审判信息的实质性公开,应当成为深化司法改革的重要内容。上一轮司法改革,审判公开是一项重要内容,但其改革举措主要是制定完善了审判公开的一系列制度,尤其是《关于司法公开的六项规定》《关于人民法院接受新闻媒体舆论监督的若干规定》《关于人民法院在互联网公布裁判文书的规定》《司法公开示范法院标准》等具有现实意义和一定前瞻性的审判公开文件。但如前所述,从总的情况来看,这些规定实施障碍重重。因此,应当将完善审判公开机制、落实审判公开制度,作为新一轮改革的重要内容和重要保障,采取有效措施,推进审判公开。具体措施如下:

1. 全面落实审判公开制度。一是严格实施审判公开的监督考核制度,排除审判公开障碍。法院审判管理包括绩效考核,有的内容,如审判的质量和效果,考核较难,不能简单地根据上诉率、申诉率等作出评价。但程序问题,包括审判公开问题,因其具有外显和易辨识性,则是应考能考的事项。法院系统可用司法公开示范法院标准,进行严格的工作考核,并总结经验调整指标扩大范围,将其推广适用于全部法院,从而使审判公开制度能够有效执行。二是要抓住重点、难点,切实推动审判公开。就案件而言,重点抓住社会关注的大要、敏感案件进行审判公开,严格禁止违反审判公开六项规定以及法院接受新闻媒体舆论监督的若干规定等文件，设置旁听障碍。对旁听证制度，要严格限制条件，并对其发放方式作出更明确的规定，禁止以此限制媒体和公众。就审判信息公开内容而言，要重点推动判决书上网等审判公开措施。目前裁判文书上网总的情况看较差。各级、各地法院有顾虑、少动力，普遍未能认真执行最高人民法院在互联网公布裁判文书的有关规定。[16]对此，法院系统应将其作为考核审判公开的必备内容，作出切实推动。考虑条件差异，可以采取分类考核办法，条件好的法院要求更严。建议今后可通过立法，明确规定法院公布裁判文书的责任。三是采取有效措施，解决已有制度的可操作性问题，如审委会回避制度。应当明确何时、以何种方式公布审委会委员的基本情况并征询当事人意见，同时规定不这样做的法律效果。解决其难以操作的问题。四是对某些制度应当与时俱进地进行调整。如司法解释对庭审时自媒体使用的限制，今后应当趋于宽松，以不妨碍审判为原则。

2. 推进审判改革，抑制审判信息“内卷化”，[17]扩大审判公开范围。一是遵循司法规律，进一步实现审、判统一，加强当庭宣判，切实解决公开审判案件部分审判程序不公开及部分审判信息不公开的突出问题。要进一步发挥审委会在政策指导和裁判统一方面的作用，压缩其讨论决定案件的范围，还权合议庭；限制院、庭长的审判管理权，减少暗箱操作；要扩大合议庭与独任制法官当庭宣判的范围，刑事诉讼法修改恢复案卷移送制度，提高了当庭宣判的必要性与可能性。当庭宣判，有利于落实审判公开制度，同时有利于防止暗箱操作，也提高了审判效率，应当在深化司法改革过程中推动这一改革措施。二是根据修改后的《刑事诉讼法》的规定和司法解释，进一步扩大庭审公开的范围。包括落实有争议的重要证人出庭作证并接受质证的制度，加强庭审的实质性以及审判信息公开的实质性；根据最高人民法院新的司法解释，实行局部不公开审理制度，避免过去那种因某些证据涉及国家秘密或个人隐私，就将全案作不公开审理的做法，[18]努力扩大审判公开范围。三是压缩“内卷”范围，扩大审判信息公开范围。例如，对重大刑事案件依法实施全程录音录像形成的资料，是确认审判合法性以及供述内容真实性的重要证据材料，不应当作为诉讼内卷材料，而应当作为证据，附卷移送；对技术侦查所获材料，除为保守侦查秘密需要遮蔽其具体实施过程等部分内容，仍应当将包含证据基本信息的证据材料附卷，允许辩护律师查阅并当庭质证。

脱离法庭、回避质证而使用此类证据，不仅违背审判公开要求，而且突破程序公正底线，应当坚决废止。四是切实贯彻与审判公开有关的其他程序制度。如法院判决，对有争议案件，均应说明事实认定时心证形成的过程，以及法律适用和案件处理的理由；上级法院对案件发回重审，应当按照规定，“在裁定书中详细阐明发回重审的理由及法律依据”。为切实贯彻这些要求，应当设置必要的监督和救济措施。

3. 审判公开与司法宣传适当切割，要倚重法定方式、法定程序实现审判信息公开，同时尊重民众对司法的异议权。审判公开与司法宣传紧密联系，都具有向社会传递司法信息的作用，但二者也有重要区别和相对独立性。一从性质看，审判公开是法定职责，司法宣传是选择行为，因此不能以宣传的方式处理审判公开问题。二从根据看，审判公开的实质根据是民众的知情权与监督权，而司法宣传主要依据法制宣传以及司法自身宣传的意义和必要性，因此审判公开的原则是信息传递的客观真实和全面，而司法宣传则允许具有一定的倾向性和导向性。三从方式和内容看，审判公开是依法对庭审和审判相关信息进行公开，而审判的基本内容是对抗与判定，审判公开便是显示这一理性化过程。司法宣传则是法院根据自己的判断、认识所作的单方面意见陈述，重点在宣传而非论证。因此，审判公开与司法宣传要适当切割，审判信息公开应当按照法定程序和方式实施，不能以事后的司法宣传即选择性信息传递代替审判公开。而且，鉴于法院作为正义的最后防线，矛盾冲突的权威性终局性处理单位，要谨言慎行而不宜多言。法谚称，“判决之外，法官无言”，这应该成为司法伦理的基本共识。因此，法院应当主要通过公开审判和裁判文书表达其事实和价值判断以及司法意志。个别案件，也可采取合议庭判后答疑的方式。少用、慎用政府机构与社会组织常用的那种新闻发言和新闻宣传方式（通常仅在某些已经产生明显社会误导的重要案件中采用此种方式）。

近期法院基于对媒体和网络冲击法院公信力的认识，大力加强新闻宣传工作。[19]甚至有论者提出，要实行“审判与宣传并重”，“让人民法院在第一时间发布权威司法资讯以消除不合理、不正确的舆论攻击和猜疑，让人民法院掌握宣传的主动权，让人民法院的司法审判工作在第一时间内向公众传输和播放，净化舆论空气，为司法审判工作营造一个良好的舆论氛围”。[20]所谓“审宣并重”，也许表现的是法院宣传部门的自重自恋，相信不会成为法院的主导声音,此处也不作多议。但“掌握宣传的主动权”“第一时间发布权威司法资讯”“消除不合理、不正确舆论攻击和猜疑”“净化舆论空气”等观点,则体现了宣传口的一种主导意识和策略,并在目前法院宣传中被普遍认可。然而,司法的被动性,在某种意义上也体现于司法信息传播的被动性。在审判期间,只能以公开审判的方式传达审判信息,未终审案件,如何在“第一时间”传达所谓“权威资讯”?什么是“不合理、不正确的舆论攻击和猜疑”?即使案件终审,难道就不允许当事人申诉和社会质疑?在“佘祥林案”终审定谳有罪重判时,在浙江张氏叔侄冤案被判重罪,甚至权威媒体中央电视台播出《无懈可击——聂海芬》节目,高度赞扬“女神探”破案成绩时,发出不同声音是否就是“不合理、不正确的舆论攻击和猜疑”?法院是一个依法捍卫多元主体权利和不同声音的场所。“反对你的观点,但捍卫你发表这个观点的权利”,是法院的使命。因此,在法院审判活动宣传中搞“净化舆论空气”,以期实现“舆论一律”,既不应当,也不可能。最合理且有效的方式,还是依法实现审判公开,主要让裁判说话。

4. 舆情控制和危机应对要理性、守法,不能打破审判公开的基本原则。如前所述,以舆情控制和危机应对意识与策略来处理审判公开问题,往往形成对审判公开原则的损害。为此,必须依法限制舆情控制和危机应对策略,不允许违法操作,损害公开审判原则。为解决这一问题,进一步完善审判公开制度,应当允许将违反审判公开原则,包括仅对“内部人”公开的做法,作为程序违法提起上诉或申诉的理由,受理法院应当依法作出裁定或决定,对此项程序违法予以必要救济。[21]即使不能都以程序无效予以救济,也可以因此项制度设置阻遏部分违反审判公开原则的做法。建议通过司法解释对审判公开的程序救济作出明确规定。此外,法院对审判信息公开后的社会反应要理性应对,不能讳疾忌医,固执错误。由此显示法院的理性和有错即改,从而获得社会的理解和信任。大量案件处置中出现少量错误在所难免,而一旦被发现和批评,即应及时承认和纠正而不要因顾及脸面等固执错误,否则,通过审判公开实现司法与社会良性互动的目的就难以达到。[22]

注释

1 蒋惠岭:《审判公开原则生命力之复兴》,载《法制资讯》2010 年第 11 期。

2 如上海“杨佳袭警案”、陕西“周正龙假老虎案”、北京“央视大火案”、安徽“白宫书记案”、贵阳黎庆洪等人黑社会性质组织案等,均有媒体批评法院违反公开审判原则,限制媒体和社会旁听的报道。

3 陈瑞华:《司法审判需要实质性公开》,载《财经》2007 年第 13 期。

4 汪峰、瞿万勇、肖锋:《浅析当前审判公开存在的几个问题》,载《法制与社会》2011 年第 10 期。

5 一个典型案例是河北“聂树斌案”。该案可能冤杀的问题于 2005 年经媒体披露,河北方面成立专案组调查。2007 年被判死刑的强奸杀人犯王书金上诉河北省高级人民法院,一个理由是检察院未起诉其强奸杀害康某的罪行,导致无辜者(聂树斌)蒙冤。历经八年,迄今不知“聂案”如何处理。其间,民众尤其是一部分法律人不断发出质问。有关程序和信息不公开,也是社会质疑以至于影响法院公信力的重要原因。

6 调研中有法官称,言多必失,裁判理由讲细了,难免被抓住某些把柄,因此处理某些疑难问题时“宜粗不宜细”。

7 如《财新周刊》法治记者罗洁琪写过《如此“公开审判”》(载《新世纪》2013 年第 12 期)、《我在厕所“旁听”央视大火案》(载财新博客,http://luojieqi. blog. caixin. com/archives/2776,2013 年 5 月 12 日访问)等文,以其这些年作为法治记者的切身体会和典型个案,反映了审判公开的现实问题。

8 近年来如河南“天价收费案”、云南“李昌奎案”,以及最高人民法院有关领导关于酒驾问题的讲话受到社会抨击并被公安、检察“叫板”等案例和事例,以及某些冤假错案揭露,影响了法院公信力,同时也反映了法院公信力不高的现实。近年来最高人民法院、最高人民检察院报告尤其是最高人民法院报告在全国人大赞成率较低,也反映了这一现实。

9 高一飞教授对各国媒体与司法的关系进行比较研究后认为:“从世界各国司法公开与新闻自由出现的新情况来看,媒体与司法关系规则的发展方向存在一些可以把握的规律。未来的媒体与司法关系将走向相互开放,整体上将朝着接近大陆法系国家的模式发展,即司法对媒体并不进行限制,司法尽量向媒体开放,对司法与媒体的关系采取‘放任主义’的态度。这是公民知情权的要求,也是自我媒体时代无法改变的既成事实。我们的立法应当顺应时代潮流,作出明智而理性的选择。相反的选择既不合理,也不可能。”参见高一飞:《媒体与司法关系规则的三种模式》,载《时代法学》2010 年第 1 期。

10 有的法官分析审判公开不足的原因称:“(有的)审判人员对自身的能力缺乏自信,他们不敢将审判活动的过程及结果置于公开状态,害怕疏漏与错误的暴露。”参见文勇:《浅论我国审判公开制度的完善》,载中国法院网,http://www. chinacourt. org/article/detail/2009/

03/id/348505. shtml,2013 年 5 月 13 日访问。

11 石扉客:《转型社会中的舆论监督报道》,载 http://www. nfmedia. com/cmzj/cxb/201305/t20130524_360365. htm,2013 年 8 月 10 日访问。

12 "内外有别"是重要政治信息传播的基本原则。外渗式传播,是指首先由体制核心层掌握,再逐步向外传播,最后渗出到体制外。当然,有时因紧急动员需要等,也有加速传播,以及即时广泛传播的处理方式。而对大量内部文件作严格的阅读级别标注,是信息传播的重要技术方法。

13 这在一些有全国影响尤其是有某些政治背景的大要案件审判中最为明显。这些案件审判或者不作公开报道,或者完全按照一个口径,以"通稿"形式报道。可见宣传部主导的舆论管控与现代司法的逻辑不一致。

14 据报道,2008 年 9 月,审理"华南虎"一案的陕西省安康市旬阳县人民法院向媒体表示,该院尚未接到开庭的确切时间,但已确定采用公开审理的形式。因"庭内座席座位数有限",旁听需向市委或县委宣传部门提出申请。(参见萧锐:《所谓"庭内座位有限"让周正龙案公开审判变味》,载《中国青年报》2008 年 9 月 24 日)。由市委或县委宣传部门为法院安排旁听,反映了中国审判公开受到体制性管控的某种现实情况。不过,这种操作方式似乎越俎代庖做过了头,因此也受到社会质疑。

15 因为各方面的原因,多数错案即使纠正也未报道,更未炒作。而目前纠正的典型错案,通常属于可能出现"另有真凶""被害人复活""人体 DNA 比对不匹配"等无可辩驳的错案证据的行动性罪案,而职务犯罪等所谓"无被害人犯罪"极少纠错可能。加之我国刑事案件退出机制不健全和责任追究的压力,使刑事案件的错案纠正实际上非常困难。

16 王小梅:《中国司法透明指数报告(2011):裁判文书公开》,载中国法学网,http://www.iolaw. org. cn/showArticle. asp? id = 3345,2013 年 5 月 19 日访问。

17 "内卷化"(involution),是社会学的一个概念,黄宗智先生曾将其用于描述中国现代农村那种"没有发展的增长"现象。笔者在本文中按照其诉讼法学上的原意来使用此词。中国司法中有两套信息体系(陈瑞华教授称其为"双重裁判机制"),即诉讼卷体系和诉讼内卷体系。前一体系包括案件证据资料和法律文书,后一体系则包括办案的内部材料如审结报告、内部审批文件等办案机关认为不宜公开的材料。"内卷化"就是将影响案件实体处理以及程序展开的必要信息材料纳入内卷而不公开。

18 2012 年 12 月颁布的最高人民法院《关于适用〈中华人民共和国刑事诉讼法〉的解释》第 68 条规定:"公开审理案件时,公诉人、诉讼参与人提出涉及国家秘密、商业秘密或者个人隐私的证据的,法庭应当制止。有关证据确与本案有关的,可以根据具体情况,决定将案件转为不公开审理,或者对相关证据的法庭调查不公开进行。"在这一规定中,"或者对相关证据的法庭调查不公开进行"的规定,是根据学者建议修改原司法解释而增加的。由此避免仅因个别证据调查就将全案转为不公开审理,并由此创建了法庭审理局部不公开的制度,从而完善了我国刑事诉讼的审判公开制度。

19 2013 年 5 月 10 日,最高人民法院召开加强法院新闻宣传和舆论引导工作的专题会议,“要求各级人民法院立足于维护司法公正,提升司法公信,树立司法权威,整合资源,建立大新闻宣传工作格局,全面加强和改进人民法院新闻宣传工作”。会议提出牢固树立“案情决定舆情”“司法公开是最有力的舆论引导”的理念,进一步深入推进司法公开(参见 2013 年 5 月 11 日《人民法院报》第 1 版文章:《最高法院要求整合资源建立大新闻宣传工作格局》)。这一要求无疑是正确的。不过,大力加强法院宣传以及“舆论引导”工作,在下级法院的具体操作中,担心出现以司法宣传代替审判公开,为引导舆论而封闭可能引起争议的审判信息的情况。这是法院需要充分注意的。

20 邓俊明:《坚持三个并重,构建法院大新闻宣传格局》,载中国法院网,http://www.chinacourt.org/article/detail/2013/05/id/959662.shtml,2013 年 5 月 21 日访问。

21 陈瑞华:《司法审判需要实质性公开》,载《财经》2007 年第 13 期。

22 如社会影响很大的贵阳小河区黎庆洪等人涉黑案审判,一审在贵阳市中级人民法院,二审经贵州省高级人民法院以部分事实不清发回重审。检察机关撤回起诉后,增加 40 名被告,增加大量罪名,而且控诉的犯罪中包括致 1 人死亡、2 人重伤的严重犯罪后果,却降低审级,向贵阳市小河区人民法院起诉并由该院受理和审判,此种审判管辖,实系规避省高级人民法院审判监督的不当管辖行为(2012 年颁布的最高人民法院《关于适用〈中华人民共和国刑事诉讼法〉的解释》第 21 条已对此作出防范性规定),且检察机关撤诉无据。但经律师抗辩后,法院始终不认错,而且在《人民法院报》发表该案审判长专访(《依法审判不枉不纵——黎庆洪等人涉黑案审判长答记者问》,载《人民法院报》2012 年 7 月 24 日,第 3 版),大讲审判程序如何严格公正,只字不提管辖不当问题,使人感觉法院不讲理、不认错。这种不理性的做法,损害的正是法院的公信力。

影响司法公正及司法公信力的现实因素及其对策*

司法公正和公信力，集中反映了人民群众对司法的期望，集中反映了司法建设的目的和规律，也是衡量一个国家或地区法治化水平的基本标志。党的十八大以来，通过大力推动反腐败和依法治国，以及启动新一轮的司法改革，司法公正有了明显改善，司法公信力也有了一定程度的提高。然而，我国司法公正与司法公信力方面存在的问题由来已久，而且与一系列深层次问题，如司法的体制、机制、制度性因素相关，不可能"一蹴而就"，短时期内就得到解决。而且在新的社会与司法背景下，还可能产生新的问题。本文拟分析当前司法公正和公信力方面存在的问题及影响因素，在此基础上分析对策，以期在给定条件的约束下，尽力实现司法公正，提高司法公信力。

一、司法公正及司法公信力建设的突出问题

本文探讨的我国司法机关是指法院和检察院，司法活动即法院和检察院办理案件，适用法律的活动。司法公正，指司法处置的实体公正，也指司法活动的程序公正。司法公正是司法获得民众信任即司法公信力的决定性要素。我国的司法公正和司法公信力建设虽然成效明显，但距离国家经济社会发展形势及任务对司法的要求，以及人民群众的期望仍有相当距离，存在的问题仍不容小觑。突出表现在：

1. 少数案件处理不公正，办案质量不高。在办案过程中，由于司法机关自身原因以及难以有效抵制各种外部干扰，致使有些案件该办不办，或不该

* 原载《当代法学》2015年第3期、《中国检察官》2015年第15期。

办也办，或人为扭曲办案方向，而在一定程度上妨碍了司法公正和司法公信。刑事案件办理，存在部分案件的侦查、批捕、起诉及裁判不当的问题。就某些案件，问题还较为突出和典型。就检察机关而言，某些自侦案件办理，既有侦查不力致使犯罪分子逃脱打击的现象，也有立案侦查不当或侦查质量不高的问题；某些审查批捕案件，未能认真履行客观公正义务，迁就侦查机关以及其他办案机关，对未达到犯罪构成条件及证据条件，或不符合羁押必要性条件的犯罪嫌疑人批准逮捕；在公诉活动中，对不构成犯罪或证据不足的某些案件，或案件中的部分事实，勉强起诉，并强词夺理支持公诉。就法院而言，对某些达不到证据标准或不符合定罪法律标准的案件，或案件中的部分事实，不能严格履行法院的审查把关责任，迁就控诉，不当定罪，形成新的错案或案件实体处理的部分错误。民商事案件办理，由于少数司法人员素质不高或工作责任心不强，事实把握不准，法律适用不当，也由于个别司法人员仍然受关系和人情以及地方权力和利益的影响，使少量案件处置不当，裁判错误，未能有效实现司法公正，也损害了司法的公信力。地方政治、经济因素影响司法公正，并导致损害司法公信力的问题仍然存在。某些民商事案件，涉及当地复杂的经济利益，或涉及社会“维稳”问题，受多方掣肘，处理有难度，加之目前法院抗干扰能力较弱，因此，裁判时未能充分考虑法律的要求、司法的公正。

2. 少数案件办案程序不合法，妨碍了程序公正。在刑事案件办理中，嫌疑人、被告人的辩护权仍然保障不足。还存在个别案件，以案件特殊为由，妨碍律师依法会见当事人的情况。少数案件侦查取证很不规范。虽然经大力整治，滥用刑讯的情况得到一定程度的遏制，但仍有个别案件在破案压力下，仍然采取包括刑讯在内的违法审讯手段；有的案件采用精神、肉体折磨和疲劳审讯等变相刑讯手段逼取口供；有的办案人员违反采取强制措施后应及时送看守所，以及不能违法提出看守所讯问等法律规定，在看守所外以不合法的方式对嫌疑人逼取口供；有的办案机关利用指定居所监视居住程序的长时间看管，以拘代侦，同时利用看管方式不严格，违法审讯获取口供，而在审讯中不依法全程制作录音录像或不向法院提供这种录音录像，以规避律师抗辩及司法审查的问题较为突出。此外，对证人违法使用胁迫手段的情况亦非个别。因取证有问题，不愿、不敢让证人出庭接受质证，甚至阻止证人出庭的情况时有所见。各地证人出庭率极低，妨碍了法院对案件的实质审查。在检察机关和法院的司法审查程序中,非法证据难以认定,基本不排除的情况还普遍存在。据了解,四川省虽有排除非法证据的个别情况,但尚未发现因排除非法证据而由法院宣告被告人无罪的案例。

3. 纠错机制不健全,错案实际上仍难纠正。突出表现之一,是案件进入刑事程序后的退出机制不健全。刑事案件一旦立案,尤其是采取了逮捕措施,在考评制度、错案追究和刑事赔偿制度的压力下,即使缺乏构罪条件,也要强行推进,想方设法获取有罪判决。而由于法院缺乏中立与权威性,某些案件不能有效把关,及时纠错,而是迁就指控,勉强裁判。表现之二,是在裁判生效后,纠错十分困难。刑事再审启动过于困难,错案一旦铸成,纠错极为不易。如果没有"真凶现身""亡者归来",以及科学鉴定发现作案另有他人等颠覆性证据出现,则案件极难纠正——即使案中疑点重重,按照证据标准审查不能达到确实充分的要求。近年来,由于国家强调保护司法人权,防止冤假错案,在杀人、投毒、抢劫、强奸等普通刑事案件方面的纠错上有一定进步,但对职务犯罪、经济犯罪、黑社会性质组织犯罪等证伪难度大、纠错阻力大的案件,即使证据矛盾,事实不清,证据不足,亦乏纠错案例。

4. 司法腐败存量因素对司法公信力损害很大。党的十八大以后,国家反腐败力度加大,成效显著,司法腐败的势头已被遏止,顶风作案的情况较为少见。但一方面,防范司法腐败的成绩主要体现在"不敢贪",而非"不能贪""不愿贪",因此不排除一定条件下司法腐败"反弹",损害司法公正与公信力。另一方面,司法腐败的存量因素对司法公信力损害极大。前些年的司法腐败,近两年随着反腐败的深入被逐步揭发,尤其是个别司法领导干部的腐败,对司法公正和司法公信力形成严重的不良影响。"打铁还须自身硬",司法官或司法领导干部如自身"不干净",在案件处理有阻力,需要坚持司法原则时就难以坚守,司法公正也就难以实现。而一旦腐败问题败露,由于司法是社会正义的最后防线,民众对司法廉洁和公正有着很高期望值,这种腐败对司法公信力伤害极大。

5. 少数案件办案效率低下,有些司法活动表现出司法作风不良,司法技术欠缺。诉讼拖延、超审限及隐性超审限现象还时有发生。少数民商事案件历经多次诉讼,长期难以审结,群众反映强烈。少数疑难、重大刑事案件,在本院讨论,向上级请示汇报,协调有关部门,时日延宕,久拖不决,不仅诉讼效率低下,而且形成实质上的超期羁押,[1]损害当事人权利,也为社会所诟病。这一问题在2012年《刑事诉讼法》修改前就严重存在，而在《刑事诉讼法》修改，较大幅度延长一审法定审限的情况下，情况并无明显改善。此外，有些审判、检察人员司法理念有偏差，司法作风有问题，不尊重当事人权利，对群众“冷硬横推”的情况仍然存在。不过，因多年教育，对群众的态度可能在表面上有所改变，但其在司法活动中表现出的不关心民众疾苦命运，司法蛮横不讲道理，推诿工作、不负责任等问题，仍然是司法建设中值得关注的问题。部分司法活动表现出司法行为不规范，司法技术能力较弱。例如，有的法官组织、引导、控制庭审的能力不足，质量不高，社会反映不佳；部分裁判文书说理不充分或缺乏说服力，影响了公众对裁判的理解以及司法公正性的评价。此外，法律适用不统一的问题仍然存在，各级各地裁判尺度有差异，同案不同判现象时有发生，也给司法公正带来不利影响。

6. 民众对司法的认同度不高，司法公信力及司法权威亟待强化。表现为民众对法院、检察院办理的部分案件，尤其是社会关注度高的重大案件，质疑其程序正当性与实体公正性较为普遍。在司法程序中，为维护自身形象以及照顾彼此关系，违法办案常常难以得到应有的法律评价与谴责，使部分民众对司法活动的程序公正、实体公正产生怀疑，乃至不信任司法。部分当事人不认可法院裁判和检察机关的诉讼决定，相当数量的民商事案件需要法院采取强制执行手段才能得以履行，上诉、申诉案件保持一定比例。同时，部分民众不相信司法纠纷解决的能力，“信访不信法”现象仍然较为突出。涉法涉诉信访案件仍呈高位运行态势。而且值得关注的一个问题，是近年来出现的所谓“第三波移民潮”。主要基于自身安全的考虑，一部分企业家以及其他“社会精英”，身份变更他国，财产转移他国，但事业和生活主要在国内。其中固然有企业家逃避“原罪”追究等因素，但对国内司法公正缺乏信任，也是主要原因之一。

观察现时司法公正与司法公信力状况，可以看到一种分裂性评价：对司法的社会评价与司法自身评价有明显区别。各级法院与检察机关的工作报告，往往逐年细数自己的业绩，通常自我感觉良好，而地方人民代表大会对人民法院、人民检察院报告的投票，往往也票数较高。[2]然而，却有相当一部分民众不以为然。尤其是部分接近司法、体验司法的当事人和相关民众，乃至诉讼律师，仍对司法的公正性持有怀疑。某些案件处置，社会的负面反映较为突出。这些负面反映，固然与当事人和相关人员出于自身利益和特定立场的褊狭认识有关,但有相当一部分反映,仍属有理有据,映射出司法本身的问题,需要引起充分重视。

二、影响司法公正及司法公信力的主要因素

当前司法公正和司法公信力存在的突出问题,既受体制机制、社会环境和社会意识等外部因素的影响,也有自身思想认识、内部管理、工作机制和队伍建设等内部原因。

(一)司法主观因素

对一些重大问题的司法认识有偏差,妨碍了司法公正。司法活动,是由司法机关对司法个案判定事实适用法律的活动。司法主体的司法、执法意识,尤其是对司法活动所涉及的重大问题的思想认识,形成司法指导思想,决定司法政策,对个案的处置和司法的整体运行及效果影响很大。近年来主流的司法认识符合中国现实国情,也能尊重司法规律,但在某些重大问题的认识上,司法界仍然存在某些模糊认识,以致对司法公正以及司法公信力产生了不良影响。例如,对坚持党的领导与司法机关依法独立行使职权的关系,有的将二者割裂开来、对立起来,将党的领导简单地理解为地方党组织负责人的领导,即出现"党的领导地方化"现象,不能有效排除个别地方负责人的不当干预,依法独立行使职权。在服务大局与保障个案公正关系上,某些地方也一度存在"服务大局庸俗化"的倾向,为地方经济利益,不顾个案处置的司法公正,违背法律原则处理案件,造成不良影响。而"维稳"与"维权"的关系,也是近年来容易出现司法认识偏误和处置错误的问题。对公民合法权益的维护不够,导致少数民众对司法公正的怀疑,以及对司法维权的不信任,形成或加剧了"信访不信法"的社会倾向。

(二)司法体制因素

现行司法管理体制在保障司法公正方面存在缺陷。我国《宪法》和有关组织法与诉讼法明确规定了人民法院、人民检察院依法独立行使审判权、检察权的原则,但在司法实践中,地方党政、相关部门、社会团体和有关人员干涉司法的情况时有发生,而司法机关往往难以有效抵御这种干预,尤其是来自领导、监督司法机关的组织与人员的干预。这一方面是因为一些党政领导干部错误理解和运用对司法工作的领导与监督权;另一方面,也是由于司法体制的地方化问题未能解决,司法机关的人、财、物受制于地方党政,因此

难以实现依法独立行使审判权和检察权。一旦个别地方党政领导为顾及本地区利益或出于信访、“维稳”等考虑,直接干预或变相干预司法工作,司法机关难以有效抵制,从而对司法公正与公信力形成不良影响。

司法管理体制存在的缺陷,已经为党和国家所关注,因此新一轮的司法改革,已确定司法机关实行“人财物省级统管”,这项措施无疑将有利于克服体制弊端,降低地方干预,促进司法公正。但“省级统管”如何实施,还有待观察。而且在调研中发现,实施改革后仍可能出现两方面的问题:一是由于司法机关与地方的各种联系不可能割断,地方对司法的影响仍然可能存在,而且由于省级统管保留甚至加强了省级党政对司法的制约,不仅省级直接干预的问题需要警惕,而且下级党政还可能通过省级实施间接干预;二是省级统管后横向行政关系弱化,但纵向行政关系增强。尤其是法院系统,上下级法院的业务监督指导关系,可能被上命下从的行政关系所冲击,审级独立等审级制度可能受到损害。此外,从目前的情况看,政法委、纪委与司法的关系仍然需要进一步调整。大要案件,如何实现党委的领导监督与司法机关独立办案有效结合、并行不悖,仍属需要解决的问题。

(三)工作机制因素

司法权内部运行机制存在弊端。主要问题是司法管理未能充分遵循司法规律,司法行政化的倾向需要遏制。近年来司法机关加强内部管理监督,采取了一系列行之有效的措施,如法院加强审判管理,检察机关实施检察业务集中管理等。但部分管理措施,有悖司法规律,导致了一定的负面效果。突出表现于两个方面:

1. 司法权运行机制行政化倾向,不符合司法规律,损害了司法活动与司法建设。突出表现在由于司法权运行机制行政化,审判委员会、院庭长与合议庭的关系不清晰,院庭长直接干预审判事务,以行政方式决定案件处理。在这种机制下,审判法官也倾向于上交矛盾,不愿意承担责任,尤其是重大、疑难、敏感案件的审判责任。这种不符合审判规律的做法,既影响审判质量,又妨碍法官队伍建设,难以培养出有自尊和责任感,品德高尚、业务精良的审判一线法官,而一线法官的政治、业务素质,是决定审判质量的关键。此外,上下级法院的审级关系不清晰,不同形式的内部请示汇报,导致部分案件两审变一审,破坏了审级制度,损害了当事人的救济权。

2. 在司法管理方面,对审判与检察工作进行绩效考核,出现了过分强调

“数目字上管理”的简单化倾向，忽略了司法的复杂性与案件的多样性，部分扭曲了审判与检察行为，损害了司法公正。[3]如有的检察机关为达到办案考核指标对不具备追诉条件的案件立案侦查、批捕、起诉或抗诉；有的法院为结案率指标好看，年终突击结案和不收新案，为调解率指标违背自愿原则强行调解等，甚至出现为考核指标而弄虚作假等不良现象。这些做法，对司法公正和司法公信力的不利影响也较为明显。

（四）司法资源因素

司法资源配置不足，司法公正保障不够。通过司法改革，司法经费有了较大的改善。但在保障司法机关完成其使命方面，司法资源仍然配置不足。突出表现在推进依法治国，实现经济发展和转型，使法院在维护法律秩序、解决社会纠纷以及促进依法行政方面的责任越来越重，民众对法院的要求也越来越高，但法院的权力资源配置不足、实现其职能的保障条件亦明显不够，因此有“内外交困”之感。[4]因法院权威性不足，有些刑事案件发现证据和法律适用有问题，但担心得罪公安、检察机关，不敢、不愿否定其工作成果，包括不敢排除非法证据，不敢作出无罪判决，导致配合有余、制约不足，妨碍了案件质量。这种权威性不足，还表现在法院对涉及本级政府的案件，难以作出否定政府决定、妨碍政府利益的决定，使群众认为法院与政府是“一家人”，到法院告政府没有用。也是由于司法资源配置不足，使法院终局性解决纠纷的能力不足，一些案件长期缠讼不决，老百姓“信访不信法”，法院缺乏解决纠纷的公信力与权威性。

司法资源配置不足的另一个问题，是司法官员待遇和地位较低，与现代司法对高素质司法人员的需要不匹配。职业压力、职业风险与待遇保障落差较大，法院和检察机关内部缺乏有效的人才激励引导机制，在现代社会理性选择职业并允许人才流动的人事机制中，司法人员的素质不能保障，这是影响司法公正和公信力最重要、最直接的因素之一。

（五）司法主体因素

部分司法官员政治、业务素质不高，事业心和责任感不足。司法的前沿是司法官的办案活动，司法公正的基础是司法官的优良素质，但目前司法官队伍建设的整体情况却并不令人乐观。一部分司法官员思想品德不良、司法伦理欠缺。他们既不关心民众疾苦，又缺乏对法治和社会公正的信念。有的侦查人员，为了完成查办案件任务，不仅敢于制造假证，而且这样做没有任何道德良心的自责感。有的公诉人和法官,对他们自己也认为不构成犯罪的被告指控、定罪,却也心安理得。甚至个别人徇私枉法,严重损害司法公正和司法公信力。部分法官、检察官办案能力低下,不善于收集、应用证据,缺乏分析判断证据事实以及厘清法律关系的能力,尤其是遇到疑难案件难以应对,个案公正性因此受到损害。这种司法主体整体素质不高的普遍状况,成为影响司法公正和公信力较为关键的因素。

从近年来的情况看,由于工作繁、责任重、压力大,却地位较低、待遇较薄,升迁较难,且职业尊荣感不强,司法一线出现引不进、留不住优秀法律人才的现象,尤其值得关注的是,新一轮司法改革已经启动,司法权运行机制改革及司法责任制的贯彻,加重了一线审判法官、检察官的责任,包括出现错案受到追究甚至终身追究的责任,另外,由于各方面条件的限制,司法官待遇及司法环境的改善有限,这种不协调,在司法官群体中已经有消极反应。加之作为司法改革重要举措以及体制机制改革保障措施的人员分类管理和司法员额制,在试点单位也引起一定震荡。一方面,优秀的法律人才难以引进;另一方面,较年轻、优秀的司法官准备离开司法岗位的情况在某些发达地区较为突出,有的已经办了辞职手续。在当前和今后一个时期亟须配置高素质司法官员,以推动司法权运行机制改革。司法骨干离开岗位,其余在职人员参与改革及从事司法工作的积极性和热情不足,是影响改革成效,最终影响司法公正和司法公信力十分重要的问题,需要高度重视,并采取有效措施解决。

(六)司法与社会互动因素

司法与社会的良性互动机制仍有待建立。某些案件的复杂性和社会敏感性,使司法活动容易趋于保守和封闭。然而,司法公开不足,司法与社会的互动不足,就容易使民众产生对司法的质疑,甚至在某些案件和事项的处置上,出现信任危机。因此需要建立司法与社会的良性互动机制。但目前存在两方面的不足,妨碍了司法的公信力。一是司法公开仍存在缺陷。司法活动近年来随着司法改革的推进,审判公开与检务公开的广度、深度有明显拓展,但仍然有待改进。突出表现是司法信息的实质性公开不足,尤其是对社会关注度较高的重大案件,法院有时仍实行“选择性公开”。即对审判信息公开的内容、方式与时机进行选择,屏蔽部分审判信息。选择性公开的原因,除了担心互联网影响下的舆论压力,也是担心审判中某些问题经不起公开性检验。具体操作中,对社会关注度高的案件实行庭审限制公开(安排人员旁听而限制外部人员旁听),排斥媒体尤其是市场化媒体监督,而且除庭审外的其他审判程序不公开,部分审判理由不公开。这些做法,妨碍了司法信息的实质性公开,而且导致司法与媒体之间互不信任,妨碍了民众对司法的理解和监督,也妨碍司法公信力的提高。二是如何开展司法宣传,同时及时、妥当回应社会舆论,形成良性互动,尚需进一步完善。近年来法、检两院均重视宣传工作,注意舆论引导以及舆论事件应对处置,但经验不足,应对失据的问题仍然存在,造成民众对有的案件处置不理解,以及对司法公正性的质疑。

三、深化司法改革,为司法公正提供体制、机制保障

党的十八届四中全会公报指出:"公正是法治的生命线。司法公正对社会公正具有重要引领作用,司法不公对社会公正具有致命破坏作用。"要实现司法公正,建立司法公信力,当前最重要的举措,是推动司法改革。正如习近平总书记在党的十八届三中全会关于全面改革的报告中所指出的:"司法体制是政治体制的重要组成部分。这些年来,群众对司法不公的意见比较集中,司法公信力不足很大程度上与司法体制和工作机制不合理有关。"因此,十八届三中全会到四中全会,都对司法管理体制和司法权运行机制改革做了重要部署。主要包括"改革司法管理体制,推动省以下地方法院、检察院人财物统一管理,探索建立与行政区划适当分离的司法管辖制度";按照"审理者裁判、裁判者负责"的原则,改革司法权运行机制,健全司法责任制,同时完善司法人员分类管理并加强司法人员职业保障。这些改革举措,针对现实弊端,体现司法规律,因应发展需要,是实现司法公正、提高司法公信力的治本之举。

(一)加强思想引导,凝聚改革共识,调动司法改革积极性

本轮司法改革着眼于体制机制,其深度广度前所未有。由于体制机制触动深、利益格局调整大,改革中的矛盾较为突出,改革难度很大。可以说,对于今后一个阶段的司法改革,顶层设计已基本完成,路线图与时间表也基本确定,改革进入攻坚过程之时,下层的充分动员与积极配合,对改革成效具有极为重要的作用。然而,从调研情况看,目前司法机关在普遍肯定改革举措符合司法规律的同时,也存在一些疑虑和顾虑。突出表现如:其一,对

改革前景有疑虑。有的法官检察官甚至法院检察院领导，虽然认识到人财物省级统管有利于依法独立办案，维护司法公正，但又担心统管后地方支持力度不够，而无论是机关还是个人，于公于私都离不开地方支持，因此顾虑统管后可能形成的不利影响。尤其是发达地区司法机关和司法领导干部，担心资源配置“今不如昔”。对实行司法责任制，有的司法领导干部担心目前人员素质和监督措施跟不上，影响办案质量，甚至出现新的腐败。其二，担心改革对个人待遇、前途等有不利影响。一线骨干法官、检察官，虽然充分肯定司法责任制的积极意义，但在地位、待遇、工作条件改善不大的情况下，加重工作责任，而且被要求对案件质量终身负责，感到“权责利不统一”，因此部分人员改革积极性不足。同时，司法改革将推进分类管理和员额制，触动多数司法人员利益，顾虑较为普遍。有的青年法官检察官，担心改为非司法官，地位下降，前途更艰难；有的在综合部门工作的资深法官检察官，也担心被取消司法官资格，个人地位相对边缘化。改革启动引起的人心浮动，已经形成某些对改革的不利影响，如个别业务素质较强，学历较高的法官检察官辞职，影响了司法队伍的稳定性；由于对改革的顾虑较多，导致改革动力不足，对改革试点或改革准备有不利影响。

鉴于对本轮改革疑虑较多、共识不足的现实情况，推进改革应当“双管齐下”：一方面，我们应当适当筹划和部署改革，注意各种现实因素对改革的制约，注意不同地区、不同层级机关、不同类型人员等差异性因素，合理设计和安排改革实施方案，积极稳妥地推进改革。另一方面，要做好思想政治工作，增强共识，稳定人心，调动积极性。这种思想政治工作，既要讲“大道理”，引导广大司法人员从全局和战略高度来认识司法改革，正确对待改革中的利益格局调整，把个人的进步与推动司法改革和法治进步紧密结合起来；又要针对不同司法官群体和不同个体的不同情况，做细致具体的思想引导。尤其是各级司法领导干部，要进一步认识司法规律，首先坚定司法改革的信心，突破部门利益的束缚，克服畏难情绪和观望依赖的思想，在支持改革、积极推动改革方面作出表率。

（二）推进司法管理体制改革，保障司法机关依法独立行使职权

法院和检察机关依法独立行使审判权和检察权，作为我国的宪法原则，是实现司法公正的重要保障。为实现这一原则，需要加强和改善党对司法工作的领导。坚持党的领导，是司法工作中不可动摇的原则，但在实施中，

要求地方各级党组织及其负责人对司法工作的领导应当制度化、规范化,禁止任何个人违反制度、超越职权,以“批条子”“打招呼”等方式,干预司法机关的个案办理。在当前司法改革的背景下,需要注意以下几点:

1. 要注意“省级统管”的实施及统管后的党委与司法关系规范的调整。“省级统管”,是为保障审判权和检察权独立公正行使的重要措施,但其政策性很强,较多涉及司法外部制度安排,因此必须按照中央部属和省委安排谨慎推进。但在主要措施明确后仍有一系列配套制度措施需要作出安排,一些过去适用的制度规范需要调整,如新的制度安排之下,县、市两级司法机关与当地党委的关系如何设置,省委、省政法委如何领导、协调全省司法工作,大要案件党内报告制度在县、市如何设置和实施等。在中央确定的处理党、法关系的基本原则指导下,地方需要考虑本地实际情况,适应司法改革举措,采取必要跟进措施,及时调整相关制度规范,以保障中央决策的顺利贯彻和改革措施实施的积极效应。

2. 要推动建立完善领导干部干预司法活动、插手具体案件处理的记录、通报和责任追究制度,促进各级领导干部增强法治观念,自觉支持司法机关依法独立行使权力。党领导司法工作,同时应当保障司法机关依法独立行使职权,这在政治原则上是清晰的,但在实践中往往因为缺乏具体的制度规范约束,而造成政治权力扩张,不当干预司法个案。因此,需要认真贯彻党的十八届四中全会决定精神,建立严格、可行的相关行为记录、通报和责任追究制度,使政治原则成为有约束力的行为规范,以解决长期以来政治权力边界模糊、容易不当扩张的问题。

3. 纪委、政法委与司法机关的关系,应当按照依法治国要求调整、完善。应当完善纪检监察与刑事司法衔接的机制,一方面保障二者的有效衔接及纪检对司法的监督,另一方面能够尊重和保障审判权和检察权行使的独立性,对纪委移送案件应当实施有效的司法审查,保证职务犯罪案件的办案质量。鉴于纪委是重大职务犯罪实际上的查办机关,不宜同时成为实际上决定这些案件如何定罪量刑的机构,因此,这类案件处置的党内监督,应当主要由政法委实施。目前,应当进一步完善这类案件的党内监督机制。各级地方政法委,应当照中央政法委的要求,进一步完善制度,规范政法委指导、监督政法工作的职责范围与工作方式。抓大事、管稳定,保障、促进和监督司法机关依法独立办案,政法委不得随意协调个案、超越职权干预个案。

(三)完善司法责任制,保障司法权公正行使

中央政法委书记孟建柱(时任)指出:“司法责任制是司法体制改革的关键。要按照让审理者裁判、让裁判者负责的要求,完善主审法官责任制、合议庭办案责任制和检察官责任制。”[5]这段话言简意赅地指明了落实司法责任制的意义、原则和工作内容。我国司法权运行机制长期存在的弊端,是以层层审批的行政方式运行司法,即所谓“司法行政化”。近年来,由于对司法尤其是一线司法管控的加强,司法行政化进一步强化,“审者不判、判者不审”的问题更为严重,从而违背司法规律,妨碍司法的公正和效率,也损害司法公信力。因此,司法改革以落实司法责任制,完善司法权运行机制为重点,是十分必要和及时的。然而,司法权运行机制的完善是一个系统工程,且不能一蹴而就。落实责任制,司法官有了更大的权力和独立性,如其素质缺乏保障,或监督不到位,可能导致司法不公和司法腐败。为了通过落实司法责任制的改革,促进司法公正和司法公信力建设,应当注意以下几个问题:

1. 改革应当注意现实条件约束,分步骤推进。“审理者裁判,裁判者负责”的司法责任制原则,反映了基本的司法理性,是实现个案公正的机制保证。但在目前司法官素质不高,同时审判权和检察权独立公正运行的保障条件还不足的情况下,司法责任制建立应当逐步推进。例如,在法院、检察院,先推行“主审法官责任制”“主任检察官责任制”,让一批较为优秀的骨干法官、检察官主要承担办案责任,并对案件质量负责。这是在司法官素质参差不齐的情况下,具有过渡性的改革措施。但这种做法的弊端在于合议庭内部及主任检察官办案组内部,又会形成主审法官、主任检察官与其他法官、检察官的行政性领导或指导关系,有悖于司法的规律。而且检察机关科、处长保留的情况下再设主任检察官,担心导致进一步的“检察行政化”。因此,在分类管理和司法官制度进一步完善后,应当建立普遍的“法官负责制”和“检察官负责制”,从而保证“审理者裁判,裁判者负责”原则的切实贯彻。[6]此外,法律文书签发制度的改革、审判委员会制度的改革等,也应当根据不同地区、不同层级法院的不同情况逐步推进,应注意设置一个过渡期和改革适应期,以避免在条件不具备时操之过急,影响办案质量。

2. 案件管理应区分常规操作和特别作业,从而建立可操作性的司法责任制。司法机关处置的重要、复杂、敏感案件,其政治影响以及对司法公信力的影响较大,有的甚至涉及社会稳定问题,为保证办案质量以及办案的社

会效果,长期实行党内报告、上级机关和院内行政指导等特殊的案件管理制度和实际做法,司法改革实行司法责任制后,这类案件如何办是改革过程中需要解决的一个重要问题。我们认为,一方面,由于坚持党的领导,服务服从于党和国家工作大局的原则,仍然是司法工作必须坚持的基本原则,因此,对大要案件的党内报告与行政指导制度,仍然需要坚持。但在另一方面,对这类案件做特殊处置,将冲击"审理者裁判,裁判者负责"的原则,且责任链条不清晰,承办案件的法官、检察官难以承担错案责任。因此,此类案件的特殊管理制度,可能损害司法责任制,造成以"权变"即所谓"特事特办",冲击"常经"即司法的规范和常态运作的效应。在上述双重约束之下,只能采取严格限制(尽量缩小)和明确规定此类案件的范围,然后建立一种较为规范的特殊责任机制,在这种机制中,影响司法决定的各种主体的职责、权限、行为方式与行为程序,均须纳入规范调整,以保证将政治与司法权力"关进笼子",避免随意性。同时,仍需要较为明确地划分承办司法官与上级指导者以及外部指示者的责任界限,尽可能地体现责任制原则。

3. 司法责任制与司法监督制度均应合理设定,且相互协调。建立司法责任制,难点在对司法权的有效监督与严格而合理的责任追究。有权必有责,用权受监督,是权力运行机制的基本要求,放权司法官应当与监督其权力运行同步进行,因此,落实司法责任制必然要求落实对司法权运用的监督。党的十八届四中全会明确要求加强对司法活动的监督,实行办案质量终身负责制和错案责任倒查问责制。为贯彻中央决定,司法机关普遍加强错案问责制度,各司法改革试点单位还出台一些规范,以求完善监督机制。但在制度设计与实际操作中,有两个问题较为突出:一是按照"审理者裁判,裁判者负责"的原则,独立行使审判权,与对权力行使的有效监督如何协调、监督弱了,担心权力滥用;加大监督力度,尤其是通过行政管道对一线司法活动进行监督,又很难避免行政权对司法权的干预,担心有悖于司法规律。二是错案追究制中的错案判定标准及方法,以及责任追究的合理限度如何把握。司法活动的复杂性、亲历性,以及事实认定与法律适用的某种不确定性,大大增加了判定错案和需要追责的其他司法错误的难度。除非是"真凶现身""亡者归来"等出现不可辩驳的新证据使错误彰显,审判对公诉指控的驳回和部分驳回、一审对二审的改判和发回,均不足以作为原指控或裁判错误的依据,只能作为发现司法错误的参考(但在实践中往往过于简单化地将其作为考核扣分的依据)。而法院和检察机关自身组织的案件质量评定,也有相当的局限性。因为这种事后的检查固然可以发现一些较为明显的问题,但这种检查所设定的检查者较之办案司法官更高明的前提不一定能够成立,而且检查者信息来源主要是看卷,不能像办案者那样在直接原则之下,获取更为丰富的案件信息并据以作出判断。而且还应当注意,司法官是人而不是神,在办理大量案件的情况下,不可能全无过错,因此司法追责应当有限度。否则,司法官对案件就不敢、不愿独立负责地办理,推诿责任,上交矛盾的情况就会普遍化。而且有时为了避免对个人的办案风险,可能采取最稳妥但并不是最公正合理的案件处置方案。

因此,在设定和实施对司法权运用的监督制度时,应当注意两点:一是进一步推进司法公开。以及时、全面、有效的司法公开,促使司法官加强职业道德和工作责任心,防止发生错案。而一旦有了错误也能够得到及时的社会反馈,为错案和其他司法错误的追责提供契机与依据。二是追责制既要严格,如对司法腐败零容忍,对重大失误严肃处理,同时,也应当注意对司法官责任的谨慎认定甚至适度豁免,这也是维护司法贯彻司法责任制的要求,是司法规律的体现。

4. 司法责任制的推进,必须同完善司法官制度及强化司法职业保障同步、配套进行。“权责利相统一”,是审判权运行机制改革必须遵循的基本原则,也是过去类似改革,如主审法官制度改革、主诉检察官制度改革收效不大、难以持续的主要教训。司法改革的四项任务,尤其是司法责任制与人员分类管理、司法职业保障这三项,具有相辅相成关系,必须同步推进。如果责任制单兵独进,职业保障不同步,司法官责任与其地位和待遇很不平衡,责任制改革不可能取得预期效果。

(四)完善诉讼机制,落实“以审判为中心”的原则

司法公正是由个案办理的司法活动来实现的,因此诉讼机制的改革完善,同样是实现司法公正的重要保障。党的十八届四中全会要求,“推进以审判为中心的诉讼制度改革”,同时提出了具体要求。“以审判中心”的诉讼制度改革,体现了诉讼的基本规律,也有利于克服传统诉讼体制的弊端,对提高案件质量,防范冤假错案,提高司法公信力具有重要作用。各政法机构,应当从国家法治建设的大局出发,在中央统一安排与指导下,积极推动此项改革。同时,在执法和司法过程中,贯彻“审判为中心”的法治思想,提

高案件办理质量。从保障个案公正，克服妨碍公正的现实因素的司法操作角度贯彻“审判为中心”，需要重点实现以下要求：

1. 法院审判应当实质化，全面贯彻证据规则，有效发挥审判把关作用。毋庸置疑，对于打击犯罪，实现国家刑罚权，侦查取证具有关键性作用。但对于客观公正地认定事实和适用法律，无疑应当“以审判为中心”，因为审判主体的中立性以及为实现司法公正而设置的诉讼程序，是体现程序公正同时保障实体公正的最佳制度安排。但传统体制则为一种区分阶段的“多中心论”（公、检、法三机关分工负责、互相配合、互相制约），而在司法实践中，实质上形成一种“侦查中心”，侦查结果往往为公诉和审判照单全收，审判的实质性与把关功能严重不足。以审判中心，就必须克服传统体制的弊端，确立审判在诉讼机制中的权威作用，有效发挥审判的把关作用。为此，必须排除非审判主体对审判活动的干扰，同时必须全面贯彻证据规则，包括严格排除非法证据，从而保证案件审理的程序公正与实体公正。

2. 刑事案件的控诉方应当切实履行证明责任，确保侦查、审查起诉的案件事实证据经得起法律的检验，以改善审判条件，保证案件质量。侦查、起诉的质量，对审判质量有极大影响。要“从源头”防止冤假错案，必须注重侦查取证时证据的客观性与合法性，使证据能够经得起程序合法性与证据真实性检验，同时全案证据充分，能够排除合理怀疑地证明案件事实，经得起证明标准检验。为此，需要谨慎使用“严打”时使用的“两个基本”的提法，尤其是对可能判处死刑的案件，在证明程度的把握上，要达到最高标准，保证万无一失。

3. 改变刑事诉讼“案卷笔录中心主义”的传统，有效发挥庭审功能，“保证庭审在查明事实、认定证据、保护诉权、公正裁判中发挥决定性作用”。为此，需要完善证人、鉴定人出庭制度，依法保证有争议的重要证人出庭接受质证，从而适度阻断侦审连接，阻止一部分缺乏可靠性情况保障的书面证言等“二手材料”进入审判。在庭审中应以原始证据再现案件发生过程，将庭审作为查明案情作出裁判的关键性制度安排。而证人不出庭，不可靠的书面证言决定案件命运，也正是导致冤假错案的重要原因。

四、加强司法建设，让民众真切感受司法公正的阳光

司法公正是建立和提升司法公信力的基础，公众对司法的信任又是推

动和维护司法公正的重要保障。促进公正司法、提高司法公信力，在推动司法改革，尤其是解决那些影响司法公正的深层次、根本性问题的同时，还需要在司法自身建设上下功夫，通过加强司法的思想建设、制度规范建设、司法管理，以及通过司法与社会的良性互动，让公众能真切感受到司法公正的阳光，增强对司法的信任。

（一）加强思想建设，端正司法认识，将司法公正作为司法的生命线

加强司法建设，思想建设具有领先意义。党的十八大以来，党中央从坚持和发展中国特色社会主义全局出发，提出并形成了全面建成小康社会、全面深化改革、全面依法治国、全面从严治党的战略布局，我国经济社会发展进入“新常态”。学习领会党中央和习近平总书记关于新时期治国理政尤其是依法治国的重要思想，适应新的任务和形势，总结中国特色社会主义司法制度建设发展的丰富经验和某些教训，在司法机关思想建设上，需要着重注意处理好以下三个方面的关系：

1. 在司法功能面向上，处理好“公正”与“功利”的关系。公正，即程序正当，实事求是、合理合法地处理案件，使每个公民和社会组织通过司法得到他们应当得到的。功利，则是指司法所追求的具体的社会利益，如经济发展、社会稳定、纠纷平息等。习近平总书记指出：“促进社会公平正义是政法工作的核心价值追求。从一定意义上说，公平正义是政法工作的生命线，司法机关是维护社会公平正义的最后一道防线。”[7]如果说，公安机关负责的社会治安和打击犯罪、司法行政机关负责的监管罪犯等政法工作，不仅追求公平正义，而且要实现特定的行政目的，而以正确适用法律为目的的司法工作，无疑应当以公正为其生命线。这也是任何理性的司法制度设置最根本的价值追求。

公正与功利可能是协调的，但有时会发生冲突。此时如何进行价值选择，是对司法的考验。虽然司法的性质和功能要求司法应当以公正价值优先，但因公正虽然“高大上”，却往往是抽象的，常常不与司法机关和人员的切实利益相关联，甚至产生负影响——追求公正可能付出一定的代价。而功利性价值，则往往具有很大的诱惑力和影响力，因为它通常与司法机关及司法人员的切身利益相关。因此，在价值冲突的情境中，功利优先可能成为个案处理的现实。然而，由于司法公正体现国家和人民整体、根本和长远的利益，为实现司法公正，提高司法公信力，司法机关和司法人员必须牢固树

立公正是司法生命线的理念,坚持公正价值优先。为了实现公正,应当不惜牺牲某些局部的、眼前的利益。这涉及基本的司法伦理,而这种公正伦理的培养,是司法官养成最基本的要求。

2. 在政治面向上,处理好“服从”与“独立”的关系。即正确处理服从党的领导,与坚持宪法、法律至上,依法独立行使职权的关系。中国共产党对司法工作的领导,是中国特色社会主义司法制度的根本原则,党的领导与依法治国并行不悖。但党对司法的领导,系党的方针政策在司法工作中的贯彻,是思想领导、政治领导和组织领导,不是党组织的领导人包办个案、干涉个案。习近平总书记指出,“每个党政组织、每个领导干部必须服从和遵守宪法法律,不能把党的领导作为个人以言代法、以权压法、徇私枉法的挡箭牌。”党的十八大以来,在全面推行依法治国的背景之下,各级党组织及其负责人的法治观念明显增强,但由于各级、各地党组织及其领导人的权力仍然约束不足,党组织及其领导人与司法工作关系也还不太清晰,司法机关服从管辖地区党组织及其负责人的领导,遵从其指示,包括某些个案处置的意见,有时会与依法独立行使职权相冲突。为处理好这种关系,除了通过司法机关人财物“省级统管”,以及建立领导干部干预司法等制度外,在实际工作中,司法机关还应当坚持法律底线,恪守司法公正,否则,一旦出现违法问题乃至错案,司法机关不得以服从领导指示推卸自身应负责任。应当认识到,司法机关依法独立办案,是履行其社会政治责任和法律责任的集中体现。在全面推进依法治国的过程中,须充分发挥司法活动调节利益关系、确立行为规则、维护法律尊严的重要作用,通过依法办案,严格执法,使全社会都能信仰法律,从而为社会稳定、经济发展有效提供法治保障,推动法治社会建设。

3. 在社会面向上,处理好“维稳”与“维权”的关系。即维护社会秩序和稳定,与维护公民合法权利的关系。在经济社会转型,利益格局调整,影响社会稳定的各种内外因素交织的情况下,“维稳”任务重,压力大,亦为司法所高度重视。然而,我们应当要求“维稳”与“维权”并重,以及二者的协调统一。“维稳”不能突破法律底线,不能以司法公正为代价,不应损害公民的基本权利。司法作为公民权利的最后保障、社会公正的最后防线的功能和价值有时会被掩抑。如前所述,这也是损害司法公信力的重要原因。在依法治国,国家重视司法人权保障,同时转变社会与经济发展方式的形势下,过去那种对“维稳”的过度强调，以致不计代价的“维稳”方式不能持续使用。应当认识到，以个案公正与公民基本权利为代价的“维稳”，仅依靠国家强制力而不是依靠法理说服的“维稳”，不可能从根本上维系社会的长治久安。只有坚持公正原则，切实维护民众合法权益，坚守法律底线，以理性的方式解决社会纠纷，才能建立法治的权威和司法的公信力，也才能构建出和谐稳定的社会环境。

（二）加强司法规范化建设，进一步运用法治思维与法治方式改善司法

党的十八届四中全会突出强调发挥司法公正对社会公正的重要引领作用，在司法公正的主题之下，将“规范司法行为”确立为司法工作的基本要求。按照中央部署，全国法院、检察机关高度重视司法规范化建设。全国检察机关还从2014年年底开始，开展为期一年的规范司法行为专项整治工作，重点整治司法作风简单粗暴、执行办案规范和纪律规定不严格，以及不依法听取当事人和律师意见等，八个方面司法不规范的突出问题。参照相关安排，分析实践情况，为了通过规范司法行为，促进司法公正，提高司法公信力，有三个问题在规范化建设中应当注意：

1. 要加强制度规范建设，明确各类司法人员工作职责、工作流程、工作标准，约束自由裁量，防止司法权滥用。要进一步推进量刑规范化和案例指导制度等改革措施，限制司法自由裁量权，提高执法的严格性和统一性。要随着落实司法责任制及推进司法人员分类管理，对各级各类司法人员的工作职责、工作标准及工作程序，作出新的更为合理的规定。要针对不规范司法的现实问题，对现有制度进行废改立，建立完善科学合理的司法工作规范与办案程序规则。

2. 抓住重点难点问题规范司法行为，保证严格依法办案。规范司法行为，既需要全面规范，又应当突出重点，尤其是实践中那些严重影响司法公正，社会反应较大，且较难克服的突出问题。例如，检察机关在自侦案件中，搜集证据不规范，可以说是检察行为不规范中最为突出，也是最难解决的问题。侦查的对抗性以及证据的隐蔽性，加之职务犯罪案件客观性证据较难获取，为取得侦查效益，采用不规范的侦查手段，如侮辱人格和体罚，过度使用威胁、引诱、欺骗，乃至变相刑讯逼供的问题，实践中有一定的普遍性。此外，在自侦案件中，不适当使用“特别重大的贿赂案件”的规定，限制律师会见权；采取指定居所监视居住措施后，借机实施折磨和虐待，以获取口供。

这些问题,是检察行为规范化中最难解决的问题,应当痛下决心,克服困难,采取有效措施予以解决。

此外,法院的庭审活动规范化也需要进一步加强。法院的庭审不规范,是形成目前所谓审、辩冲突的重要原因之一。例如,曾有法院根据地方指令,为规避上级法院审判监督,将发回重审的案件降低审级审理,以在本地完成终审,引起辩护人抗议,导致庭审中激烈的审、辩冲突;也有法院,对尚未撤销已生效判决的案件,根据检察机关新的起诉对同一事实重新审判,既违反“一事不二诉”原则,又否定法院生效裁判的既判力,引起辩护人异议,因法庭不顾异议继续审理,引致辩护律师集体退庭。一系列有影响的审、辩冲突,除了律师需要检讨其应对方式外,不能不检讨法院审判尤其是庭审的规范化问题。即如最高人民法院常务副院长沈德咏(时任)曾就所谓律师“死磕”法官问题提出的反思:“深层原因在哪里?要进行深入分析。个别律师不遵守规则的情况是客观存在的,但法官是否也存在小题大做、反应过度的问题?思想深处有无轻视刑事辩护、不尊重律师依法履职的问题?工作关系上有无存在重视法检配合而忽视发挥律师作用的问题?法官是否恪守了司法中立的原则和公正的立场?对此,我们必须认真进行深刻反思。要充分认识到,律师是法律职业共同体的重要一员,是人民法院的同盟军,是实现公正审判、有效防范冤假错案的无可替代的重要力量。”[8]应当说,法院的庭审不规范及审辩冲突是现象,本质上是法院中立立场的缺失,以及为完成特定任务而忽略了诉讼的公正性与程序的严格性的体现。

3. 在司法规范化建设中,要强调运用法治思维和法治方式。司法机关以适用法律为使命,运用法治思维与法治方式,似乎不成问题。然而,由于多年来我们对司法提出的工作要求,常常忽略法治精神,忽略依照法治方式遵循司法规律实施司法建设,开展司法活动,因此,司法不规范的问题较为突出。可见,司法不规范的本质,就是司法机关缺乏法治思维,不善于运用法治方式。如上述侦查行为不规范,不尊重辩护权,以及庭审不规范等问题,其症结皆在于此。因此加强司法规范化建设的关键,在于司法活动中善于运用法治思维、法治方式,即在司法活动中,以理性平和替代简单粗暴;以规范严谨替代粗疏随意;以中立客观替代偏听偏信;以平等包容替代歧视褊狭。

（三）调整绩效考评，改善内部管理，促进司法公正

要完善符合司法规律的司法管理制度与机制，加强和改善对司法权运用的监督管理，促进司法公正，尤其要注意调整完善司法绩效考评制度。如前所述，影响司法公正的诸因素中，就内部因素而言，绩效考评制度发挥的作用极大。一方面，绩效考评使"争优创先"成为一种贯穿工作过程且全员参与的活动，较为充分地调动了司法机关各级各类人员的积极性，对于实现工作目标，创造工作业绩发挥了"立竿见影"式的鞭策、激励作用，从而促进了各项工作的完成。但在另一方面，现行以量化考核为主的绩效考核，与实现司法公正的价值存在一种内在的紧张关系。这种紧张关系固然与现行考核指标体系和考核方法设置的不完善有关，但其根本、内在的原因，是这种严格计量的考核指标体系以及以科层制为基础主要采用行政方法实施的考核操作体系，与司法权运行的内在规律有某些冲突，因此可能产生某些负面效应。因为指标体系的统一设定及功利性追求与个案的复杂多样性及公正价值有矛盾，而且当前行政主导、全面而严格的考绩，还可能妨碍司法官自尊心、荣誉感与责任感的生成，损害司法官的独立性，从而对司法公正产生负面影响。

近年来的司法管理实践，存在错将用于掌握司法态势的司法质效评估，变为针对单位和个人的司法绩效考评，以及在考评中的唯数字论、唯指标论的问题，导致在一定程度上扭曲司法行为，损害司法公正，甚至为达标不惜弄虚作假而败坏司法风习，其弊端突出，引致社会普遍批评，也引起司法机关以及政法领导机关的反思，从而令其着手调整改善绩效考评制度。一些司法机关已经废止考评排名的做法。2015 年 1 月下旬，中央政法委提出要求，中央政法各单位和各地政法机关应对各类执法司法考核指标进行全面清理，坚决取消刑事拘留数、批捕率、起诉率、有罪判决率、结案率等不合理的考核项目，意在防止过度运用和错误实施绩效考评，以保障和促进司法公正。

然而，清理指标体系，取消不合理项目，并非终止绩效考评。绩效考评是任何一个有目标设定有绩效要求的社会组织体的基本管理手段。司法绩效考评将司法业绩与司法机关和司法人员的利益相关联，具有强大的激励作用和"指挥棒效应"。而司法功能的实现、司法政策的贯彻，也需要考评来发挥督促和监督的作用。[9]不过，绩效考评应当遵循司法规律，应当有利于司

法公正，而不应当以完成任务的效率冲击司法公正的价值。结合现实情况，应当从以下几个方面改善绩效考评：

1. 应当树立质量导向、公正第一的指导思想和基本原则。公正与效率相冲突时，必须坚持公正价值优先，不能为了办案效率而妨碍司法。为此，应当废止办案数量下指标等违背规律的做法。对下级机构或部门下达办案数的硬性指标，违背了案件生成的自然规律，不能避免人为制造案件和指标数据的情况。

2. 应当注意指标合理，考评科学。绩效考评制度出现偏差，与指标设置不当有很大关系。如对刑事案件无罪及撤回起诉、撤销案件的考核，检察均列为负面评价数据，然而，检察机关公诉环节对案件的审查，具有中间性、单面性以及非辩论性特点，而且其认识案件的角度与法院有区别，起诉案件有少量的无罪判决是刑事司法中的正常现象，不应当不加区别地作出负面评价。二审对一审判决的改判和发回亦同。如果简单地作负面评价，势必扭曲诉讼行为，损害司法公正。

3. 考评工作常规化、技术化，阶段考评与日常评价相结合。通过平时工作过程的监督、工作数据的积累与适时的评估，及时地发现问题和问题倾向，实现有效管理与工作评鉴的结合，而且有助于实现考评的客观化，减少在集中评鉴时凭印象打分的趋于主观化的因素，即实行“以动态考核为主”，注重过程控制，同时在常规性业务监控中运用信息化手段，提高监控的准确性，也避免被考评者带来过重负担，干扰正常办案。

4. 改善考评主体构成，适度推进考评民主。为了在一定程度上实现法官、检察官的自主管理，要改变过分倚重行政监督评价的方式，适当增加法官、检察官参与考评活动，加强考评的民主性。而且对业务评鉴，注意内行主导，避免过去那种政工部门干部实际主导的情况，以增强业务评鉴的准确性和说服力。

5. 考评安排有节，考评力度适当，适度减压，防止负面效应。过于繁杂的考评事项，不仅可能影响正常司法业务，而且可能抑制司法官员的主体感与自尊心。因此，绩效考评，应当注意统筹安排，有适当节奏和必要节制，不要过于频繁，影响被检查、考评主体的正常工作。如对司法官的常规考评，可以借鉴域外做法，适当延长考评期限。

6. 考核排名和结果运用要谨慎。为发挥考评的激励作用，对办案单位和个人考评予以排名，并直接兑现奖惩，虽然有效，但须十分注意合理、适度，注意不同单位和个人之间的不可比因素，因此应注意分类考评，并增加合理的参数调整。同时，由于这种排名容易产生为追求排名扭曲案件处理进程，或者人为调整某些影响因素以获取较好数据指标等负面效应，因此，考评力度应当适当，包括不宜排名的不排名，排名后的奖惩也要适度。司法业务管理生成的各种数据和指标，应当主要用于发现司法工作中一般性、倾向性问题，以指导工作，应慎用于考核排名。

（四）深入推进司法公开，完善司法与社会的互动机制

司法公开是司法改革的重要内容，也是推进司法改革，尤其是司法权运行机制改革的一项重要保障措施。近两年，司法公开成效较为显著。尤其是法院系统，以司法公开“三大平台”建设为标志，工作力度大，社会反应良好。但在实践中，下级法院有一些不同看法，有法官认为，目前的司法公开是“单兵独进”，在法官工作任务很重的情况下“雪上加霜”，而且在目前情况下，案件处理的某些情况不宜公开，否则可能产生负面效果。就如“面对一个已被毁容的人，不去给他整容，还要让别人去挑他脸上有没有影响美观的疤痕”。[10]不能否认，由于目前部分司法主体的素质不高，同时影响依法办案和司法公正的多方面因素存在，全面而有深度的司法公开，会进一步暴露司法的某些问题，可能对司法公信力带来某些不利影响。但从总体上看，司法公开对于司法公正具有巨大的倒逼作用，尤其在司法权运行机制改革，贯彻司法责任制的背景之下。可以说通过司法公开实现的社会监督，是目前最符合司法规律，也最能防止司法责任制演变为司法官暗箱操作的措施。因此，在注意增加司法辅助人员等配套措施跟进的同时，各下级司法机关应当变被动为主动，全面而深入地推进司法公开。只有让民众了解司法，“以看得见的方式实现正义”，才能有效提高司法的公信力。

司法公信力，是在司法与社会的互动过程中产生的。这种互动，就司法方面而言，司法公开是一种基本方式，此外，还有司法宣传、司法对社会舆论的反馈，以及在舆论潮中对司法的坚守。为提高司法公信力，司法机关这方面的工作有待检讨和改进，主要有以下几点：

1. 应当倚重法定方式、法定程序实现司法信息公开，让民众理解司法并建立对司法的信任。最高人民法院新闻宣传工作会议指出，要树立“案情决定舆情”“司法公开是最有力的舆论引导”的理念，进一步深入推进司法公

开。[11]这一指导思想是正确的。鉴于法院作为正义的最后防线,矛盾冲突的权威性终局性处理单位,要谨言慎行而不宜多言。法谚称:“判决之外,法官无言”,这应该成为司法伦理的基本共识。因此法院应当主要通过公开审判和裁判文书表达其事实和价值判断以及司法意志。个别案件,也可采取合议庭判后答疑的方式。少用、慎用政府机构与社会组织常用的那种新闻发言和新闻宣传方式(通常仅在某些已经产生明显社会误导的重要案件中采用此种方式)。

2. 舆情引导和危机应对既要注意及时有效,又要注意客观、理性,严守法治立场。近年来,由于互联网与即时通信技术的发展,在国家倡导法治的背景下,涉司法舆情常常体现出扩散时间快、面积广、即时影响大等特点,因此,需要加强舆情监测、研判和应对。同时,对社会关注的重大案件,也要有适当的舆论引导。但要注意舆论引导中的法治思维,应坚守司法的客观和中立立场,而不能不适当地表现出司法偏向,包括超越法定程序对案件处理表态。法院是一个依法捍卫多元主体权利和不同声音的场所。“反对你的观点,但捍卫你发表这个观点的权利”,是法院的使命。因此,在法院审判活动宣传中搞“净化舆论空气”,以期实现“舆论一律”,既不应当,也不可能。

此外,司法对审判信息公开后的社会反应要理性应对,如果司法有错误,不能讳疾忌医,固执错误。由此显示司法的理性和有错即改,从而获得社会的理解和信任。大量案件处置中出现少量错误在所难免,而一旦被发现和批评,即应及时承认和纠正而不要因顾及脸面等固执错误,否则,通过司法公开实现司法与社会良性互动的目的就难以达到。

五、全面加强司法官队伍建设

毛泽东同志曾说:“政治路线确定之后,干部就是决定的因素。”[12]可以说,在司法公正的制度框架基本确立以后,司法官的素质,就是影响司法公正和公信力的决定性因素。因为司法活动是司法官主导的,个案公正是由司法官的行为和决定来体现的。尤其在司法改革确立并贯彻“审理者裁判,裁判者负责”的原则后,在一线办案的司法官的素质,对司法公正和公信力的作用更加凸显。

(一)提升资源配置,保障司法官素质

毋庸讳言,目前法院、检察院在一线办案的法官、检察官并不尽如人意,

甚至可以说,优秀的法官、检察官还十分有限,相当一部分司法官达不到司法官应有的思想品德与业务素质标准。这在前文已做分析。可以说,这是目前对实现司法公正和提高司法公信力的最大障碍。

司法官不合格的原因,除了转型时期国家公务员队伍建设尚需一个过程以外,与我们长期以来将司法官当作普通公务员,未能注意到司法工作对司法官素质的特殊要求有关。由于司法官的责任是分辨是非曲直、引导社会价值,捍卫公民权利、督促依法行政,因此在国家公务人员体系中,司法官员应当更加睿智理性,其基本品德和业务素质高于普通公务员。英美法系的法官德高望重,且位高权重,常令普通人肃然起敬。大陆法系司法官虽然更具司法工匠特征,但因其工作性质和责任,基本素质和地位待遇高于普通公务员,并无疑义。但是,长期以来,我国司法官地位未获重视,司法官待遇等同于一般公务员,司法官职业并无任何特殊保障,因此,法院检察院难以引进和留住优秀法律人才。

此外,在司法机关内部,由于司法行政化倾向,资源未向一线司法官倾斜。而且由于这种倾向,一旦司法官成为一线骨干,就可能因为被"重用"而调离一线,到"比较重要"的岗位担任"某长"职务。其直接效应是一线优秀司法官严重不足,而充斥不少经验不足、尚难担当重任的年轻司法人员,这种情况对办案质量有很大影响。

对我国司法官建设中存在的弊端,司法改革"顶层设计"时已经关注,党的十八届四中全会提出:"建设高素质法治专门队伍。"要求"推进法治专门队伍正规化、专业化、职业化,提高职业素养和专业水平。完善法律职业准入制度。""加快建立符合职业特点的法治工作人员管理制度,完善职业保障体系。"根据中央部署,司法改革试点单位在推进司法权运行机制改革的同时,作为基本的配套措施,同时推进司法人员分类管理及司法职业保障。

然而,从试点的情况看,出现了实践状况和制度设计理念不一致的情况:一方面,司法责任制加重了司法官的工作任务和责任,尤其是对案件质量负责,乃至终身负责的制度,使一线司法官颇感压力;另一方面,试点单位除工资津贴有所增加外,在职业保障方面并无重要举措。而津贴的增加与责任加重被普遍认为不成比例。加之实行司法员额制,一部分年轻司法官面临转为司法辅助人员的现实可能,已经出现人心不稳的情况,已如前述。[13]

鉴于司法人员素质已成为制约司法改革的瓶颈,也是当前影响司法公正和司法公信力的关键。如果在改善这种素质方面没有大的进步,改革的成效将难以彰显,司法公正和公信力也不会有明显改善。只有通过必要的资源配置,使司法官成为法律人所向往的职业,公正、高效、权威的司法制度才能确立。这种资源配置,包括一定的薪资待遇,在职业、安全、福利、退休上较好的保障条件,以及对司法官地位与尊荣的确认。尤其是物质待遇有限的情况下,精神上的激励,对于引进与留住人才,也有重要的作用。不过,我们也应看到,由于多方面条件的制约,资源配置到位并非一蹴而就之事。在目前的体制之下,在社会管理职业的专业化分工不彻底,司法的崇高地位以及对从业者素质的高标准还难以在短时间内成为现实,我们只能在基本条件的制约下,尽力推进,以避免司法责任制改革的失败。因此,司法责任制改革的推进,最关键的一点,仍然是司法责任制与分类管理和职业保障的配套发展。在现有条件的制约之下,应当尽最大努力提高司法官待遇、加强职业保障、增强司法官尊荣感。否则,责任加重,权利与利益与其不协调,改革不能取得预期成效,而且改革难以持续。

同时,在司法机关内部,尤其在法院内部,应当确立以司法官为中心的理念。在任何一个高度专业化、技术化的机构,都应当以专业人员为中心,即大学以教授为中心,研究所以研究人员为中心,医院以医生为中心,法院则当然应以法官为中心,而不应当以院长、庭长、处长为中心,但这些年司法行政化的发展,使法院更像实行首长负责制的政府机构,法官沦为案件的“承办人员”。改革司法权运行机制,在法院资源配置以及司法理念上,应当确立“法官为中心”,增强法官的尊荣感和责任心。为此也需要院长、庭长直接办案,不是做一姿态,挑选案件审案,而是常规的、制度化的,像普通法官一样审案,只是在办案件数上因其行政责任按比例减少。

但也要注意,在待遇和保障需要逐步提高,短时期内司法人员素质改进不大的情况下,司法责任制也要注意逐步推进,因为责任制取决于司法官素质以及对其提供的职业保障,如果素质不足、保障不够,而又让其独立负责,这种不协调,就很难避免司法权的滥用甚至以权谋私,并妨碍司法公正。

同时,在改革条件制约之下,司法人员分类管理与员额制的推进也应当慎行,避免脱离实际操之过急。分类管理与压缩司法员额,意在实现司法官的精英化,保障其高素质,本属推进司法责任制的必要配套措施,但是目前的资源配置,并不能支撑一个精英化的司法。我们长期实行的以司法人员数量保证基本的司法质量的做法，其生存环境并未根本改变。因此分类管理与压缩员额也不能操之过急。各地应当根据本地的实际情况推进此项改革。如上海、北京等汇聚人才的司法区域，推进力度可以适当增大。而较落后的地区，分类管理和员额制推进应当更为慎重，避免出现司法官大幅度减少，而留下来的司法官素质又不足，反使司法任务的完成更为困难。

（二）加强职业伦理建设为司法公正提供精神支撑

除上述改革措施所涉及的问题外，为实现司法公正，提高公信力，司法官队伍的常规性思想、业务建设问题也应当高度重视，包括司法官的严格遴选、逐级遴选，到培训教育，以及日常的思想政治建设与司法业务建设等。这方面已经有一系列明确要求和成熟经验，本文不再一一阐述，仅特别强调一个问题，为了实现司法公正，提高司法公信力，司法官职业伦理建设亟待加强。

强调司法职业伦理建设，一方面是因为司法官的司法伦理水平，影响乃至决定司法公正的实现程度；另一方面，是因为现实中的司法伦理存在突出的问题。

笔者认为，从某种意义上讲，目前执法、司法中最突出的问题，就是部分执法、司法人员的"道德滑坡"与"伦理缺失"——上不惧天理，下不恤民情，既缺乏对法治的信仰，又缺乏对社会公正的信念，从而导致执法、司法不公，乃至产生冤假错案。这种司法伦理的缺失，有相当的普遍性。司法伦理的缺失，实乃转型时期普遍的道德滑坡、伦理缺失的问题在司法领域的反映。目前人们已经普遍认识到，社会道德建设的实质性缺失，使社会与个人的价值观亦向"唯己化""功利化"方面发展，使社会价值重建成为当前十分迫切的社会问题。重建司法伦理，也是司法建设的迫切任务。[14]

司法伦理建设，关键在于培养司法官对公正的信仰以及为维护司法公正的献身精神。同时，司法官还应当有公益精神，有司法为民的信念，有对法治的尊崇，以及具有诚信伦理。为加强司法伦理建设，最高人民法院、最高人民检察院近年来做了一系列工作，包括颁布职业道德规范，加强司法文化建设等。但从总体上看，浮在表面的偏多，真正进入司法官内心的较少。因此，我们要认真研究司法伦理建设的有效性问题。对此，笔者提出以下几点意见：一是尊重现实人性，固守"底线伦理"。人不能都成圣贤，但固守伦理底线，是起码要求。作为司法官，底线就是不制造假证假案、不冤枉无辜、不徇私枉法。二是发挥示范作用,形成“引导伦理”。包括司法官伦理模范的引导作用,尤其是领导机关、领导干部的率先垂范,以身作则。三是重在制度建设,生成“规制伦理”。在伦理建设方面,一般的思想教育作用有限,关键在于制度的合理设置与运作。例如,在制度设计上,应当为司法官遵从司法公正的伦理要求留有空间,应当确立依法行事,实行司法公正的要求高于上命下从。四是协调矛盾冲突,确立“至上伦理”。司法公正的伦理要求如果与其他价值和利益发生冲突,公正伦理具有至上性。法院和检察机关应当结合社会主义核心价值观教育,深入推进司法伦理建设,激发司法官的道德良知,提升现实司法的伦理水平,从而进一步实现司法公正,提高司法公信力。

注释

1 这类案件,如果判决可能对辩护方有利或部分有利,法院可能让律师出具取证申请,以律师需要补证为由,解决超审限问题。

2 有的地方人大对法院、检察院工作报告全票通过,甚至几年均全票通过。但据有的在地方人大机关工作的同志分析,这与很多地方仍然很看重“全票通过”,因此采取各种方式竭力追求此目标有关。而且与投票的方式,以及地方人大代表有时履职意识和责任心不强也有关系。参见李云芳:《山东“两院”报告均获全票通过,屡被指定管辖全国大案、要案》,载澎湃新闻网,http://www.thepaper.cn/newsDetail_forward_1301416,2015 年 2 月 24 日访问。

3 这方面的社会批评较多,司法内部反映也较大。参见叶竹盛:《法院:“数字化生存”的逻辑与异化》,载《南风窗》2013 年第 1 期。

4 周强院长于 2013 年 2 月最高人民法院专家咨询会上称,感到人民法院的工作“处于困境”。但这是笔者在会上获悉,没有出现于正式媒体报道。然而,据笔者调研,法院工作任务与其所配置的资源及所具备的能力之间的差异,使法院工作推进困难,是各级法院领导较为普遍的感受。

5 张淑玲:《紧紧抓住司法责任制这个关键》,载《京华时报》2014 年 4 月 20 日,第 3 版。

6 2015 年年初挂牌成立的最高人民法院第一巡回法庭、第二巡回法庭,由于抽调的法官素质能够达到独立审判要求,已普遍实行“法官责任制”,每个法官均可担任“主审法官”,不再设置固定合议庭与固定审判长。参见桂田田:《首个最高法巡回法庭都审哪些案》,载《北京青年报》2015 年 1 月 29 日,第 6 版。

7 《习近平出席中央政法工作会议并发表重要讲话》,载《人民日报》2014 年 1 月 9 日,第 1 版。

8 沈德咏:《我们应当如何防范冤假错案》,载《人民法院报》2013 年 5 月 6 日,第 2 版。

9 其中,检察机关的运行机制具有司法和行政双重属性,因此,考评的作用较之法院更为强大。

10 浚沣:《急推司法公开是司改的一大败笔》,载微信公众号:"法官之家"(微信号 faguanzj),http://www.360doc.com/content/15/0222/12/21779942_450036298.shtml,2015 年 2 月 24 日访问。

11 张先明:《最高法院要求整合资源 建立大新闻宣传工作格局》,载《人民法院报》2013 年 5 月 11 日,第 1 版。

12 《毛泽东选集》(第二卷),人民出版社 1991 年版,第 526 页。

13 和官方报告的乐观基调不同,在职与离职的司法官通过"自媒体"的各种"吐槽",显示出他们面对司法改革的一些真实想法,十分值得关注。而有的律师事务所甚至借机"招兵买马",开出了不同的"高薪",使现行改革措施在资源配置不足方面的问题更加明显。参见梅双:《聘"公检法"律师你怎么看?》,载《法制晚报》2015 年 2 月 16 日,第 A47 版。

14 龙宗智:《重建司法伦理》,载《国家检察官学院学报》2011 年第 3 期。

落实院庭长办案制度*

建立司法责任制，是本轮司法改革的关键。而建立、完善、落实司法机关领导干部办案制度，是其中重要一环。这一举措对于改善司法体制的微观结构，建立符合规律的司法权运行机制意义重大。[1] 然而，让长期习惯于对司法活动实施领导指挥，对法官、检察官发号施令的司法管理官员到一线审案、执法，履行法官、检察官的办案职责，无异于司法领域的一场革命。因改变管理方式，加重领导者的负担和责任，触动利益关系，改革步履实际上较为艰难。本文拟对落实人民法院院庭长办案制度若干问题进行研究，以深化此项改革，全面落实司法责任制。

一、院庭长办案制度建设与实践状况

（一）制度建设概况

院庭长办案，是伴随法院改革的一贯要求。从20世纪末以来，此项制度的发展大体分为三个阶段。第一阶段是制度初试阶段。最高人民法院于1999年3月发布的《人民法院五年改革纲要（1999—2003年）》，对院庭长办案的要求是“推行院长、副院长和庭长、副庭长参加合议庭担任审判长审理案件的做法。各级人民法院应结合本院的实际情况，对院长、副院长、庭长、副庭长担任审判长审理案件提出明确要求。”然而，由于没有硬性规定和配套措施，院庭长是否直接办案全凭自觉，因此，实践中并未切实贯彻。2005年10月发布的《人民法院第二个五年改革纲要（2004—2008年）》，更是将院庭长办案要求简化成“院长、副院长、庭长、副庭长应当参加合议庭审理案

* 与孙海龙、张琼合著，原载《四川大学学报》（哲学社会科学版）2018年第4期。

件”。在2005年出台的《关于增强司法能力、提高司法水平的若干意见》中，最高人民法院就院庭长参与办案提出了具体要求。但随着法院强调审判管理，司法行政化趋势加剧，这一要求并未落实。2009年3月，在加强审判管理的背景之下发布的《人民法院第三个五年改革纲要(2009—2013年)》，未直接提及院庭长办案，仅规定“建立健全院长、庭长的‘一岗双责’制度，落实院长、庭长一手抓审判、一手抓队伍的双重职责”。

第二阶段是制度建立并付诸实践阶段。2013年10月，最高人民法院出台《关于审判权运行机制改革试点方案》，明确规定将院庭长直接编入固定合议庭并担任审判长，带领合议庭共同审理各类案件，独任审判则由院庭长或其他优秀审判员分别完成。此后，院庭长办案引起法院内外重视，也成为本轮司法改革中的亮点。2015年2月发布的《人民法院第四个五年改革纲要(2014—2018年)》要求“改革裁判文书签发机制”，强调“完善院、庭长、审判委员会委员担任审判长参加合议庭审理案件的工作机制”。2015年9月，最高人民法院出台《关于完善人民法院司法责任制的若干意见》。该意见第二部分“改革审判权利运行机制”中第7条规定，“进入法官员额的院长、副院长、审判委员会专职委员、庭长、副庭长应当办理案件”，并对办案数量和类型作了原则性规定。此后，各地各级法院均采取措施，努力落实最高人民法院提出的要求，取得了明显的实际进展与一定的改革经验。

第三阶段是院庭长办案“制度化、常态化”阶段。2017年4月，最高人民法院出台《关于加强各级人民法院院庭长办理案件工作的意见(试行)》(以下简称《院庭长办案意见》)，总结改革经验，针对实际问题，就院庭长办案制度作了全面、具体的规定。2017年10月，中共中央办公厅出台《关于加强法官检察官正规化专业化职业化建设全面落实司法责任制的意见》，即厅字〔2017〕44号文，将“完善入额领导干部办案机制”作为“落实责任制，规范司法权力运行”的重要内容。该意见第三部分第10条“完善入额领导干部办案机制”明确规定，担任领导职务的法官必须办理一定数量的案件，并要求“带头办理复杂敏感、新类型和在法律适用方面具有普遍指导意义的案件”，同时提出“严格领导干部办案数量的统计标准。建立领导干部办案情况定期通报制度”。同时该意见对领导干部退出员额的条件作了规定，即“担任领导职务的法官不办案或者办案达不到要求的，应当退出员额”。最高人民法院就院庭长办案制度的全面规范，以及中央文件对此项制度的进一步强调和落实，推动了院庭长办案制度进入“制度化、常态化”阶段。

完善的制度体系是落实院庭长办案的重要前提。多年来的制度建设，尤其是近期的制度完善，使院庭长办案在国家层面形成了较为完备的规范体系，对实现院庭长办案的“制度化、常态化”发挥了重要的支撑作用。最高人民法院《院庭长办案意见》，更是注重实际可操作性，对院庭长办案作了全面规范。首先，注意原则性和灵活性相结合，就院庭长办案的数量和类型提出了具体要求。其次，进一步明确了办案的内外保障机制。就内部而言，要求，院庭长直接编入审判团队办案，同时要求，应当结合实际为院庭长配备必要的法官助理和书记员，让院庭长能够集中精力投入开庭审理、评议案件、撰写文书等办案核心事务。为创设良好外部条件，要求“各级人民法院应当严格执行《关于保护司法人员依法履行法定职责规定》及其实施办法，积极争取地方党委政府支持，进一步精简会议文件，压缩管理流程，确保院庭长有更多时间和精力投入办案工作”。最后，建立了具有一定刚性的监督约束机制。规定“院庭长办案任务完成情况应当公开接受监督”，明确了上级法院的监督职责和法院内部审判管理部门的职责，明确提出“院庭长办案绩效应当纳入对其工作的考评和监督范围，院庭长年度办案绩效达不到考核标准的，应当退出员额”。

当然，院庭长办案制度建设，也包括各地各级法院，为落实中央和最高人民法院的要求和规范，各地法院普遍出台了“院庭长办案实施细则”“院领导办理案件分案细则”等适用于本地法院或本院的规范性文件，从而将上级的要求与本级、本院的实际结合起来，使此项制度进一步完善，增强了可操作性。

(二)办案常态化状况

司法责任制改革以来，由于各级法院积极推进、认真落实，院庭长办案已呈普遍化和常态化态势。从调研情况看，在推行此项制度前，各级法院院庭长办案数量少，很多基层法院院长每年办案数量仅 2 件至 3 件，有的甚至常年不办案。即使办案，也有一定的形式化、象征性倾向，不是真如普通法官承办案件。各级法院的庭长，尤其是正职，办案数量亦不大。正职办案仅约占法官平均工作量的 10%。这种情况近两年迅速改变，院长、庭长办案数量大幅增加，比例亦明显提升，大部分中基层法院的院长、副院长的办案量已达同级法官平均工作量的 5% 至 20%；庭长、副庭长的办案量可达法官平均工作量的50%。2017年1~9月,全国法院院庭长人均办案量同比增长32.3%。[2]由此可见,各级法院院、庭长的日常工作,从类型安排,到时间分布和精力投入正在发生重要的转变。

(三)产生的积极影响

院庭长办案常态化,对司法改革和司法运行产生了重要的积极影响。其一,推动员额制改革顺利进行。以员额制为基础的人员分类改革,涉及法院内部的利益调整,进入员额的院长、庭长带头办案,办好案件,对其他员额法官产生了示范引领作用,对未入额法官安心履行新岗位职责也增强了说服力。其二,推动审判权运行机制改革,落实司法责任制。领导干部直接办案,本身就是落实"审理者裁判,裁判者负责"的司法逻辑。同时还由此降低对审判权运行的行政干预,推动法院内部权力结构改变,保障其他法官办理案件时贯彻司法责任制,从而使审判权运行机制整体发生良性改变。其三,优化审判资源,提升审判组织办案质效。入额院庭长通常是资深法官、优秀法官,他们直接审理案件,意味着将优秀审判资源直接投入司法一线。同时,以院庭长为中心组建的新的审判团队,利用院庭长的业务能力、协调能力及凝聚作用,包括对资历较浅法官的"传帮带",提高了审判组织的整体办案能力。其四,有利于提高司法公信力,增强民众对个案公正的获得感。院庭长直接办案,听取当事人意见,可在一定程度上降低当事人对案件实质审理庭外运行的顾虑,使当事人和社会公众增强对法院的程序正义和实体公正的信赖。正是由于院庭长直接办案等改革举措,使法院改革的整体效能初步显现。即如时任中央政法委书记孟建柱指出:"在总编制未增加的情况下,全国基层法院85%以上的司法人力资源配置到办案一线,办案力量增加20%以上,人均办案数量增长20%以上,结案率上升至18%以上,一审后服判息诉率提高10%以上,二审后服判息诉率达98%以上。"[3]

(四)制度运行特点

从调研情况看,院庭长办案制度运行呈现出三个特点:一是院领导与庭领导差别较大,落实此项制度的重点和难点是院级领导。一方面,从主观意识看,庭长、副庭长作为法院中层干部,在司法责任制改革后作为法官的意识较强,通常已经常规化地进入审判团队并担任主审法官,因此,落实办案制度难度不大。但院级领导则领导干部意识较强,法官意识相对较弱。另一方面,从客观情况看,庭长、副庭长在改革后审判管理责任减轻,完成办案任务条件较好。院领导的管理、监督事务较多,外部事务也比较繁重,承担办案任务有一定的客观障碍。二是正职领导与其他领导办案差别较大,正职领导干部的实际办案较难落实。虽然均系院、庭领导,但正职与副职以及其他同层级领导(审判委员会专职委员、巡视员、调研员等),仍有明显区别。正职领导作为"一把手",是各种业务和行政管理事项的核心。尤其是法院院长,对外代表法院、对内主持院务,事务繁重,时间紧张。经常出现院长担任审判长审理的案件,因院长不能不参加的各种会议以及某些紧迫工作而多次改期的情况。而我国的法院制度,院、庭副职以及享受同级别待遇的干部配备较多,办案时间略宽松。加之法院入额副职及专职委员通常分管或协管某方面业务,情况比较熟悉,也方便融入审判团队主持或参与审判。这种区别在庭一级更明显。副庭长作为骨干法官,承审案件的数量与其他入额法官几无区别。在不少法院,副庭长是较重要案件的办案主力,甚至一半以上的普通程序案件由副庭长办理。三是办案数量与法院体量和审级往往呈反比。即法院体量越大,审级越高,院庭长办案数量比例越低,而且办案的绝对数也不高。原因在于案件体量大、法官人数多的法院,院庭长通常亦仅完成规定的办案量,从而形成较低的办案比例。同时,审级越高、办案任务重的法院,审判管理监督任务亦较重,院庭长在审判管理监督方面投入的时间和精力也较多。

二、制度运行存在的突出问题及其原因

我国司法制度运行,下级单位和人员从形式上达到中央和上级要求的各项工作指标,不是一件十分困难的事。然而,形式上达到要求,但实质上并未完成,甚至在实践中扭曲了制度,也是一种比较常见的现象,即所谓"上有政策,下有对策"。院庭长办案制度运行,仅仅从办案数量看,不少法院的领导已大大超过指标下限。但在实践中,制度落实情况仍然存在不平衡现象,或者说,在相当一部分法院,院庭长办案制度并未真正落实,导致法院内部特别是普通法官群体对此项制度运行颇有微词。

(一)主要问题:办案形式化倾向较为突出

形式化倾向主要有以下三种表现形式:

1. 参审而不承审,挂名办案。所谓挂名办案,是指在审判活动中,某一案件名义上是院长、庭长办理,而在实务中除参加庭审之外,其他所有环节

的审判事项均由他人(通常是案件承办法官)代办,领导成了“甩手掌柜”,亦即“参审而不承审”——参加审判但不承担具体事务及审判责任。这是挂名办案的一种典型和普遍的形态。此外,另一种挂名办案,即院庭长也参与其他审判程序环节,但不阅卷,不实际审查证据事实,也不认真考虑法律适用及案件处置,而只是让承办法官和其他法官发表意见,自己视情附和,随之签发法律文书,实际仍属“参审而不承审”。此种案件的办案质量,主要取决于承办法官的素质及责任心。院、庭长作为审判长的实质把关不足,可能为裁判质量留下隐患。

2. 趋易避难,选择性办案。所谓办案趋易避难,是指某些院庭长虽然参与办案,但仅选择办理那些案情和程序简单、技术含量较低,便于办理的案件,如管辖权异议案件、小额诉讼案件,以及普通程序中争议不大的案件等。对于费时耗力且难于裁判的疑难复杂案件则一概不审。选择办案趋易避难的原因,一是为减轻工作负担。此案与彼案,同为一起案件,工作量包括耗费的心力大不相同,当然选办简案。二是为避开审判责任。疑难复杂案件处理难度大,被上级法院改判、发回重审的可能性大,如有不慎,还可能招致社会攻讦。一旦如此,不仅办案领导“脸上无光”,而且可能产生司法责任。

3. 出于功利,作秀办案。作秀办案,是指部分院庭长虽然牵头办理社会或上级关注的某些大要案件,或者参与某项改革的示范开庭,但其主要目的并非带头攻坚克难,而是个人作秀,以期引起民众、媒体、中心部门及上级关注,从而有利于个人的出名和进步。此种出于个人功利的办案,其实质为一种司法投机。不可否认,当前司法实践中仍然存在多年前被研究者指出的现象:“不少院、庭长没有严格按照规定去实际办案。即使有些办案的,也大多出于特殊需要(如开观摩庭、上级法院检查等)或象征性地撑撑面子。”[4] 包括庭前会议、开庭准备、探讨程序与实体问题,撰写裁判文书等,似乎均与领导关系不大。此种作秀办案,领导出了风头,审判事务与实际责任却落在其他法官身上,而且还要注意符合领导要求,不出纰漏,常常使其他法官尤其是承办法官的工作量不减反增。

院庭长办案的形式化倾向,使此项制度的运行发生“空转”,对司法改革与司法建设的危害性较为严重。一是阻碍司法责任制改革。院庭长办案形式化,形成另一种形式的“审者不判”,即表面审判,但不实际裁判,也不实际负责。此种办案形式化,往往与院庭长仍习惯于对审判的行政化管理相协调,从而背离司法逻辑,妨碍审判权运行机制良性转变。二是妨碍员额制推进。司法员额制改革,要求进入员额者获得法官身份认同与角色定位。在司法员额制改革后,院庭长占员额编制却不实际办案,表明其仍将自身定位于领导者而未真正认同其法官角色,从而损害了员额制的精神基础。同时,形式办案所遗留下的工作量又由普通法官实际承受,增加了其他法官的办案压力。因此,不免使普通法官对员额制改革产生负面议论。三是不利于提高司法质量。有论者称:"院庭长是优秀的法官,在审判质量要求越来越高的情况,优秀法官没有不去充当主力的理由,更何况院庭长在一个法院占据着相当的法官比例。"[5] 然而,院庭长数量不少,办案却出现形式化乃至简单化倾向,而疑难复杂案件、大要案件、新类型案件,却实际由其他法官审判,显然妨碍司法质量提高。四是败坏司法风习。领导者本应以身作则,树立良好司法风习。但在办案问题上,领导趋易避难、名实不符、个人作秀,必然败坏法院风习,直接、间接地影响法院在审判活动中实事求是与秉持公正。五是使中央改革举措失去公信力。院庭长在履行审判管理监督职责的同时回归法官本位,办理部分案件,本系推进司法责任制及员额制改革的必为之举。中央决策正确,上级部署有据,但在实际操作中部分法院出现的形式化、功利化倾向,使决策落实大打折扣,也使此项制度难以获得法官的普遍认同。甚至有部分法官认为此项制度"华而不实",类似改革难以奏效。

(二)直接原因:实施规则不完善,监督机制不健全

1. 实施规则不完善。尤其是分案机制不完善。最高人民法院《院庭长办案意见》明确了院庭长办案的分案原则:"院庭长分案应当以指定分案为主,健全立案环节的甄别分流机制,推动将重大、疑难、复杂、新类型和在法律适用方面具有普遍意义的案件优先分配给院庭长审理。"然而,此项分案原则在实践中仍有较大的操作余地。首先,指定分案不同于随机分案,本身具有人为特性。领导的需要和心思,部门都能揣度,因此,实际上指定分案往往在实践中形成一种"潜规则"——"简案分配规则",让领导办案能够"过得去",避免去啃"硬骨头"。其次,立案环节的"甄别分流",操作难度较大。因为符合法律条件就应立案,立案审查通常为形式审查,但"甄别分流"在一定程度上要求实质审查,以明确其争议大小、疑难与否、新型如何,似乎常常比较困难。[6] 最后,"推动"将重大、疑难等案件"优先分配"给院庭长审理问

题,“推动”本身就是一个灵活的术语,“优先分配”如没有规则保障也难以落实。而且“优先分配”仍需要立案等部门“指定分案”,但作为下级的法官在指定分案时,出于“爱护”、“体谅”或“敬畏”,向领导分配难办案件也有一定难度。而且即使有一定的优先分配规则,但如该规则缺乏刚性及保障机制也难以实施。调研中亦发现合议庭普通员额法官将难办案件报请院庭长审理,但院庭长避免接受这些“烫手山芋”的推诿现象,因此导致“优先分配”原则不能落实。

此外,分案制度中还存在未区分“人案匹配”“量才办案”,至少是尚未引起足够重视。应当说,院庭长办案也不能一概而论。院庭长虽然总体上属于资深、优秀法官群体,但就个体而言,能力也大有区别。有的“一把手”来自其他部门,并不熟悉审案,走一走程序还能过得去,让其实际承审,显然是“勉为其难”。有的入额副职院领导,也来自其他政法部门,缺乏审判经验。即使是法院出身,也有的长期在研究室等综合部门或政治部门工作,缺乏实际办案经验。那么,让他们办理大要、疑难案件并能实质审判而非走过场,是否需要注意“人案匹配”“量才办案”?对此,最高人民法院《院庭长办案意见》明确要求:“各级人民法院院庭长应当根据分管的审判工作,结合专业背景和个人专长办理案件,重点审理重大、疑难、复杂、新类型和在法律适用方面具有普遍指导意义的案件。”但在落实院庭长办案制度时,对“人案匹配”“量才办案”的问题往往重视不够,或者说分案部门不便衡量评价领导的工作能力,似乎院庭长都能审大要案件、疑难案件。不注意适度的“人案匹配”,也势必助长院庭长办案虚化、实际责任旁落他人的前述倾向。

2. 监督机制不健全。所谓监督机制不健全,是指对院庭长办案制度的落实,缺乏有力的监督措施,在一定程度上存在“只求办案数字,不求办案实质”的情况。甚至存在“下级糊弄上级”,同时上级“睁一只眼闭一只眼”的情况,致使形式化倾向继续发展,且难以克服。出现这种情况的原因,与近年来的考评机制关系密切。一是与近年来司法绩效考核强调量化的特点有关。实行责任制、员额制后,绩效考核与奖酬挂钩且要求适当拉开差距,尤其强调工作量计算,注重“数目字上管理”。只要有了办案数字,考核就过了关。内里如何、实质怎样,则往往关注不够。二是与法院领导干部考评的标准设定及其实施有关。法院系统上级法院对下级法院领导干部的考评,均看重下级法院领导作为领导干部的德、能、勤、绩,至于其作为法官的素能和审判业绩，只要办案数字过得去，一般不作实质性考评。考评是价值导向，是行为指挥棒，也是最为重要的监督落实机制，而在此种考评长官而不考评法官的考核评价制度之下，院庭长办案的形式化倾向不可避免。

（三）根本原因：司法与社会的行政化

除上述发生直接作用的重要原因外，院庭长办案制度难以落实和持续发展的根本原因，是司法与社会的行政化，其导致了行政机制对司法的支配。

行政机制，即外部关系为管理与被管理，内部关系为上命下从，并由此强调行政位阶的机制。一方面是在法院系统内，司法行政化的作用。司法行政化，一是院庭长官员化。院长不是普通法官，而是法院的首长，是法官的领导，这是基本定位。中国的法院领导包括院长、副院长、审判委员会专职委员、巡视员、调研员、享受院领导待遇的人员等，这是由行政机制提供给法官或法院普通工作人员的一种上升空间。而一旦成为院庭长，则获得一种地位、一种待遇，一种支配资源和事务的权力，这种地位、待遇和权力是他们多年努力所获取的体制肯定与酬劳。“多年的媳妇已经熬成了婆”，又让回去“做媳妇的活路”，难免产生心理落差。因此，即使领导必须办案，其姿态和方式也容易区别于普通法官。二是行政化的管理机制。即使经过改革，行政机制在法院仍然根深蒂固，并顽强发挥作用，表现于在审判事务上实施审判管理与监督的权力，案件质量评价与司法绩效考核的行政主导，以及院庭长分配资源的权力等。法院内部，上下级关系仍然可以说是无处不在，使部分院庭长办案有条件趋易避难，走形式而不务实。相关部门和人员也必然会领会领导意图，予以适当关照。

另一方面是社会的行政机制对法院的影响。一是外部期许和整体性制度安排，并未形成使法院领导干部法官化的有利条件。我国目前这种上命下从的行政逻辑，是社会各系统运行的根本逻辑，具有特别强大的效用。此种社会逻辑，与强调独立判断与合法性的司法逻辑有明显区别。二者之间的矛盾，可能难以有效支持院庭长办案尤其是实质审案。首先表现在价值导向上。行政逻辑渗透着一种工具性思维，认为任何国家机构只是实现国家政策的工具，为此要求对上级的服从和忠诚。但法官遵循司法逻辑，尊重独立判断，重视合法性与正当性。而要实现体制要求，就须持工具性价值观而不更多地强调司法价值观，这就往往助生院庭长的“官员意识”，而非“法官意识"。其次表现在干部任用与考评方面。行政性的整体制度安排,以忠诚与服从作为干部任用的根本标准,在法院院长的任用上,党委组织部门往往倾向于选派其信得过的思想政治素质过硬的人选来掌握审判权。因为在党政领导看来,保证政治上的可靠性,可能更重要。而从法院领导干部的选任实践看,对院庭长尤其是院领导的办案能力以及实际办案的情况并未受到更多重视,而就选任法院主要领导的考量更是如此——"对业务能力的考虑不起什么作用"。[7] 很显然,如果院领导办案数量、质量与其职业前途缺乏关联,其办案积极性必然受影响。最后,法官激励机制仍具有"官僚化"特征,不利于提升院庭长办案的自觉性。虽然法官单独职务序列改革已经推进,法官待遇与行政级别脱钩,但不可否认,担任院庭长职务可以更快提升法官等级并获得提升到更高法官等级的机会,从而获得更好的职业保障。更重要的是,作为院庭长,可以将由行政职务中获得的权威和资源显性或隐性地体现于案件审判,同时其司法责任还可能被虚化。[8] 这就容易形成"官僚化"的发展机制及司法文化,不利于法官职业文化及专业精神的养成。

二是"中心工作"的统摄性,使法院领导干部办案的外部保障条件不足。主要表现在法院案件负担逐年增加,其他功能性负担也不断加重,在此情况下,院庭长特别是院领导承担的大量非审判事务难以在短期内剥离,致使院庭长办案尤其是院长办案在一定程度上也只能是"有心无力"。虽然 2016 年 7 月中共中央办公厅、国务院办公厅发布的《保护司法人员依法履行法定职责规定》第 3 条规定,"任何单位或者个人不得要求法官、检察官从事超出法定职责范围的事务。人民法院、人民检察院有权拒绝任何单位或者个人安排法官、检察官从事超出法定职责范围事务的要求",2017 年 2 月最高人民法院出台《人民法院落实〈保护司法人员依法履行法定职责规定〉的实施办法》明确规定:"对于任何单位、个人安排法官从事招商引资、行政执法、治安巡逻、交通疏导、卫生整治、行风评议等超出法定职责范围事务的要求,人民法院应当拒绝,并不得以任何名义安排法官从事上述活动。"然而,在当前的社会背景下,在过去的十多年中,法院的非司法功能延伸到了"维稳"、民生等政权职能的方方面面,院庭长经常被要求直接参与治安、截访、扶贫等项任务。[9]"维稳"、民生等行政工作目标,直接、实质性地嵌入了立案、审判、执行过程。在此情况下,"司法权行政化、工具化的传统使命不可避免将长期延续"。[10]法院领导干部不仅承担组织领导本院贯彻上级重要指示方针、法律政策等诸多行政管理事务,而且承担较多来自地方党政、上级机关等外部安排部署的各种会议、专项活动。大量行政事务、管理事务的客观存在,导致院庭长常常不能获得足够时间及精力直接办理案件。

三、争议及其回应

身为法官的院庭长办理案件可谓"天经地义",尤其在司法责任制与法官员额制改革之后,其正当性与必要性似乎毋庸置疑。然而,由于中国司法特有的背景与体制,对院庭长办案的意义、院庭长办案制度的可行性以及制度设置与实施,在学界与实务界,仍存在相当争议。分析、厘清这些问题,回应相关质疑,对院庭长办案制度的落实有积极效用。

(一)悲观还是乐观,推进或是止步

不审案的法官不是法官,这是常识。然而,这种常识仍能引起争议。因为中国司法具有特殊的制度背景和制度安排。在此背景和制度安排之下,法院院长是代表任命他的组织到法院实施管理的官员,而普通法官是办案人员。院长之所以也要成为入额法官,也许只是为了获取一种管理上的正当性。不过,为了支持这种正当性,也需要办理案件。因此,院庭长办案的形式化,或许是过去中国司法制度的一种宿命。这种"宿命论",可以说是部分学者对院庭长办案以及类似符合司法逻辑的改革举措的一种悲观心态。另一种观点则较为乐观。其认为院庭长办案制度与司法责任制、员额制相协调配套,符合司法规律的内在要求,而符合规律的事务有其顽强的生命力,必然会突破障碍开辟自己的道路。支撑本轮司法改革的强大的中央能力能够使此类制度获得有效推进。

笔者认为,两种观点均有一定根据,但笔者更愿意采取一种持中的心态,同时亦秉持一种积极的姿态。前述"宿命论"者,深研中国国情,理解"制度运行条件比制度本身更重要";[11]而持乐观心态者,则基于长远的历史合理性以及政治领导的当下决心和能力作出判断。然而,只要以客观的态度进行观察,均不能否认政制框架以及其中的行政逻辑对中国司法的强大影响,如果仅要求法院领导者政治忠诚,那么,作为法官立场对当事人的中立与独立,以及作为司法技术的判断能力,虽与以寻求真相与公正为使命的司法办案制度配合协调,但在对领导者的评判机制中不显重要。而法院领导者是否直接办案、实质办案,在体制中的意义似乎也不大。因此,对院庭长办案

制度的落实，似乎不宜过于乐观。但司法天生具有一种合理主义气质，身为员额法官又不办案或实质上办案，是一种显然不合理的现象，将受到相当的抵制和批判。而且，司法责任制与员额制推进，使司法行政化受到抑制，同时使法官职业化及素能要求提高，此种背景之下，占相当一部分法官员额的院庭长仍不办案或不实质办案，不仅使他们作为法官的身份受到质疑，也因为他们对审判负担与责任的逃避而使其作为领导者的能力受到质疑，同时还可能因此而有碍于本法院改革的推进和审判任务的完成。在这种情况下，自上而下地推进院庭长办案，加上相关改革措施的助推，会在一定程度上逼使院庭长返回一线，再穿法袍。毕竟，对其中相当一部分院庭长而言，最高人民法院设定的制度与任务安排，不会对他们带来太大的压力，甚至可能使他们感到游刃有余。这就为院庭长办案在一定程度上实质化和常态化提供了基础和条件。

因此，入额院庭长办案，具有不容置疑的合理性，也是当前符合规律的司法改革的一项重要制度构成，在已经具备一定实施条件的情况下，我们只能努力克服困难、创制条件，推进此项改革，而不应该过于悲观无所作为、止步不前。

（二）能不能将“院长”改个称谓

通俗地说，院庭长办案的难处，是因为办案人带“长”，尤其是“一院之长”。为克服这一难题，抑制司法行政化，作为本文作者之一的龙宗智曾提出一项建议：借鉴国外法院制度，将法院院长换个名称，改称首席法官，并提出四点理由，包括：有利于改革法院内部结构和管理方式；有利于院长办案，熟悉审判业务，而且带动全院业务；有利于贯彻法官法，防止将外行派到法院当领导；有利于减少副职，使法院“领导精干”。[12]不过，他也认为，改一个称谓，改一套制度，外部条件，内部需要，方方面面要兼顾，但这种兼顾十分困难。而且有的人做事会敷衍，名称改了，内里照样，“换汤不换药”，问题依旧。

20年前提出的这项建议，在当时背景下也许难以实施，但在推进司法责任制破除司法行政化的背景之下，也许获得改革契机。有关方面是否可以进行论证，由改名着手，对法院的管理体制、岗位与职数安排，以及办案制度作出某些实质性的变革，从而为院庭长办案以及司法行政化其他问题的解决，提供必要的基础和条件。

(三)如何理解和界定"办案"

院庭长办案制度的设计与实施,涉及一个技术问题:如何理解这一制度中的"办案"。争议点在于此种"办案",是否包括"间接办案"。所谓"间接办案",即院庭长参加法官会议讨论案件,参加审判委员会研究决定案件,听取案件汇报并发表意见,对重要案件的办理进行组织、协调、审核等行为。对此,赞成扩大办案范围的论者认为,间接办案也是法律程序或法院办案制度所要求的办案行为,并对案件的实体与程序发生实质影响,完全符合办理案件的概念。如果排除在外,否定了法院办案形式的多样性,也否定了法院案件办理尤其是重大、复杂案件办理系多要素共同作用的机理。[13]

还有一种意见,也是主导的意见认为:院庭长办案只能计入"直接办案",即院庭长作为承办法官或合议庭成员,直接办理个案,并承担相应司法责任的司法活动。"间接办案"只能计入工作量,不能计入院庭长办案制度中的办案数量。对此,最高人民法院《院庭长办案意见》明确规定,"各级人民法院院庭长入额后应当办理案件,包括独任审理案件、参加合议庭作为承办法官审理案件、参加合议庭担任审判长或作为合议庭成员参与审理案件"。"各级人民法院院庭长应当作为承办法官办理一定数量的案件。主持或参加专业法官会议、审判委员会,协调督办重大敏感案件、接待来访、指挥执行等事务应当计入工作量,纳入岗位绩效考核,但不能以此充抵办案数量。"厅字〔2017〕44 号文件要求"严格领导干部办案量的统计标准",显然也含有对院庭长办案的数量统计应当从严把握的精神。

笔者认为,虽然"间接办案"也属于法院审判案件的方式,概念上应当确认为办案。但院庭长办案制度中对"办案"的界定,则只能是"直接办案",即在一审、二审、再审等基本审判程序中,以独任或合议庭法官身份办案,并承担办案职责与责任。"间接办案"则不应当计入。因为,其一,只有限定于"直接办案",才能将"办案"与审判管理监督区别开来,进行分类规制。院庭长参加专业法官会议、听取案件情况汇报,以及组织协调案件办理,属于对审判的管理监督,系院庭长承担的另一类业务责任。如果计为"办案",就会出现概念的混乱以及规制上的困难。其二,"直接办案",才能体现审判活动的本质属性即亲历性。审判的亲历性,要求法官亲身经历程序、直接审查证据事实并听取当事人意见,以防止信息的遮蔽与扭曲,并借此产生合理心证。只有作为独任法官或合议庭成员办案,才能有效实现司法亲历性的要求。其三,作为法官直接办案,才能体现司法责任承担,从而达成此项制度的目的。

基于以上理由,笔者赞成最高人民法院文件规定的院庭长办案限于直接办案,但认为对此仍需作出更为具体明确的界定。由于合议庭一般成员作用较小,工作较少,责任较轻,[14]而院庭长属于优质审判资源,加之身份特殊,因此不宜作为合议庭一般成员。院庭长在合议庭中办案,应充当两种角色,一是审判长,二是审判长兼承办法官。对此,建议作出明确规定,要求院庭长办案,除担任独任法官审案的情况外,应当是作为合议庭审判长或承办法官审理案件。如有例外情况,也需要严格界定例外的条件和例外处理的程序。而且,相关制度还应当明确规定,院庭长担任承办法官办案的比例,应当不低于办案数的50%。对院庭长"办案"的内涵,作出上述更为明确和具体的规定,主要是为防止实践中院庭长利用相关规定的模糊性,利用其优越地位参审而不承审,当"甩手掌柜",导致办案形式化。

四、落实院庭长办案制度的若干意见

(一)总体意见

落实院庭长办案制度,是一项系统工程,涉及微观、宏观,法院内和法院外,制度的完善落实与支持保障条件的创造等方方面面的举措。然而,对落实该项制度的措施作总体分析,笔者认为:

1. 优化保障条件是确保制度"落地"的关键。落实院庭长办案制度,克服办案形式化,主要包括制度本身的完善与支持保障条件的创造这两方面的问题。相比之下,优化支持保障条件显然是更为突出的问题,甚至可以认为是落实此项制度的关键。因为经过这些年的实践,在总结实践经验并听取各方意见的基础上,中央和最高人民法院对院庭长办案的指导思想、操作原则、具体制度的设计安排,应当说已经比较清晰完善。制度落实的困难,主要是保障条件不足,尤其是长期以来形成的司法行政化的影响以及社会行政机制对司法的作用。即如前文所分析的那样,如果司法行政化以及社会行政机制对司法的强势影响不能从根本上改变,那么,院庭长办案尤其是实质办案不走过场,始终会是一个问题,一个难题。因此,如何从内部和外部提供此项制度运行必要的,至少是最低限度的保障条件,是落实此项制度所需要解决的根本性问题。

2. 完善基本规范是确保制度“落地”的前提。院庭长办案制度就顶层设计与宏观指导而言,应当说规范已经较为完善,指导意见也比较合理有据。尤其是2017年4月最高人民法院发布的《院庭长办案意见》,就院庭长办案的数量质量要求、主要实施措施和监督保障制度作了全面安排,由此所搭建的制度框架,已经比较完善。但是对某些具体问题,仍可根据落实制度的实际需要作适当调整以及进一步规制,如前文提到的就“办案”作出更为严格和明确的界定,以保障办案质量等。同时各地、各级法院需要按照中央和最高人民法院的意见制订实施方案,解决制度“落地”问题。如何设计制度“落地”的方案,仍然是需要解决的问题。

3. 提高思想认识,是确保制度“落地”的内生动力。落实院庭长办案制度,须进一步更新观念,认识落实此项制度的意义。提出这一要求,是因为在法院系统,尤其在领导干部中,对此问题仍然在一定程度上认识不足。长期以来,在法院系统内有一种较普遍的意识:当了院庭长,尤其是当了院领导,就可以脱离审卷开庭的具体工作,只需要指导办案、管理审判。落实院庭长办案制度,必须破除这种意识,在法院系统,乃至在全社会,树立身为法官的领导首先是一名法官的观念。不作为法官办案,就不能当法官,同时也没有资格对其他法官办案进行审判管理监督。

4. 多管齐下是确保制度“落地”的重要方法。不管是创制保障条件,还是加强思想政治工作,都不可能一蹴而就,尚有空间做应为、可为之事。行政机制的支配作用是大环境特征,在法院也可谓根深蒂固,但本轮司法改革,注意解决某些影响司法公正的全局性、根本性的体制、制度问题,已经具有适度切割社会机制与司法运行机制,从而维护司法机制相对独立运行的意向,并由此出台了一系列政策措施,如在内部的司法责任制、员额制改革,外部的人财物省级统管、跨区划司法机构的设置和运作。同时直接针对行政机制作用司法的政策文件亦出台执行,如《领导干部干预司法活动、插手具体案件处理的记录、通报和责任追究规定》,又如《保护司法人员依法履行法定职责规定》等,均为实现司法审判的专业化、独立性而提供的制度保障。如果能切实落实这些政策要求和行为规范,行政机制对司法的影响会受到一定遏制,对院庭长办案制度的保障将明显增强。

(二)完善规范,增强制度可操作性

完善院庭长办案的制度规范,关键是分案制度的完善。

1. 关于分案原则。法院如何分配案件给法官办理，并非简单的司法行政事务，而是重要的司法管理行为，因为它关系程序公正及实体公正，同时影响司法公信力。[15]最高人民法院《院庭长办案意见》规定："院庭长分案应当以指定分案为主。"这一原则规定的用意是"推动将重大、疑难、复杂、新类型和在法律适用方面具有普遍意义的案件优先分配给院庭长审理。"然而，指定分案制度的最大弊端是分案中的人为作用掩抑了程序和制度功用，为院庭长"挂名办案""选择简案"留出了较大的操作余地，因此有碍于院庭长办案的"制度化"。同时"指定分案为主"，还会妨碍院庭长办案的"常态化"。因为对于大部分法院而言，重大、疑难、复杂及新类型案件毕竟是少数，且诉至法院的时间不确定、不均衡，如果均要求院庭长办理这些大案、疑案、新案，客观上可能造成院庭长办案有时会"无米下锅"。此时，为了完成办案数量的刚性要求，院庭长突击办理系列案件、简单案件也就难以避免。

院庭长办案的制度化与常态化，须以分案的制度化、常态化为基础。因此，鉴于以上弊端，建议不再坚持或强调"指定分案为主"的原则，而应探索分案制度化、常态化的机制。法院分案制度化与常态化的基本机制，就是随机分案机制，这是各国法院分案制度的基本机制。然而，因为院庭长办案数量有限，且要求办理大、疑、新案，随机分案的作用亦有限，因此，也不宜将分案原则直接改为"随机分案为主"。笔者通过调研，认为可以采取适合于院庭长办案特点的多元化分案方式。这种多元化的分案，应考虑多种因素，考虑不同需求，实施不同的分案原则与方式。例如，对院领导和庭级领导分案可有区别。院领导可实行特定规则和条件约束下的选择性分案，而庭一级，尤其是副庭长，作为办案骨干，可主要实行设定重大、疑难等筛选条件下的随机分案。又如，不同层级的法院也可以有所区别。基层法院随机分案、循例分案的因素增加，而越高级别的法院，指定分案的因素越强。笔者在调研中，还发现一种增强制度化的操作方式，其要点是：其一，根据全院案件总量和员额法官人数，分类分级合理确定院庭长全年应办案件数量，以及每月最低办案数量，可按一定时段设定预警线；其二，按照重大、疑难、复杂、新型以及指导性案件的认定标准和移送程序，将大部分此类案件在院庭长群体中随机平均分配（个别缺乏办案能力而因工作需要入额的院领导可除外）；其三，当院庭长未完成的办案数量触及预警线，即未完成每月基本办案量，或季度、半年度预警设定值时，将院庭长编入审判团队参与随机平均分配案件。此种方式有利于推动分案工作制度化、常态化，但也可能存在操作不便，以及对院庭长群体未注意区别情况对待等问题。各地、各级法院还可摸索适合于自身的分案方式，努力推动院庭长分案的制度化、常态化。

2. 关于案件类型甄别机制。院庭长总体而言属于优质审判资源，因为他们通常就是资深法官、办案骨干，也因为他们具有更为优越的条件，掌握全局、协调关系、处理案件。因此，院庭长办案，应当“重点审理重大、疑难、复杂、新类型和在法律适用方面具有普遍指导意义的案件”。为此，需要进一步明确重大、疑难等类型案件的认定标准，健全择定机制。

目前，法院系统尚未建立统一、明确的重大、疑难、复杂案件的认定标准，因此，应当制定更具可操作性的标准，以便有效甄别和遴选。为此，需要按照刑事、民事、行政、执行等不同业务类型分别设立重大、疑难、复杂案件的认定标准。而且各法院可以根据本地及本院情况设定判别标准。如对刑事案件，就重大性，应考虑案件性质、可能的刑期、罪数、涉众性、社会关注与影响、重大程序变更（如抗诉、提起再审）等。就复杂、疑难性，应考虑事实、证据的数量与多重性，排除证据及其疑难，证据是否争议很大，事实是否真伪不明；应考虑是否罪与非罪，此罪与彼罪界限不清，或属于法律规定不明确或有冲突，适用法律有争议且解决争议较为困难。同时还应考虑案件处理结果、处理方式是否存在矛盾和难题，如可能引起有关部门的强烈反对，可能产生一定的舆论效应，甚至影响稳定等。应当针对这些因素，制定明确具体的判断标准，以便使立案人员能够根据具体标准直接筛选出大部分重大、疑难、复杂案件。此外，对新类型案件以及法律适用具有普遍意义的案件，尤其是对法律适用具有普遍指导意义的案件，对其认定标准和方法，也需要作出更为明确的规定。

在明确了认定标准之后，立案环节的甄别只是对标准的理解和执行。但在司法实践中，部分重大、疑难、复杂案件须通过对诉讼材料的深度审查甚至开庭审理后才能有效识别。因此，需要完善此类案件的移送办理机制。为兼顾办案效率和院庭长办案需求，在立案部门将案件移送到承办法官后，承办法官应当及时审查诉讼材料（审查时间在 3 天内为宜），发现案件符合重大、疑难、复杂等类型案件认定标准的，应即向审判管理部门提出转由院庭长办理。超过3天的案件,原则上不再转办,但承办法官或者合议庭仍须按照重大、疑难、复杂案件内部监督程序上报院庭长。[16]

(三)加强监督约束,提升制度刚性

落实院庭长办案制度的困难,在于这一制度是针对法院的管理者,带有“自我革命”的特性。因此,落实此项制度,需要采取更为有力的措施,以加强对院庭长的监督约束,增强制度刚性。

1. 加强院庭长办案的司法公开。为督促制度落实,厅字〔2017〕44号文件要求:“建立领导干部办案情况定期通报制度。”最高人民法院《院庭长办案意见》要求:“各级人民法院院庭长办案任务完成情况应当公开接受监督。”但其具体措施,仍是要求对院庭长办案任务完成情况,包括办案数量、案件类型、审判程序、参与方式、开庭数量、审判质量等,进行测算核定和定期通报。同时,还要求:“上级人民法院应当定期对下级人民法院院庭长办案情况开展督察,对办案不达标的要进行通报,存在委托办案、挂名办案等问题的,一经发现,严肃问责。”

以上措施对于落实院庭长办案制度均为必要。不过,考虑到对院庭长办案的行政监督措施效力有限,可以进一步扩大“公开接受监督”的范围。即如法院的“司法公开”,将审判情况向全社会公开,并接受各方面监督,院庭长办案也应当作为“司法公开”的一项重要内容,进入司法公开平台,接受社会监督。因此,应当建立、完善院庭长办案的分案情况(重点是案件类型)、裁判文书、审判质效的公开机制。这一司法公开措施可形成一种倒逼机制,不仅使院庭长进入审判庭审案,完成办案数量,同时也注重对审判流程节点的依法掌控、实体问题的正确把握,以及裁判文书的质量把关,从而自觉提升案件审判质量。应建立可以沟通、便于监督的司法公开平台,通过微信公众号、官方微博等渠道,方便民众监督。

2. 完善院庭长办案的考核机制。长期以来,司法绩效考核制度主要针对法院整体、内部单位以及法官个人进行考核,而对院庭长尤其是院领导的考核措施不多,内容也常有不实,依赖本级院考核则更易流于形式。与奖酬、进退挂钩的绩效考核是推进器和指挥棒,因此,落实院庭长办案制度,需要加强考核机制。

首先是合理安排考核内容。应针对院、庭不同岗位,设置不同的考核指标要求。除按照中央和上级要求,根据本院情况设置办案数量指标外,应重点明确在办案类型、质量效果方面的要求，防止办小案、简案和凑数案件。同时还应对审判程序、实体处理、裁判文书制作等具体环节提出要求，以防止形式化、走过场。其次是完善院庭长办案的考评方式。要在抓好平时司法档案建设、案管部门日常监控评查的基础上，突出以上级院为考评主体，增加考评的刚性和权威性，同时注重外部评价、实地检查、综合分析等方法步骤，从不同角度、不同层次，对院领导办案作出全面、客观、公正的考评结论。最后是加强考评结果应用。包括公示考评结果，使院庭长办案接受全院人员监督。对于办案业绩突出，尤其是带头办理大、难、新案，取得良好效果的院庭长，落实奖励措施；如出现质量、数量问题，则予通报和追责。考核情况应记入业绩档案，并影响其今后的评优、晋级与提升。

（四）调整管理制度，优化外部环境

1. 落实厅字〔2017〕44 号文，坚持审判管理监督的专业化原则，加强法院领导干部的职业化、专业化建设。厅字〔2017〕44 号文件，将法官检察官正规化专业化职业化建设，作为国家政治建设和法治建设的重要战略措施，也作为落实司法责任制的基本保障。要利用落实 44 号文件的契机，切实加强法官检察官正规化专业化职业化建设，创造有利于院庭长办案制度化、常态化的条件与环境。

（1）应当坚持审判管理监督的专业化原则，慎重任命法院领导干部。此处所指审判管理监督，不是党委、纪委的政治性管埋和监督，而是根据司法责任制实施文件所采取的审判质量内部控制措施。其中最为重要的是院庭长对案件审判的管理监督，包括程序管理、流程管理、大要案管理监督等。院庭长如不熟悉审判业务，就不可能对审判实施合理、有效、正当、合法的管理监督。因此，在选任法院领导干部时，除政治标准外，应依法坚持业务标准，防止将不懂法的干部选派到法院担任领导包括担任主要领导。此项措施，也是为了创造条件落实院庭长办案制度。否则，对法律和审判业务不熟悉，就很难实现办案的实质化，更无从实现带头办理“重大、疑难、复杂、新类型和在法律适用方面具有普遍指导意义的案件”。

（2）强化针对院庭长的法官职业化与专业化激励引导机制。加强法官检察官队伍的正规化职业化专业化建设，其对象当然包括身为法官检察官的各级法院检察院的领导。不过在实践中，对法院领导干部群体的职业化专业化建设仍重视不够，需要采取相应措施，以克服实践偏向。笔者认为，一项重要的措施,是以法官职级待遇作为入额法官包括院庭长待遇的主要依据,同时实行院庭长正常转为相应级别法官的制度,从而强化针对院庭长的法官职业化专业化的激励引导机制。这一点可借鉴大学的情况。在大学,校长、副校长(除个别管后勤的副校长外),通常具有教授身份。即使学校行政管理工作再繁重,他们作为教授,也必须上讲台,甚至必须为本科生开课,同时还要写论文。这是制度要求,校长们自己也认为理所当然。他们之所以坚持上讲台、写论文,与其工资待遇往往是由其教授级别而非行政级别所决定(个别副部级待遇的校长除外)有关,而且通常他们在任职前是教授,在任职期满后常常也是回到教授岗位。如果法院借鉴大学,以法官级别作为院庭长待遇的主要依据,同时,建立领导来自法官,任职届满后回归法官席的正常机制,[17]那么,对院庭长办案的认识就能显著提升,而此项工作的常态化就容易形成。

以上两方面的措施,均涉及我国司法领导干部管理制度的改革,难度之大,可想而知。然而,近年来的司法改革,已将符合司法规律,实现司法公正,同时加强司法的正规化职业化专业化建设作为国家的既定决策。作为自上而下必须贯彻的举措,在符合规律的改革逻辑之上,推动法院领导干部队伍建设的正规化职业化与专业化,并适当改革调整干部管理制度,确为必要,亦具备一定程度的可行性。

2. 落实《保护司法人员依法履行法定职责的规定》,优化院庭长办案的外部环境。中共中央办公厅、国务院办公厅《保护司法人员依法履行法定职责的规定》以及最高人民法院实施办法,已颁布施行一段时间,但执行的情况并不理想,已如前述。最高人民法院《院庭长办案意见》要求,严格执行《保护司法人员依法履行法定职责规定》及其实施办法,积极争取地方党委政府支持,进一步精简会议文件,压缩管理流程,确保院庭长有更多时间和精力投入办案工作。目前仍然须强调"两办"及最高人民法院文件的落实。按照中央文件及最高人民法院的要求,争取地方党委政府支持,创造必要的外部环境,保证院庭长办案时间和精力。

注释

1 孙海龙:《推进司法改革的重要举措》,载《法制日报》2016 年 1 月 29 日,第 3 版。

2 周强:《最高人民法院关于人民法院全面深化司法改革情况的报告》,载《人民法院报》2017 年 11 月 2 日,第 1 版。

3 时任中共中央政法委书记孟建柱 2017 年 7 月 10 日在全国司法体制改革推进会上的讲话,转引自王亦君:《司改推进四年多交出成绩单:全国基层法院检察院人均办案增长两成》,载 http://news.cyol.com/content/2017-07/11/content_16288281.htm,2018 年 3 月 31 日访问。

4 张广兄、沙瑞新:《对院长、庭长办案制的调查与思考》,载《法律适用》2006 年第 12 期。

5 高鸿:《让院庭长成为办案的主力》,载 http://www.ntzfw.org.cn/default.php?mod=article&do=detail&tid=719967,2018 年 2 月 22 日访问。

6 在法院调研时,多名法官反映,复杂、疑难案件主要是指那些法律没有具体规定或适用法律边界模糊的案件,以及证据事实特别复杂或真伪不明的案件。但在司法实践中,这类难案并不多。法官们常遇到同时最发怵的是那些"难缠"的案件。即当事人反复纠缠,甚至与法院死磕。上级法院为息事宁人,对这种案件容易改判或发回重审。院庭长即使审判能力较强,处理此类案件同样感到棘手,也不太愿意办理此类案件。

7 左卫民:《中国法院院长角色的实证研究》,载《中国法学》2014 年第 1 期。

8 林娜:《如何走出院庭长办案的困境:兼论我国审判权运行机制改革试点方案的补强》,载《法律适用》2015 年第 11 期。

9 在调研中,发现近一两年法院被普遍要求参加当地"扶贫"工作。而且"精准扶贫"具体要求法官尤其是院庭长每月甚至每周到扶贫点多少时间,有的还采取手机定位方式"精准"确定扶贫司法人员到位情况。

10 姜峰:《央地关系视角下的司法改革:动力与挑战》,载《中国法学》2016 年第 4 期。

11 这是笔者多年前就司法制度改革提出的一个基本观点。参见龙宗智:《论司法改革中的相对合理主义》,载《中国社会科学》1999 年第 2 期。

12 龙宗智:《"法院生态学"四题》,载《社会科学研究》2001 年第 5 期。

13 孙海龙:《院庭长办案优化审判生态》,载《法制日报》2017 年 1 月 3 日,第 3 版。

14 多数法院对合议庭审判长、承办法官以及一般成员的工作量与责任分担,按照 4∶4∶2 的比例。如果审判长兼承办法官,则按 6∶2∶2 的比例分担。

15 [荷]菲利普·兰布克、[意]马克·法布瑞编:《法院案件管辖与案件分配:奥英意荷挪葡加七国的比较》,范明志等译,法律出版社 2007 年版,第 1 页。

16 如重庆市第四中级人民法院在《重大疑难复杂案件内部监督程序暂行规定》中要求,法官、分管院领导在审判、执行过程中发现重大、疑难、复杂案件的,各相关职能部门在人民来信来访、上级交督办、网络舆情处理中,发现本院正在办理的案件属于重大、疑难、复杂案件的，均应当及时报告上级领导。收到情况报告，院长可视情况确定是否属于重大、疑难、复杂案件；属于重大、疑难、复杂案件的，进入内部监督程序。

17 厅字〔2017〕44 号文规定："根据个人意愿和工作需要，长期在审判、检察一线办案且多年考核业绩优秀的法官、检察官，到达法定退休年龄的，按照有关政策和干部管理权限，可以申请延长退休年龄。领导干部申请延长退休年龄的，应当免去领导职务从事一线办案。"这一规定已提出领导干部转为专任员额法官的问题，但是需有相关配套制度，包括法官退休制度的改革以及法官地位和待遇的进一步提升，否则实践中难以落实。

法院内设机构改革的矛盾及其应对*

内设机构改革是当前推动综合配套改革、落实司法责任制的重点问题之一。通过调研江苏、上海、贵州、四川、重庆等地司法改革的情况，笔者发现，虽然检察机关和法院都面临内设机构改革问题，但检察机关的问题主要是认识不一、方案各异。法院的情况则是总体上看动作不大，似乎改无可改。即使在司法改革试点法院，对中层机构也少有大的调整。但也有一些法院走在前面，作了体现“大部制”改革要求的尝试。其中，成都市中级人民法院（以下简称成都中院）的内设机构改革具有一定的代表性。笔者拟从介绍评析该院改革试点情况入手，分析法院内设机构改革调整需要注意的问题，尤其是需要协调解决的内外矛盾。

一、成都中院内设机构改革的内容和意义

成都中院从 2017 年上半年开始进行内设机构改革。首先是推行“大部制”。审判业务按商事、民事、刑事、行政设四个审判部门，将原设十余个审判业务庭归并入这四个内设单位，并作适当调整（如“三审合一”的环境资源庭归入行政审判部），承担本院审判业务；单设执行部门；设诉讼保障、诉讼监督两个部门，含立案、审判执行监督、诉讼服务、信息技术、审判管理、法律政策研究等业务单元，属于综合审判部门；设政治和司法政务两个部门，负责法院的政治和行政工作。

其次是与机构改革相适应，调整内部管理机制。按业务下沉、管理上收的精神，由分管副院长直接对大部实施审判监督管理，审判委员会专职委员

---

* 原载《法学杂志》2019 年第 1 期。

或原审判庭庭长任大部副职。审判庭职能虚化，建设专业化审判团队，并将审判团队作为一级管理主体。因此，由于分管副院长与部门领导重合，减少一个管理层级，形成了“院—审判部门—审判团队”三级管理模式，推进了“扁平化管理”。同时，执行业务按照“一体化”模式运行；司法政务与行政工作仍然按行政机制，实施层级管理。

最后是实施相关配套改革。如负责各大部审判业务的副院长不再分管法院其他工作，并应带头办案；在四个大审判部分别设置党支部，审判部负责人担任支部书记，各审判团队成立党小组；在各大部设综合保障团队，作为大部负责人的办事机构，协助实施审判监督管理。为全面推动改革，法院制订了改革实施的总体方案，同时就“大部制”改革背景下院庭长职责、各部组织结构、工作职能与实施要求、审判管理监督的各项工作等，制定实施了一系列新的工作规程。

这种改革所体现的探索与实践的精神难能可贵。笔者认为，其积极意义主要表现在：

其一，大部制依据法律关系和基本职能划分，符合机构设置规律。案件较多、法官较多的较大法院有必要设置中层机构，但其需要按照同类事务归并管理的原则进行设置，否则无法进行有效管理。成都中院改革基本实现了这一管理要求，部门划分逻辑比较清楚。

其二，贯彻大部制改革精神，弱化中层机构的业务管理功能，降低行政化因素，符合司法责任制改革的精神。成都中院改革所实施的“管理上收，业务下沉”，从管理科学上讲，就是缩短管理链条，实现扁平化管理。

其三，围绕内设机构改革的综合配套改革，具有积极意义。如法官员额内的副院长专管业务不管行政事务且带头办案，符合员额制改革精神；培育、组建专业化审判团队，体现审判的专业化与精密性；探索行政事务、审判辅助事务新的办理方式，提高工作效率；考虑两级法院及不同地区法院的区别，实行差别化机构设置，保持了一定的灵活性，等等。

二、法院内部机构设置的考量因素与评价标准

法院内设机构的性质可以定位为中层管理平台，大致可划分为业务管理平台、行政事务管理平台及综合管理平台三种类型。司法责任制改革重点改革的是业务机构，即审判、执行业务机构改革。根据司法管理学原理，

司法机关内部中层机构设定的意义：一是通过专业化分工提高效率；二是便于实施必要的管理监督。同时，前提是司法官数量较大，且案件较多。反之，则无须设中层机构，而实行扁平化管理。具体而言，司法机关中层机构设置应当考虑以下因素：

1. 根据业务工作性质，形成清晰的机构划分逻辑。同类型工作集中在一起，便于管理、监督与指导，同时也便于机构内人员的工作交流和相互支持。法院审判业务的基本划分标准是法律关系。一线审判，分为民事、刑事、行政三大基本审判类型，同时，民事又可分为普通民事和商事等；刑事审判也可作进一步的类型划分。由下至上的审判管理和审判指导，也基本上以法律关系划分条线进行管理和指导。这种以法律关系划分业务类型并作为内部机构设置的基本逻辑，是符合司法管理规律的各国通行做法，也是我们在中层机构设置和调整时应当首先考虑的因素。

2. 适应司法责任制改革要求。贯彻司法责任制，即要求实现"审理者裁判，裁判者负责"。内设机构的形式与功能应当符合责任制要求。为此，从横向看，应当防止部门划分过细，形成部门林立，人浮于事。而且在管理量相对恒定的情况下，管理面越窄，管理强度越大，承办负责制就受妨碍，因此，部门过多时应归并机构，适当扩大管理幅度，保障一线操作有相当的自主性。从纵向看，应避免管理层级过多，否则既可能增加信息传递障碍，又可能束缚一线人员的自主性与责任心。

3. 保障必要的事务管理和业务监督。司法责任制并不排斥必要的司法管理与监督。尤其是在中国司法背景下，司法的政策性、政治性较强，法官素质仍有待提高，某些案件还需要特别的审判监督管理。加之对人员的政治督导与行政管理也需要一定的中层机构及负责人员组织实施。因此，中层机构设置时，司法责任制贯彻与必要的管理监督两方面不能偏废。

4. 考虑办案业务量和司法官数量。案件数量标准是员额计算和机构设置的基本标准。因此，需要根据办案业务量及与之相适应的司法官数量，确定是否需要设置中层机构及中层机构的数量，避免管理面过宽或过窄。同时，在机构设置时，也应尽量注意各机构业务量和管理工作量在横向比较时大致平衡。尤其是在员额制改革后，定编定员是审判业务量为基础的，而这种业务量可能需要机构业务量的相对平衡来保障。

5. 适当考虑上下级机构的业务对接，尤其是对行政性较强的业务机构。

法院在审判业务上的审级关系,以及审判管理与监督,均要求上下审判业务的有效对接。涉及人、财、物管理的司法行政管理更要求下情上达、上令下行,因此中层机构设置应适当考虑上下级机构的业务对接。因此,各级法院内设机构设置可以因层级特点,乃至地区特征而有所区别,但承认区别时应当注意,原则上不妨碍上下级机构的业务对接。

此外,还应注意机构设置的基本统一性。区别于政治体制上的复合型与分权制,我国政治体制属于单一制,且集中性强。这种体制在机构设置方面的表现就是具有较强的统一性,防止各行其是。由于我国实行统一的法制,各地方人民法院功能配置有一致性,因此,在机构设置上也就不应该各行其是。虽然由于案件数量和特征以及工作特性等因素的区别,不同层级、不同地区的法院,内部机构的多少和设置方式有必要存在一定区别,不要求一一对应,但设置原则和基本标准应当一致,同时不妨碍或基本不妨碍上下级法院的工作联络。此外,对外的名称最好能保持大致统一,作为特定的、稳定的社会符号,便于社会所理解和接受。

三、深化改革需要协调解决内部矛盾

成都中院的改革模式具有一定的典型意义。据悉北京市第四中级人民法院(北京市铁路运输中级法院)、珠海市横琴新区人民法院、深圳市前海合作区人民法院等,也进行了类似推动审判管理扁平化的改革。然而,这类对内设机构的数量和法院的管理逻辑做较大调整的改革,是否符合目前法院的实际,是否可复制、可推广,尚需论证和检验。从成都中院以及其他部分法院改革的情况看,在中层机构设置问题上,需要着重解决好改革所产生的内外矛盾,首先是机构调整引起的内部矛盾。

(一)审判体内部司法性与行政性的矛盾

主要表现在审判业务团队与合议庭的内部关系如何设置。较大的法院实行大部制后,业务管理正面较宽,势必要设立若干审判业务团队,团队由主任、副主任法官,或固定的审判长在业务上把关、负责,这样做可能有利于实施审判管理、监督,保障案件质量,但团队与合议庭的关系如何处理,主任、副主任法官与员额法官的关系如何设置,不无疑问。如果团队负责人类似"小庭长",维持原有的审判庭与法官的关系,就可能存在"换汤不换药"的问题。这实际上涉及两个问题:一是业务层级的减少是否真正实现;二是法官负责制及平权原则能否体现。

审判团队负责人如果成为制度化设置，成为大部以下实际上的一个管理层级，应避免与司法责任制的精神相矛盾。以检察官责任制度改革为例，笔者曾在检察改革中倡导主任检察官制度，以实现骨干检察官享有较大权力，承担较大责任，从而贯彻司法责任制。[1] 最高人民检察院也采纳了下级院的改革经验和学者建议，试行主任检察官制度。但在中央部署的人员分类管理及员额制实施后，主任检察官制度的改革目的实已实现，如果在员额制基础上再实行主任检察官制度，可能增加管理层级，强化行政化因素，因此，最高人民检察院实施司法责任制的文件，已不再将主任检察官作为检察官的一个正式的制度层级，而只是办案组织的一种可选项。法院作为典型的司法机构，更应注意员额制基础上实行团队负责人监督管理制度可能对司法责任制的影响，从而合理设定院、庭以及审判业务团队的关系。

（二）“大部制”改革与特色业务及综合业务管理的矛盾

大部制改革需要减少部门，但一些法院、检察院在司法改革中根据本地或本院情况，设置专业性内部机构，如青少年案件、金融、知识产权、环境与资源保护等，这类特色业务及已设置的专门机构在内设机构改革中如何调整，是不少法院、检察院面临的问题。[2]

笔者认为，机构设置也允许有差别。在大统一的前提下，可以承认一些较小的差别，从而体现业务特色和亮点。特色业务的管理单位设置，可以采用不同方式，可设审判团队或办案组；如业务量较大，编制允许，亦可设置中层机构。

此外，通过司法改革，法院的某些审判业务，如知识产权、环境保护等审判，考虑到专业性及业务类型关联性，实行刑事、民事、行政三审合一。如果进行大部制改革，是否设置以及如何设置这类三审合一的综合性审判业务管理单位，也是需要考虑的问题。

（三）机构平衡性的矛盾

按法律关系设部，形成“大民事”“大商事”“小行政”，法官数量、案件数量不协调的问题较为突出。要注意避免有些大部管理正面过宽，管理责任过重。过去解决的办法是民事、商事进一步划分业务类型并分配审判任务，设多个业务庭。这也是国外法院的一种做法。如按法律关系设大部或大庭，部门业务量的平衡性亦应适当注意。

此外，内设机构的名称也需要斟酌。整合机构是政策性要求，中央《关于加强法官检察官正规化专业化职业化建设全面落实司法责任制的意见》（厅字〔2017〕44号）仅根据人员编制数量限制机构数量，同时遵循"精简、务实、效能"的原则，作出若干原则性要求。具体的改革方案包括机构名称仍需根据法院和检察机关的情况确定。法院审判设部或部门（Department），在各国都少有例证，且显行政性较强，因此似乎缺乏可推广性，如以设部方案修改法院组织法，估计也难以获得共识。[3] 而且，"大部制"主要适用于行政机构包括内部行政性较强的机构，如检察机关、法院是实行典型的司法责任制的司法机构，不是行政机关，因此，法院内设机构改革可以遵循大部制改革的基本精神，适当减少中层机构，以利贯彻司法责任制，但其本身不宜称为"大部制"改革。

四、深化改革需要合理应对外部冲突

法院中层机构改革乃至司法责任制改革，都面临外部体制的行政化与内部体制的司法化的矛盾，即外部矛盾，也可以称为社会逻辑与司法逻辑的矛盾。在党统揽全局、协调各方的国家体制中，行政逻辑是权力运行的根本逻辑，资源配置也基本按照金字塔式的行政性体制配置。而司法逻辑，需要贯彻司法责任制，保障审理者裁判，裁判者负责，要求实现专业化、职业化和独立性。二者如果协调不好，易生矛盾。

1. 法官职级待遇及相关问题。统揽和集中型体制中，资源配置具有行政性特点，即根据行政位阶配置资源，确定待遇。贯彻司法责任制，保障审理者裁判，裁判者负责，在配置资源上则应体现专业化与职业化。这是不同的资源配置原则。

目前面临的突出问题是去行政化后的职级待遇问题。法院实行大部或大庭制，部门领导由院领导兼任。原审判庭庭长的岗位保留，但责任相对虚化。法院力求让审判团队负责人享受中层机构正副职待遇，这样做就可以从整体上提高法院的行政职级待遇。然而，中层正、副职干部的配置数量大大超过原编制数量，获党委和组织部门认可的难度较大，因为打破了所谓当地编制配备的平衡性。即使由于当地党委支持改革等特殊原因获得职数增加，如无自上而下的制度安排，解决职级待遇问题在各地被普遍确认也不可能。而且实行大部制后，虚化的业务庭负责人实职编制还可能被收回，这也是一个具体问题。

目前,法院解决法官职级待遇的主要路径是法官职务序列的等级晋升,并打通法官职务等级与行政职级的对应性通道。然而,在目前体制中,无论是体制内职位阶级确认,还是法院内外的人员交流,乃至地方上的一些津补贴和奖酬制度,都体现出法官职务序列与行政职级的对等与融通还存在一定障碍。因此,目前法官实际的职级待遇不仅体现于法官等级,也体现于行政职级(对于有行政职务者),在这种情况下,注意改革有利于在整体上提高法官的实际待遇和地位应当是一个基本原则。笔者认为,我国法官地位和实际待遇整体较低,即使员额制改革后也未达到应有的保障条件,因此,如果能够实现整体上提高法官包括骨干法官的地位和待遇,改革即可推行;否则,应当慎行。

2. 较大数量非审判事务需要应对的问题。受现实政治体制影响,法院有较大数量的非审判事务需要应对。例如,经常学文件、听报告、组织各种政治活动;[4] 行政上法院要管单位人员的方方面面,包括出勤、纪律,以及住房、生病等种种工作和生活问题。法院虽有政治、行政专责机构和人员,但这方面的工作常常又须人员所在中层机构安排、实施(如政治活动需要中层机构组织,法官职级待遇有时需要中层机构领导去争取等)。因此,中层机构设置要兼顾"一岗双责"的政治功能乃至"一岗多责"的复合功能,满足现有体制对中层机构管理职能的综合需求。

3. 内部改革与外部的机构设置要求相协调问题。法院的某些功能机构受外部影响较大,外部的条线可能常常提出机构设置的特殊要求。如纪检、监察设于政治部,但监察委改革,纪委监察委对派出的专员及附设机构可能有特别要求。其他部门也可能遇到类似情况。各个工作口都强调自己工作的重要性,而重要性的标志之一就是机构专设。因此机构精简后又逐渐膨胀,循环往复,也是我国机构改革长期以来形成的规律。本次机构改革,如何能够应付内外要求,实现机构设置的相对稳定,也是需要注意的问题。

五、对法院内设机构改革的建议

在以上分析的基础上,笔者对法院内设机构改革中的突出问题谈一点不成熟的意见。[5]

(一)应当适应贯彻司法责任制和加强审判监督管理的双重要求

“审理者裁判,裁判者负责”是司法规律的集中体现,而且由于前些年法院以加强审判管理为名,违背司法规律,司法行政化呈极端化发展趋向,因此,推动法院司法责任制改革非常必要,对此,不应当有任何疑虑和动摇。但也应看到,由于中国特有的制度环境与司法条件,法官普遍状况还难以达到成熟司法制度的要求,同时由于诉讼的大量增长形成沉重的办案负担,因此,在贯彻司法责任制的同时,也需要以有效途径、适当方式加强审判监督管理。

从目前审判质效情况看,一个重要指标——“发改率”,即案件发回重审和改判的比例,不少地方在实行司法责任制与员额制后有明显上升趋势。[6]虽有多方面的原因,如上级审法官在责任制压力下力求裁判稳妥等,但也与部分一审法官不能适当把握统一的裁判标准,少数法官审理不尽职、不专业,以及法院审判监督管理不到位有一定关系。司法责任制之下,院庭长不善管、不敢管的问题较为突出。因此,在改变审判权运行方式,推行司法责任制后,加强审判监督管理的问题应当引起各级法院的注意。

加强审判监督管理就需要保持一定的监督管理层级,明确监督管理节点,确认监督管理主体及责任。法院内设机构改革应当体现这些要求,以保障合理有效的审判监督管理。

(二)应当原则保留院、庭两级管理

内设机构改革,在合并审判业务机构的同时,安排分管业务的副院长兼任各大庭负责人,将院、庭两级机构(分管副院长是实际上的一级机构)分别设置并分级行使监督管理权,转变为副院长与业务庭合并,成为一级机构和管理,这种压缩管理层级的做法,有利之处是加强审判业务管理的“扁平化”,为司法责任制创造条件。然而,笔者认为,除案件较少、法官较少的基层法院,其他基层法院以及中级以上法院,原则上应保持院、庭两级机构设置和监督管理。主要理由是:

1.便于实施必要的审判监督、管理。对法官少、案件少的法院,实行法院一级管理的“扁平化”监督管理模式是合理、可行的。然而,我国大多数基层法院案件较多、法官较多,如实行一级管理,将会出现管理正面过宽的情况。因此,分庭办案有利于审判工作的组织安排以及审判的监督管理。而且如前所述,法院审判业务区分民商事、刑事、行政等不同性质,适用不同的实体法与程序法,按业务性质分设机构实施案件和审判业务管理,符合司法管理规律,有利于促进审判的公正与效率。而分庭办案,其逻辑前提就是院、庭两级审判监督管理的并存。

2. 便于合理划分院、庭两级责任。法院设副职,是院长的助手,在一定条件下是院长的代理人,副院长应属院一级管理的重要构成部分。法庭庭长则属于法院业务内设机构负责人,受院长委托从事一定的审判监督管理工作。如果让副院长兼庭长,即使是业务大庭,也使院、庭责任混淆,庭一级职能作用不能彰显,这在审判监督管理工作量较大、责任较重的情况下,不利于有效推进审判监督管理。

3. 比较适应外部体制要求,同时提供法官发展空间。如前所述,统揽型、行政化的外部体制,需要法院内部机构设置在一定程度上与之适应。如大量"中心工作"需要法院参与,地方各种相关会议需要法院参加,各种非审判活动如政治学习、政治活动等需要法院组织。中国法院如像国外法院那样不配副职,则可能无法应付外部体制要求。而如法院副院长承担院、庭两级管理责任,也容易造成责任过重、兼顾不及的情况。设置庭长,对于适应外部要求,包括协调与审判有关的外部关系,也有一定的积极作用。

还应注意,庭长、副庭长的实际设置也为骨干法官提供了进一步的上升空间。虽然法官序列职级提升有一定的激励意义,但在目前的体制之下,从审判团队、业务庭到法院一级,仍然是有期望值的上升空间,同时也是一种有意义的激励机制。苏力教授曾论证了法院行政性上升空间作为一种法官激励机制的意义。虽然不能以此种理由反对司法责任制改革,但是对于这种改革需要符合中国国情是一种必要的提醒。[7]

(三)应适当设置管理节点,处理好审判庭与审判业务团队的关系

审判业务团队由法官及司法辅助人员组成,通常从事某些类型案件审理。在一些法院,审判庭合并后,审判业务团队实际成为审判监督管理的一个层级,承担了过去审判庭承担的部分监督管理责任。但是因此又出现了新的矛盾和问题。一是团队负责人趋于行政化的设置后,成为一个个的"小庭长",管理层级压缩的效果不明显。二是由于审判团队较多,业务庭虚化,出现所谓信息收集碎片化以及监督管理碎片化现象。因为院里向各审判团队收集审判相关信息,由于审判团队较多,汇总信息难度增加。同时因审判团队较多,由审判团队实施的审判监督管理呈现出分散化及碎片化现象,院

一级统驭协调难度增大，导致审判监督管理的弱化。三是监督管理随意性较大。由于审判业务团队本身并非正式的行政层级，实施具有一定行政性质的监督管理，其制度化、规范性、权威性不足，对团队内法官的审判行为，包括裁判决定的形成、法律文书的把关、法律标准和政策的把握等，作为团队负责人的法官管不管、怎么管，随意性较大。其管理方式受团队负责人的素质和特点以及与团队成员的关系影响。

鉴于上述情况，笔者认为，为推进有效的审判监督管理，需要保持适度的集中性，因此仍然应当以审判业务庭为审判监督管理节点，主要由庭长按照贯彻司法责任制及实施审判监督管理的规范，在院长、副院长领导与指导下，履行对本庭审判业务的监督管理职责。审判团队则应遵循员额法官平权的一般原则，同时，团队负责人协助庭长实施微观的审判监督管理。

注释

1 龙宗智：《检察机关办案方式适度司法化改革》，载《法学研究》2013 年第 1 期。

2 如有的法院、检察院少年审判、少年检察有较长发展历史、突出的工作业绩与经验，以及良好的社会影响，在大部制改革中是否保留，争议较大。

3 据悉成都中院及其下级法院的审判业务部门已不再使用“部”的名称，仍用“庭”来称呼中层业务机构。

4 笔者于 2018 年 3 月末，在广州参加法院综合配套改革研讨会，会上有法院院长称，中央一个重要的会议精神或领导指示，可能有中央、省、市以及基层四级传达贯彻，而且有党委及政法委、法院不同条线，因此同一文件内容有的可能需要参加四次以上传达贯彻的会议。

5 意见不成熟不是自谦，是与信息有限、思维受限有关。而且不同层级、不同地区的法院可能面临不同的情况，有的问题复杂交错，不是简单地实践探讨与理论分析就能廓清的。加之本文篇幅有限，也难以对一些复杂问题展开论证。

6 周维远：《审判权与审判管理权、审判监督权良性互动关系的重塑——以审判权运行机制改革为背景》，载杨松主编：《盛京法律评论》，法律出版社 2016 年版，第 111 页。

7 苏力：《司法改革的知识需求》，载《法治现代化》2017 年第 1 期。但须说明的是，苏力的文章所体现的对司法责任制的质疑，是笔者所不能赞同的。因为“审理者裁判，裁判者负责”系司法的常识。前些年司法行政化的极端发展，已经严重损害了司法公正和公信力。而且在中国的体制背景之下，实现司法行政化易而推动司法责任制难，责任制改革无疑十分必要。中国的司法责任制改革,整体上并不存在照搬西方模式,因此不适合中国国情的问题。因为即使推行此种改革,在重要案件上行政因素的介入也是毋庸置疑的。而且这种介入是由政治制度、司法制度与诉讼管理制度保障的。现时的改革,实际上只是将过度行政化的司法拉近司法规律一些,使法院比较“像”法院一些而已。

加强和改善审判监督管理*

司法责任制的基本逻辑是“审理者裁判，裁判者负责”，然而，在中国特定的社会背景与制度约束之下，此一逻辑贯彻于司法活动是有条件的。从技术层面讲，对审判权独立运行最重要的限制，是法院的审判监督和管理。一般认为，正是这种监督管理，才能有效组织大体量且日趋复杂和多样化的案件审判，同时在主观与客观条件尚显不足的情况下，通过制度修补以实现司法公正。然而，审判权符合规律地独立运行，与法院对审判活动所实施的监督管理之间，不可避免地会出现内在矛盾，甚至显现某种紧张关系。正确认识与适当处理这些矛盾，不仅可以化解二者间的紧张关系，而且对于落实司法责任制，同时最大限度地保障司法的公正和效率，亦具有极为重要的作用。

一、审判监督管理的含义与制度发展

（一）“审判监督管理”概念的来源与含义

法院审判业务，历来有审判管理和审判监督两个概念和相关制度。前者是指法院对审判活动的安排、组织与评价，后者则属法律程序概念，即对生效裁判的审查和提起再审。同时，审判监督概念，也被用于泛指法院内部对审判活动及审判结果的监督行为，包括案件程序和流程监控、案件质量评查与司法绩效评估，乃至个案监督等。在这个意义上，审判监督与审判管理并无实质区别。2013 年之前，法院对审判监督管理的工作内容，基本使用“审判管理”这一概念，涵盖案件流程管理、案件质量评查，司法绩效评估，以及“审判层级管理”等，其中包含“院庭长监督指导办案制度”。

---

* 与孙海龙合著，原载《现代法学》2019 年第 2 期。

2013年后，随着司法改革的推进、政法管理指导思想的调整以及最高人民法院院长等领导的更替，法院开始反思前些年推行的审判管理制度。[1] 因“管理”带有行政属性，为弱化行政色彩，“审判监督”概念更多地被使用，有时已替代“审判管理”一词。2015年2月，最高人民法院发布的《人民法院第四个五年改革纲要(2014—2018年)》将审判监督与审判管理并列，而且在要求“健全院、庭长审判管理机制”的同时，要求“健全院、庭长审判监督机制”，提出“规范院、庭长对重大、疑难、复杂案件的监督机制”等。虽然近年来业界也试图区分审判管理与审判监督概念及相关制度，[2] 但在工作实践中，两个概念及相关的制度范畴并无明确区分，而且业界普遍认为，通常情况下对二者并无明确界分的必要。2017年5月，最高人民法院发布《关于落实司法责任制完善审判监督管理机制的意见(试行)》(法发〔2017〕11号)，则不再区别审判管理与监督，而以“审判监督管理”这一概念统称法院对审判活动的监督管理行为。

根据最高人民法院《关于完善人民法院司法责任制的若干意见》(法发〔2015〕13号)，以及《关于落实司法责任制完善审判监督管理机制的意见(试行)》等文件，“审判监督管理”，是指人民法院为完成审判任务，保障司法公正和效率，对审判活动实施指导监督和事务管理的活动。[3] 其中，审判指导监督主要包括院长、庭长作为审判机关和内设机构负责人对案件实体裁决的指导监督、统一法律适用以及依法决定程序问题等活动；审判事务管理则包括审判流程管理、案件质量评查、审判质效考评，以及审判运行态势分析等内容。

(二)审判监督管理制度与实践的发展状况

我国法院的审判管理于改革开放后提出，并在20世纪90年代引起广泛关注，随后，制度得以逐步建立和发展。至2015年全面推行司法责任制之前，其发展过程可以大致划分为三个阶段。

1. 审判监督管理制度的初步建立和发展

此一阶段可大致界定于20世纪90年代初，到2009年《人民法院第三个五年改革纲要(2009—2013年)》发布之前。1991年，时任最高人民法院院长任建新在全国高级人民法院院长会议上提出：“如果我们还不认真研究和推行科学管理，那么，落后的管理和审判工作发展的矛盾就会更加突出，就会成为我们法院工作前进的一个滞后因素。”[4] 此后，陆续出台的人民法院改革文件，将适应形势发展和审判工作需要，加强和改善法院管理问题作为法院改革和制度建设的重要课题。1999 年发布的《人民法院五年改革纲要(1999—2003 年)》提出："以强化合议庭和法官职责为重点，建立符合审判工作特点和规律的审判管理机制"；2005 年发布的《人民法院第二个五年改革纲要(2004—2008 年》要求，"进一步强化院长、副院长、庭长、副庭长的审判职责，明确其审判管理职责和政务管理职责"。通过这一阶段的制度建设和工作实践，审判管理的三大要素，即流程管理、质量评查和绩效考核已基本形成。院长、庭长对个案的监督指导，虽未形成正式制度，但仍在实践中普遍施行。

2. 审判监督管理的强化和高速发展

2009 年以后，与政法思想强调集中领导与服务大局，以及司法体制改革主张"以加强权力监督制约为重点"相适应，对审判管理的重视前所未有。当年发布的《人民法院第三个五年改革纲要(2009—2013 年)》提出"健全权责明确、相互配合、高效运转的审判管理工作机制"。2010 年年初，最高人民法院即提出要求："面对繁重的审判任务，要更加注重加强审判管理，向管理要质量、要效率、要形象。"[5] 同年 8 月，全国大法官研讨班以审判管理为专题，大法官人人谈管理，个个论加强。王胜俊院长(时任)做专题讲话，提出了全面加强审判管理的工作任务和制度建设要求。2011 年，最高人民法院出台《关于加强人民法院审判管理工作的若干意见》，提出建立法院审判管理与人事管理、政务管理的大管理格局，提出"全员管理""全程管理""全面管理"等管理理念，并进一步确认和强化了现行的审判管理制度。2010 年至 2012 年，全国法院审判管理工作快速发展，从上到下建立和强化审判管理职能部门，[6] 各地各级法院纷纷召开专题会议研究部署审判管理，开展"审判管理年""案件质量年"等主题活动，在加强审判管理上形成了你追我赶、各显其能的竞争局面。

此一阶段的突出特征，是全面强化审判管理对审判活动的保障和制约，同时强调院庭长对审判业务应加强指导监督，以保障案件质量。因此，院庭长们普遍感到"有事做了"。另外，强化司法绩效考核，通过指标考核实施数目上的审判管理，对法院和法官审判业务也产生了重要影响。

3. 审判监督管理的调整和转型

审判管理的扩张，尤其是院庭长审判管理权的强化，使法院的司法行政化加剧,引起理论界质疑,法院系统也有所反思。2013 年 9 月,最高人民法院发布《关于切实践行司法为民大力加强公正司法不断提高司法公信力的若干意见》,明确提出:“建立院长、庭长行使审判管理权全程留痕的制度,加强对院长、庭长行使审判管理权的约束和监督,防止审判管理权的滥用。”2014 年 6 月,最高人民法院下发《关于新时期进一步加强人民法院审判管理工作的若干意见》,该意见重申审判管理作为法院三大管理的核心地位,以及“规范、保障、促进、服务”八字功能定位,要求坚定不移地全面推进审判管理工作科学发展,准确有效地发挥审判管理工作的综合效能,积极有序地构建新时期人民法院审判管理工作格局。该文件虽要求继续加强审判管理,但其内容以保障审判权为前提,实已呈现转型趋向。2015 年 2 月,最高人民法院发布《人民法院第四个五年改革纲要(2014—2018 年)》,改革意见围绕人民法院行使的司法权性质和价值展开,在此基础上,对审判管理权和审判监督权的规范行使及改革发展,也提出了指导意见。

随着新一轮司法体制改革的酝酿和展开而出台的上述法院改革文件,强调司法权作为判断权和裁决权的性质,强调法院建设与改革应遵循司法规律,同时强调行政权力介入司法应受约束与限制,实际上形成法院的审判权与审判监督管理权相互关系的转变,审判监督管理权过度干预审判权行使,甚至有时凌驾于审判权之上的情况,已得到改善。

二、推进司法责任制对审判监督管理的挑战

2013 年 11 月,中共中央《关于全面深化改革若干重大问题的决定》提出“推进法治中国建设”,对深化司法体制改革做了全面部署,要求建立司法责任制,实现“审理者裁判、裁判者负责”。2014 年,以司法责任制为核心的司法改革,随之展开。2015 年 9 月,在总结试点经验的基础上,中央全面深化改革领导小组审议通过了最高人民法院《关于完善人民法院司法责任制的若干意见》,该文件强调:“完善人民法院的司法责任制,必须以严格的审判责任制为核心,以科学的审判权力运行机制为前提,以明晰的审判组织权限和审判人员职责为基础,以有效的审判管理和审判监督制度为保障,让审理者裁判、由裁判者负责,确保人民法院依法独立公正行使审判权力。”自此,人民法院的司法责任制及与之配套的员额制改革全面推开,法院审判权运行机制发生重要转变:一是审判资源配置优化。通过员额制改革,法官、审

判辅助人员、司法行政人员各归其位、各尽其责，司法资源尤其是司法人力资源集中配置于办案一线，人均办案数量和结案率有较大幅度提升。二是新型办案机制基本形成。"审理者裁判、裁判者负责"的改革要求已初步落实。提交审判委员会讨论的案件数量大幅下降，由独任法官、合议庭直接签发裁判文书的案件已占案件总数98%以上。[7] 三是审判责任初步落实。由于审判权行使的主体较为明确，线条比较清晰，创造了权责统一的条件，审判责任制度与司法保障制度同步发展完善，对于保障审判公正，促进法官队伍建设发挥了积极作用。

然而，随着司法责任制的普遍实施以及审判权运行机制的改变，法院的审判监督管理面临新的挑战，出现了新的问题。

贯彻司法责任制所引起的挑战，集中于对院庭长的审判监督管理权力及其行使方式的挑战。因为司法责任制的基本逻辑，就是"审理者裁判、裁判者负责"。此种司法责任机制，是以确认司法权是判断权和裁决权为前提，同时确认作为判断权行使条件的司法亲历性，确认审理与裁决的统一性、权力行使与责任承担的统一性。这种司法逻辑，与办事和决定相分离以及上命下从的行政逻辑有根本区别。因此，贯彻司法责任制，必然要求"去行政化"。然而，院庭长基于审判机关及内设机构负责人的身份，所行使的审判监督管理权，其本质正是对审判活动的行政控制。可见，"去行政化"的改革与保持对审判的行政控制的要求，容易发生冲突，审判权的独立运行与审判监督管理之间的合理界限难以把握。

面对上述挑战，自司法责任制全面推开以来，最高人民法院在改革文件和日常工作指导中，对加强和改善法院审判监督管理提出一系列指导意见，强调审判监督管理对司法责任制实施的保障作用，各地各级法院在这方面也作出了较大的努力，在探索适应司法责任制改革的审判监督管理方面取得了一定的成效和经验，但也出现了一些较为普遍的问题。

（一）法院院庭长不敢管、不愿管的情况具有一定的普遍性

不能否认，在法院推行司法责任制改革后，部分法院仍然存在改革不到位、对法官与合议庭放权不足、新的审判权运行机制未能有效建立的问题，但因司法责任制改革一系列具体措施的实施，如改变裁判文书签发机制等，从全国各地、各级法院的普遍情况看，存在的主要问题已不是放权不够，而是控权不足，即法院的审判监督管理不到位。出现这种情况的一个重要原

因，是法院院庭长不敢管、不愿管。

审判权是判断权，合理有效的司法判断需要判断者亲身经历程序，直接审查证据事实，即坚持司法亲历性原则，因此让裁判权回归审理者，实现"让审理者裁判"，体现司法规律，也是贯彻司法责任制的基本要求。然而，院庭长并非审判法官，也非审判组织成员，仍然要实施案件质量监督管理，包括对某些个案进行监督指导，院庭长不免担心被认为是干涉法官依法独立审判，违背司法责任制关于"审理者裁判"的要求，因此出现畏首畏尾，不敢进行审判监督管理的情况。最高人民法院《关于完善人民法院司法责任制的若干意见》虽对院庭长监督的内容作出了规定，但原则性规定如何在具体情形中适用，仍然有一定困难，也会使部分院庭长担心把握不住界限而放弃监督。

另一种顾虑，是担心实施个案监督影响独任法官与合议庭的裁决后，按照"裁判者负责"的原则，承担相应审判责任。反之，如果不以监督管理手段干预审判，在合议庭与独任法官负责制之下，即使裁判错误，通常不致追究院庭长司法责任，充其量也只是检查一下"领导责任"。因此，"趋利避害"导致部分院庭长选择了对合议庭与独任法官审理的案件尽量少管乃至不管的态度。这种不敢管、不愿管的情况，与前些年审判监督管理过于强势，甚至将监督管理权置于审判权之上，乃至越俎代庖的情况，形成较大反差。

（二）实行司法责任制与员额制后院庭长不善于监督管理的问题比较突出

贯彻司法责任制，改变了审判权运行机制，法官与合议庭的裁判权得到基本的保障，审判监督管理权强势介入审判活动、影响审判结果的监督管理方式必须改变。但是，如何适应新的审判权运行机制，立足于目前法院审判的实际条件和状况，实施合理有效的审判监督，则是一个新的课题。对此，不少院庭长还存在不同程度上的"不知所措"。例如，长期以来，裁判文书的审查和签发，是院庭长实施常规性审判管理和监督，保障案件质量尤其是实体裁决公正性的基本手段，但适应司法责任制的文书签发制度改革，具有"釜底抽薪"的效用，使院庭长丧失了实施审判监督管理的一项重要"抓手"。在推行此项改革后，如何保障裁判文书质量及案件实体处理的公正性，是院庭长们感到为难，同时又缺乏"新招"应对的问题。又如，对案件审理的事中监督，前些年的司法实践中，院庭长的监督行为具有一定的主动性，如当时审判管理工作业绩较为突出的成都市中院，曾总结了"点、线、面"的审判管理格局中,在“点”上要管住“重点案件”“重点人员”的经验。即对重大、疑难、敏感案件院庭长要切实把关;对业绩考核靠后、业务能力较弱的承办人,则“重点监管,加强指导”,以防范审判失误和其他问题。[8] 但在司法责任制改革后,即使对重点案件,也须注意监督管理权边界,注意监督管理方法的谦抑性;而实行员额制后,是否还需要关注某些员额法官,以及如何进行关注,都是不太明确,也需要在实践中摸索的问题。

(三)对“放权”后出现的漏洞与偏差缺乏相应的应对机制

1. 实行轮流随机分案后人案匹配的矛盾仍需解决。所谓“人案匹配”,就是将案件分配给适合的法官,以保证办案质量,同时提高审判效率。这种匹配,涉及法院的分案制度。由院庭长指定人员办案,其积极意义在于可根据案件的性质与难易程度等因素,匹配适当的审判人员,但弊端是违背“法定法官”的分案原则,院庭长通过人为操作可能实际上影响审案。因此,轮流随机分案,符合司法规律,契合司法责任制逻辑。

司法责任制改革后,法院实行“轮流随机分案为主,指定分案为辅”的分案制度。这样做是符合目前我国法院实际情况的。然而,在操作实践中,由于指定分案容易产生院庭长人为影响办案之嫌,因此,除非是极少数受社会公众广泛关注的大、要案件,法院普遍实行轮流随机分案。但是,在员额法官的实际素质和办案能力参差不齐的现实中,这种轮流随机分案忽略了案件的性质、特点,也忽略了难易程度与法官能力的匹配。这就形成实际操作中的分案方式单一化。有的入额法官因缺乏经验及足够的办案、协调能力,对某些复杂、疑难案件的办理,不能实现良好的法律效果与社会效果,有时还造成效率低下。这种情况的出现,与司法责任制与员额制改革对员额法官的期望过高有关。因为目前进入员额的法官并非全能的审判专家,有的长于某一类案件,有的较年轻的法官还欠缺审判经验,而有的法官,尤其是中西部地区部分法院的法官,审判能力、业务素质尚不理想,因此,轮流随机分案的制度还缺乏充分的贯彻条件。“轮流随机分案为主,指定分案为辅”的分案原则在实施中,未能充分区别各法院不同情况来设置与之相适应的执行制度,从而形成“人案匹配”中的部分错位,有些疑难、复杂、新型案件因审判人员能力不强,办案效果不佳。

2. 院庭长监督管理的识别机制与启动机制需要完善。在目前的改革框架内,院庭长对审判个案的监督,是一种选择性的、经个案识别而启动的特殊机制。为了明确选择根据，最高人民法院《关于完善人民法院司法责任制的若干意见》以及《关于落实司法责任制完善审判监督管理机制的意见（试行）》规定，“涉及群体性纠纷，可能影响社会稳定的”等四类案件，院庭长有权要求独任法官或者合议庭报告案件进展和评议结果；独任法官或者合议庭也应当主动按程序向院庭长报告。然而，操作关键在于如何识别这四类情形从而启动监督程序。目前的识别机制不完善，实践中很难事前判断。除部分有明显标志的案件，其他类型案件，或者其识别判定缺乏明确的标准，如案件疑难、复杂性的判断；或者因条件所限，难以进行有效的比对，如可能发生裁判冲突的案件，这就导致相当一部分应当被监督的个案难以进入监督程序。

另外，由于取消裁判文书审批，院庭长尤其是案件数量较大法院的院庭长，对正审理案件的情况大都不甚了解，难以启动监督程序。因此，通常情况下，是靠合议庭与独任法官主动报告，而专业法官会议、审判委员会的研究，也主要由合议庭或独任法官启动。如果合议庭与独任法官不报告、不提交，案件就不能进入监督程序，原设计的个案监督制度就会落空。

3. 改革条件下审判质效管理的方法需要改善。对审判质效的管控，除事中的个案监督外，事后的质量评估应当发挥重要功能。然而，在推进司法责任制后，案件质量评估对提升审判质效的作用并不显著。一方面，质量评估长期存在的一些问题在相当一部分法院没有得到很好解决。另一方面，对个案审判的行政性干预降低后，缺乏新的、有效的质量管理方法。具体问题表现在：其一，案件质量评估功能定位有偏差。根据最高人民法院《关于开展案件质量评估工作的指导意见（试行）》，案件质量评估的目的是客观、公正地评价人民法院审判工作，加强人民法院审判管理，强化监督，提高审判质量。但在实践中，多数法院更加看重案件质量评估横向比较中的数据排名，过分重视指标数据，难免违背司法规律，偏离案件质量要求。其二，简单套用最高人民法院评估的指标体系，对地区差异、层级差异考虑不够。其三，过度依赖定量方法，重视评估数据，却忽略定性方法的优势，妨碍了质效评估的质量。其四，对民众在司法中的获得感重视不够，评估中少有当事人视角，且对当事人权益保障问题未充分重视。[9] 司法用户及社会公众的满意度未能成为审判质量评估的重点内容，而且“公众满意度”的调查往往走过场。其五，审判质效分析不深入，妨碍质效管理能力提升。提取审判质效数据，是为了实现信息对称，让院庭长及其他法官能够通过案件数据的分析，发现问题、解决问题。目前法院的审判数据多以“列表式”处理，重视数据统计，但对获得的数据所做分析深度不足，数据潜力未获充分利用。如常常缺乏对特定类型案件及审判情况的具体分析，而对法律适用的要点、司法政策应用等也分析不足，对审判经验总结不够。

（四）某些审判监督管理制度未能发挥预期功效

专业法官会议制度运行成效不明显。弱化行政干预，同时发挥专业法官会议的咨议功能，是改革的预期，但实际效果不太乐观。其一，该制度不适于证据事实判断，其应用范围有局限性。其二，有的院庭长存在“多一事不如少一事”的惰性，以及“不监督不过问没有责任、监督不好就有责任”的顾虑，不愿主动实施监督，将案件提交专业法官会议讨论。而且从会议研讨情况看，由于案件并非其他法官承办的案件，在参加讨论的员额法官本身就有很大办案压力的情况下，这些法官甚至包括院庭长，既难充分斟酌案件情节乃至细节，思考其中的疑难问题，又因不负司法责任而在发表意见时可能比较随意，常常难以超出合议庭法官经反复思考已认识到的问题范围，讨论情况往往是“众说纷纭”，最后仍然只能由承办人及审判长去自行判断。这就导致部分专业法官会议讨论案件质量不高，对法官的帮助有限，甚至有的法院专业法官会议形同虚设。

案例指导功能不足。推进司法责任制改革后，个案裁判的独立性增强，导致法律适用统一性问题凸显，而且上级法院对下级法院的审判监督也需要完善机制。近年来最高人民法院大力发展案例指导制度，但由于我国并未确立案例拘束力制度，案例指导在实践中是法律效果较弱的一种软性制度。虽然各级法院都试图加强案例指导工作，但除最高人民法院的“指导性案例”外，省以下法院编撰的案例缺乏实际约束力。而且，由于案例发现、研究、生成、应用的机制不健全，案例库尚不充实，案例对裁判统一性的指导作用十分有限，裁判个案的法律适用不统一问题未能获得有效解决。

审级制度部分失灵。贯彻司法责任制所要求的审判在法院内部的相对独立，也包括上下级法院之间的审级独立。上级法院对下级法院的个案监督，应通过法律程序上审级监督实施。其宏观的对下级的监督管理，则主要通过下发司法政策性文件、会议指导、案例指导等方式进行。早在2010年，最高人民法院就下发《关于规范上下级人民法院审判业务关系的若干意见》,要求严格执行审级制度,废除内部请示报告制度,对于重大、疑难、复杂以及具有典型意义案件,可移送上级法院审理或由上级法院提审。该文件意图解决上下级法院关系行政化问题,然而,却长期未能有效执行。这在过去司法行政化的情境中,尚可理解,但司法责任制改革后,审级独立的问题却未相应获得解决,下级法院直接的、变相的内部请示报告大体上依然如故。上级法院法官常通过听一听汇报(有时也翻阅案卷),但并未亲身经历程序全面审查事实,就发表指导意见,这些意见往往被下级法院奉为“尚方宝剑”。这既违背司法规律,破坏两审终审制,损害当事人权利,又导致司法责任不明和责任不落实,损害了司法责任制。

院庭长审判监督管理所存在的上述问题,对审判质效产生了一定影响。司法责任制改革后,部分法院审判质效数据出现了较大波动。突出表现于案件的改判和发回重审数据,即“发改率”的变化。有学者调查了司法责任制改革后的审判质效,发现案件发改率上升具有一定的普遍性。以重庆市第四中级人民法院为例,2013 年案件发改率为 7.27%,2014 年猛增到 15.59%,2015 年继续上升到 18.52%。[10]办案的质量和效率是检验改革成败的直接标准,而发改率又是衡量审判质量和效率的重要指标。受各种因素影响,发改率有小幅波动是正常的。但如上升幅度较大,又有一定的普遍性,就需要关注和应对。我们分析认为,这种现象与司法责任制改革后案件质量保障措施不足,包括院庭长监督管理的缺位有关。司法责任制改革后,一方面,一审法官自行裁判,法律适用的统一性较之过去有所下降;另一方面,二审法官自主意识及司法责任意识增强,对法律的理解与适用较之以前可能更为保守。同时,二审法官基于对办案时间、精力和审判责任承担的考虑,容易趋向于将可能有问题的案件发回重审,由此导致发改率升高。在这个过程中,由于取消裁判文书审批,限制院庭长案件审核权,院庭长对案件裁判了解程度有限,监督难以实施,而且质效管理的其他措施效用不足,也是部分案件存在审判质量瑕疵,导致发改率上升的重要原因。

三、正确认识和处理改革推进中司法逻辑与行政逻辑的矛盾

在实施司法责任制后,部分法院的审判监督管理方法不足、力度不够,审判质效受到一定程度的影响,这种状况应当引起我们的关注。值得注意的深层次问题,是上述现象背后的法院审判活动中司法逻辑与行政逻辑的

矛盾。

司法逻辑,即由“审理者裁判、裁判者负责”这一原则所体现的判断性、亲历性、独立性、审裁统一性及其责任机制。而行政逻辑,即对审判活动的行政控制。最为直接的是院庭长利用行政管理权所实施的个案事中监督,而案件质量评查、审判绩效考核的事后评价监督与管理,其实施方式和效能也体现行政管控要素。

司法责任制改革,必然意味着对审判行政管控的弱化,即司法行政化因素的减弱。这势必使法院原有的一些实施质量管控的行政化措施失效,加之贯彻责任制的影响,审判质效数据出现某种程度的波动应属较为正常的现象。即使出现这些情况,我们也应当看到,过去那种司法行政化的运行机制,一线不行就加强二线的业务逻辑,院庭长发号施令甚至越俎代庖的管理方式,不符合司法规律,不利于司法公正和法院建设,虽然有时也有一时管理功效,但从总体效能看无异于“饮鸩止渴”。推行司法责任制的改革,使审判活动体现司法逻辑、符合司法规律,有利于案件总体质效的提高,也使“法院像法院,法官像法官”,有利于法院的长远建设及法官队伍建设。从实际效果看,也正是如此。改革以来的案件质量与法院建设在整体上受到社会与业界的确认,司法责任制改革受到法院内外的肯定。因此,我们不能因为改革中出现的某些问题而动摇,不能回到过去那种“收收、放放”的恶性循环,而应当毫不动摇地继续推动改革,落实司法责任制。

在我国整体管理体制行政化而且权力高度集中的态势下,坚持司法的职业化和审判权行使的专业性,落实司法责任制而且持之以恒,实际上是有相当难度的。司法逻辑与行政逻辑的矛盾,正是法院工作中的基本矛盾,也是落实司法责任制所遇到的主要矛盾。按照中央要求和改革部署,落实司法责任制,就必须抑制司法行政化倾向,坚持审判权的主导性,保障审判权核心价值和基本范围不受损害。审判监督管理权,是衍生、从属于审判权的辅助性权能,不能因为强调监督管理而妨碍审判权的正当行使,更不能超越审判权或取代审判权。因此要求审判监督管理权的运行,应坚持以审判权为中心,努力遵循审判活动规律,实现审判监督管理的科学化和正当性。

从上述问题分析中我们也应看到,司法责任制改革不能孤立推进,而应当注意与之相适应的“综合配套改革”,如分类管理及司法员额制的适当推进、法官履职保障机制的强化、法院审判监督管理方式方法的改革,以及法院信息化及大数据建设水平的提升等。这些综合配套改革措施,正是司法责任制贯彻的基础和条件,也是司法责任制取得良好效果的必要保障。尤其是保障法官素质和能力的制度措施。法官素质不高,即使已进入员额,但责任所托非人,难以对案件作合理判断与正确裁决,责任制无法有效推行并取得成效。

在认识到司法责任制制度价值的同时,也应注意,目前实施的司法责任制,仍然受中国司法的现实条件所制约。因此无论法律人及法学学者的主观愿望如何,当前条件下,还不能不对审判活动实施一定程度、特定方式的行政控制,以贯彻国家政策,保障案件质量。

制约司法责任制实施的主要因素,可概括为三个方面。一是"主体制约",即审判主体——法官状况的制约。对此,应注意分类管理与员额制改革成效的有限性。因为分类管理与员额制,仍然是在现有审判人员中进行遴选,即使进入员额的法官,较为优秀的仍然是少数,相当一部分素质不高。而且,整体性法官保障制度的不足,也难以养成合格的法官队伍。这些年来,包括实施责任制、员额制改革以来,骨干法官流失问题十分严重,法官整体素质并未获得改善,甚至出现局部下滑。在这种情况下,不能不以某种行政控制,来管控某些审判行为并保障案件基本质量。二是"客体制约",是指少量案件具有特殊性,如复杂、疑难且有较大社会影响的案件;某些案件,如高级干部的腐败案件,有较强的政治性并与干部管理体制紧密联系;某些案件,其司法活动需要充分实现当时之国家政策要求,如2018年年初开展的"扫黑除恶"专项行动中的案例等。对这些较为特殊的案件,按照现在的司法体制与司法政策的要求,需要某种具有特殊性的办案管控措施。三是司法责任机制制约。严格地讲,司法责任制主要是法院内部个案办理的责任承担机制,属于微观责任机制。在国家管理层面的宏观机制中,法院是以其整体并以院长为代表向国家及执政党负责。由此,在某种程度上实际形成了所谓"权力在法官,责任在法院,压力在院长"的责任机制错位现象。就外部性而论,责任在法院而非法官个人。由法律机制看,宪法、法律是以法院为权力主体,确认"人民法院独立行使审判权"的原则;而政治责任机制,也是以法院及其负责人为责任主体。因此,审判责任即保障审判质效的压力必然加之于院长及其行政下属。院庭长对审判质量的行政控制,因此形成必要,而且获得某种正当性。不过,这种行政控制仍然需要采取适当方式,不得逾越审判权保障底线。即以行政权为主要基础的审判监督管理,与体现司法权特征的审判活动,彼此之间需要设立相对合理的界限并实现良性互动。

四、加强和改善审判监督管理的原则和要求

加强和改善审判监督管理,关键在于创新监督管理机制。如李少平大法官所称:“去行政化不是去管理监督,但强化监督管理,并不是要再绕回案件请示审批的老路子上去,而是要以变应变、以新应新,适应新型审判权力运行机制要求,创新监督管理机制。”[11]

(一)构建服务保障型监督管理

推行司法责任制之前的审判监督管理,因整体上强调院庭长的审判管理权,重视“层级管理”,而具有较为明显的科层制特征。实行司法责任制,必然要求审判监督管理方法的模式转型。这种转型,可以概括为构建“服务保障型”审判监督管理。即审判监督管理应服务于审判活动,保障审判权行使,保障审判质量和效率,以该性质和宗旨来设定监督管理的方式与方法。这种转型的具体要求包括:

1. 努力发挥服务于审判的作用。“审判管理是审判活动中产生并服务于审判活动的管理行为,审判管理权应当服从并服务于审判权。”推行司法责任制后,审判监督管理更应强调其服务审判的功能。无论是审判管理部门,还是其他具有监督管理功能的机构,均应坚持“以审判为中心”,服务于审判工作。即使是体现行政性纵向关系的院庭长审判监督管理,也应当强调其服务作用。这种服务主要表现在两个方面:一是审判信息服务。其包括:类案信息(判例、学说等)推送;提示案件背景信息,帮助合议庭及独任法官全面了解案件情况;提供信息,协助对某些敏感和受社会关注案件进行效果预判等。为审判法官提供全面、有效的案件相关信息,为法官正确判断和处理案件提供必要资讯条件,是审判服务最重要的内容。二是审判事务服务。审判管理应当通过对审判事务分担、调整,协助审判法官正当、高效地进行审判活动,如将司法鉴定、公告、法律文书送达等法院对外的审判事务性工作,集中由专门的审判管理部门完成,以减轻法官工作负担,同时增强工作专业化程度。

2. 注意发挥保障审判权行使及审判质量和效率的功能。在行政逻辑十分强势的现行体制中，依循司法责任制，有效保障审判权行使，始终是审判监督管理需要重视的问题。为此，要求审判监督管理权的行使要严格控制在最高人民法院《关于完善人民法院司法责任制的若干意见》确定的范围内；要求院庭长对没有参加审理的案件，除参加专业法官会议、审判委员会外，不得发表倾向性意见，不得直接否定或改变合议庭意见。同时要求院庭长全部管理和监督活动要记录在办公平台上，实行全程留痕。另外，为保障审判质量和效率，院庭长对应监督管理事项也应当切实负责，要克服目前一些院庭长不愿管、不敢管的问题，对须监督的案件进行有效监督，而不能放任不管。

(二)发展精准化监督管理

通过监督管理保障审判质量效率，在监督管理方式转型的同时，要注重提高监督管理水平，实现精准化的监督管理。精准化的具体要求主要包括：其一，监督管理案件范围以及监督内容的准确界定。由此防止扩大行政干预范围，损害司法责任制，同时在严格界定范围的基础上，就应监督的案件和案内事项保持监督力度，实现监督效益。其二，主要的审判监督管理制度趋于细致精密。如对院庭长个案监督、流程管理、质量评查、绩效评估等主要的审判监督管理措施，应根据改革的要求与法院的实际，在总结过去的实施经验和教训的基础上，在制度设计上更为合理、细致，以利于操作。其三，实际操作中对不同价值及相关约束条件适当权衡并把握好界限。司法责任制与审判监督管理并行，实践中司法逻辑与行政逻辑的矛盾将不可避免，保障审判权行使与保障审判质量效率有时也会产生冲突。审判监督管理的精准化，要求作出适当的利益权衡与矛盾协调，同时能够根据实际情况适时调整监督管理措施，以最大限度地实现审判的公正和效率。其四，通过精准化的监督管理，促进审判资源的动态优化配置，推动质效指标的改善。法院的审判监督管理须及时回应审判需求。尤其在审判案件体量大的情况下，更应注意根据案件数量变化和审判质效变化情况适时调整审判资源配置。例如，通过对收结案情况的条线分析，及时调整配置审判资源，包括业务部门的业务类型调整，以及院内审判人员调整，避免忙闲不均，促进人案匹配。同时，审判监督管理还应根据质效指标数据变化，及时调整关注重心，发挥指导功能，促进审判质效优化。

（三）区别普通案件与特殊案件，防止以“权变”害“常经”

对不同类型案件采取不同的司法方式和策略，这是司法的基本原理。在我国目前的体制与社会条件下，贯彻司法责任制，同时实行对特殊个案的审判监督管理，一定要注意一个问题，既不能否定对特殊案件的特殊应对需要，又不能因此而冲击司法责任制。这实际上是一个司法的“常经”与“权变”的关系。为此，需要在承认司法意识、司法管道、司法方法、司法责任有区别的基础上，建立不同的司法应对系统，保障此类案件特殊的司法需要，同时维系普通案件的审理秩序和责任机制。因此，对重大复杂疑难敏感等符合个案监督标准的特殊个案，需要建立专门的管理平台，明确此类案件的发现、监督启动与审判监督管理的特别程序。否则，混淆两类案件，责任意识就会模糊，司法责任制改革就可能前功尽弃。

（四）实现审判信息对称

在社会政治、经济、司法等活动中，一些成员拥有其他成员无法拥有的信息，由此造成信息不对称，并影响决策的合理性与有效性。审判监督管理中的信息不对称，主要是指审判监督管理主体与审判主体享有不同的信息量，前一主体对一线审判情况未充分了解，同时，后一主体对个案的部分非显在信息、类案信息，以及审判的整体状况等又未充分掌握。而审判管理的基本功能，就是要实现审判信息对称，使相关信息在法院审判主体和审判监督管理主体之间交流融通，以充分利用审判资源，提高审判质效。其功能之一方面，是使审判监督管理者掌握足够的审判一线信息，为精准化的监督管理提供条件；另一方面，是为审判者提供支持审判所需案件信息，如案件背景信息、类案裁判、法规法理等。工作内容和步骤如下：

第一步是构建审判信息平台，提供相关信息的收集、创造、交换、使用和反馈的基础和框架，亦即建设所有个案审判信息实时生成的网上办案系统及数据中心（含“大数据”）。在此平台上，嵌入审判监督管理功能模块，并设置监督管理平台，使之能够整合审判信息，实现审判资源及资讯的合理配置与分布，实现程序管理和个案监督功能并全程留痕。第二步是收集整理信息。包括实时收集信息并进行综合分析，加强数据中心建设，集中那些分散存在的审判信息，包括本院的案件信息（小数据），以及各级法院有关典型案例和类型化案件法律适用等信息（大数据）。数据中心应加强对纷繁复杂的审判信息包括审判资源配置信息进行梳理和分析，并形成逻辑清晰、便于使用的信息管理模式。第三步是利用并进一步生成信息。院庭长、审判法官等审判活动主体,根据个案办理及监督需要在审判信息平台获取相关信息,使用时又将审判活动及审判监督管理活动信息及时反馈到数据中心。第四步是通过信息融通进一步实现信息对称。在审判信息生成、集聚、创造、使用的动态过程中,审判主体与审判监督管理主体之间交互作用和互动,并通过专门的审判管理工作,形成审判运行态势分析、审判质效指标统计评估、案件质量评查通报、类案审判指导意见、典型个案分析与推荐等信息成果,为院庭长在审判资源配置、审判流程管理和质量控制上的决策与安排提供条件,为法官的个案及类案审判提供参考,充分实现审判信息对称。"智慧法院"建设,包括大数据的建设和运用、人工智能包括类案智能推送等辅助手段的进入,可为加强信息化建设,实现审判信息对称提供必要条件。

(五)形成差别化监督管理

审判监督管理的原则、范围、基本方式和要求,已由最高人民法院关于指导司法责任制改革及规范审判监督管理的文件予以明确,但具体的操作模式和方法,应当根据各个法院的实际情况确定。因为法院层级不同,其审判及审判指导功能有区别;不同地区的法院,案件类型与体量、审判主体条件、客观条件与环境等影响审判监督管理的因素有区别。因此,需要在遵循司法责任制改革的基本原则和制度要求的前提下,设置与推行有差别的审判监督管理。例如,前述司法逻辑与行政逻辑的运行关系,在办理一审案件的基层法院,应当更加强调遵循司法责任制的内在逻辑;而在集中办理大要案件、疑难和新类型案件的中级人民法院,则可能适当加强个案审判监督。但同时也应注意,中级人民法院的审判人员的整体素质优于基层法院,审判监督管理的方式方法,则可能需要有别于基层法院,如更多采用提示、引导等更为软性的方法。总体而论,发达地区法院审判条件包括主体条件及审判的软硬件条件较好,同时案件体量大、类型复杂,而欠发达地区审判条件通常相对较弱,案件类型也相对简单,司法传统中的行政元素较重。因此,不同地区法院,可根据不同主客观因素调整监督管理方法,以符合本院实际,保障审判质效。尤其值得注意的是,法院的内部结构不同,监督管理方式也应不同。例如,为推进司法责任制,有的法院实行大部制,已经使审判庭建制虚化,监督管理当然应随之趋于"扁平化"方式。

五、加强和改善审判监督管理的主要举措

（一）加强和改善院庭长的审判监督管理

法院的审判监督管理，包括审判管理部门等监督管理部门以专管职能为基础的横向监督管理，与院庭长以行政管理权为基础的纵向监督管理两种基本类型。鉴于司法责任制改革后出现的监督不力及审判质效波动，加强和改善审判监督管理，是当前加强和改善审判监督管理工作的重心。

1. 细化院庭长监督管理的范围与职责

在最高人民法院关于司法责任制和审判监督管理文件的框架基础上，细分院庭长的监督范围，细化监督职责与方法，以保障监督合理有据，同时实现不同主体监督内容的衔接，形成适合本院情况的院庭长监督管理模式。就职责细分，基于不同的职权和责任以及法院制度安排，应当明确正副职区别及院、庭区别。法院院长承担监督管理的主要责任，因此，应负责法院层面重要的审判监督管理，主要包括：其一，依法启动审判委员会程序并主持讨论；其二，依法对审判人员回避、罚款、拘留等重要程序事项和强制措施作出审核决定；其三，监督发现法官的违法审判行为或者相关线索，启动专项评查；其四，决定组成合议庭包括审判委员会委员合议庭，审理特别重大、疑难、复杂案件等。

副院长协助院长实施审判监督管理，经院长授权，可行使院长的监督管理职权。在日常监督管理工作中，其职责主要包括：其一，依法对审判过程中的保全、扣除审限法定事由等一般程序事项作出审核决定；其二，担任审判长审理重大、疑难、复杂案件；其三，组织开展庭审评查和裁判文书评查；其四，对合议庭提出的疑难复杂问题提出参考意见和建议；其五，决定和安排专业法官会议讨论案件；其六，召集跨业务庭审判长联席会议研究类型案件裁判尺度；其七，对审判委员会讨论决定案件的裁判文书制作进行指导；其八，发现法官在办理案件中存在违法审判行为或者相关线索，及时报告院长。

庭长的主要监督职责包括：其一，监督审判流程节点的案件办理情况；其二，召集业务庭内审判长联席会议及专业法官会议研究类案裁判尺度及个案法律适用问题；其三，协助分管院领导开展庭审评查和裁判文书评查；其四，发现法官在办理案件中存在违法审判行为或者相关线索，及时报告

院长。

2. 建立重大疑难复杂敏感案件的台账制度

建立台账，是对需要实施个案监督的特殊案件的一种可选监督管理方式。其意义在于建立一个专门的管理平台，通过常规性、规范化、痕迹清晰的信息系统，保障对这些案件监督管理的正当性与有效性。同时，亦可实现前述特殊案件应对机制与普通案件程序适当分离，以防止“权变”冲击“常经”，损害司法责任制。

建立重大疑难复杂敏感案件的台账，就是通过特定的识别机制，使此类案件进入专门案件管理平台，并采用专门的监督管理程序。台账制度，要求院庭长对特殊个案的监督管理，需要依托台账进行，未进入台账的案件不得纳入个案监督。建立台账制度，首先应完善案件识别机制。为此，需要明确识别的管道、责任及方法。发现特殊案件的管道与责任，大致可以分为法官办案中发现，相关职能部门在接待处理信访、上级交督办、舆情处理中发现，以及院庭长通过各种渠道发现，为此需要确定这三类主体的发现与处理责任。为有效识别此类案件，各法院可根据本院审级及审判监督管理制度明确识别标准。如案件的重大性，可主要以案件性质、金额、刑期等为判断标志；复杂疑难性，除考虑案件事实与法律关系多重性外，可主要以意见分歧性（包括内部分歧与外部意见冲突等）为标志；社会影响及敏感性，可主要以党委政府的关注、网络与一般社会舆情的反应、案件利益所影响的社会面、案件的特殊性质等为标志。通过总结操作经验，使此类标准细化且便于判断，从而使符合标准的案件能够顺利进入台账，及时纳入监督管理视域。

拟纳入特殊案件监督的案件，应形成报告，层报分管院领导，再经法官会议事前审查确认或事后追认。确认后，处理程序做可如下安排：一是建立相应个案台账。由审判管理办公室建立相应台账，并书面通知案件承办法官。承办法官在审判管理系统中应录入“疑难案件”等标识信息。二是对合议庭报告等程序提出特殊要求。如在立案前、开庭审理前、庭审结束后、合议庭评议后等程序节点，形成向院里的专门报告。对案件提交专业法官会议讨论，并视情况提请审判委员会讨论决定提出具体要求。要求对裁判文书签署及印发前提请分管院领导过目，对裁判文书上网提出具体要求。对案件执行程序中的报告问题作出要求。三是明确此类案件的保障程序。如审判管理办公室应加强流程管理、监督，保证院长、分管院领导交办事项的落实;建立此类案件的信息专报制度;对社会关注的敏感案件,明确舆情应对方式方法;对案件监督管理活动的运行,应明确信息流转及文档保存方式,实现全程留痕;对发现、处置过程失职的,应当规定相应责任。

但在制度安排与操作中,亦需要注意贯彻司法责任制的基本要求,防止对审判实体问题作行政指令,而应采用制度允许的行政意见、法官会议、审判委员会机制等实施监督。

(二)改善审判质量监督管理

审判质量监督管理,主要是指以案件质量评查和绩效考评的方式促进审判质量的改善。评查、考评制度的建立,“对保证案件的质量与数量的统一,是有必要的,但必须科学合理,以免产生副作用,有碍司法公正”。为加强和改善审判质量监督管理,应注意以下几个问题。

1. 适当加强评价主体的功能,避免“唯数据论”

审判质量监管,需要重视与质效有关的各种客观数据。但也要认识到数据的局限:“审判活动是一种高度智能化且包含广泛政策与价值目标实现的活动,很难完全用数据进行准确测量与评价,即使能够客观测量的部分,往往也只能显示职能是否被充分执行,而无法表明执行的真正价值。”因此,在操作中应当注意两点:一是重视客观数据定量评价的同时,也应重视相关评价主体所做的定性评价,克服实践中一定程度的“唯数据论”,即质效观察的简单化倾向。尤其是涉及个案质量与法官能力考评问题,综合各方意见的定性评价十分重要,它能较为准确地说明审判数据所不能说明的问题。二是重视数字本身话语作用的同时,亦应实现与数据的对话,即对数据进行深入地分析,在此过程中,也为数据附加相当的关联信息。如分析数据形成的原因,须进一步调查研究并获得说明原因的信息,从而使数据更有意义,更能发挥促进审判质效管理的功能。

2. 引入外部评价,重视民众的“获得感”

目前法院的评查与考评工作,主要有两种模式:(1)内部评价模式;(2)内部评价为主,适当引入外部评价模式。但从总的情况看,重视和利用外部评价严重不足。其原因在于外部评价能力有限及不便操作。[12]然而,评价主体多元和适度社会化是案件质效评估去行政化的重要举措,也是体现司法评价规律的国际通行做法。如果外部评价缺位,难以避免质效评价成为法院的“自说自话”,难以克服长期以来法院自我评价与社会公众评价之间存在的较大反差。更为重要的是，难以体现司法的人民性，即"以人民为中心"，注重民众对司法公正与效率的"获得感"。可见，注重外部评价，以民众的感受和评价为司法评价的重要指标，是体现我国司法性质与宗旨的基本要求。因此，司法评价模式，应当实行社会公众评价与法院内部评价相结合。

为此，需要克服操作上的困难，有效地、较为全面地获取民众包括案件当事人对司法的评价和意见。具体而言，一是要求评估主体多元、信息来源较为广泛。各院可根据自身情况，尽量将普通群众、当事人、律师、政府工作人员、法学教授、上级法院等作为评价主体，采取适当措施保障有效获得评价信息。二是注意有效获取当事人评价意见。当事人直接接触司法，感受最深。虽有上诉、申诉等程序管道表达其意愿，但法律程序功能有限，需要设置更为全面、有效的方法，较为准确地获取已经经历了本院诉讼程序的各方当事人的感受和意见，作为司法评价常规性的重要信息来源。为此，可以考虑建立全覆盖的"当事人诉后评价制度。三是高度重视律师在诉讼中的评价、监督作用。诉讼律师因其专业性及深入参与诉讼程序，最了解法院工作状况也能够较为专业地作出评价。因此，应将律师作为重要的评价主体，搭建意见征询平台，探索建立专门的法官行为投诉制度；搭建学术互动平台，不定期召开法官、律师共同参与的司法实务研讨会。同时还可吸纳律师参与纠纷调解等活动，进一步发挥律师对法院工作的辅助、评价和监督作用。四是可视情况吸纳独立的第三方参与，以专业化评价方式，保证评价的中立性和信息的客观性。五是注意评估方法多样化。注意使用社会调查、民意测验等多种评价、评估方式，定期、不定期了解社会大众对法院审判的评价和满意度。

3. 弱化指标考核，加强审判态势分析

正确运用审判质效的评估结果，是加强和改善监督管理的一个重要问题。从目前情况和发展趋向看，需要注意"一抑""一扬"。所谓"一抑"，是指进一步抑制直接或变相地将评价结果作为单位考核"排名"的依据。否则，难以避免"唯数据论"的简单化评价倾向，难以避免为争"排名"而扭曲司法举措和诉讼行为，妨碍司法公正，而且势必加剧审级关系行政化进而强化法院内部层级管理行政化。同时也应禁止将案件质效评估等同于司法业绩评价及法官绩效考核。注意发挥案件质效评估的评价功能，弱化其"比"

“考”作用。

所谓“一扬”，是指加强审判运行态势分析。“审判运行态势是审判管理工作开展的基础和保证。准确把握审判工作整体态势，是各级人民法院审判委员会和院领导研判审判工作形势、做出科学决策的前提。”案件质效评估工作，应加强审判态势分析，以供法院领导和其他审判主体掌握审判情况与发展态势，从而适当确定应对策略，合理调配审判资源。审判运行态势主要包括两个方面：一是案件发生、发展态势，这是审判态势分析的基础；二是审判活动态势，包括反映一定时期审判活动的全部数据和分析资料。在确保指标数据客观、全面的基础上，要加强数据分析，从而发现案件发生、发展及审判工作趋势，预判可能发生的问题，全面、动态、实时掌控审判工作总体状况，及时为法院宏观决策及微观指导提供依据。在此过程中，要充分运用智慧法院建设成果，提升审判态势分析能力。目前审判监督管理的科技化，主要体现于实时公开审判流程信息、便捷查阅电子卷宗等信息技术手段，今后的发展，应重点加强对数据的深度分析运用。

（三）改善上级法院对下级法院的监督管理

实践中，上级法院对下级法院的监督除了在诉讼法上的审级监督外，还应实施“案例指导”、统一法律适用标准等监督管理方式。此外，仍然要采取具有行政特征的“案件内部请示”“发改案件沟通协调”方式。为改善上级法院对下级法院的监督管理，目前需要着重解决以下两个问题：

1. 改进内部请示报告制度。此项制度，即所谓“内审制度”，曾备受诟病，法院也力图克服弊端，甚至曾拟以审理制度全面替代“内审制度”，已如前述。但实践证明“内审”尚无法替代，此项“潜规则”在法院仍有生命力——即使在已经实施司法责任制改革的情况下。因为特殊案件特殊管理的制度未予根本改变，法院上下级之间行政化关系仍未完全消除，法院整体对外、上下联动、协同加强的要求仍为法院维系其权威与公信力的现实需求，在这种情况下，“内审制度”亦不可能绝迹。然而，无论是就程序公正，还是实体公正论，此项制度因为违背审判规律，破坏审级制度，而存在重大弊端。虽不能即时废除，但仍须严格限制“内审”范围，同时改进“内审”程序。除最高人民法院已经提出的要求外，为保障其公正性，建议加强“内审”参与制度与内审人员回避制度。

（1）内审参与制度。从“内审”实践看，审查结果与上级审法院对案件信息的充分掌握的程度关系较大，而“内审”举措就案件实体处理的主要弊端是“信息不对称”。下级法院通常对向上报请示的案件带有一定倾向性，上级法院参加内审人员可能受其影响，而且复杂案件即使阅卷，因受案卷材料限制，也有一定局限性。尤其是刑事案件，案卷已经被控诉方“做好”。因此，有时“内审”不仅不能发挥审判公正的有效把关作用，反而可能被下级法院审判人员“当枪使”。为了解决“信息不对称”问题，建议实行一项制度，一旦案件“内审”，即应告知当事人律师：一是说明诉讼时间可能因此延长；[13]二是允许律师向上级法院提出自己的诉讼意见，甚至允许可能承受不利裁判的一方向上级法院内审人员直接说明情况，包括参加上级法院情况汇报，由此避免上级法院“偏听偏信”。

(2)内审人员回避制度。目前的司法实践中，上级法院内审人员常常即为二审承办人员。这一做法加剧二审虚化，铸就“两审变一审”，剥夺当事人上诉权。因此，应当实行内审人员及内审合议庭在二审时回避制度。尤其要求内审审查法官不能充当二审承办人或审判长，否则二审基本丧失意义。如果违反这一规定，应允许当事人适用相关法律规范，请求相关审判人员回避。通过此项回避制度，维系内审案件程序公正的底线，同时改善对此类案件审判质量的监督管理。

2. 改善案件发改沟通协调机制。上级法院对拟发回重审和改判的案件，与下级法院沟通协调，是目前在制度上被认可的一种司法运行机制。其意义在于了解相关信息，探讨案件处理的适当方式，同时也尽可能地减少不必要的发回重审和改判。现行案件发改沟通协调机制总体上是有效的，但也存在某种程度的定位偏差与制度缺陷。所谓定位偏差，主要指现行沟通协调机制限于个案的处理，而未注意解决发回重审和改判案件中存在的普遍性问题，因此应建立发回重审和改判案件实践问题的发现、分析、成果应用机制，以便预防并适当应对同类问题，从而进一步发挥案件发改沟通协调机制的作用。为此，一是主要依据客观数据，建立案件质量定期通报制度。二是要设置总结提炼问题机制，加强工作指导。上级法院应定期对发回重审和改判案件进行分类和总结，提炼出其中的问题并形成分析报告。在此基础上，可定期举行二审发回重审、改判案件质量研讨会，实施审判工作指导。三是加强调研力度，形成研究成果并普遍指导实践。将发回重审和改判案件所呈现的类型化法律问题，如类案处置要求、事实认定特点和方法、法律适用与司法政策把握等具有理论价值和实践意义的问题，通过调研形成应用法学研究成果，普遍指导司法实践。

发改机制的完善，主要指建立、完善二审发回重审和改判的申辩机制。为保证对一审案件质量的公正评价，有效防止二审法院发改权滥用，可将少量具有一定特殊性的案件，采取特殊程序，再设置一道关口，主要是将应归入而未归入司法统计发回重审改判原因“其他”项的案件纳入申辩范围。因为此类案件的发改原因可能并非作为一般案件发改原因的“事实不清”、“证据不足”或“法律适用不当”、“程序违法”等，而是有某些特别理由。该类案件的一审法院享有特别申辩权利，即可通过提交申辩理由和证据等，向上级法院负责案件质量评估的专门机构提出申辩。上级法院专门机构应针对申辩理由进行审核，形成书面的支持或不予支持的意见，转送二审合议庭审查，或报经院长提交审判委员会决定，从而形成对二审发回重审和改判的一种监督制约。

(四)完善案例指导制度

发挥既决案件裁判的指导和约束作用，是维系裁判稳定性和司法统一性的基本要求，也是在司法责任制改革后保障审判质量的重要举措。中国特色案例指导制度的预期功能包括法律规范功能、社会管理功能及沟通交流功能，其重要性不言而喻。但就当前情况看，我国案例指导制度的建设与应用还不能适应审判实践需要，存在较多问题。如在案例形成机制上，案例的选取与撰写，无论是方法还是规则都不完善，指导性案例的形成仍具有一定程度的随意性。在案例应用机制建设上，案例运用程序、案例运用激励机制、讲评机制、沟通协调机制，均有待完善和加强，案例建库问题仍有大量工作可做。

但从总体情况而言，目前完善案例指导制度，亟待解决三个问题：其一，增强案例效力。案例缺乏效力，就很难被应用，判例指导制度也难以发挥其功效。我国实行成文法制度，未如英美法系国家，确认“判例拘束力”，但这并不意味着判例全无约束效力。除了司法制度中已经明确的对同一法律事实裁判的约束力外，还可以实行一种相对软性的裁判约束力制度。即要求下级法院不得背离最高人民法院指导性案例；如果背离，则应提交“背离判例报告”，阐述其理由，并提交司法审查。对高级法院发布的参考性判例，亦可实行“背离判例报告制度”。此举不仅是为了维护指导案例权威，也是为了统一法律适用,还能在一定程度上督促审判法官主动获取案例信息并注重案例应用。其二,案例识别机制的完善。案例指导作用,主要是同类案例裁判理由对后续裁判的指导作用。但典型案例裁判理由即法律观点的适用,有一定的前提条件,即必须识别案件事实要素及法律性质的实质同一,因此前判法律观点可被适用。然而,司法实践中不同案件的整体事实要素及法律性质不可能完全同一,因此,“实质同一”的识别与判定,是案例指导作用发挥最重要的环节。但从目前情况看,案例可适用性的识别,还处于一种个别化阶段,即由审判法官个人判断,缺乏一种有效的识别辅助和救济机制。为此,可以考虑加强信息化的案例指导平台建设、发挥法官助理的辅助作用、加强案件质量评查中的案例适用评查等措施,完善案例识别机制。其三,加强判例库建设。典型案例达到必要规模并形成体系,才能适应审判实践要求,保障法官有例可循,保证案例指导模式的运行空间。从案例规模发展来看,仅依靠最高人民法院指导性案例显然不够,建议明确各个层级,不同主体发布的不同形式案例的作用效力,确认高级人民法院参考性案例一定程度的适用效力。同时,缩短案例发布周期,增加发布数量,尽早形成种类完备的案例规模。同时加强智慧法院建设,形成方便检索和应用的案例库。

(五)完善专业法官会议制度

专业法官会议制度,作为行政化质量管控的替代机制之一,具有审判意见集思广益、法律适用统一尺度,以及过滤审判委员会案件等功能,其制度价值应当肯定,但其实施效果尚待提升。为进一步发挥制度功效,可在两个方面予以改进:

1. 规范其运作。专业法官会议作为审判咨议机制,没有决策功能,也非必经程序,因此实施中有一定灵活性。但灵活性过大,规范性不足,会妨碍制度发挥作用。因此,各地法院已经形成一些具有适用价值的实施细则,对适用条件与时机、组织方式与主持者、会议准备工作、会议讨论与发言要求、会议记录和档案管理、会议成果应用等作出规范,发挥了良好的作用。各地法院可以根据自身情况,借鉴其他法院的经验,完善专业法官会议制度。在操作规范上,尤有三点值得注意:一是问题筛选和会议启动。为保障会议效能,不能有提议即启动,使合议庭过于依赖法官会议,而应有一个审核机制,确认问题的疑难复杂程度,以及是否适合法官会议讨论。这个审核,程序和内容可以简化,可以由院庭长负责,也可以由几名资深法官负责。二是院庭长不越位、不缺位。不越位,即防止院庭长发言即“一锤定音”,形成变相的行政化;不缺位,是注意院庭长发表意见的专业性和可适用性,同时,作为主持会议的院庭长,要善于总结归纳,避免众说纷纭,莫衷一是。三是注意专业法官会议的宏观指导功能。会议不仅讨论个案,也要注意总结个案适用法律的普遍要求,同时发现审判工作中的倾向性问题并进行专业指导。

2. 强化其效能。为强化专业法官效能,可以采取以下措施:一是加强会前准备,要求参会法官事前对问题实质、相关资讯心中有数。甚至可以根据情况,让某些专业能力强的法官重点知悉和思考。二是加强与案例指导制度的结合。要求提交问题讨论的法官应重点准备相关案例,还可根据本院情况,由可使用的信息化系统,以及审判管理部门予以资讯支持。三是与案件质量监督管理制度相结合。对专业法官会议制度的实施情况应当纳入案件质量评查范围。对专业法官会议中,非合议庭法官发表了有创见、可适用的意见,促使案件办理取得良好法律效果与社会效果的,在质量评查中应予肯定,在绩效考核中也应作出确认,从而建立激励机制,保障专业法官会议效能。

(六)优化审判资源配置实现人案匹配

为解决分案机制与法院和法官状况不够协调的问题,优化审判资源配置,可实施以下两点制度调整。

1. 建立科学的分案制度

法院的分案制度,应根据诉讼的一般规律和各法院的实际情况设置。为提高专业化审判能力,实现法官与案件的适当匹配,可设置以专业化为主、均衡化为辅的分案方式。所谓专业化分案为主,是指案件首先按照各审判庭的职能,或者各审判团队的专业化性质进行分案,既能保障审判的专业性,又有利于上下级法院案件归口基本统一,沟通管道顺畅,裁判尺度统一,进而促进案件质量提升。均衡化为辅,即根据各审判业务庭或审判团队结案情况和法官分布,将部分案件在相关办案团队之间进行分案调整,以保证法官收案数量基本平衡。

2. 探索建立初任法官制度

由于司法传统、治理结构与诉讼构造不同,加之司法理念与法官地位有别,法官养成和遴选制度可以划分为英美法系的经验模式和大陆法系的考训模式。[14]但二者相同之处是法官的高素质要求以及遴选的严格性。我国当前的法官员额制既非典型的经验模式,也非典型的考训模式。但因司法制度传承借鉴关系,更接近大陆法系模式。然而,大陆法系法官生成制度中的“任前司法研修”“实习与初任法官制度”等法官养成制度我们并未实行,因此产生员额法官生成机制过于简略,部分员额法官不成熟的问题。同时也造成一定程度的人案不匹配——能力不逮的法官与资深法官同样分案,有时不能保障审判质量。因此,可以探索建立初任法官制度。对初入额缺乏审判经验的法官,在一定期限内限制办理难度较大的案件。如初任法官可先安排到速裁庭,办理简易、速裁案件,一段时间后,再组合到合议庭,办理普通程序案件,但限制其作为承办人办案,或者限制其承办疑难复杂案件。待积累一段时间的审判经验后,再确认其完全的审判能力和资格。

注释

1 人民法院报编辑部:《把公正司法的壮丽和声奏得更响》,载《人民法院报》2013 年 4 月 17 日,第 1 版。该文提出遵循司法规律,确保司法公正等问题,对“司法主观主义”等偏向进行了反思。

2 如有的认为,审判管理侧重于管理制度,主要包括流程管理、质量评查与绩效评估,与法院审判管理办公室的职责相对应。而审判监督,则侧重于法律制度,包括审判监督程序、院庭长通过审判委员会对个案审判的监督、上级法院的审级监督等。

3 重庆市高级人民法院课题组:《审判管理制度转型研究》,载《中国法学》2014 年第 4 期。

4 《人民法院年鉴》编辑部:《人民法院年鉴(1991)》,人民法院出版社 1994 年版,第 52 页。

5 王胜俊:《在最高人民法院 2010 年第 1 次党组会议上的讲话》,载《人民法院报》2010 年 1 月 7 日,第 1 版。

6 审判管理专门机构得到发展。至 2012 年 9 月,全国三级地方法院审判管理机构达到 2632 个(含独立编制 1174 个和非独立编制 1458 个),其中高级人民法院 31 个、中级人民法院 366 个、基层法院 2235 个。

7 周强:《最高人民法院关于人民法院全面深化司法责任制改革的报告》,载《人民法院报》2017 年 11 月 2 日,第 2 版。

8 最高人民法院、四川省高级人民法院、成都市中级人民法院于 2010 年 9 月召开的《审判管理理论与实务》,载 http://www.chinacourt.org/chat/detail/2010/09/id/32692.shtml,2018 年 3 月 5 日访问。

9 在审判管理改革实践中忽略了尊重当事人诉权这一基础性内容，相关论述可参见杨凯：《审判管理理论体系的法理构架与体制机制创新》，载《中国法学》2014 年第 3 期。

10 数据来源于重庆市第四中级人民法院审判管理办公室。

11 李少平：《正确处理放权与监督坚定不移全面落实司法责任制》，载《人民法院报》2018 年 3 月 28 日，第 5 版。

12 具体理由：一是一般公众对审判专业工作质量的判断力有限；二是民众所体验的情况、获知的信息有限，使得评价基础片面；三是打输官司的人基本不会满意法官的判决，形成评价立场对立；四是外部评价的主观性强，导致比较价值不足。（参见洪磊等：《法官绩效考核指标体系临的三重矛盾关系及其破解》，载《当代法官》2017 年第 5 期）

13 内部请示报告时间不算审限，虽无法律依据，但系各级法院仿效最高人民法院所形成的实际做法。

14 姚莉：《比较与启示：中国法官遴选制度的改革与优化》，载《现代法学》2015 年第 4 期。

第四编

司法改革

重建司法伦理*

时任国务院总理温家宝同志曾针对相继发生的“毒奶粉”“瘦肉精”“地沟油”“彩色馒头”等事件指出，“这些恶性的食品安全事件足以表明，诚信的缺失、道德的滑坡已经到了何等严重的地步”。时任我国香港中文大学校长刘遵义也指出，“三聚氰胺等社会事件的发生，与道德水平日趋低落、礼义意识逐渐消失有关；从个人到社会，价值观开始朝着唯己化、功利化与势利化的方向演变；只求利己，不怕损人，已成为一种普遍的风气，这不但是人民内部矛盾增加的主要原因，也影响了社会的和谐”。对温总理和刘校长指出的问题，我深有同感。不过，因为专业视角，我更多地关注司法中所出现的问题。

中国法学会组织的“双百讲座”，我 2010 年以来讲的主题是“公正廉洁执法”，我讲了一个观点：目前执法、司法中最突出的问题，是执法、司法人员的“信念缺失”——缺乏对法治的信仰，缺乏对社会公正的信念。上不惧天理，下不恤民情。缺乏内在的道德约束，如何行为，往往只是从自身利益考虑。从已揭发出的冤假错案和我自己的调研体会看，现在的司法道德的下滑，有相当的普遍性。有的公安侦查人员，为了完成某项任务，不仅敢于制造假证，而且这样做没有任何道德良心的自责感。有一部分检察官、法官，对他们自己也认为不构成犯罪的被告指控、定罪，却也心安理得。司法腐败的严重性，更使人触目惊心。

我自认不是一个道德至上主义者。我 10 年前写过一篇随笔，题目为《两线伦理》，我认为，在一个多元的社会，对于多数人，不能要求他们成圣成

* 原载《国家检察官学院学报》2011 年第 3 期。

贤,只能要求他们遵守最基本的伦理准则,即遵行“底线伦理”。不过,我们可以要求少数人达到道德上限,像雷锋、孔繁森。这样,“在社会因底线伦理而维系住其规范性和有序性的同时,也能不时闪烁起理想主义的光芒,使社会显得更加美好”。然而,今天的问题是大量社会行为包括司法官员的行为已经跌落于底线伦理之下,使领导人、学者和社会共同呼吁道德良知的回归。这在司法领域,实际上就是要求重建司法伦理。

重建司法伦理,要求我们仰望星空,敬畏心中的道德律。对于司法人员,有一些基本伦理准则一定要持敬畏之心,不可突破。如用权绝不可徇私枉法,办案绝不可颠倒黑白。同时,由于司法工作总是涉及对人的处理,因此应当有一种人性的关怀。北京市检察院一分院的检察官徐焕在《北京青年报》发过一篇文章:《愤怒的大雪》,谈一对大学生情侣被杀,被害姑娘的母亲告诉他,姑娘出生时下雪,因此取名小雪。开庭的前一天是被害姑娘 19 岁的生日,北京又下起了大雪。徐焕触景生情,曾在法庭停了十几秒,几乎读不下证据材料。姑娘的家长临行前,徐焕给了每位家长 200 元钱,“让他们替我在孩子的灵前献把鲜花”。作家肖复兴注意到这篇文章,写了一篇名为《这个检察官让我感动》的随笔,发表在《检察日报》。他说,“检察官徐焕停顿的这十几秒,让我感动。瞬间的心底波澜,最能毫不遮掩地体现人心,因为在世俗的世界之中,在物欲横流和道德沦丧的现实面前,我们的心早已经磨损得千疮百孔,难得有徐焕这样瞬间的波澜……徐焕的鲜花却献给了与他非亲非故的人,他无欲无求,他不为别的,只为两个亡魂,还有自己的一颗心”。也许,这个检察官比较感性,然而,我们却对这些有良知的法律人怀有敬意。因为这种对人的关爱和尊重的道德良知正是我们司法正义最重要的基础。

重建司法理论,对司法人员还有一点特别重要,就是建立对法治的信仰,并愿意和敢于为此做出奉献。作为法律人,如果对法治没有信仰,工作的意义何在。改革开放之初,出于深痛的教训,许多人对民主与法制有一种较为真诚的信仰。我记得当年一些检察长大胆提出不畏权势,为了法律尊严甚至不惜以身殉法。但这些年来,法治信仰在一些人心中已经有所淡漠。虽然已经宣称“社会主义法律体系建成”,但绝少人有一种尊奉法律、捍卫法治的大无畏精神。规则可以临时变通,程序可以随时打破,以致社会至今还不能说已走向良性有序的轨道。然而,没有法治,就没有经济社会平稳协调、可持续的发展;没有法治,就没有社会的长治久安。依法治国,是根本的治国之道。因此,维系法治,是我们每一个法律人的基本责任。我认为,要解决公正廉洁执法的问题,必须要强化执法、司法人员的法治意识。

重建司法伦理,还需要司法官员多几分真诚,少一点空话、大话、假话。否则,一切建设性活动都会成为虚应故事,如四川人说的“假打”。这是我们当今的官场通病和具有普遍性的社会问题,也是司法界存在的较为突出的问题。我们的诚信教育需要加强,而且要反思整个的伦理教育体系。前不久,我们组团到美国做学术访问,顺路参观了一个国家公园,车辆在公园内被拦住检查证照,导游(兼司机)是个定居美国不久的中国人,因为所在旅游公司没有进入该公园进行商业活动的证照,即谎称是带朋友游玩,不是导游的商业活动。但很快被警察查清身份及活动性质,警察当即开出传票,要求导游两周后到当地治安法院出庭受审。警察强调,除了无照进入的问题,更严重的是对警察说了谎。著名历史学家、复旦大学教授葛剑雄说,我们从小就让学生说假话。小学生写作文,说不喜欢世博会,人太多了,老师就会给他打不及格。这就逼着小学生说假话。

2009 年 9 月,最高人民检察院颁布了《检察官职业道德基本准则(试行)》对检察官职业伦理作了全面而具体的要求。这是一个好的文件。在建设职业伦理方面,各地检察机关也做了一些工作。但我认为,总体上看,浮在表面的偏多,真正进入检察官内心的较少。因此,我们要认真研究重建司法伦理的有效性问题。

我认为,重建司法伦理,一般的学习教育收效并不明显,关键在上面的行为举措,关键在制度的合理设置及运作。例如,从领导和领导机关着手,做执行职业道德基本准则的楷模,而且不说或尽量少说空话、大话、假话,坚持实事求是的原则。又如,司法活动中,充分尊重人的良知和伦理准则,甚至允许检察官以法律和道德良知为据对上级的决定予以抗辩。再如,考绩评价,不是单纯的业绩导向,也要充分尊重法治的效果、道德良知的要求,防止导向不当,以致“逼良为娼”,违背客观义务等。

理性对待检察改革*

近年来的检察改革,在中央的方针指引、整体安排、有力领导和各方面的支持及检察机关自身的积极努力之下,突破长期以来聚议纷纷、徘徊不前的局面,取得实质性的重大进展,呈现出“重点突破、整体推进、扎实有序、成效明显”的良好局面。在司法改革及检察改革向纵深推进的新的阶段,检察机关应当按照既定部署,以加强法律监督为中心,抓住重点,全面推进,进一步深化改革。但在这一过程中应当注意,在新的形势下,人民群众日益增长的法制及司法需求与现实状况还有矛盾,检察机关的改革发展与相关因素的限制和制约还有冲突。而且由于检察机关与主要面对行政相对人的行政管理机关不同,它是在一个多元的司法体制中发挥功能,需要协调处理多方面的关系,而深化检察改革和加强检察监督,可能使某些内在矛盾更为突出。因此,下一阶段的检察改革不仅要大力推进,而且要理性指导,注意协调关系、解决矛盾,以实现中国检察制度的科学发展。

一、关注社会日益增长的法治需求和权利诉求,理性对待检察改革

我国的社会主义法律体系初步建成后,突出的矛盾是法律实施问题。但在现实生活中,有法不依、执法不严、违法难究的问题还较为突出,而这种状况又常常与各级某些领导干部的法治意识淡薄有关,检察机关作为法律监督者和法制守护人,如何发挥自身职能有效地维护法制,仍然是有待进一步解决的问题。另外,当前人民群众对实现司法公正并通过司法公正促进社会公正的愿望十分强烈,而近年来通过推动司法改革和加强司法监督,司

---

* 原载《人民检察》2012 年第 5 期,《高检院司法体制改革研究工作简报》“领导参阅件”第 18 期转载。

法不廉、司法不公的状况有所改善，但仍然不尽如人意，离社会需求和民众愿望尚有相当差距。同时司法权威不足，影响了司法作为社会利益的平衡器与调节器以及公民权利防线的功能发挥，妨碍了有效的社会管理及实现社会和谐，这种情况下，检察机关如何公正执法，同时如何保障司法的公正和权威，是推进检察改革需要进一步解决的问题。此外还应注意，我国社会虽然具有家国至上的国家主义历史传统，但随着社会的转型和发展，民众的权利意识日益增强，加之网络、微博的快速发展，社会成员的多元化诉求增加，社会发展与社会和谐稳定的矛盾突出，而对解决这类矛盾，不仅简单压制的管理手段已难以奏效，而且由于公民维权意识的增强，国家权力的扩张势必受到公民权利诉求的制约，而在加强监督过程中，国家权力包括检察权的强化与公民私权利的保障可能产生冲突，仍需从社会的整体利益和社会的变革发展出发来予以协调处理。

由此可见，检察改革面临社会发展产生的新情况和新挑战。在深化改革的过程中，既要看到当前加强检察监督对于维护法制和司法公正的功效及重要性，又要看到在这一过程中不可避免出现的矛盾和问题。因此，要注意从法治大局出发谋划部门改革，注意检察改革与法制各方面、各因素之间的协调性，注意检察工作的可持续发展，而不是持部门主义，只考虑自身发展需要。这些年，最高人民检察院在推进改革过程中，能够注意外部监督与自身监督的同步加强，强调检察建设需遵循司法规律与检察规律，提出和实践“理性、平和、文明、规范”的执法理念，体现出对待检察改革的理性态度和清醒认识。下一阶段的改革，要总结好的经验和做法继续坚持，某些不足也要克服。现今的司法改革以加强监督为重心，中央重视，各方面支持，中国检察制度目前处于最好的发展时机之一，这种情况下，检察机关更要理性、谦抑，当为则为，不当为不为。检察建设既要注意中国特色，又要尊重司法规律和检察规律，检察活动才能不负国家重托和民众期望。

二、注意检察改革中拓展性与谦抑性的结合

检察改革的重要内容是加强法律监督，因此需要调整监督范围、强化监督手段、健全监督机制，提高监督效力，这一过程，也是检察权强化、检察职能进一步发挥的过程，拓展性不言而喻。但同时，检察机关也应当对法治系统的协调性予以关注，对自身职能定位与制约因素有清醒把握，注意检察改

革中的谦抑性要求。具体而言,应注意三个方面:一是自身定位要适当。我国的检察监督,主要是一种诉讼监督,亦即司法监督,因此属特殊监督而非“一般监督”,是“有限监督”而非普遍监督。不注意我国政体构造以及检察机关的资源制约去拓展监督范围、去做检察机关做不了也做不好的事是不可取的。二是职能延伸要适度。我国检察监督虽属涉讼司法监督,但因诉讼案件的来源是社会主体的行为,包括行政机关的管理行为,因此,追求监督的最佳社会效果,避免就案办案,以办案促防范、促矛盾化解,是有效发挥检察监督功能的题中应有之义。例如,检察机关结合办案,对行政管理活动中的漏洞和问题提出检察建议并配合采取预防违法犯罪、防止社会矛盾发生和激化的措施,就是监督职能的合理延伸,许多检察机构已经在这方面创造了丰富经验,取得了明显成效。这种延伸,也就是在刑事司法与行政管理及行政执法的衔接点上做文章。脱离检察自身业务去延伸监督职能则不适当。又如,检察职能向农村乡镇延伸有积极意义,但是否设立分支机构,则应考虑有没有办案功能,有没有足够的业务量。而且要注意监督并不意味着越贴近越好,因为有效监督需要主体间相对独立。保持一定的距离,也许更有利于监督。三是组织发展要适宜。到基层检察院调研,我们发现不少检察长都希望机构齐全一些,队伍壮大一些,开展检察业务强化法律监督能有人做事。这是可以理解的。但是笔者认为,目前检察机关建设的一个突出问题,是检察官队伍数量太大而素质不足。其一,从人员平均办案数看,工作负荷不足。我国每年刑事案件100多万件,而检察干警有20多万名,其中多数有检察官职称。剔除不可比因素,人均办案数仍很低。[1]其二,检察机关内部的非办案部门及人员占比过高。加强法律监督,办案才是硬道理。非办案人员过多,就如非战斗人员过多的部队,是缺乏战斗力的。笔者一直主张,检察机关建设,人员可以少一些,但素质要提高一些,否则,不会有高质量的检察,也不会有高质量的司法。最高人民检察院强调“加强检察人才队伍建设,为改革提供组织保障和智力支持”,是十分必要的。

三、坚持检察改革中政治性与法律性的统一

当今中国司法,需要坚持共产党的领导、服务于党和国家工作大局,以保持正确方向,实现有效运作,推进经济社会发展。检察工作,是国家政策的实现工具,国外如此,我国的政治制度更是这样要求,检察工作的政治性

不可否认,不容忽视。另外,检察机关以维护法制为使命,法律监督以保障法律正确实施为宗旨,检察改革,需要实现政治性与法律性的统一。当前,一是要注意社会主义法律体系初步建成后对法律有效实施的迫切需求,检察机关要在严格执法、依法办事上下功夫、做文章。下一步的检察改革,希望能强化保障检察机关坚守法律底线,严格维护法制的制度措施。法律监督机关不能严格执法,自身业务活动不能严格守法,社会主义法治就会大打折扣,检察机关的形象也会严重受损。为此需要处理好服务大局与严格执法的关系。检察机关必须服务大局,各地检察机关开展检察工作,要能推动地方经济发展和社会建设,但也要防止不同形式的庸俗化和地方化倾向,法律体现国家意志人民利益,不能以服务大局为借口在执法上搞变通,突破法律底线。二是要注意依法独立行使职权,检察改革要能保障检察机关的相对独立。这不仅是宪法和法律的要求,也是能够坚守法律底线的基本条件。党对检察工作的领导,是思想政治领导和组织领导,尤其是贯彻党中央确立的大政方针政策。但在实际生活中,党的领导往往与地方党组织负责人的领导相联系,有时与那些有影响的个案相关联,因此,党的领导在地方常常体现为一种具体领导。地方检察机关应当服从这种具体的领导,防止领导关系空洞化。但同时也要注意法律底线的坚守,要通过报告、解释等行之有效的制度方法帮助地方维护法制。否则,不是维护了党的领导而是损害了这一原则。国家公务人员不能以上级指示推卸自己违反法律的责任,这是公务人员责任制度的要求。实践中甚至出现因此而违法犯罪的极端案例,教训应当记取。[2]而且,在坚持党的领导的前提下依法独立行使职权,检察工作才能有所作为。这方面,许多检察院在反贪和其他检察业务中创造了经验和业绩,检察改革应当总结这些经验并使其制度化。

四、强化法律监督,应尊重司法规律,维护审判权威

我国检察监督具有中国特色,但这种监督是在诉讼构造中展开,是在与司法体制的互动中发挥作用,因此,不能不注意与司法规律相协调。规律是特定构造中事物的内在运行机制的体现,不尊重规律必然受到规律的惩罚。强化检察监督时容易发生冲撞的司法规律有两条:一是诉讼平等;二是审判权威。刑事诉讼的诉讼构造,是控辩方平等对抗,审判方居于其间、踞于其上的“三角结构”。诉讼平等与审判权威是诉讼的应有之义。这里的诉讼平

等,仅指诉讼双方的法律地位平等与诉讼手段对等。我国的诉讼体制仍然是以国家权力为重心,侦查控诉机关拥有辩护方无法比拟的力量与资源,在诉讼过程中,尤其要注意尊重辩护权利,保障诉讼平等。要以理服人而不是以势压人。另外,检察机关的审判监督,应当坚持既要实现司法公正,又要维护审判权威的原则。审判权威是法律有效实施的前提条件,审判没有权威,法律就没有权威。而今审判权威耗弱亟须强化,检察改革在加强监督的同时应当加强维护审判权威的措施,包括抗诉权启动既要积极,又要慎重;出庭检察官要尊重法院的法庭指挥,审判监督意见应当在开庭后以人民检察院的名义向人民法院提出而不是当庭提出。笔者在十多年前著文谈法官入庭时,检察官该不该起立的问题,认为作为一般法庭礼仪的检察官起立,在我国审判监督制度的影响下缺乏制度支持。[3]然而,在国家大力加强法律监督,人民法院也积极配合检察监督的同时,建议检察机关表现出对待审判权威的新的姿态,不妨普遍推行法官入庭时检察官起立的制度,带动民众对法官的尊敬和对审判权威的认可,以维护国家法制。

五、履行检控职能,需恪守客观义务

检察机关在加强法律监督的同时注意加强自身监督,有相关措施跟进,但也不能忽略检察官客观义务,即超越控方当事人角色,客观公正履行职务的法律责任。笔者认为,履行检察职能中有一个矛盾需要调适解决,即作为侦查控诉机关的检控角色与法制守护人(法律监督者)的角色冲突。我们虽然一直强调法律监督职能,但因检察机关在刑事诉讼中具体担当控诉犯罪和职务犯罪侦查任务,往往站在检控立场考虑问题,缺乏一种超越性,容易忽略对人权的保障。中国检察机关强大的检控与监督能力,尤其需要强化客观公正维护法制的义务,否则我们只是刑事检控机关而非法律监督机关。为此,需要认真审视各级检察机关的绩效考核制度。目前设置的绩效考核,总的来看具有重打击、轻保护的倾向:侦查、起诉、监督上办案的“积极数字”越多越好,如果数字减少,就可能排名靠后;撤案、不起诉等“消极数字”则严格限制,越少越好。检察机关要积极起诉以维护法制,在动态的诉讼过程中,个别案件起诉后因证据变化或法院认识不一致而出现无罪判决是正常情况,但若被列为扣分项目,则违背了诉讼规律。检察机关是一个有组织的执法单位,实行考绩制度是必要的,关键在于考绩指标与方式方法要实事求是、合理可行，有利于检察官和检察机关履行客观义务，而不是损害这种义务，不应由此产生扭曲检察行为或弄虚作假，即所谓“逼良为娼”的效应。

六、加强领导监督，不忽略基层检察功能及检察官积极性的发挥

检察机关的上下级关系及内部关系，仍然是下一步检察改革中需要进一步协调解决的问题。司法改革中的加强监督，应当包括加强上级检察机关对下级的领导监督，尤其在目前检察权的独立缺乏保障，地方干扰还较为普遍的情况下，上级检察机关的有力监督对保障严格执法与司法公正具有积极意义。目前，检察机关已经实行的自侦案件决定逮捕权上收一级，以及职务犯罪案件的判决审查上下级公诉部门同步进行等加强监督的措施，发挥了一定的积极作用。有的省级检察机关采取改革措施，努力实现“检察工作一体化”，以减少执法的地方影响并增强检察合力，也有正面效用。但在此过程中也应注意，检察工作的基础在基层检察单位，各检察院是区域性负独立检察责任的执法机构，必须保障各检察单位独立负责的履行职能，应当充分信任和鼓励下级单位的积极性与负责精神，因此，权力上收要慎重。检察一体也要有限度。

检察机关的内部关系，主要是检察官与其行政上级即科处长、检察长的关系。在检察改革中，应当继续和深化已经进行并取得一定成果的检察官制度改革。检察机关的司法性质，要求尊重检察官行使检察权时最低限度的独立性，尤其是在司法性较强的部门，如公诉部门。目前，由于检察官队伍建设尚未达到量少质高的精英化要求，因此，根据主诉检察官制度建设的经验，赋予部分检察官更大责任，同时予以适当保障，是提高检察队伍素质及检察工作质量的必要举措。目前主诉检察官制度推进有一定困难，但深化改革过程中应当创造条件，克服困难，努力推进这一符合检察规律的改革。

注释

1 有关资料反映，我国台湾地区地方法院检察官人均办案（侦查、起诉）数为每年200余件，而

德国检察官人均处理的案件每年高达上千件。

2 如安徽省阜阳市颍上区所谓“白宫书记案”，检察长汪成违背法律原则，秉承区委书记意旨对举报该书记的举报人打击报复，因报复陷害罪被判刑6年。

3 龙宗智：《检察官该不该起立：对庭审仪式的一种思考》，载《法学》1997年第3期。

检察机关办案方式的适度司法化改革*

检察机关办案方式是指检察机关履行职能办理案件时形成的组织关系、工作机制、行为样态的总称。长期以来,我国检察机关实行以“检察人员承办,办案部门负责人审核,检察长或者检察委员会决定”的办案方式,[1]简称“三级审批制”。该办案方式区分承办、审核与决定三个环节,依上命下从的管理机制,将决定权集中于检察长,[2]因此具有典型的行政化特征。该办案方式有利于保证检察权行使的集中性和统一性,在实践中发挥了积极作用,但也暴露出一些弊端。在我国诉讼制度变革的新的背景下,更显得有改革之必要。本文对检察机关办案方式适度司法化改革的意义和内容作一论证,希望能对我国检察制度的与时俱进、发展完善产生积极的影响和作用。

一、适度司法化源于检察机关的性质、职能及建设需要

本文所指司法化,是相对于行政化而言,指推动司法性工作方式发展并以其取代行政性工作方式。行政,指国家行政机关实施行政管理活动,行政以有效管理实现特定社会需求(如社会稳定、经济发展、抗险救灾等)为目的,为此而强调管理效率并采用相应的工作方式。行政性工作方式,主要体现于行政机关与行政相对人之间管理与被管理的关系,行政体系内部上命下从的关系,以及统筹、协调、决策、执行等管理方法的运用。[3]而司法,指国家司法机关适用法律,处理诉讼案件的行为。它以个案判断和处置为功能,以法律适用为目的,以实现公正为根本价值取向。为此,司法活动体现两方面的特征:一是在活动方式上,司法主体直接审理案件,确定事实和法律适用,

---

* 原载《法学研究》2013年第1期、《中国检察官》2013年第7期。

因此而具有亲历性、判断性和独立性；二是在行为构造上，采用对抗与判定的“三方组合”结构，司法主体在兼听双方意见的基础上判断和处置，由此而产生对审性和中立性。[4]本文所论检察机关办案方式的适度司法化，包括上述两方面的改革要求——确认办案的亲历性、判断性要求，实现检察官的相对独立性；借鉴对审兼听的司法结构和方法，提高办案的公正性。

推动检察机关办案方式的适度司法化改革，首先源于检察机关的性质和实践需求。

（一）“生于司法，却无往不在行政之中”

笔者借用卢梭的有名句式，指出中国检察制度中的一个突出悖论：检察机关是有司法权的司法机关，却始终采用行政性办案方式而欠缺司法特征。因此，适度司法化的改革要求，起因于我国检察机关的性质以及职能特点。

我国检察机关系法律监督机关，同时因其“适用法律，处理诉讼案件”的职能，兼具司法特性，在制度认知和学理上，被界定为司法机关。[5]不过，检察机关并不是一个单一的司法机关，就检察权的性质及检察机构的组织和活动方式而言，它兼有行政与司法的双重属性。

检察权的行政性，体现在它所担负的犯罪调查和检控职责是国家控制犯罪的管理职能之一，而且以有组织的方式实施；在检察构造上的“检察一体制”，以上命下从的行政关系以及职务转移、职务继承等行政性制度要素为其支撑条件。

检察权也具有司法性，主要表现在：

1. 其侦查职能行使高度行政化，但仍具有某种程度的司法属性。因其服从于刑事司法需要，作为刑事司法系统的组成部分，是司法处置必不可少的前提和条件。而且，检察机关作为同时具有公诉权包括不起诉权的法制机关（在我国检察机关还有审前羁押决定权以及诉讼监督权），其侦查权行使有别于警方，而需要更强调客观性、公正性及合法性，注意防止单面式行政活动所带来的偏颇。与公安机关的侦查相比，检察机关的侦查更具司法属性。

2. 公诉活动具有一定的司法属性。除了直接服从于法院对案件的处置这一司法目的外，还因为以下三重因素：首先，公诉审查，是在检察官为顶端的侦、辩、检“三方组合”即三角结构之中进行，公诉人兼听侦、辩双方意见，全面审查案件证据事实，在此基础上作出诉讼决定。因此，公诉审查具有类司法或准司法特征。[6]其次,检察机关的不起诉决定是一种司法决定。在“无罪推定”及“未经法院判决不能认定有罪”的原则之下,检察机关没有定罪权;但为保障人权同时基于检察机关的司法性质,赋予检察机关在公诉环节的有罪否定权——代表国家决定不起诉的权力。在未受到当事人有效质疑以及司法审查的情况下(如“公诉转自诉”案件,不起诉决定不再具有法律效力),这种不起诉具有案件处置上的终局性,与法院的无罪裁判并无本质区别。因此属于“司法”,即适用法律,处理案件的行为。最后,检察官出庭公诉的活动也有一定的司法特性。因为虽然属于一方当事人的诉讼活动,但因其系公诉审查活动中司法性职权的延续,且出庭公诉活动的亲历性和一定的独立性,而有别于承办服从的行政行为。[7]

3. 检察机关的审查批捕应属司法行为。审查批准逮捕或决定逮捕,是审查决定嫌疑人审判前和审判中羁押的国家行为。由于长期羁押严重妨碍公民的人身自由权这一基本宪法权利,属于重大的程序性国家行为,因此不能由政府以其社会管理权限便宜行事简单决定,而应当以司法的方式,即由独立的审查主体,听取羁押行为的利益方和不利益方双方意见后作出决定。当今无论在英美法系还是在大陆法系,长期羁押审批都被认为是司法机关尤其是法院的基本程序权力,而采用司法审查的方式作出决定。[8]

综上所述,检察机关的侦查、起诉(不起诉)、批捕等职能,均具有一定程度的司法属性,因此其办案方式应与之相适应。完全以行政性的办案方式履行这些职能,不符合司法规律与检察规律。

(二)法律监督,并非行政监督

中国检察权,即检察机关法律监督权。但平时所论检察机关法律监督,亦有广义与狭义之分。广义即为检察机关全部职能权力,狭义仅指诉讼监督,即在区分侦、捕、诉等诉讼职能与侦查监督、审判监督、执行监督等诉讼监督职能基础上的后一部分职能。[9]此处所指为狭义概念。

诉讼监督的性质如何,有无区别于行政与司法的特别工作方式,以及应当采行何种工作方式,是需要探讨的问题。

监督,即监视、督促和校正。作为国家活动的权力性监督,有行政监督、司法监督和立法监督三种基本类型。行政监督,是以纵向的行政管理关系监督校正下级的行为;司法监督,是通过审级制度实施司法救济,上级审纠正下级审裁判;立法监督,则是立法机构调查发现与宪法和法律相冲突的情况后，通过审议决定并要求违法主体纠正相关问题。

检察机关诉讼监督不属于上述三种类型，它是经法律授权，对享有诉讼权力的国家机关发现其违法并要求纠正的行为。其监督方式既有别于行政又不同于司法和立法，它是以“指出和建议”（如对侦查、审判和刑罚执行机关的检察建议）、“特定行为纠正”（如立案监督）、“启动救济程序”（如民事、行政抗诉）等为内容和行为方式的特殊法律行为。总体而言，检察机关诉讼监督具有程序性、建议性（但特定情况下有决定性）、非终结性的性质和特征，与之相适应，需要采取适当的工作方式。

行政重效率而司法重公正，因此相比之下，就工作程序与方式的正当性，行政活动要求低而司法程序要求高。鉴于诉讼监督的上述三种特性，其工作方式一般不需采用决定重大实体与程序事项的正当程序模式，而比较注意其有效性与便宜性。因此，可采取“问题发现—事项调查—审查决定—特定方式与渠道提出”的工作方式。这种行为方式因其工作流程的内部性、非对审性以及事项承办与决策的相对分离，其行政特征较为明显，即与行政机关的事项处置方式较为接近。在此意义上，不宜要求诉讼监督工作方式的整体司法化转向。然而，由于某些诉讼监督决定也涉及一些重要程序决定和实体利益，因此须充分注意其公正性与准确性，防止片面性，此时亦需借鉴司法程序，采用公开、对审的程序方式，在充分听取各方意见的基础上作出决定。例如，民事审判和行政诉讼中的抗诉，本非民事、行政诉讼中内生的诉讼功能，而是为保障诉讼公正，在目前司法机能包括其自身救济机能不健全的情况下所设置的特殊的程序功能。它以法律授权的特殊案外人的身份挑战生效裁判，这一行为涉及重大的程序利益，因而需要十分慎重。检察机关在实现司法公正的同时，亦须努力维护法院权威和生效裁判的既判力（“执行难”本已为中国民商事司法的痼疾），因此，为保证抗诉质量，抗诉审查可以采取司法审查方式即听证方式，以公开的、对审的，甚至审查与决定相统一的办案方式作出抗诉决定。其他监督行为，如就个案情况论，涉及重要的实体与程序利益，或将产生重大的社会影响，也有必要适度借鉴司法审查方式。这是诉讼监督适度司法化的一个根据。

另一个根据是基于检察机关诉讼监督本身的特性，即以诉讼活动为监督对象且与诉讼活动不可分离。检察机关诉讼监督的对象，是相关主体的侦查、审判以及监管和刑罚执行活动，同时，诉讼监督是在检察机关的诉讼活动中展开,通常以诉讼行为作依托。而且有时诉讼活动与诉讼监督活动具有同一性,即一个行为兼有两种要素。如检察机关在刑事诉讼中对未生效裁判和生效裁判的抗诉,既是诉权的行使,又是监督权的体现。承认其为诉权,是因为它是公诉的延续,不能背离和超越一审程序中的公诉;它与被告方的上诉权与申诉权有对应性,是“公诉的救济”,而且仍然能够启动法院的审判并决定其审理的范围。因此抗诉仍然是一个诉。但同时它又是审判监督权的体现,尤其是对生效裁判的抗诉。检察机关的诉权有这样强大的延续能力包括几乎不受限制的再审启动能力,且与被告人诉讼权不对等,从诉权理论本身是难以有效解释的,而必须以监督权法理支持。[10]此外,其他一些监督权与诉讼职权也有重合性。如立案监督是诉讼监督权的组成部分,但也属于检控权的构成要素。因为侦查服务于控诉,有效检控,就应包括对侦查机关立案及侦查取证活动的合法性与有效性的监督。非法证据的审查排除亦同,检察机关的控诉职能与监督职能都要求证据合法,不过,前者偏重于公诉有效,[11]而后者偏重于公诉合法。

正是由于上述紧密联系乃至一定程度的统一性,检察机关诉讼职能行使的司法化要求,可以在一定程度上佐证诉讼监督职能行使适度司法化的必要性。即如公诉及其审查活动的适度司法化,在抗诉审查和抗诉权行使时亦可适用。

(三)提高办案质量和效率,加强队伍建设,亟待检察改革

适度司法化,有利于保障司法公正。首先,提高办案质量。承办与审核决定相分离,即“审而不定、定而不审”的行政化办案方式,虽然有多重把关防止草率决定之利,但不符合司法活动亲历性与判断性要求,尤其是对证据事实的把握,以听汇报看报告所作的间接审查,难以形成准确有效的心证,实际上常常被案件承办者所牵引。因此,应当在一定程度上确认承办审查与决定的统一性,仅在重大决定方面,允许增加决策把关,防止决策失误。否则,难以避免“不看病的医生开药方”之弊。此外,使一线检察官相对独立,有职有权,才能调动其积极性,增强其责任心和荣誉感,从长远看,这是案件质量最重要的保证。而且,承认检察官的相对独立的判断和决定,也有利于贯彻法制原则,防止不当行政干预而损害司法公正。为此,检察制度普遍承认检察官的法制义务高于体系内的“上命下从”。其次,适度司法化还有利于程序公正。办案方式适度司法化,就重大检察事项,注重其程序的正

当性包括法律允许之下的公开性,有利于防止办案舞弊和失当,且增强检察活动的公信力。

适度司法化,有利于提高检察效率。一就决定机制论,检察官对一般事项即时审查决定,较之叠床架屋、逐级审批,当然更有效率。此亦为十多年前主诉检察官制度启动和推进的重要理由。二就程序方法言,司法化办案方式总体上更具效率性。以不公开的内部审查方式处理检察事务,虽有较为灵活有时也比较简便之利,但司法审查方式中的正当程序要求,可能增加程序负担。如组织听证因涉及外部工作及质辩活动,较之内部研究可能会增加程序成本。但司法化处理也会减少大量的内部程序,从而在总体上提高工作效率。例如,审查决定批捕或不捕,即决定长期羁押抑或取保候审,在现行制度中需经检察人员承办,部门负责人审核,检察长决定的三级审查、批准,法定7天审批时间常嫌不够。就检察机关自行侦查的职务犯罪,上级院还需要再过三关。2012年《刑事诉讼法》因此允许审批时间可延长1~3日(第165条),但仍嫌期限不足。然而,以司法审查方式决定羁押,通常在检察官和辩护律师在场并分别提出羁押或保释的意见和根据的情况下,法官即刻作出决定(美国刑事司法中称此类案件为“两分钟案件”)。即使剔除某些制度区别而权衡其可比性,这种司法审查的效率也会大大高于我们这种内部审查决定方式。

适度司法化,其特殊意义在于培养检察官,在办案一线留住骨干,并提高检察队伍素质,从而实现检察事务的可持续发展。“三级审批”等行政化办案方式,最大的弊端之一是不利于强化检察官的荣誉心与责任感,不利于在检察工作一线保留骨干,也不利于检察队伍整体素质的提高,从而势必妨碍检察事业的可持续发展。“三级审批制”之下,检察人员实施的诉讼活动,只是具体事务的承办,既要受业务部门负责人的审查,又要服从检察长的决定。在这种纵向层级体制中,检察官向上晋升,争取获得案件审查权乃至决定权,是实现事业目标以及个体价值的唯一路径。一旦成为骨干,且能力被上级所认可,就脱离办案一线,成为二线的监督者。[12]应当看到,由于近年来司法行政化的发展倾向,留在一线办案的检察官、法官往往是资历较浅、经验不丰的年轻人(尤其在基层司法机关)。但司法活动包括检察活动,作为高度技能化的法律活动,需要操作者有丰富经验和很高法律素质及品德修养,一线欠缺这样的操作者,司法质量就难以保障。因此,不改革司法行政化包括检察行政化所带来的弊端,办案一线就留不住业务骨干和优秀人才。推动适度司法化改革,使检察官成为有职有权的司法官员,是实现检察事业可持续发展最重要的举措之一。

二、《刑事诉讼法》修改使适度司法化成为更迫切的改革课题

在“加强监督”的司法改革思想的影响下,2012 年《刑事诉讼法》修改,重新塑造检察职能,全面加强检察机关法律监督,尤其在纠正诉讼违法,保障程序公正方面就检察机关的诉讼监督作了一系列新的规定。同时,就检察机关诉讼职能,也作了某些调整。这些制度性变革,强化了检察机关作为诉讼监督机关的角色地位,同时也强化了检察机关诉讼职能中的司法性要素,[13]在这种态势下,检察机关办案方式的适度司法化,更具有现实必要性。

1. 司法救济权的赋予,要求检察机关成为法院似的中立性司法救济机关并采用类司法的救济程序。2012 年《刑事诉讼法》第 47 条和第 115 条分别就辩护人、诉讼代理人、当事人、利害关系人的程序权利以及实体权利在诉讼中受到侵犯,有权向人民检察院提出申诉和控告作出规定,同时规定了检察机关及时审查,以及查证属实的情况下,通知有关机关纠正的责任。这两项新的法律规定,实质上是将刑事诉讼中的程序性救济权力授予人民检察院。检察机关由此获得的权力,已经不是一般意义上的法律监督权,而是一种司法救济权。从比较法上看,这一权力在其他国家和地区均为法院享有。因为,当控诉方在诉讼中侵犯辩护方实体权利和程序权利,并形成诉讼争议的情况下,法理上认为只能由一个独立和中立于控辩双方,且具有裁决权的主体来审查和处置争议,纠正违法或不当的侵权性程序行为。这是国家行为的可诉性及可救济性的基本要求。我国行政诉讼的法律法规已经体现了这一精神。公民不服政府的行政管理决定,可以将其诉至法院,从而引起对行政行为的司法审查。然而,我国刑事诉讼则较为特殊,在“侦查行为不可诉”的原则及检察机关担当法律监督的制度下,司法救济权赋予检察机关。但检察机关本身是一个侦查和控诉机关,因此可能成为直接实施侵权行为的被控告机关。为应对这一冲突,法律规定可以改向其上一级人民检察院申诉或控告,即以检察机关内部的行政性监督,克服被控告的当事人与救济机关主体同一的矛盾。[14]

充当司法救济角色的检察机关,同时又是侦查和控诉机关;当下级检察

机关成为被告时，上级检察机关必须公允客观，“一碗水端平”。制度设计本身的问题此处不议，但既然如此设置，就应尽量要求检察机关成为有效的、公正的司法救济者——即使一身几任，勉为其难。而尽可能实现这一制度目的的路径和方式，只能是检察机关的适度司法化——检察机关在救济程序中成为相对独立、中立、不偏袒的公道主持人；采用适度司法化的办案方式，在对审兼听的框架中作出决定。从而既能保障司法救济的有效性（至少是最低限度的有效性而非形同虚设），又能以一种“看得见的方式”促使公正实现。

2. 对逮捕程序的改革，要求检察机关强化逮捕审查程序的司法属性。2012年《刑事诉讼法》对逮捕程序的改革包括：细化逮捕必要性条件，将过去笼统的规定具体化为五项标准，以克服逮捕审查仅重构罪条件而忽略逮捕必要性的弊端，防止构罪即捕；增加了对羁押必要性的持续性审查，要求适时变更强制措施；[15]明确了审查逮捕中听取律师意见、询问证人等诉讼参与人，以及会见犯罪嫌疑人的选择性或强制性要求等。法律对逮捕审查程序的上述调整，其基本精神是贯彻既要考虑侦查需要，也要注意保护人权的平衡原则。而且将羁押审查方式，由封闭性、书面性、单方性的审查程序，适度转变为兼听性且相对公开（兼听各方意见必然形成某种程度的公开性）。对逮捕程序的重构，要求检察机关审查批捕办案方式的适度司法化，即采用能够实现对审兼听要求，并能反映批捕程序特点的司法性审查程序。同时，为了贯彻平衡原则，要求批捕主体较为中立和独立。改革的走向，如有的学者所称：“批准逮捕程序以及延长批准逮捕程序将走向准司法，呈现出一定的对抗性。”[16]

3. 简易程序和其他程序中检察责任加重，要求简化程序提高效率，检察官的相对独立性亦应增强。2012年《刑事诉讼法》扩张简易程序适用范围，同时规定：“适用简易程序审理公诉案件，人民检察院应当派员出席法庭。”（第210条第2款）检察官出席简易程序审判，是支持公诉并实施审判监督的需要，但因简易程序适用面广，检察官由不出庭到必须出庭，工作量大大增加。[17]客观上需要进一步压缩内部程序，提高检察效率。另外，简易程序案件事实清楚，控辩双方无争议或争议不大，在检察机关内部也不需要设置更为复杂的监督机制。因此，法律修改在客观上要求强化公诉检察官独立处理简易程序案件的能力。此外，检察机关其他诉讼职能和诉讼监督职能的强化,工作任务和责任的加重,对办案方式也提出了新的要求:一方面应当注意加强自身监督,防止职能履行异化;另一方面对非重大检察行为,适当放权,加强一线检察官的权力和责任,也是在任务加重的新的制度背景下提高检察质量和效率的必要措施。

4. 诉讼监督权的强化,亦对检察机关办案方式适度司法化产生影响。《刑事诉讼法》再修改,在原有监督职能的基础上,强化了检察机关对监狱和看守所监督的职能,规定了减刑、假释、监外执行检察机关的同步监督。同时,由于羁押后的预审讯问均在看守所进行,而且防止刑讯逼供的法律规定趋严,检察机关的监所监督责任进一步加重。此外,法律还专门就指定居所监视居住以及强制医疗程序中的检察监督作出规定,体现出在这些容易违法侵权且社会敏感度较高的法律程序中加强检察监督责任以保障程序合法的立法意图。这些强化检察机关法律监督的新规定,使检察院作为法律监督者的角色定位进一步明确,其监督职责总体上获得强化,如前所述,对于重大事项、可能产生重要影响的监督行为,为实现监督的准确有效以及程序公正,有必要强化检察机关作为监督主体的中立性以及监督工作方式的正当性,因此,适度司法化的改革亦为必要。

综上所述,《刑事诉讼法》再修改,强化检察机关的司法性、监督性及工作责任,如继续沿用过去那种行政性办案方式,更加不适应实践需求,而在可为空间中推动某种程度的司法化变革应属势在必行。

三、推进司法化是检察改革打破“瓶颈”的现实需要

检察机关办案方式的司法化,本不是一个新的命题,其部分内容已经被反复论证并在一定程度上付诸实践。今天提出适度司法化,应是我国已经推进的检察改革的深化。

作为司法机关的检察机关,完全采用行政性办案方式即“三级审批制”,所带来的弊端已被检察机关内外所关注,由此而在20世纪90年代启动了被称为“主诉检察官办案责任制”(后因涉及面较宽而改为“主诉检察官制度”)的改革。这是一项起于“草根”的自下而上的改革活动,肇因于1996年《刑事诉讼法》修改,采行“控辩式”审判方式,检察机关的举证责任和法庭功能强化,为适应实践需求,一些基层检察院试行主诉检察官办案责任制改革,效果良好,受到检察机关内外普遍肯定。在总结各地各级试行经验的基

础上,2000年2月,最高人民检察院制定发布了《关于在审查起诉部门全面推行主诉检察官办案责任制的工作方案》,指出:“实行主诉检察官办案责任制是在法律规定的范围内,改革与完善检察机关审查起诉部门办案机制,建立责任明确、高效廉洁、符合诉讼规律的办案责任制……”就此项改革的目的所形成的共识:一是转变传统的行政管理模式,逐步采行司法业务运作模式;二是通过鼓励检察官的责任心和荣誉感,以及精英遴选和培育机制,培养出具有较高素质的检察官,推动检察机关的队伍建设及可持续发展。改革的核心是“放权”,即针对传统办案机制层层负责、层层把关导致的效率低下、责任不明确,以及错案责任无人承担的问题,赋予主诉检察官一定的独立办案权。实践证明,主诉检察官制度的启动和推进,有利于发挥检察官的主观能动性,强化工作责任心,同时在一定程度上克服“审者不定、定者不审”而有悖司法规律的弊端,提高办案质量和效率。同时,主诉检察官制度的推进,也在一定程度上推动了检察机关其他业务部门检察官办案责任制的建立。

虽然这项改革取得一定成效,但应当说预期目标尚未有效达成。从目前情况看,检察机关的办案机制从总体上看似未发生实质性变化。即使是公诉部门,主诉检察官制度的推进亦步履艰难,甚至出现反复。实践中普遍反映出一些问题,如“主诉检察官”权力受限,名不符实。同时,主诉检察官在作用有限的情况下,责任心减弱,不能发挥“主诉”即公诉主导作用。而且行政职级仍为检察官地位、待遇的依据,“主诉检察官”的待遇问题没有解决,岗位缺乏吸引力,等等。有些地方实行“全员主诉”“换汤不换药”,主诉制名存实亡;有些地方则已经完全退回原位,恢复传统办案机制。

改革未尽如人意,但改革必要性的共识并不因此坍塌。[18]主要问题在于该制度缺乏有效的支持条件:一是“三级审批制”仍然是检察机关办理刑事案件的基本办案机制,在这一机制没有根本触动的情况下,主诉检察官制度的操作空间很小;二是主诉检察官制度不是“官制”,缺乏体制地位,在我国普遍以行政职级决定地位与权力的体制中,主诉检察官的位置显得“不伦不类”,作用也大大受限;三是权、责、利相统一这一较为核心的问题未能有效解决,这项制度势必难以持续发展。

改革遇到“瓶颈”,是进是退,检察机关面临选择。一种办法是沿用“三级审批制”,而且进一步强化行政性监督功能,以保证案件质量。近年来检察机关的一些改革、调整措施,实际上体现了这种倾向。较为突出的是加强上级检察机关的监督与统合性功能,如强化检察一体化,由上级院在更大的范围内整合调配资源,配置于下级院的检察权的某些部分有上收趋势。如职务犯罪决定逮捕上提一级;职务犯罪裁判审查由上级院与案件承办单位同步进行。在部分地区,属于本级管辖的职务犯罪案件,也由上级检察机关统一组织实施侦查,等等。当然,外部的(就各检察院而言)集中趋势有其现实缘由,亦有正面效应。[19]而且上级院与下级院之间的关系不完全决定检察院内部的上下关系,但这种外部的集中趋势,会在一定程度上影响内部关系。因此,近几年检察院内部关系的行政化倾向并未遏制,可谓内外逻辑较为一致。

另一种办法是继续推进这种趋向司法化的改革。由于适度司法化的改革符合检察规律,尤其是有利于强化一线力量,建设检察骨干队伍,这已成检察界的共识。因此,虽然难为,但一些检察机关仍然在努力创造条件,推进由主诉检察官制度启动的适度司法化改革。一些地方检察机关尽力协调与当地党政的关系,为主诉检察官解决一部分职级待遇问题,创造最低限度的运作条件;有的检察机关则进一步推进这种改革,在地方党委及有关部门支持下,实行主任检察官制度,将主任检察官设定为一种有职有权的检察官职务等级,为中国检察官制度的进一步改革提供了试点性经验;[20]还有的检察机关进行内部组织和工作机制改革,合并部门,突出骨干检察官作用,将骨干检察官领导的办案组作为检察机关的基本工作单元,形成检察机关的"扁平化"管理模式。检察建设注重遵循检察规律、符合实际需要,明显提升了检察能力。

目前条件下,检察改革可谓统合易而放权难。因为行政机制既有外部要求和条件支持,又有内部的运作习惯以及处于主导地位的检察首长们的一般需求("放权",对各级领导说易行难),但是,从检察职能的公正有效行使以及检察事业的发展看,适度司法化应当继续推进。

四、适度司法化在比较法上具有普遍意义

检察官是司法体制中的重要成员,同时又是一体化构造中的组织因子,因此检察官兼具司法属性与行政属性,这是不争之判断。分歧只是在于双重属性之下检察官的制度定位及行权方式。

综观现代各个国家和地区的检察官制度，总体而言，不同类型的检察官制度均在某种程度上承认检察官办案独立性。在大陆法系，德国的检察官是司法体系的一员，其权力义务受法官法调整，与法官任职可以互换。法律与实务十分强调其作为法制守护人的职责。检察官被设置为较独立的司法官员，相对独立地处理所承办的侦查、起诉案件。意大利亦同。在日本，法律确认检察官作为独任制官署的地位以及行使职权时的独立性。学理上认为："检察官和检察厅是兼有行政和司法两重性质的机关，所以在组织和机能上也是具有行政、司法两方面的特征。""即使根据上级的指挥，作出了与自己的信念不同的处理，也不准许以依照上级的命令为理由而逃避应承担的责任。也就是说，检察官是以自己的名义并由自己负责来处理分配给自己的检察事务的，这是根据检察官职务的独立性作出的当然结论。"[21]

英美法系的检察官属于政府体系，但也有一定程度的办案独立性。英国检察官系公务员，需要服从检察长指挥，但在诉讼法上有独立法律地位。英国《1985 年刑事起诉法》第 1 条规定，"每个皇家检察官……在机构和程序上都享有检察长的所有权力，但是要在检察长的指挥之下工作"。美国各检察官办事处，其首长即经过选举或任命的检察官系政府官员，而普通检察官（助理检察官）系政府雇员，通过合同确定与检察官办事处的关系。在受雇期间承担检察官的权力责任。合同制的政府机构雇员虽不属于司法官员，但由于其担负的公诉责任，不可避免地需要享有某种程度上独立办案的权力。实务考察发现，在一般的检察官办事处，承办案件的检察官对普通案件的是否起诉及如何起诉有决定权，在法庭上，其公诉行为也有相当的自由度。不过，由于美国检察制度的分散性和非官僚性特征，这种独立性属于授权性独立，对检察机构首长的指令权，并无法律上的明确限制。因此，助理检察官办案时的相对独立性，是基于效率和法律事务处置包括公诉的内在属性所生出的需求。

值得注意的是，检察制度的现代发展，体现出进一步限制行政首长（包括政府司法部部长和各级检察机关首长）指令权，加强检察官独立性的趋向。例如，法国在 20 世纪末颁布法令，限制了司法部部长对检察官办理具体案件的指令权。德国检察制度通过改革，"现在指令权只是在非常特殊的案件中才发挥作用。在实践中，检察官已经获得了很大的独立性，其地位几乎与法官相同"。由于检察一体制强化检察首长的指令权，因此在德国已经受到较大限制。“总体上看,检察官职务独立是第一位的,是原则,检察一体是第二位的,甚至只是补充或例外。”[22]中国台湾地区检讨制度弊端,由20世纪末开始,自下而上地推动检察改革,实施了“检察一体制度透明化实施方案”等改革措施,加强了对检察官独立性的保障及对检察首长指令权的限制。如要求检察长在指分案件及对检察官行使指令权时,应以书面附具理由,以防止检察首长的不当干预。[23]

如果将我国目前的检察官制度与其他相关国家和地区制度比较,笔者认为可以得出一个结论:在采用现代司法框架的各个国家和地区中比较,中国检察机关是司法功能最强,但同时其办案方式最缺乏司法性的检察机关。所谓司法功能最强,是指批准长期羁押的权力及司法救济权是其他国家和地区检察机关不享有而我国检察机关享有的典型的司法权力。而且公诉权垄断,不受司法审查;不起诉决定的权力受司法审查影响很小。但“三级审批制”可以说是我国独有的,充分体现了指令权的决定作用以及承办检察官行使检察权时的独立性和决定权不足。由此我们更加应当认识改革的必要性。

除了检察官办案的独立性,还有检察官办案程序中的司法性问题值得做比较研究。其他国家和地区检察官办案方式的司法化,除了主要体现在检察官相对独立地承办案件并作出决定外,还体现在某些检察活动以对审听证即司法化方式展开,检察官在程序中扮演了类似预审法官的角色。在学理上,有弹劾制侦查观的展开,即在审前程序中,以侦查、辩护和检察官三方形成以检察官为结构顶点的诉讼程序构造,由此保障检察官中立性以及客观义务的履行。[24]在制度与操作方面,虽然检察程序(侦查与公诉程序)便宜性较强,公开性与程序公正性受到一定限制,但根据本国情况,适当借鉴司法性程序,也是经常的做法,如美国重罪案件刑事检控设置的大陪审团程序,是以准司法方式支持检察官作出起诉决定的范例。重罪案件起诉,在美国联邦司法系统、哥伦比亚特区和18个州,以大陪审团为起诉审查和决定主体,承办案件的检察官须向大陪审团说明起诉理由和举证。大陪审团有权进行证据调查,包括以大陪审团名义传唤证人和调取物证。虽然大陪审团程序的公开性与对抗性不足,但其听证——裁决的构架,仍与小陪审团参与的法庭审判有一定的类似性,属“准司法程序”。

又如,中国台湾地区检察官的证据调查采用开“侦查庭”的方式。[25]每个检察院内设多个侦查庭，其庭内设置与法庭相似，检察官偕同书记官坐于法台，嫌疑人或证人(含被害人)、鉴定人坐于对面，中间由法警维护秩序并负责部分程序事项。侦查庭的任务，一是人证调查，其对象为被告(嫌疑人)、证人或鉴定人。二是执行勘验。“勘验”是法定程序，通常在侦查庭内进行，对象是证物、书证等，也可能是对被告行勘验程序。由于侦查不公开，所以侦查庭开庭是关门进行，外人无从知悉开庭内容。但被告如委任有辩护人，则必须通知辩护人到庭。侦查庭从法警传唤被询问人到庭开始，首先进行个别询问，确认到庭人身份；讯问被告之初，检察官必须对被告为权利事项告知，告以得保持缄默、得选任辩护人、无须违背自己意思而为陈述、得请求调查有利证据。如有多次庭期，每次开庭都必为权利事项告知。如询问对象是证人，则必须告知证人具结之义务，不得匿、饰、增、减，否则会受伪证罪之处罚。如询问对象是鉴定人，亦必须行具结程序。但其具结与证人有别，鉴定人具结文时必须诚实、公正为鉴定。若有不实，亦涉犯伪证罪责。然后开始询问事实、调查证据。依据“刑事诉讼法”规定，侦讯过程必须全程录音，必要时须全程连续录像。笔录以计算机记录，侦讯完毕交被讯问人阅览，签名或捺指印。

除院内设置的侦查庭开庭外，由于侦查具有弹性、机动的特性，检察官在其他处所亦可开庭侦讯(称“临时侦查庭”)，如：(1)在医院病床边，对正在医院就医的被告、证人讯问和询问；(2)在车祸现场、制毒工厂等类似处所，行勘验程序，对在场之人行询问；(3)值班检察官，在内勤法庭对随案移送的被告讯问；(4)在检察官办公室，也可开庭讯问；(5)在监狱、看守所，可对在监、在所的受刑人、被告讯问；(6)检察官轮值外勤，辖区内发生非病死、或可疑为非病死案件，检察官到殡仪馆、医院太平间验尸时，可在各该处所进行询问等。简言之，侦查庭只是一个概念和程序，检察官在任何时空处所，都可根据侦查需要开侦查庭。但是，不论身处何时、何地，只要是侦查开庭，都必须进行权利告知、录音、具结、制作笔录等法定程序。

我国台湾地区的侦查庭制度，源于检察官作为司法官的身份，因此，就场所设置、律师在场、开庭程序包括权利告知与责任具结等，与法院开庭类似。以开庭方式展开侦讯，体现了检察官侦查活动不同于警方侦查的特殊性质，即司法性质。而其空间设置和程序安排，既体现了审讯等证据调查活动的严肃性以及侦查主体的权威，又可防止非法取证，并实现多方参与，保证程序公正。[26]其制度精神和某些做法,可以为我国大陆检察制度的改革提供借鉴。

检察官办案方式的适度司法化,应当说已成为各个国家和地区刑事司法制度尤其是大陆法系司法制度普遍接受的法观念和法制度。欧洲理事会框架下的欧洲法官咨询会(CCJE)和欧洲检察官咨询会(CCPE)于2009年向欧洲理事会部长会议共同提出的报告(部长会议批准后发欧洲47个国家建议采用)《在民主社会法官和检察官的关系》第6条称:"在检察官执法以及在审判前阶段检控酌处权的行使时,检察官的地位应当有法律保障,并以最大的可能,采取类似于法官的方式行使这种权力。他们须是独立地、自主地做出决定,而且公正、客观、公平地履行其职能。"[27]

五、适度司法化改革的顾虑及其分析

检察机关作为具有一定司法功能的国家机关,采用适度司法化的办案方式,从理论上不难论证,但长期以来,我国检察办案方式行政化,却有其内部根据和外在缘由,要推动司法化改革,必须分析形成行政化办案方式的内外因素,分析司法化改革的基础、条件(包括现有条件和可能创造的条件),以及改革利弊,在理性认识的基础上,使这种改革获得检察系统内部各级以及外部的理解与支持,从而形成改革的动力、环境和条件。下面针对此项改革可能引起的担心和疑虑,对相关问题进行分析:

顾虑之一,检察人员素质不适应,增强独立,削弱监督,案件质量会下降。我国检察人员数量大,[28]未走精英化路线,而在实际上采用了一种以数量换质量,且以纵向的行政性监管保证案件质量的检察办案及检察建设路径。如果赋予一线检察官独立作出决定的职权,在目前条件下,易于增加腐败,可能降低案件质量。这种顾虑在过去的改革中已经存在,在有些地方确已出现这类情况。如果推动新的司法化改革,必然也会遇到这种质疑。

顾虑之二,与体制逻辑不太协调,司法机制恐难运行。我国目前的国家体制,由党"统揽全局、协调各方",因此似可称为统揽型体制。该体制具有集中性特征,总体呈金字塔式构造。在这种体制之下,以上命下从为特征的行政逻辑,才是各种权力运作中共同的根本性行为逻辑,也是维系此种国家权力构造的基本条件。在此之下,司法作为社会整体管治体制的一部分,其外部独立和内部自治的程度均十分有限,行政原则不可避免地渗透于司法。要在检察机关推动司法化,必然遇到这种机制冲突,笔者曾将其称为“司法逻辑与社会逻辑的冲突”。[29]例如,对一定级别以上官员所涉“要案”,从启动调查到提起公诉,均有党内请示汇报制度制约,不仅侦查、公诉检察官,即使是检察长,亦不可“轻举妄动”。

顾虑之三,外部条件难提供,普遍运作有障碍。与前一问题相关,由于在国家管理和社会治理中权力分化与专门化程度不高,总体上看,现行体制对司法的复杂性、高技能性以及对司法官素质的特殊要求仍注意不够。法官和检察官的管理和保障采用公务人员的一般方式,以行政级别为主要管理依据和管理杠杆。司法化改革,需要建立相应的司法官资源配置和保障体系,需要改革检察机关的干部人事制度。否则,相关条件不支持,责权不统一,改革将难以为继。而这种体制性改革属于国家政治体制改革的范围,检察机关不可控。因此,检察机关即使意图变革,也难免属于一厢情愿。

以上顾虑,均产生于对现实状况、制度环境的把握分析以及对改革障碍的合理预判,可谓有理有据。然而,如笔者所持转型期司法改革与司法操作的“相对合理主义”主张,中国司法改革,在现实条件制约下,还只能采取渐进的、改良的推动方式,因此,检察机关的司法化改革,不是根本性的制度变革,而是一种局部性调整,严格地讲,是改良而非改革。因为笔者强调其“适度性”要求,关键在于把握其“度”。即在体制空间中进行渐进改良的运作。由此而可能寻求到一定的空间包括支撑的条件。毕竟,经济社会可持续发展的需要,国家长治久安的要求,社会管理创新和改善的推力,可能为某种国家职能的运行更符合规律也更为有效而给出一定变动空间。尤其在社会环境和法律制度变化,产生出新的变革需求的情况下。

当然,改革会有困难和阻力,尤其是触动既成利益格局。重利益而不是讲道理已成为当前阻碍社会变革的主要因素。如从微观看,一线检察官有职有权,可能使部门负责人甚至检察长产生某种权力失落感。但只要改革就会触动利益格局,尊重现实,不意味着迁就现实维系既有格局无所作为。一方面,应当推动改革,创建新的机制与构架,促使检察事业的良性化发展;另一方面,也应注意改革的“适度”以及利益机制的协调,尽量化消极因素为积极因素。因此,这项改革需要勇气,也需要智慧,而尤其需要的是对国家法治的责任感。转型时期,不进则退,倒退没有出路,在可控范围内的改革,并无不可逾越的障碍。此项改革的适度性与改良性,不致动摇基本体制,而且会使其具有一种灵活性,因接近规律,更具生命力。

内部状况不太理想,系不容否认的现实,因此,司法化改革内部条件尚待创造。然而,在此问题上应明确以下三点:其一,适度司法化的改革正是改善内部状况最有效的途径,因此可谓“对症之良药”。即如主诉检察官制度改革的指导思想与实践依据:司法化就是让检察骨干(精英)脱颖而出。有职有权的检察岗位,才能产生出高素质、有荣誉感和责任心的检察官,才能在检察机关尤其是办案一线留得住检察骨干、法界精英。其二,司法化适度推进,意味着行政监督与指令权的必要性。由于我国检察制度的现实环境与运作条件,行政监督与指令权势仍将保持较为强大,总体上不用担心令出多门、各行其是,以及较多的司法腐败和案件质量下降。其三,推动司法化改革,仍需要循序渐进。注意授权与被授权者的素质相适应。各方面条件相对具备了,再改革得相对彻底一些。因此,可以为改革设计合理的路线图和大体上的时间表。

再论外部条件问题。没有最基本的外部条件支持,改革将难以为继。但外部条件可以逐步创造。虽有难处,但也事在人为,目前有些地方的检察机关在试行改革,取得了当地党委和相关部门的支持,以不同的方式,为检察改革中的干部人事制度调整提供了支持。当前的改革,主要涉及检察机关内部的资源配置及办案方式的改善,且注意改革的“适度”性,暂不宜在些涉及领导关系的重要制度上有大的改变,如重大职务犯罪案件的请示报告制度。坚持同级党委的领导与支持,仍是检察工作和检察改革取得成效的重要前提。不过,司法化改革的深入推进,以及保障检察机关办案方式符合规律,仍需要依法治国方略的进一步贯彻。党委领导司法的重要内容,是保障司法机关依法独立行使职权,各级党委领导司法工作的方式仍应改善并规范化。推进检察机关办案方式的适度司法化,也是由内到外促进外部改革的一种积极举措。

还有一点值得注意,本次由《刑事诉讼法》再修改为契机启动的适度司法化改革,不是仅在检察官的相对独立性上做文章,也强调对审听证等诉讼机制在检察工作中的运用,着眼于刑事案件办案方式的改革,相对而言,这方面的改革受外部条件制约较小,检察机关自身可为空间较大。这也是笔者主张目前不失时机地推动这一改革的理由。

除了以上关于改革可行性的顾虑之外，适度司法化还可能引发另一种顾虑，即对改革效果的某种担忧——检察机关司法化是否会妨碍控辩平等及冲击审判权威。应当承认，在刑事诉讼法理上，检察机关是代表国家的诉讼原告，即行使控诉权的当事人。如果检察机关在制度上被确认为当事人而非司法机关，将有利于实现控辩平等并促进审判权威。但在现代任何法律制度中，检察机关的诉讼能力都绝非普通当事人可比。即使在美国似的对抗式体制下，检察官也具有“准司法”的刑事诉追权包括很少约束的自由裁量权。行使这些重要的国家权力，需要维护其正当性和有效性，办案方式某种程度的司法化将是检察权运用逻辑的内在要求。本文讨论的办案方式司法化，是检察机关作为法律监督机关和司法机关并享有相应权力这种既定的制度模式之下的行为方式问题，而这种制度模式，已经被现行宪法和法律所确认，近期的以“加强监督”为重心的司法改革，包括《刑事诉讼法》的修改，又进一步强化了这种制度模式。目前，我们还只能在这种制度框架下来讨论办案机制及其实际运作的相对合理性。制度模式的利弊改革也非本文所论。而以单面式内部审查决定等完全行政化的方式行使检察权，显然更不利于辩护方利益和程序权利的保障。由于适度司法化仅指办案方式，不对检察机关法律地位作重新定位，无论是检察官的相对独立还是庭前程序的弹劾式构造，均不涉及与法院的关系，加之笔者所强调的逐项限度把握，因此在检察机关的公正性和办案质量提高的同时，不致妨碍审判权威和效能。由此也可判断，检察机关办案方式的适度司法化，有利于我国刑事司法整体效能和公正性的提高。

六、适度司法化与责任主体及管理模式塑造

本文所主张的司法化改革，既强调其必要性与重要性，又注意其“适度”。这种适度性要求，主要基于以下三点理由：其一，检察机关的职能任务既有司法性又有行政性，办案方式的司法化主要针对部分职能即司法性职能的行使；其二，由于“检察一体制”的作用，且因检察机关同时是一个侦查、控诉机关，不可避免地具有一定程度的“当事人性”，其中立性与独立性受到限制，加之庭前程序并不具备完整的诉讼要素，因此，即使在相应业务中推进司法化改革，程度也是有限的，而行政决定机制仍将发挥重要作用；其三，受基本司法制度的限制，即使是合理而必要的检察司法化改革，在现阶段亦

不能一蹴而就,而只能适度推进,随着外部条件的改善而逐步到位。

在注意改革约束条件和适度性的同时,我们也应当充分认识改革的必要性,努力推动这项改革。改革的基本任务有两项:其一,塑造一线责任主体,建立“多点式办案单元”;其二,引进对审听证程序要素,建构审前程序的弹劾制构造。前一项任务,主要是使骨干检察官成为有职有权,办案中一般事项的承办与决定相统一的责任主体,再配备一定的辅助人员,使办案组成为相对独立的“作战单元”。由不同业务方向的办案组群,形成“多点式”办案力量分布。后一项任务,则主要是改革检察机关的办案方式,适度引进“三方组合”的诉讼构造,增强程序中的兼听性、公正性,增强程序的透明度,同时,适当弱化和简化内部审批程序。

(一)塑造一线责任主体

所谓塑造一线责任主体,就是使一线骨干检察官有职有权,成为相对独立的司法官,而不仅仅是承办具体工作的检察事务人员。为此,必须改变“三级审批制”一统天下的做法,使审查与决定统一的独立办案机制与三级审批制并存,将一部分检察业务交由骨干检察官独立办理。基本思路,与主诉检察官制度的构想和实施方案较为接近。

1. 将部分骨干检察官确立为相对独立的办案主体。为骨干检察官配备一名至数名普通检察官,并配备检察事务官员包括书记员,以骨干检察官为中心形成一个办案组。但为逐步过渡,部分检察官在一段时间内可以仍按原机制运行。

2. 划分事权。将检察事务按事项的重要性区分为独立办理的业务事项与审批业务事项。如公诉部门,可以按照主诉检察官制度改革时采取的方案,一般的公诉决定,由办案组作出;重大、复杂案件的公诉决定,以及不起诉决定需要经上级审批。其他业务部门可以参照这种标准进行业务划分。批准逮捕依法须由检察长决定,但可以适当划分为程序审批与实质审批两种类型。由于检察机关各部门的工作性质有区别,因此事权划分也应有所区别。公诉部门的司法性最强,独立性要求高于其他部门。审查批捕本属司法事项,但在我国刑事诉讼法中,是以行政机制运行,因此过于强化其司法性,赋予承办检察官不受约束的独立审批权,既与法律规定不符,又可能损害批捕案件质量。侦查检察官,是在一个较高组织性的框架内办理行政性较强的业务,因此,独立性也较为有限。

3. 压缩指令权。科、处长尤其是科、处副职也成为承办案件的骨干检察官。其中,部门正职因管理、监督责任可适当减少直接承办案件数量。部门负责人对骨干检察官只有建议权而无指令权,如发生分歧,应报请检察长决定。检察长对部门负责人特别授权的除外。但这种特别授权亦应限制条件,否则,检察官办案责任制就可能名存实亡。

(二)形成"多点式办案单元"

最高人民检察院在2009年年初下发的《关于贯彻落实〈中央政法委员会关于深化司法体制和工作机制改革若干问题的意见〉的实施意见》中提出:改革和完善人民检察院机构设置。根据检察权运行规律合理设置人民检察院内设机构,有效整合人力资源,形成分工合理、权责明确、相互配合、相互制约、运行高效的工作机制。但是,至今尚无实质性进展。而贯彻这一改革要求,有必要以骨干检察官为中心,在每个业务部门形成多个办案单元。同时改变目前检察机关内部划分过细、部门林立的状况,在一定层级的检察机关内实行大部门体制,强化多点分布的办案单元功能,适当弱化业务部门职权,弱化行政性纵向关系,由此形成检察机关以办案组为中心和主体,符合检察规律和国际惯例的业务组织模式。即由"纵强横弱"的行政模式,走向压缩纵向关系的所谓"扁平化"管理模式。

不过,管理模式的确立,也应考虑检察机关的工作任务和不同条件区别对待。在基层院,尤其是较小的基层院,这种"扁平式"管理模式更有必要。在较小的基层院,按传统模式设置业务部门,"官多兵少",效率低下。[30]应当"整合人力资源",形成"扁平化"管理模式和有效率的组织结构。[31]在市、分、州院,对应中级人民法院,仍有相当重的办案任务,建立"多点式办案单元"及"扁平化"管理模式也有重要意义。[32]但在省级人民检察院和最高人民检察院,工作重点是指导而非办理具体案件,在目前情况下,以部门为基本单位展开业务也许更为适当。

办案单元设置,应当注意遵循专业化原则。即以案件类型为基础,同时考虑办案主体特点以及程序类型对办案组作专业化分工,使检察官和办案组术有专攻,有利于提高办案质量。

(三)设置主任检察官制度

实现上述设想,需要检察人事制度配合。应当在制度上确认骨干检察官的地位和作用。从其他国家和地区的经验及这些年我国部分检察机关试点的经验来看,较好的办法是设置主任检察官制度。主任检察官是检察办案单元的领导,是检察长之下具体组织和承担检察业务的中坚力量。

我国现行检察官制度存在一个较为突出的问题,就是在检察业务序列职别设置上过于单一,检察长、副检察长下面就是检察官。科、处长作为部门负责人仅为行政职务,不是检察职务,因此其法律地位不明确。由于检察事务需要分级组织、分级决定,因此,检察长(含其副手)与普通办案检察官之间还应当有一级甚至两级检察职务(不过在基层构造简单的检察机关层级较少)。德国、日本以及中国台湾地区等检察制度,均有多层级检察职务划分。[33]在我国,检察长与普通检察官之间有必要设置主任检察官,作为检察机关的业务骨干及基本办案组织的负责人。

根据北京市人民检察院第一分院的做法和经验,设立主任检察官,就是建立以职位为核心的管理机制以及以检察官为中心的办案组模式,即以一名主任检察官为办案组的组长(或队长),配若干名检察员、助理检察员与若干书记员。主任检察官既是办案组的指挥官,负责对组内案件的统筹安排,又是业务专家,要负责解决组内办理专业案件的难点与问题,还要注意总结、探索出办理专业案件的特色方法或经验。主任检察官依法独立履行法律监督职责,原则上只接受检察长与检察委员会的领导。随着检察人事分类管理的改革,主任检察官成为检察官专业化和细化分类的一种职位,职位级别在分院一级可达到正处或副局级。[34]

设置主任检察官,一方面有利于解决业务部门行政性与司法性不分,部门领导趋于行政化的问题,降低检察的行政性而提升其司法性;另一方面有利于解决检察机关中层业务组织以及检察业务为中心的检察机关建设问题。在传统体制下,检察机关的内设业务部门既是行政管理单位,又是业务组织和管理单位,实际上成为检察权的载体。科、处长是事实上的主任检察官,但其法律身份不明确,其业务职能不清晰,而且一般行政管理与检察业务指挥交叉混同,实际上常常只能成为二线监督官员而难以成为一线责任主体。实行主任检察官制度,就是根据检察官办案的特点,形成有独立有配合的群组式检察单位,主任检察官脱离一般部门行政事务,专事业务组织管理和重大案件、事项的直接办理。科、处长负责科、处行政,同时对业务工作实施一般监督和特殊监督。[35]在这种分工之下,检察官—主任检察官—检察长成为检察权行使的载体和责任链条,权责明确,关系清楚,检察一体与检察独立易于较好结合,而基层院乃至分、市院的内设部门不再成为检察权的载体。

在我国目前条件下,设立主任检察官制还有一个特殊的作用,就是在检察人员众多但总体素质不高的情况下,通过主任检察官制度的确立,选拔和培育检察精英,在业务部门留住业务骨干。这是一种较为稳妥的检察改革方式。这种制度是主诉检察官制度改革的深化,同时可以与主诉检察官制度衔接。主诉制改革遇到“瓶颈”,就是因为其仍然基本囿于“办案责任制”而未解决“官制”问题,因此缺乏必要的基础条件支持。主任检察官制,目的就是要在检察官制度上有突破,为检察骨干的确认及业务开展提供基础性条件。而且它与主诉制还可以衔接,尤其在一些大规模、任务重的检察机关。主任检察官领导的办案组可以配置主诉检察官和普通检察官,分别担任相应的工作任务,从而实现与主诉制的“完美衔接”。[36]

设置主任检察官,也符合最高人民检察院有关部门研议形成的对检察官实施分类管理的方案。在该方案中,检察官职务被分为六个等级,从最高检到基层院四个层级的检察院配置,保证每个检察院中有三个层级检察官职务的设置。中间这个层级在省级院以下,就是主任检察官(含副主任检察官)。[37]目前主要的问题是实施问题。实行检察官制度改革,设置主任检察官,需要《检察官法》的修改,以及国家有关方面的支持。目前普遍推行似乎还有困难,但只要它符合规律,并且对改革必要性能够形成内外共识,在推进体制改革的过程中,这一问题仍然有望解决。在此之前,不妨采用局部推进的办法,积累经验、创造条件、增加共识,并由此逐步推广。

七、适度司法化与弹劾制审前程序构建

适度司法化的改革,就案件办理方式,需要引进对审听证程序要素,并由此建构审前程序的弹劾制构造。

在结构论的意义上,行政与司法主要区别表现在,前者是一种行政管理者与行政相对人的两方结构,而后者是当事人之间的争议与裁判者居中裁决形成的三方组合。对立双方的举证、抗辩是判断和裁决的前提,这就是“对审制”或“对审听证”。检察机关办案方式适度司法化改革,就是要引入对审听证的诉讼要素,使检察机关负责的庭前程序具有司法要素,即形成弹劾制庭前程序构造。此外,在其他办案活动中,也注意司法要素的引入,从

而改善办案程序。由于检察机关不同业务的性质和要求不同,因此,这种司法化必须适合该项业务的具体情况和实际需要。总的要求是依据规律,合理划分,即属于司法的归司法,属于行政的归行政。需要采用司法化措施的基本划分标准可以考虑两点:一是司法性质的决定,即案件的终局性处理决定,属于司法审查的事项等,应当采用司法化处理;二是重大且有争议的程序决定,为防止片面性,充分考虑影响作出决定的相关因素,采用或借鉴对审听证的方式,在听取相关各方意见包括相互抗辩的基础上再作决定。以下就检察机关的主要业务作一简析。

(一)审查逮捕

如前所述,长期羁押审批应属司法职能,由中立和独立的司法官在公开、对审的司法程序中作出决定。但在我国,羁押审批权属检察机关,虽然检察机关也是司法机关,但其同时承担侦查与公诉职能,因此在羁押审批方面,还不能确认为中立的司法机关。[38]为了保障羁押审批质量,《刑事诉讼法》特别规定批准逮捕由检察长决定,重大案件应当提交检察委员会讨论(第87条)。因此,现行羁押审批模式仍然属于一种检察人员承办,部门负责人审核,检察长决定的行政模式。

审查逮捕程序改革的路径在于司法化。[39]司法化的最终模式应属法院审批模式。因为只有合格法院的羁押审批,才能根本解决长期羁押决定的外部性、中立性和独立性问题。但鉴于我国刑事司法的特殊体制以及现实条件限制,目前只能在检察机关审查逮捕的框架内考虑审查逮捕程序的“相对合理”问题,其路径即为“适度司法化”。

1. 审查逮捕时依法讯问犯罪嫌疑人,听取律师意见。《刑事诉讼法》再修改调整逮捕审查程序,2012年《刑事诉讼法》第86条对讯问犯罪嫌疑人和听取律师意见作出了明确规定:一般情况下是选择性要求,即可以讯问和可以听取。但在特定情况下,如对逮捕条件有疑问、嫌疑人要求当面陈述,以及侦查活动可能有重大违法行为的,应当讯问犯罪嫌疑人;对于辩护律师提出要求的,应当听取辩护意见。这一规定既有利于保证审查逮捕中全面了解案件情况,兼听不同意见,又考虑实际情况和需要采取了较为灵活的方式。因为对事实清楚,各方均无异议的案件可以采用较为便捷的程序方式处理。目前2012年《刑事诉讼法》对此规定已经明确,依法操作,将有利于提高逮捕案件质量。

2. 对于一些重大、特殊的案件，举行听证，就是否具备逮捕条件进行当面审查。对于一些重大、疑难、复杂的案件，特别是对于那些是否存在犯罪事实、证据是否充分、是否有逮捕必要等存在争议的案件，在讯问犯罪嫌疑人或者听取律师意见的基础上，为保证审查逮捕决定的正确性，还可以询问被害人和相关证人以核实相关证据。必要时，可以根据案件情况举行由犯罪嫌疑人、侦查机关、被害人、证人以及有关社会组织参加的听证会，对是否需要适用逮捕措施进行听证。检察机关在进一步核实情况并听取各方意见的基础上，综合案件的事实、证据条件以及犯罪嫌疑人的个人情况，判断是否应当逮捕并作出决定。[40]

3. 由合格的检察官对一般案件相对独立地行使审查批准逮捕权。当前的“三级审批制”，其积极意义在于多重把关，批捕较为慎重。但也存在明显弊端，如办案环节多、工序烦琐、效率低下、职责不明，且审查与决定分离，决定主体不审查证据材料，难以形成有效心证。针对其弊端，一种改革意见是：按照《检察官法》的规定赋予检察官独立办案权，按照司法规律管理办案工作，打破充满行政色彩的层层审批办案模式，简化办案程序，减少办案工作的行政色彩，充分调动检察官的积极性和主动性，明确责任制，建立较为完善的监督机制。由办案检察官独立行使审查批准逮捕决定权，同时承担办案责任，包括错案赔偿的责任，是贯彻责、权、利相统一原则的要求。应当取消1996年《刑事诉讼法》第67条关于“人民检察院审查批准逮捕犯罪嫌疑人由检察长决定。重大案件应当提交检察委员会讨论决定”的规定。一般案件均由检察官个人独立负责行使审查批准逮捕权，同时赋予检察长、检察委员会对行使审查逮捕决定权的检察官的监督权，检察长可以改变、纠正检察官不当的决定，检察官认为有必要时也可以提请检察长决定或者提请检察委员会讨论决定。[41]

笔者认为，逮捕审查程序由检察官相对独立地作出决定有其合理性，但也应注意限制其范围。因为有两个约束条件要考虑：其一，检察官不是法官，作为在“检察一体制”之下，侦查控诉机关的成员以及受上命下从行政原则支配的官员，其中立性与独立性较为有限，因此，由此类单一官员直接审批，担心对这种严重影响公民权利的程序行为考虑不周，妨碍审批质量。这种担心，应当说也是刑事诉讼法明确规定检察长或检察委员会审批的一个重要原因。其二，目前批捕检察官的整体素质还不太高，他们的业务能力与司法经验、思想品质乃至德高望重等个人素质条件一般还达不到合格法官的要求，因此，不宜托付过重责任。加之2012年《刑事诉讼法》继续采用了1996年《刑事诉讼法》第67条关于检察长和检察委员会决定的规定，即使改革逮捕程序，也不能违背这一规定。因此，笔者认为，可以推进相对独立审批逮捕的程序改革，一方面，必须进行检察官制度的改革或改革试点，建立主任检察官制度，以确认符合羁押审批条件的合格官员。为保证批捕质量，只允许主任检察官有权相对独立地作出批捕决定。另一方面，主任检察官有决定权的案件，限于一般事实清楚，逮捕条件无争议的案件。由于《刑事诉讼法》再修改对逮捕条件，尤其是逮捕必要性条件作了细化，其提高了可把握、可操作性，为主任检察官相对独立地审批普通案件创造了条件。这类案件，仍应当由检察长或分管副检察长作出最后决定。但在内部责任机制上应当明确，检察长只作一般形式审查不做实质审查，其实质责任应当主要由主任检察官承担。另外，对于重大案件、复杂疑难案件、社会影响较大的案件以及检察机关自侦案件，按审批制审查办理，以严格把关，防止出错。[42]但对各级的责任应当进一步清晰化。

4. 完善批准逮捕后的救济程序。逮捕涉及对公民基本权利的限制和剥夺，为防止不当羁押犯罪嫌疑人，有必要设置科学合理的救济机制，赋予被批准逮捕的犯罪嫌疑人申请救济的权利。合理而有效的方式，当属法院作为最后防线的司法审查。[43]但《刑事诉讼法》的再修改，在诉讼机制方面未做重大调整，仍以检察机关作为救济机关，只是规定了对羁押逮捕必要性的持续性审查。对不需要继续羁押的，建议释放或变更强制措施。（第93条）这种对逮捕必要性的持续性审查，由批准逮捕的同一机关实施，其实际效能还有待观察。不过，这毕竟也是增强逮捕的可救济性即司法特性的一项举措。检察机关应当采取措施保障这种持续性审查的有效性。为此，如遇逮捕必要已经消失或可能消失的情况，可以采取听证方式，尤其是办案机关有不同意见的情况下，直接听取侦查机关和辩护方以及其他相关主体，如发案单位的意见和理由，在此基础上作释放或继续羁押的决定。

（二）公诉业务

公诉的主要业务包括审查起诉、支持公诉、抗诉审查和实施等。公诉程序的适度司法化，除了前面已论述的公诉过程中亲历性与相对独立性的保障外，主要应当注意公诉审查的司法化。即要求将公诉审查人员设置为“庭前法官"。以中立客观的角色立场,兼听控辩双方意见,审慎地作出公诉决定。

1. 保持客观中立。在起诉审查和决定包括上诉(抗诉)决定中保持客观公正和中立性,是大陆法和英美法对检察官客观公正义务的主要要求。在德国,检察官制度受法官法调整,检察官具有超越当事人的司法官或"准司法官"地位。因此法律制度要求其超越控方当事人的角色限制,在起诉决定中保持中立性和"客观义务"。检察官职务一如法官职务,乃以法律价值为依据,即只以真实性及公正性为价值取向,而不问行政的需求如何。[44]在美国,检察官属于行政体系,在法理上被认为是代表国家的控方当事人,但公认检察官具有普通当事人所不具备的能够影响公民生命、自由、财产的巨大权力,因此必须承担公正行事义务。在起诉审查和决定时,检察官所履行的职能,本质上是一种司法的职能,因此必须冷静客观,立场中立,不能将任何党派的影响、个人的好恶等因素加入其中。[45]检察官在审查起诉中的客观中立需要制度保障。在我国目前情况下,主要是在制度上确认公诉检察官的相对独立性,以及依法办事的责任制度,使公诉检察官尤其是主任或主诉检察官能够恪守法律立场,较少干扰地作出公诉决定。

2. 兼听控辩双方意见,审慎作出决定。起诉审查是检察机关行使公诉权的一种积极活动,属于控诉方的单方行为,且不直接导致定罪科刑的实体法效果,因此不是必须采取抗辩式起诉审查方式。尤其对于普通刑事案件的审查起诉,可以采用注重效率的内部审查方式。但应注意,我国的刑事公诉实行检察垄断,法院没有公诉审查的权力,除非管辖错误,法院必须进行实体审理。因此,我国检察机关实际上同时担当起诉检察官和实施起诉审查的预审法官的功能。[46]而且由于我国刑事诉讼采行公、检、法分工负责、互相配合、互相制约的线形结构,并未确认"审判中心"构造,且赋予检察机关对法院的审判监督权,在此种制度背景下,检察机关的公诉权十分强势。公诉提起后,法院不仅不能审查驳回,而且在审理后以裁判否定公诉意见的难度较大。在这种制度背景之下,检察机关更应当正确把握起诉的法律根据和事实根据,程序上也应当更为慎重,尤其应注意兼听并斟酌相关方的不同意见及其根据。具体可采取两种方式:一种是非对审的、兼听不同意见的方式。主要是由公诉人分别进行阅卷、会见讯问犯罪嫌疑人、听取律师意见的活动,方式比较灵活,但仍能使公诉决定建立在听取双方意见的基础上。另一种是对审听证的方式。即对某些重大的程序决定，如拟作不起诉决定的案件，以及内部分歧较大的重大、复杂案件的起诉和抗诉决定，可以采取听证审查的方式，召集相关各方在场，听取侦查机关、辩护方、被害人乃至相关单位和个人的意见后再作出决定。尤其是不起诉决定，原则上应经过此一程序。因为，终止刑事诉讼，对嫌疑人作有罪否定的实体性处理，作为一种司法决定，应当采用一种司法性程序来作出，以保证其实体的正确与程序的公正。

（三）自侦案件办理

犯罪侦查，尤其是大要案件侦查，需要统一指挥、协调行动，即以组织性和纪律性保障侦查效益。加之侦查不公开，因此侦查总体上应采以侦查效益为中心的行政性工作方式。但由立案、侦查措施展开，到侦查终结，在不同的环节，以及对某些方面的业务事项，也不妨借鉴司法化办案方式。因为侦查程序，也需要程序公正，并以此保障实体公正，而且检察机关所承担的职务犯罪侦查，是针对法定犯而非自然犯的侦查。侦查活动的一个重要特点，是应充分注意从法律上考虑问题，围绕法律要件侦查取证。[47]而司法化办案方式，是正确把握法律要件并适用法律处理案件最合理有效的路径。加之检察官实施的侦查，具有法律监督的特性，因此更为强调法律的正确适用。侦查工作适度的司法化，有利于体现检察机关职务犯罪侦查的特点。

一种意见是借鉴我国台湾地区检察机关开侦查庭的做法，对犯罪嫌疑人审讯，被害人、证人询问及鉴定意见审查等，均以开庭方式进行。身份查明、权利义务宣告，事项调查，逐一展开，嫌疑人讯问允许律师在场。整个程序类似开庭，而且全程录音或录像。借鉴这种做法，使侦查活动显得更为严肃庄重，也凸显检察官的司法官地位，同时有利于抑制非法取证。不过，采用此种形式展开侦查取证或证据审查，需要考虑两个问题：其一，这种形式改变有无实质意义。如果仅仅名称变化或形式变化，其侦查和审查的基本方式与内容并无实质变化，即所谓“换汤不换药”，似乎改革意义不大。其二，以侦查庭的方式展开，是否缺乏灵活性而妨碍侦查取证。既然开庭，就要求程序严格，行为规范。但人证调查，无论是犯罪嫌疑人还是某些证人与被害人，常常需要高度的技能，需要攻心斗智，以开庭方式审讯和询问，是否能够适应这种需要，不无疑问。加之检察机关审讯职务犯罪嫌疑人已要求全程录音录像，调查方式已被限制，再通过开侦查庭进一步规制审讯，是否会妨碍人证获取，仍存疑问。笔者认为，这些问题可通过试验的方式，在实践中获得答案,再定取舍。

但在侦查程序的另一环节,即侦查终结环节,似可考虑有条件地借用司法审查方式——遇重大、复杂案件,由侦查负责人主持,案件承办人、犯罪嫌疑人及其辩护人到场。必要时,可以通知被告单位负责人以及其他相关人员到场。采用类似开庭的方式,重点听取嫌疑人及其辩护人的意见,可以听取与案件有关的其他主体的意见,从而保证侦查结论的正确。同时也注意通过这种当面听取意见和审查案情的方式,对相关问题,如扣押财物的继续扣押和发还等,作出适当处理。侦查终结时的侦查庭开庭情况应当做笔录并移送公诉部门。如侦查终结时有此程序,审查起诉程序可以从简。除非公诉部门拟对事实认定和法律适用作重大变动。

(四)诉讼监督包括执行监督程序

首先是司法救济类诉讼监督的司法化。2012 年《刑事诉讼法》第 47 条和第 115 条规定的检察机关诉讼监督,因其申请事项具有争议和对抗性,且属司法救济权性质,因此应当采取司法化案件处理方式。其次,在辩护人、代理人和诉讼当事人就实体和程序权利申请检察救济时,除非事实十分清楚且争议不大可以即时解决的外,原则上应采用听证的方式处理。这种听证,可以说是一种具有司法救济意义的“救济庭”开庭。申请方与被申请方应当到场,在负责该申诉事项的检察官主持下发表意见,举证和辩论。如需进一步查清事实,庭前或庭后检察机关应当进行必要的调查核实工作。对于调查核实的结果,可以直接告知听证参与人,也可以采用再次听证的方式,告知申请与被申请方并听取他们的意见。在此基础上作出决定,包括通知有关机关纠正违法行为。此外,侦查监督、审判监督、刑罚执行监督,涉及有争议的重大事项,需要听取相关方面意见时,亦可采取听证方式。但对法院实施审判监督时,不宜通知法院人员到检察机关说明情况,而应采取征求、听取意见的方式,以防止损害审判权威和审判的独立与中立性。

就民事审判、行政诉讼实施法律监督,决定是否抗诉,如前所述,亦可采取听证方式。《民事诉讼法》的修改,增强了检察机关民事审判的功能。在此背景下,尤其需要慎重抗诉,坚持“既要实现司法公正,又要维护审判权威”的民事审判、行政诉讼法律监督原则。因此,应当推行抗诉前听证程序,不仅听取提请抗诉的主体的意见,而且听取其诉讼对方的意见,以防止偏听偏信,提高民事审判、行政诉讼法律监督的质量。

注释

1 参见最高人民检察院发布的《检察机关执法工作基本规范(2010 版)》第 1 · 9 条;《人民检察院刑事诉讼规则》第 4 条。

2 在检察长负责制之下,检察委员会即使形成与检察长意见不同的多数意见也不能改变检察长的决定。此时,对案件可以报请上一级人民检察院决定;对事项可以报请上一级人民检察院或者本级人民代表大会常务委员会决定。参见《检察机关执法工作基本规范(2010 版)》第 1 · 57 条。

3 这些方法运用中体现出行动性而非判断性特征,也体现出非直接性特征等。亦需说明,上述属于行政机制的基本特性。现代行政法的发展,已经在行政争议解决等事项中引入司法性程序要素,如三方组合与对审听证等。因此,本文所论"行政化",仅指典型的行政管理方式处理事务所表现的行为特性。

4 夏皮罗认为,可以用"三方组合"的概念,即其中发生冲突的两方要求第三方解决他们的争议,作为理解司法任务的出发点。转引自[英]罗杰 · 科特威尔:《法律社会学导论》,潘大松等译,华夏出版社 1989 年版,第 238 页。格兰特教授将司法审判"视为一种三方的纠纷解决程序。在该程序中,纠纷当事人或代理人向一个中立、权威的裁决者提出证据、进行质证,由其根据既有的一般规则作出有拘束力的判决,即给予当事人某种救济或补偿"。参见[美]马克 · 格兰特:《审判、诉讼及相关现象》,李满奎译,载徐昕主编:《司法程序的实证研究》,中国法制出版社 2007 年版,第 212 页。

5 陈光中先生认为,宪法文本没有直接使用"司法机关"一词,但从文本内容排列上看,宪法将法院和检察院等同视为行政机关之外的司法机关。党中央的重要文件根据宪法规定的精神也一再明确这一基本观点。例如,中共中央 2004 年《关于加强党的执政能力建设的决定》以及党的十七大报告。2006 年中共中央《关于进一步加强人民法院、人民检察院工作的决定》更明确地指出:"人民法院和人民检察院是国家司法机关。"参见陈光中等:《中国司法制度的基础理论问题研究》,经济科学出版社 2010 年版,第 14 页以下。众所周知,我国的宪法和法律"是党领导人民制定的",因此在现行体制下,党的重要文献对司法机关等国家重要机构职能性质的界定,不仅具有法规范的解释功能,而且是其产生的规范渊源。

6 在法国等国,法院对重罪案件公诉有司法审查权,由起诉审查庭对检察官的起诉进行审查并最终确定公诉的内容。而在我国,实行检察官公诉垄断,法院无权审查并确定公诉内容,因此在法理上,检察机关公诉审查更应当采取"类司法",即"类似法官的方式"(见后引欧洲法官咨询会和检察官咨询会报告对检察官权力行使方式的意见)。

7 在法国称检察官为"站着的法官",即"立席司法官",而与"坐席司法官"相对应。"之所以称他们为'立席司法官',是因为他们在法庭庭审是要站起来提出他们的诉讼要求与意见。"参见[法]卡斯东 · 斯特法尼等:《法国刑事诉讼法精义》,罗结珍译,中国政法大学出版社

1998 年版，第 122 页。

8 意大利、保加利亚等国家和地区法律确认了检察官的独立地位，并赋予其羁押决定权。但欧洲人权法院的判例认为，《欧洲人权公约》第 5 条第 3 项规定的批准羁押的“法官或者由法律授权行使司法权力的其他官员”，必须独立于行政部门以及有关案件当事人，因此，一位参与告发和公诉的地方检察官不适格。受此影响，意大利于 1989 年、保加利亚于 1997 年，分别修改本国刑事诉讼法，取消检察官的羁押决定权。在中国台湾地区，检察官曾有羁押决定权，但在刑事司法制度改革过程中，基于两造平等的诉讼理念及羁押审批的中立性要求，亦于 1997 年 12 月经“刑事诉讼法”修正将该权力转移到法院。参见高峰：《欧洲人权法院视野下的检察官中立性问题——兼论检察官行使强制处分权的正当性》，载《犯罪研究》2006 年第 1 期；梁景明：《检察权的变革与完善》，载倪英达、颜大和主编：《海峡两岸检察实务研究》，中国检察出版社 2011 年版，第 11 页。

9 检察机关的诉讼职能与监督职能可分还是不可分，有不同看法。有的学者认为二者可分：侦查、批捕、起诉（提起公诉和抗诉）是诉讼职能（但陈卫东等学者认为批捕作为监督职能更恰当）；监督职能则表现为侦查活动与立案监督、刑事审判活动监督、刑罚执行和监管活动监督，以及民事审判和行政诉讼监督（参见樊崇义：《刑事诉讼法哲理思维》，中国人民公安大学出版社 2010 年版，第 349 页；陈卫东：《检察机关角色矛盾的解决之策——法律监督职能与诉讼职能的分离》，载《法制日报》2011 年 2 月 23 日，第 12 版）。也有一些专家持“法律监督一元论”，而认为不可分或不宜分（参见孙谦：《中国特色社会主义检察制度》，中国检察出版社 2009 年版，第 42 页）。笔者认为二者在职能上可以区分，但这种区分有相对性。

10 刑事抗诉的性质，有“诉权说”、“监督权说”、“双重属性说”（含根据抗诉性质具体分析等观点）等不同学说，以“双重属性”为主导意见。参见陈光中主编：《中国司法制度的基础理论问题研究》，经济科学出版社 2010 年版，第 212 页。

11 取证非法可能导致证据虚假，产生冤错，而且证据非法可能在审判中被排除，从而妨碍公诉的有效性。

12 《检察日报》曾以主诉检察官制度的发源地之一——北京市海淀区人民检察院为观察焦点评述主诉检察官制度，称：“把优秀的年轻人推向前台，历经大风大浪后，他们迅速成长。10 年来海淀区检察院培养出 3 名全国十佳公诉人，1 名全国优秀公诉人，3 名北京市优秀公诉人。公诉队伍的‘海检现象’让全国检察机关为之侧目。”但同时指出：“10 年来海淀区检察院先后任命了 31 名主诉检察官，目前在主诉岗位的仅 14 人，不到半数。他们中在主诉岗位上工作 10 年的只有 4 人，调离的 15 个主诉检察官，6 人提拔到外单位任领导职务，5 人院内提拔，其他人辞职或退休……一些主诉检察官把晋升行政职务作为自己的价值目标。这已经成了主诉检察官制度发展中的主要障碍。”参见林世钰：《主诉检察官制度仍然具有重要意义》，载《检察日报》2008 年 8 月 13 日，第 1 版。

13 一种观点认为，中国的司法体制是法院、检察并列的二元司法体制。应当承认，虽然两种“司法”有一定区别，法院才是完整意义上的司法机构。但在中国体制中，“二元司法体制”

可谓现实(不过,部分重要的司法事务并非司法机关决定),而《刑事诉讼法》的再修改进一步强化了这种司法的二元性。

14 笔者在对检察机关讲课时,就这一救济权,以儿子与外人打架,让“老子”来裁决对错相比喻,并建议“老子”要“一碗水端平”。

15 2012年《刑事诉讼法》第93条规定:“犯罪嫌疑人、被告人被逮捕后,人民检察院仍应当对羁押的必要性进行审查。对不需要继续羁押的,应当建议予以释放或者变更强制措施。有关机关应当在十日以内将处理情况通知人民检察院。”

16 陈瑞华:《刑事诉讼法修改对检察工作的影响》,载《国家检察官学院学报》2012年第4期。

17 最高人民检察院2008年的一份调研报告中显示,简易程序检察机关派员出庭率不到3%,而适用简易程序的案件在整个刑事案件中占到40%左右。《刑事诉讼法》修改后,简易程序适用范围扩大,公诉部门面临更大的出庭压力。参见袁定波:《简易程序公诉案从可以不派员出庭变为应当派员　检察机关面临新挑战》,载《法制日报》2012年3月28日,第5版。

18 时任最高人民检察院公诉厅副厅长王军于2008年8月答记者问称,主诉检察官制度初步解决了几个问题:解决“审者不定,定者不审”的问题;减少环节,提高效率;充分调动了检察官个体的主观能动作用;明确责任,落实了国家赔偿法;有助于提高办案质量。参见林世钰:《主诉检察官制度仍然具有重要意义》,载《检察日报》2008年8月13日,第1版。检察机关内外评述主诉制意义的文章和著作,与王军上述观点基本一致。

19 在目前体制下,加强上级监督及统合作用,可能防止下级检察机关监督不力或司法不公,防止检察权地方化的弊端,甚至加强检察机关执法的相对独立。但也应注意检察的基础在基层,上收本属于下级院的权力,弱化基层权力与责任,可能产生削弱检察的基层、基础工作的负面效应,因此应谨慎为之。

20 如北京市人民检察院第一分院、上海市浦东新区人民检察院、重庆市渝北区人民检察院等,推行主任检察官选任制度,取得积极效果。

21 [日]伊藤荣树:《日本检察厅法逐条解释》,徐益初等译,中国检察出版社1990年版,第7、44页。

22 魏武:《法德检察制度》,中国检察出版社2008年版,第171、190页。

23 施庆堂:《检察职权之变迁与展望》,载倪英达、颜大和主编:《海峡两岸检察实务研究》,中国检察出版社2011年版,第23页。

24 [日]松本一郎:《检察官的客观义务》,郭布罗、润麒译,载《法学译丛》1980年第2期。

25 “侦查庭”有双重含义:一是指检察官调查证据的特定处所;二是指检察官证据调查的程序。

26 我国台湾地区侦查庭的相关情况,是笔者为写此文电邮咨询“台湾高等法院检察署”检察官张熙怀和“高雄高分检”检察官施庆堂所获资讯。且有两位检察官提供的“台湾高等法院检察署暨所属各级法院检察署侦查庭管理要点”等多项规定支持。亦在此对二位检察官深表感谢。

27 CCPE 网站文件,http://www. coe. int/t/DGHL/cooperation/ccpe/default_en. asp,2012 年 11 月 14 日访问。

28 根据国际检察官联合会 1999 年出版的统计资料(仅有当年统计资料),中国检察官 15. 96 万人,俄罗斯 2. 97 万人,美国 2. 2 万人以上(无准确数字),日本 0. 22 万人,德国 0. 52 万人,法国 0. 14 万人,韩国 0. 11 万人。(See *Directory of Prosecution Services*, Published by International Association of Prosecutor Bureau of the Secretariat 1999)可见中国拥有世界上最为庞大的检察官群体。而就人案比计算,检察官的相对数量应当说也是其他国家难以比拟的。另外,检察官资格的获得条件并不严格,因此也导致整体数量极大。

29 龙宗智:《重建民众对司法的信任感——当前的司法的难题及应对》,载《南方周末》2010 年 7 月 15 日,第 31 版。

30 全国检察业务专家尹吉在其论检察管理的文章中称,目前检察机关内的院领导、中层干部等管理人员与普通工作人员之比为 1∶2 左右。“官多兵少”已成常态。检察机关恢复重建以来,检察机关内设部门增加了近一倍,一方面推进了检察工作,另一方面弊端较多:一是分散了力量,整体效能下降,一定程度上弱化了检察职能发挥;二是设置过多的行政性人员,造成人力资源浪费;三是内部环节过多,降低了工作效率。参见尹吉:《试论检察管理中的主要问题》,载方晓林主编:《检察研究》(2012 年第 1 卷),中国检察出版社 2012 年版,第 101 页以下。

31 湖北省检察机关已经试行这方面的改革,被称为“小院整合”的改革经验。湖北省人民检察院 2009 年 11 月统一部署,在黄石、宜昌、神农架林区的 13 个规模较小的基层检察院推进内部整合改革试点工作,将现有机构统一整合为批捕公诉部、职务犯罪侦查部、诉讼监督部、案件管理部和综合管理部 5 个实际运行的工作机构。各部负责人原则上由副检察长(或其他院领导成员)兼任,负责该部全面工作。5 个部内按照工作量配备检察官若干名,其他人员按履职要求合理配备,建立以检察官为主体,检察官向副检察长负责,副检察长向检察长负责的执法办案模式,并使力量向办案一线下沉,对各项工作按照受理、办理、审批、监督等基本环节进行整合并重新设计工作流程。这种改革加强了法律监督,促进了监督制约,实现了资源整合,优化了职责配置,推动了分类管理,提高了工作效率。参见湖北省人民检察院检察发展研究中心:《实行“两个适当分离”,优化检察职能配置》,载《人民检察》2010 年第 24 期。此外,其他一些地方的检察机关也在试行这种改革。

32 如北京市人民检察院第一分院从 2007 年以来试行以主任检察官为中心,以办案组为主要办案单元的业务运作模式,改革成效显著。如公诉二处划分为四个专业办案组,在主任检察官下配属检察员(包括主诉检察官)、助理检察官和书记员,与处长在权责划分上,体现了行政权与司法权相分离的原则。主任检察官只对组内的业务工作负责。除独立处置的业务事项外,重大业务事项直接报分管检察长而不是处长。处长在处室内行使行政管理权,即对处室发展计划、思想建设、队伍建设、行政管理、后勤保障等方面进行运筹帷幄,对案件一般不予过问。这样的分权,有利于处长与副处长级主任检察官各司其职,各得其所,大大提高管理效率与办案效能。参见北京市人民检察院第一分院周晓燕、庄伟:《主任检察官的理论与实践可行性研究报告》,载北京检察网,http://www.bjjc.gov.cn/bjoweb/minfo/view.jsp? DMKID=218&XXBH=14687,2012年10月15日访问。

33 德国检察官序列为检察长、主任检察官、检察官、职务检察官(属国家公务员,从事检察官工作但地位低于检察官);日本检察官分五大职别:检事总长、次长检事、检事长、检事和副检事;中国台湾地区检察官职务序列有检察长、主任检察官、检察官。此外,除实任检察官外还有候补检察官(初任检察官有五年候补期),以及试署检察官(候补期满后试署一年,合格才能实授)。在检察辅助人员序列还有主任检察事务官与检察事务官。其中,主任检察官是检察官办案组的负责人。根据中国台湾"地方法院及其分院检察署处务规程",其基本职责是:(1)本组事务之监督;(2)本组检察官办案书类之审核;(3)本组检察官承办案件行政文稿之审核或决行;(4)本组检察官及其他职员之工作、操作、学识、才能之考核与奖惩之拟议;(5)人民陈诉案件之调查及拟议;(6)法律问题之研究;(7)检察长交办事项及其他有关事务之处理。

34 参见北京市人民检察院第一分院周晓燕、庄伟:《主任检察官的理论与实践可行性研究报告》,载北京检察网,http://www.bjjc.gov.cn/bjoweb/minfo/view.jsp? DMKID=218&XXBH=14687,2012年10月15日访问。

35 前者是面上情况的监察督促,后者是针对某些已经出现和可能出现的特殊问题进行关注,予以监督。

36 参见北京市人民检察院第一分院周晓燕、庄伟:《主任检察官的理论与实践可行性研究报告》,载北京检察网,http://www.bjjc.gov.cn/bjoweb/minfo/view.jsp? DMKID=218&XXBH=14687,2012年10月15日访问。

37 徐盈雁:《检察官分类管理:不当官照样有前途》,载《检察日报》2007年9月5日。

38 高峰:《欧洲人权法院视野下的检察官中立性问题——兼论检察官行使强制处分权的正当性》,载《犯罪研究》2006年第1期。

39 应当说对此已有共识。参见陈国庆:《检察制度原理》,法律出版社2009年版,第135页以下;万春、熊秋红、刘广三等:《检察机关审查逮捕质量与诉讼化改革》,载《人民检察》2011年第13期。

40 联合国《公民权利和政治权利国际公约》第9条第4项要求,"任何因刑事指控被逮捕或拘禁的人,应被迅速带见审判官或其他经法律授权行使司法权力的官员"。因此,要求羁押审批者会见羁押对象或当面审查案件,符合该准则的要求。

41 陈国庆:《检察制度原理》,法律出版社2009年版,第138页。

42 自侦案件的提请逮捕已经分管检察长同意,如以主任检察官审查决定,存在两种权力配置不协调的问题,因此仍应执行"三级审批制"。

43 联合国《公民权利和政治权利国际公约》第9条第4项规定,"任何因逮捕或拘禁被剥夺自由的人,有资格向法庭提起诉讼,以便法庭能不拖延地决定拘禁他是否合法以及如果拘禁不合法是命令予以释放”。

44 [德]克劳思·罗科信:《刑事诉讼法》,吴丽琪译,法律出版社2003年版,第66页。

45 See Bruce A. Green & Fred C. Zacharias, *Prosecutorial Neutrality*, Wisconsin Law Review, 2004, pp. 837 - 906.

46 如在法国,有起诉审查法庭对重罪案件进行起诉审查,抑制不当起诉;德国刑事诉讼法中则设有“中间程序”,专司对检察机关起诉的案件进行起诉审查,审查后裁定开始审判程序或拒绝启动审判程序并载明理由。

47 龙宗智:《检察官侦查的特点和要求》,载孙谦、刘立宪主编:《检察论丛》(第2卷),法律出版社2001年版,第464页以下。

关于深化司法改革若干问题的思考*

从2008年开始，我国根据党的十七大精神，启动了一轮司法体制与司法工作机制的改革，取得了较大的成就，并在2012年全国人民代表大会(以下简称全国人大)通过的《刑事诉讼法》修正案等成果中得到了明显的体现。目前，根据党的十八大提出的“加快社会主义法治建设”和“深化司法体制改革”的精神，新一轮的司法改革正在酝酿，即将启动。而且，根据第十二届全国人大的立法规划，《人民法院组织法》《人民检察院组织法》的修改将启动，这也将成为深化司法体制改革的重要契机。在此情况下，我们就如何遵循司法规律，积极而稳妥地继续推进司法体制和司法权力运作机制改革，从理论上进行探讨并提出一些具体的建议，以期对深化司法改革有所裨益。

一、深化司法改革必须遵循司法规律

司法，是国家专门机关适用法律，处理诉讼案件的行为，是国家的基本职能活动之一。规律，即法则，是指事物之间的内在的必然联系，决定着事物的运行和发展。规律，无论是自然规律或社会规律，都具有不以个人主观意志为转移的客观性。司法规律，是由司法的特性所决定的体现对司法活动和司法建设客观要求的法则。遵循司法规律的基本意义就在于，有效发挥司法的功能，以保障实现社会公正、践行国家法治、化解社会矛盾、维护社会秩序。因而，遵循司法规律是司法改革取得成功的关键。

司法规律具有相互联系性和整体性，又具体体现在司法活动与司法建设的各个方面。立足于法治中国的语境，并参考世界法治国家的经验，我们

---

* 与陈光中合著，原载《中国法学》2013年第4期、《中国检察官》2013年第21期。

认为我国司法体制和权力运行机制的改革和完善,应当遵循以下的基本司法规律。

1. 严格适用法律,维护法制权威。我国正在加快建设社会主义法治国家。法治就是指国家权力和社会关系都按照法律规定的制度和程序运行。制定良法,尊崇法律,[1]严格施法,全民守法是法治社会的基本要求。正如西方先哲亚里士多德所说的:“法治应包含两个重要意义:已成立的法律获得普遍的服从,而大家普遍服从的法律本身又应该是良好的法律。”[2]“司法”顾名思义就是实施法律,严格和正确地适用法律是司法的直接目的。在西方一些普通法系国家如美国,法院不仅可以通过判例创造法律(make laws),而且在一定情况下有权修改国会所制定的法律。与之不同的是,我国的政治体制是人民代表大会制度,法院只能严格执行法律,而不允许修改法律。当然,司法官对法律的适用有一定的自由裁量空间,但绝不能在形式上和精神上违背法律。司法官办理案件应当努力做到法律效果与社会效果的统一。[3]由于法律效果与社会效果的侧重点有所不同,法律效果侧重于司法行为所产生的维护法律权威的作用,而社会效果侧重于司法行为所获得的民众和媒体等的社会评价,因此两者在大多数情况下是统一的,但有时也会发生矛盾。在两者发生矛盾时,不能以违背法律为代价去追求社会效果。也不宜在法律效果与社会效果之外增提“政治效果”的口号。因为,法律是党和人民意志的集中体现,推进法治是国家和民众根本利益之所在,从这个意义上讲,严格依法办事就是最好的“讲政治”。质言之,尊重和维护法制的权威,坚持宪法、法律至上的法治原则,是司法的神圣使命;应当为司法机关严格依法办案创造保障条件,必须坚定地执行《宪法》第 5 条所规定的“任何组织或者个人都不得有超越宪法和法律的特权”。

2. 公正司法,维护社会公平正义。公平正义是任何社会,特别是社会主义社会追求的首要价值目标。司法就是要通过公正处理案件实现社会公平正义。中国古代的“法”字金文为“灋”,《说文解字》云:“灋,刑也。平之如水,故从水;廌所以触不直者去之,从去。”[4]在西方,司法(justice)与正义是同一词汇,这都说明司法的品性与公平正义密不可分。司法以公正为灵魂,是实现公平正义的最后一道防线。司法公正从实体上说,就是要根据证据准确认定案件事实,正确适用法律,公正处理案件的实体关系。在刑事司法中,就是要做到犯罪事实清楚,证据确实充分,定罪准确,量刑适度,特别是不能发生冤案、错案。一旦发生冤案错案，如最近的浙江张高平、张辉叔侄冤案，[5]不但严重侵犯人权，而且会引起社会的强烈反响。许多冤案错案的发生，究其原因，往往源于刑讯逼供，而后在定案时没有坚决贯彻疑罪从无的无罪推定原则精神。所谓疑罪从无，是指在对被告人罪行的认定上，证据没有达到确实充分、排除合理怀疑的程度时，就应当作出无罪判决。对此，我国《刑事诉讼法》第 195 条第 3 项明确规定："证据不足，不能认定被告人有罪的，应当作出证据不足、指控的犯罪不能成立的无罪判决。"但在司法实践中，有的法院顾虑放纵犯罪，或者担心对被害人和社会公众不好交代，便对疑案采取留有余地、从轻处罚的变通做法。司法实践证明"疑罪从轻"的做法为错判无辜"开了一个口子"。因此，司法改革要进一步采取新举措，革弊堵漏，特别是要以法律思维和法治方式坚决贯彻疑罪从无原则，为公正司法提供更有力的制度保障，让人民群众感受到司法公正就在身边、眼前。

3. 严格遵守法定正当程序。在民主法治国家，国家机关行使权力都必须遵守程序，程序正义是防止国家权力滥用的笼子，但行政权力的运用，由于更需要讲求效率，有时还要处理紧急突发事件，对程序严格性与正当性的要求不宜过高。司法以追求公正为主要目标，必须严格遵循法定的司法程序，以程序公正来保证实体公正，并体现程序公正的独立价值。程序公正要求主要包括：司法公开、当事人充分参与和当事人权利的有效保障，以及刑事司法中控辩平等对抗、法官居中裁判等基本要求。在程序公正与实体公正的关系上，我国长期存在重实体、轻程序的传统滞后思想，必须予以纠正。但我们认为，英美法系流行的程序优先主张也不符合中国的国情，因为当事人参加诉讼固然重视程序上是否公正，但更关注实体结果是否对其有利。实际上，当事人上诉、申诉的主要动因是实体不公。因此，我国的司法应当坚持程序公正与实体公正并重理念。[6]这在中央政法机关发布的相关文件中也得到确认。如 2010 年 6 月 13 日发布的《最高人民法院、最高人民检察院、公安部、国家安全部和司法部印发〈关于办理死刑案件审查判断证据若干问题的规定〉和〈关于办理刑事案件排除非法证据若干问题的规定〉的通知》中明确指出，必须"牢固树立惩罚犯罪与保障人权并重的观念、实体法与程序法并重的观念"。另外，司法在追求程序公正时也要追求效率。在某种意义上来说，案件的长期拖延不决也是程序不公的一种表现。西方谚语说"迟到的正义为非正义"，就是这个意思。但不能以效率损害公正，导致错案增加，上诉率和申诉率上升，案结事未了，最终反而更浪费了司法资源。因此我们认为，公正高效可以并提，但不能并重，应当是公正优先，兼顾效率。

4. 司法的亲历性与判断性。这是司法之重要法则。司法不同于军事行动，可以“运筹帷幄，决胜于千里之外”，也不同于行政工作在一定情况下可以听取汇报，商议决策于办公室。法官对个案的处理必须亲历其境，直接审查证据和事实，从感性认识上升到理性认识，形成对案件事实的内心确信。正因如此，排除传闻证据规则或直接言词原则，成为现代法治国家普遍适用的诉讼原则。例如，德国《刑事诉讼法》第250条规定：“对事实的证明如果是建立在一个人的感觉之上的时候，要在审判中对他询问。询问不允许以宣读以前的询问笔录或者书面证言而代替。”我国法律也规定，只有在法庭上出示和经过审查的实物证据以及经过质证的言词证据才能作为判决中认定事实的根据。如果不直接审理案件，仅凭听汇报认定事实并决定个案处理，显然不符合认识规律，难免出现错误，而且是违法的。

5. 维护司法的公信力和权威性。司法公信力是指社会公众和当事人对司法的认同程度与信服程度，包括他们对司法判断准确性的信任、对司法裁决公正性的认同，以及对司法执行包括强制执行的支持等。司法权威是司法的外在强制力与人们内在服从的统一。按照马克斯·韦伯对权威的理论分类，司法权威是一种法律理性（rational－legal）权威。[7]这意味着：其一，司法权威以法律为基础。法律具有至上性，适用法律、维护法制的司法机关及其裁决才具有权威性。其二，司法权威以理性为内在本质。即通过准确认定事实，正确适用法律，实现司法公正，而使当事人及社会公众心悦诚服，从而将权威建立于社会认同，植根于民众心中。离开司法公正，司法权威就失去了赖以建立的根基。司法权威还与司法另一重要属性即司法的终局性密切相关。司法应能“定分止争”，否则裁而不断、缠讼不止，矛盾纠纷不能解决，社会关系不能稳定，司法的权威也无从建立。当前，司法的公信力和权威缺失，是值得重视并应当在深化司法改革中加以解决的问题。提高司法的公信力和权威，除了首先让民众在身边感受到公正以外，还需要维护司法的终局性，包括正确处理司法既判力与信访制度的关系，涉诉信访应当被诉讼程序所规制，对生效裁判的信访应纳入申诉复查程序依法处理。同时，在刑事司法的再审程序中，应当结合中国国情，借鉴吸收国际刑事司法准则中的“一事不再理”原则，避免公民遭受“双重危险”。只有出现冤枉无辜或者发生放纵严重犯罪的某些特定情况下,才不受程序终局的限制。

我国司法改革的基本目标,是贯彻依法治国方略,建立公正高效权威的社会主义司法制度。时下我们亟须研究在上一轮改革取得成就的基础上,如何遵循司法规律,深化司法体制和司法权力运行机制的改革。

二、确保依法独立行使审判权、检察权

我国宪法确立了依法独立行使审判权、检察权原则,《宪法》第126、131条分别规定:人民法院、人民检察院依照法律独立行使审判权、检察权,"不受行政机关、社会团体和个人的干涉"。党的重要文献也一再强调保障此原则的实现。党的十八大的文件强调指出"确保审判机关、检察机关依法独立公正行使审判权、检察权"。这是因为,不受干涉的司法,是实现司法公正的前提,是生成司法权威的保障,是法官职业化和司法理性化的题中应有之义。[8]马克思说"法官除了法律就没有别的上司"。[9]但在实践中,此项原则贯彻得不尽如人意,存在着司法受外部干涉以及司法地方化的现象。针对这种情况,我们提出以下几点看法:

1. 应当坚持和改善党对司法工作的领导。党的领导是司法工作沿着中国特色社会主义法治方向不断前进的根本保证,必须毫不动摇地加以坚持。但是党对司法工作的领导,应当注意司法的特点,遵循司法运行的规律。党组织(包括党委和政法委)对司法工作的领导主要是方针、政策的领导和组织领导,原则上不宜具体参与办案工作。因为党的领导机关和个人直接参与办案或最后决定案件处理,尽管有服务大局的积极作用,但由于有违司法亲历性、判断性等法则,加之地方党组织难免有地方保护主义和片面维稳倾向,因而,办案效果往往不好;而且有的冤案错案如佘祥林、赵作海案,正是当地政法委直接协调拍板而造成的。因此,我们认为:省以下政法委不宜进行个案协调;案件协调的范围限于事关大局、社会影响重大的个别案件,而且原则上不协调案件事实和证据的评判。还应当实行案件协调责任制,以加强案件协调工作的责任心,避免权责不清,出现错误也无法追责。党委如何领导司法工作事关公正司法乃至国家法治的大局,应当下决心积极稳妥地推进改革,以确保审判权、检察权依法独立行使。

2. 改进党对司法工作的领导,还应当进一步理顺纪委与司法机关的关系。反腐败工作由党委领导,纪委组织协调;检察机关作为查处腐败案件的

司法机关,应当服从党委领导,尊重、配合纪委工作。这种反腐败体制,符合当前国情,不宜轻易改变。但是,应当明确纪委与司法机关的关系,不是领导与被领导的关系,而是协调与配合的关系。纪委立案调查,检察机关一般不宜提前介入,个别大要案至多单独以初查方式进行外围取证配合,而不能与纪委办案混成一锅粥。一旦纪委调查结束认为构成犯罪移送检察机关以后,检察机关就应当《刑事诉讼法》规定独立、自主地进行侦查起诉;法院应当独立、公正地进行审判。《刑事诉讼法》第 52 条第 2 款规定:“行政机关在行政执法和查办案件过程中收集的物证、书证、视听资料、电子数据等证据材料,在刑事诉讼中可以作为证据使用。”此条规定中的行政机关理应包括监察机关,而监察机关与纪委“两个牌子一套人马”实际上是一家,因此纪委调查案件所收集的言词证据材料,如受调查人的供认笔录和证人证言笔录等,不得在刑事诉讼中使用,应当由检察机关反腐败侦查部门重新依法收集。只有纪委移送的物证、书证、视听资料、电子数据等实物证据材料,由于其具有不可取代性的特点,才可以依法审查后作为证据使用。在司法实践中,有的公诉人在法庭上直接宣读纪委讯问被调查人的笔录,我们认为这是违反程序法的做法。

纪委办案,也应当严守纪律和正当程序,尊重人权,严禁刑讯逼供和以其他非法方法获取证据,应当总结纪委办案的经验教训,特别是办案中发生被调查人死亡的教训,[10]完善办案机制,把纪委办案的权力也关在正当程序的笼子里。在案件移送给司法机关以后应当尊重和支持司法机关独立办案。目前司法机关对纪委办理的职务犯罪案件,在定罪量刑上,往往顺从纪委查处的意见,司法公正受到一定影响。这与有的纪检部门对检察院、法院办案加以干涉有关。可见,只有进一步理顺纪、法关系,才能有效维护司法权威以及法律的统一、正确实施。

3. 应当进一步理顺权力机关监督与法院、检察院独立行使职权的关系。根据我国《宪法》的规定,法院、检察院由各级人大产生,向后者负责,受后者监督。根据《各级人民代表大会常务委员会监督法》的规定,人大及其常委会监督法院、检察院工作的方式,主要是听取和审议法院、检察院的专项工作报告、执法检查报告等,而不包括监督具体案件的审判工作。然而,实践中部分人大代表在开会时常常就具体案件提出监督意见,有的案件甚至与人大代表本人有直接利害关系。这种做法不仅缺乏法律依据,而且在一定程度上干扰了法院、检察院依法独立办案,弊大利小。因此,我们认为应当不允许人大代表以个人名义或联名就具体案件提出监督意见的做法。但是人大代表在参与社会活动中发现已生效的刑事裁判可能是冤案、错案或者严重司法不公造成恶劣社会影响的,出于对社会、对人民负责而提出的书面反映意见,人大常委会可以指定某一机构(如内务司法委员会)作形式审查后转交给相关司法机关处理。对于这种反映意见司法机关应当认真对待,但由司法机关以事实为根据,以法律为准绳独立作出处理。只有这样才能真正理顺权力机关与司法机关之间的关系,确保法院、检察院依法独立行使职权。

4. 为保障法院、检察院依法独立行使职权,在人事上,法院、检察院领导的提名和任免,应当适度强化上级党委和上级司法机关的作用,降低同级党委的作用。在财政上,在保证现有财政保障水平不降低的情况下,司法财政由现在同级行政部门财政拨款为主,改由中央和省级统一拨款或为主拨款,减少地方各级法院、检察院对同级行政机关的依赖性,否则,法院、检察院难以独立,地方保护主义无法克服。党的十六大报告曾经指出"改革司法机关的工作机制和人财物管理体制",可惜此项改革要求 10 年来由于认识不统一,现实困难较多,而未得到落实。时值改革进入深水区,此项符合时代潮流的改革,理应开始启动了。

三、正确认识、理性对待三机关的关系

分工负责、互相配合、互相制约,是在我国刑事司法中,配置公、检、法三机关的权力并处理相互关系的基本原则。该原则被规定在 1979 年颁布的我国第一部《刑事诉讼法》中,后为 1982 年制定的现行《宪法》所确认。该原则肯定了三机关在诉讼中的不同职责及其配合制约关系,是对"文化大革命"时期那种不区分诉讼职能、缺乏程序制约的一元化政法体制的否定,具有重要历史进步意义;而且,对于保障刑事案件的办案质量,也发挥了积极作用。然而,此项原则体现的三机关关系,与法治国家对司法的功能和使命的要求有不协调之处,应当在司法体制深化改革的过程中予以完善和弥补。

此项原则的主要问题,是将国家权力平行互动的单面关系,取代刑事诉讼中控、辩、审"三方组合"的构造与功能。具体而言,存在以下几个问题:

1. 要求法院与追诉机关讲"配合",损害了审判机关的中立性。《礼

记·中庸》云:"中立而不倚。"中立是指第三方对争议双方不偏不倚。所谓审判中立是指法庭在原告被告之间持不偏不倚的态度。这是实现审判公正的前提条件。在刑事诉讼中,公安、检察机关,执行侦查和公诉职能属于追诉犯罪的机关。虽然根据我国《刑事诉讼法》的规定,公诉人不是诉讼当事人,但检察机关是代表国家提起公诉、支持公诉的控诉一方代表,是与辩方相对应的一方。"当事人"一词是20世纪初中国学者从日本法学中直接引进的,但英文为"party",原意就是诉讼的一方。在外国的法律中,都把公诉人视为当事人。[11]现在我国要求法院与公安、检察机关互相"配合、制约",与审判程序中控、辩、审三角诉讼构造的合理关系发生矛盾,使法院的中立性被削弱化解。这也是在司法实践中,法院往往自觉不自觉地配合控诉方,以致混淆自己诉讼角色的重要原因。

2. 彼此"互相配合、互相制约"、不分主次的互涉关系,有碍于审判权威的建立。法院是最终认定案件事实并适用法律进行裁决的裁判机关,诉讼以审判为中心,是诉讼规律的必然要求。因此,任何一个科学化法治化的司法体制,都必须维护审判的权威。但是在三机关"互相制约、互相配合"的关系中,法院对刑事程序的控制能力和对案件实体的裁断能力被弱化,难以形成以法院为标志的司法权威。

3. 忽略了涉案公民的主体地位以及辩护人的能动作用。现代刑事诉讼理论在诉讼主体上尽管观点不尽一致,但均承认国家专门机关和当事人及其受委托的辩护人、诉讼代理人在诉讼中都具有主体地位。而三机关关系原则和机制仅确认公、检、法三机关的功能及配合制约作用,而辩护的功能在其中未获确认,导致国家权力与公民权利的关系失衡,人权保障难以完全到位。近期发生的广西北海四律师被错误追究刑事责任案,[12]引起社会高度关注,这反映了三机关配合有余而辩护权保障不足的现实情况。

不过,虽有上述缺陷,近期的司法改革只能面对现实,在宪法的框架内通过某些符合司法规律的改革措施,弥补法、检、公三机关之间关系的缺陷,促进司法权力更为良性地运作。具体而言,有以下几点:

1. 维护控辩平等,加强审判的中立性。我国的现实情况一是侦查权力强大而程序制约不足,二是此次《刑事诉讼法》修改加强了检察的诉讼监督,固然对依法办案有一定的积极意义,但也容易造成控辩进一步失衡。目前部分检察机关正在探索的将其诉讼职能与监督职能适当分离,也正是为了在加强监督的同时也尊重诉讼的规律。但这种内部的小改革力度不足,需要在法律制度层面作进一步的改革,如《人民法院组织法》规定的检察长列席法院审判委员会(以下简称审委会)的制度是否合理就很值得研究。[13]因检察长所列席的审委会会议,大多是讨论检察机关起诉(有的包括侦查)个案的审判活动,检察长既为法律监督机关的代表,又是未结案件中公诉乃至侦查机关的首长,其出席审委会在辩方代表缺席情况下对案件处理发表意见,单方面影响对法院的审判活动,打破了诉讼结构的控辩平衡,损害了法院的中立性,其弊端显而易见,因此,建议在修改《人民法院组织法》时予以革除。

2. 加强律师权利保障机制。上一轮司法改革,通过修改《刑事诉讼法》,完善刑事辩护制度,使律师"阅卷难""会见难"等问题在制度层面获得了基本解决,律师伪证问题的法律条款也作了合理调整。目前的主要问题是法律规定如何保证有效实施,特别是有的问题法律规定比较模糊更难以落实。例如,辩护律师在侦查阶段是否有收集证据的权利,由于修改后的《刑事诉讼法》规定得不明确,不同的条文在表述上不一致,[14]而且新出台的法律解释文件对此又加以回避,从而使律师的侦查中的取证权难以保障。又如,修改后的《刑事诉讼法》将检察机关设定为诉讼权利的救济机关,第47条规定,辩护人、诉讼代理人认为公、检、法三机关及其工作人员阻碍其依法行使诉讼权利的,有权向同级或者上一级人民检察院申诉或者控告。"人民检察院对申诉或者控告应当及时进行审查,情况属实的,通知有关机关予以纠正。"且不论检察机关承担侦查、控诉职能而具有追诉倾向,难以客观公正提出纠正意见,即便认为"情况属实的,通知有关机关予以纠正"。有关机关如置之不理又将承担何种后果?法律没有明确规定,导致此项规定难以充分发挥实际效用。为此,我们建议在此次司法改革中,通过有关部门修改司法解释,进一步明确,辩护律师在侦查中有取证权或有限取证权;赋予检察机关在一定情况下的强制救济权,同时赋予检察机关的司法救济权以一定的强制执行力,以利于加强律师诉讼权利的保障。

3. 防止互相配合侵犯当事人权利。法、检、公三机关,互相配合最容易发生的弊端就是共同配合对付当事人,造成对当事人权利保障的程序失灵。例如,刑事诉讼的运作,常态是依次向前推进直至案件终结;只有在特定情况下可以倒流运作,如二审程序中法院依法发回原审法院重新审理等。如果经常倒流运作,不仅影响诉讼效率,更影响人权保障。司法实践中法院在开庭审理后依法应当作出无罪判决的情况下，为了“配合”检察机关和公安机关“下台阶”或业绩考评，通常事先向检察机关通报，检察机关便作出撤案处理，尔后或作出不起诉决定或退回公安机关撤销案件，甚至有的案件被挂起来长期不处理。类似这种不合理不公正的司法权力运作现象，应当在此次司法改革中设规立制加以纠正。

当然，从长远眼光看，还应当建立当事人权利的司法审查救济机制。目前我国全部侦查行为，包括对人和对物的强制侦查措施，如羁押、搜查、扣押、冻结、电子监听等，均由侦查机关自行实施，仅仅是长期羁押，即逮捕措施，报检察机关审查批准。而检察机关本身又是侦查和控诉机关，并不符合司法审查的中立性要求。而且，由于侦查行为不可诉，强制性侦查措施对公民权益形成的损害，无法在事后诉诸法院寻求司法救济。我们认为，强制侦查的司法审查，是各刑事程序法制的基本内容，也是联合国刑事司法准则的要求，是保障公民和社会组织在刑事程序中合法权利的必要、必需的制度安排。目前我国刑事司法在这方面的制度建设和实践已经滞后。但考虑到《刑事诉讼法》刚通过，当前的重点任务是保证《刑事诉讼法》的正确有效实施，因此，建立当事人权利保障司法审查机制可从长计议，而不纳入当前的司法权力运作机制改革内容之中。

四、规范大要案办案程序

大案是指案件重大，社会影响重大的案件；要案通常是指县、处级以上干部的职务犯罪案件。大案要案是刑事司法打击的重点，同时大案要案的办理质量，直接反映国家法治的水平，最能影响民众对法治的信任和信心。近年来，由于各级重视、民众关注，政法单位及相关部门能够集中资源办理职务犯罪及普通刑事犯罪的大要案件，取得了显著的成绩。但是，大要案因其重要性，因其受领导重视，常常采取“特事特办”方式，法律准绳执行不严格、办案活动操作不规范的情况经常发生。社会上甚至法律界流传的“大案讲政治，小案讲法律”的说法，可以说反映了大要案件依法办案存在一定的问题。推进司法权力运行机制改革，其中一个重点问题应当是注重在大要案件办理上完善办案程序制度，提高依法办案的水平。

1. 专案组的组织和活动应当加强规范。大要案件办理，以组织专案组的形式实施，是我国刑事司法中的传统做法。这种做法在“文化大革命”中较为普遍和极端,专案组具有侦查、起诉、审判的综合功能,取代了多元主体的职能区分及程序制约,产生严重的负面效应,造成大量的冤假错案。“文化大革命”后,“专案组”办案模式因其违反法制,导致冤假错案而曾受到批判,但不同形式的专案组办案并未废止,而且近年来似有扩大趋势,不过通常情况下,已经有了一定区别。我们认为,如以成立专案组的方式体现对重要案件的专人专办和高度重视,尚无可厚非,问题在于专案组的组成和办案方式应当符合法治要求,不能以便宜行事的行政程序代替严格的司法程序。一是根据刑事诉讼的职权原则,负责侦查案件的专案组只能由侦查人员及侦查技术人员、侦查辅助人员组成,不应当将负责侦查监督和公诉的检察官作为侦查专案组成员,否则就会形成角色混同,丧失检察官对侦查活动实行法律监督和公诉审查的功能。但是,最高人民检察院发布的《人民检察院刑事诉讼规则(试行)》第567条规定,“人民检察院根据需要可以派员参加公安机关对于重大案件的讨论和其他侦查活动”。据此规定,检察官对重大案件不仅可以参加讨论,而且可以直接参加侦查。虽然侦、检在控诉方面有其一致性,但该规定使侦查监督者与侦查者的角色有所混同。专案组更不应当将审判人员纳入,否则,侦、审合一,法官中立完全丧失,诉讼程序就形同虚设。二是专案组办案应当严格遵循法律程序。如强制侦查的展开,嫌疑人诉讼权利的保障,起诉、审判等诉讼活动的进行,都应当严格遵循法定程序,除法律有明确规定的特别程序以外,不应当以“特事特办”为由违法操作。因此建议此次司法改革,可将专案组办案的规范化作为一个内容。

2. 建议取消设在各级公安机关内统一协调打黑活动的“打黑办公室”,使打黑活动按法定司法程序进行。改革开放以后,有组织犯罪活动确有上升趋势,但因党和政府实施较为有力的社会管理并拥有较为强大的国家权力与资源,总的情况看,黑社会性质的组织的发展程度,不宜估计得过于严重。但近年来的“打黑”工作,因常常采用特殊的组织形式和办案方式,对法律程序遵循不够,甚至有“下指标”之类不适当的做法,加上这类犯罪在要件把握和涉黑性质的司法认定上主观性较突出,个别地方出现了一定程度的扩大化现象,产生了不良的办案效应和后遗症,不利于民营企业发展和和谐社会的构建。因此,要求严格依照法定程序办案,依照法定犯罪构成要件确认此类案件性质和被追诉人员,也是推进司法权力运作机制改革需要注意解决的一个问题。

3. 大要案件的审理和裁判更应当注意严格依法办案。证据审查、事实认定、法律适用,以及作出裁决,均应严格依法定程序运行。即使"特事特办",要先搞点内部研究和请示,也不能搞先定后审,使庭审成为一个程序演示,成了"走过场"。办理大要案件切不可迎合一时之政治功利,损害司法公正、社会公正,甚至对国家的法治建设造成长远的负面影响。

五、遏制司法行政化倾向

尊重司法规律,还要求审判机关尊重案件的审判及其管理的规律,特别是要遵循司法的亲历性、判断性和程序约束性,并在程序上保障司法的可救济性等。司法管理,则应注意司法的复杂性和多元性,防止以简单化的行政管理代替司法管理。结合司法权力实际运行的情况,有两个方面的问题尤其值得关注,应当采取相应的改革完善措施。

第一个问题,是法院审判机制的调整以及内部管理行政化倾向的遏制。这方面主要有以下三个问题有待研究和改革:

1. 合议庭与审委会关系仍然没有理顺。我国宪法和有关法律规定的是人民法院、人民检察院依法独立行使职权,法院的审判组织以合议庭为基础,同时又赋予审委会对重大疑难案件的最终讨论决定权。但是,审委会审理案件,审理与裁判脱离而不符合司法规律;逐步缩小审委会审理裁判案件的范围,最终革除这一不符合审判规律的审判组织和审判方式,在学界已形成共识。然而,近年来审委会裁决案件的范围并未随着司法改革的推进而缩小,有的法院甚至有扩大趋势。由于审委会出席人员并未具体审理案件,其业务能力、责任心参差不齐,实践中容易被主持人的意见左右,或受案件承办与汇报人员的意见引导,审委会讨论决定案件常常成为合议庭和案件承办人员推托和转移责任的一种机制。因此,在时下司法改革中,应当进一步限制审委会讨论案件的范围和数量,改革审委会讨论案件的方式(如对案件的裁判采取无记名投票方案决定等),扩大合议庭独立审判权的行使,并为最终取消审委会的个案审判功能创造条件。

2. 合议庭与院、庭长的关系需要调整。调研可见,司法行政化,最为突出的表现是院、庭长使用其行政管理权对个案审决施加影响。例如,院、庭长利用司法文书审查批准权、重点案件把关权,以及其他行政层级管理权等,直接、间接地决定案件如何处理。这种做法,有时虽可发生监督案件质量的作用,但总体上讲不符合司法规律,可能损害主审法官判案的独立性,压制其工作责任心和积极性,不仅拖延了办案时间,也未必真正能起到把关作用,而且没有任何法律依据。此次司法改革有必要研究如何防止管理权的越权行使,保障合议庭独立负责地审理、裁决案件。在这方面有的法院已经开始进行探索,如广东省深圳市福田区人民法院和佛山市中级人民法院试行"审判长负责制",强化合议庭独立负责办案,取消庭长审批权力。[15]我们认为,此类改革尽管具体做法有待进一步观察,改革经验有待进一步总结,取消院庭长审批案件的做法还要与保证清廉司法、公正司法、防止枉法裁判等其他的配套措施相结合,不宜操之过急。但深圳、佛山等地法院加强合议庭办案独立性的改革方向应当予以肯定。如果我们环视其他国家和地区,可以看出现代法治国家和地区的法律规定的司法权独立行使都是指法官独立,法院院长、庭长均无权直接干预法官办案。例如,德意志联邦共和国《基本法》第 97 条第 1 款规定:"法官独立行使职权,只服从法律。"古巴共和国《宪法》第 122 条规定:"法官独立行使审判权,只服从于法律。"[16]

3. 上下级法院关系仍有待规范。按照我国宪法和有关法律的规定,法院上下级之间的关系是监督关系,而不是领导关系,各级法院依法独立行使审判权。但是,疑难案件请示以及报请"内审",是中国法院的传统做法。案件请示方式具有内部性、多样性和不规范的特征,它以行政性的汇报答复代替案件审理和裁决,以下级法院审理期间对上级法院的内部沟通消解审级监督(包括两审制和死刑复核程序),其违法性和弊端显而易见。最高人民法院早已意识到此问题并试图加以解决。2010 年 12 月,最高人民法院颁布了《关于规范上下级人民法院审判业务关系的若干意见》,该文件试图以疑难和新类型案件的送审和提审制度代替上下级的内部请示制度,以维护审级独立和救济审制度。但该文件没有明文禁止下级请示上级的做法,导致案件内部请示状况没有明显改变。究其原因,主要是配套制度改革没有跟上,如审判管理中的绩效考核制度等。特别是在司法体制包括人、财、物管理体制没有根本变化的情况下,地方性干扰在当地还常常难以抵制。因而为了避免案件处理受同级外部干涉的不良效果,在法律适用、政策把握方面,对个别案件事先内部请示上级的做法可说是"无可奈何的违法"。但我们还是认为内部请示毕竟违背司法规律和法定程序,绝非长久之计,应当在推进全面司法改革中尽快加以废除。

第二个问题,司法绩效考评制度亟待改革。建立绩效考评制度对保证案件的质量与数量的统一,是有必要的,但必须科学合理,以免发生副作用,有碍司法公正。目前,法院和检察机关的绩效考评制度普遍推行指标考核,即所谓“数目字上管理”。考评单位和个人的工作绩效,主要依靠各种数据。这种管理方式简单清晰,可比性强,对下级单位和个人的激励与约束效能也较为明显。但问题在于简单的数字化管理,不符合案件的复杂性和多样性,以及司法受社会时空条件影响的现实情况,容易扭曲诉讼行为,以致产生“好事变坏事”效应,即办案不以司法公正为标准而以符合考核指标体系为导向,采取种种不当举措,功利化地追求指标排名。如为了追求上诉不改判率,办案法官事先向上级法院请示汇报,把两审实际变为一审;为提高结案率,年终突击结案并且不收新案等。检察机关为避免无罪判决,将心中无数的案件事先与法院沟通后再决定是否起诉;或将已起诉法院拟判无罪的案件撤回改为不起诉,如此等等,导致程序不公正乃至实体不公正的现象时有发生。这一问题的实质是违背司法规律,违背实事求是精神。为保证实现司法公正,对绩效考评制度应当作两方面的改革。一是考虑司法的复杂性和多样化,降低数字化指标在绩效考评中的作用。注意党委、人大、政府、纪检部门以及社会各界的综合性评价,注意发挥能够考量多种因素尤其是质量影响因素的定性分析与综合评价在考评中的作用。数字化指标体系的检测,首先用于司法态势、发展趋势与问题的把握,而不应当机械用于单位与个人的工作业绩评价。二是调整、完善目前的数字化指标体系,使其更加符合司法的现实和规律。例如,应当充分注意不同地区司法条件的区别,避免完全不同的司法条件,却适用相同的考评指标,即指标体系的“同构化”。[17]应当注意不同的诉讼阶段,不同的诉讼主体在案件认识上的正常区别。如上级法院与下级法院不同的裁判观点可能导致不同的判决结果,常常不一定反映谁对谁错;检察机关起诉审查具有相对封闭、单方面审查和中间程序的特征,因此,起诉指控不同于法院判决,甚至案件中出现无罪判决也是正常现象,不能简单化地对起诉作负面评价,除非贪赃枉法或者明显不负责任。总之,检察官或法官是人而不是神,长期办案出现个别案件的瑕疵甚至于错误,是难以避免的;业绩考评制度是必要的,但必须符合司法规律,最大限度地产生正能量,避免产生负能量。

六、塑造高素质、有权威的司法官

要让司法在法治社会中担当其使命，首先需要按照司法建设的规律塑造司法主体。各个国家和地区司法体制现代化，首先要解决的问题就是有“法律帝国诸侯”之称的法官之塑造及其地位问题。由于裁决各种案件，是一个需要高智力、高技能和高道德水准的作业，因此法官员既应廉洁清明，富有能力和经验，又需要位高权重、德高望重。我国香港特区的法官，几十年没有一人犯刑事罪；即使对重大敏感社会分歧很大的案件作出裁判，无论当事人和社会是否赞同，但很少质疑法官本身的公正廉洁，也几无挑战裁判的权威。我国香港特区是普通法地区，司法的作用尤其突出，而通过司法所建立的法治，成为我国香港特区繁荣稳定的基本保证。其司法建设的基本经验之一，就是遵循司法建设的规律，塑造高素质，有权威的法官。在我国内地，法官与检察官同属于司法官，地位应该同等视之。

应当看到，对司法权的运行加强监督制约固然非常有必要，但并不能从根本上解决司法的廉洁与公正问题。可以说，相比其他国家和地区，我国目前对司法的监督的形式和手段并不少，但司法的廉洁、公正仍然是问题不少，缺乏公信力。[18]因为司法的基础是司法官的素质。司法的前沿是司法官的办案活动，如果没有高素质司法官，只是依靠加强监督，不仅难能达到提高案件质量效果，相反会导致司法行政化，削弱了一线司法官实现案件公正有效办理案件的积极性与责任感。

还应看到，目前的司法官队伍建设面临的困境，主要还不是局部贫困地区的人员匮乏，而是指带有普遍性、整体性的问题，即在司法机关难以引进和留住法律英才。法院办案一线还呈现一定的“逃逸现象”。即由于一方面工作繁、责任重、压力大，另一方面却地位低、待遇薄，升迁难，一些骨干法官要求调离法院，办案一线的司法官素质总体而言达不到要求，这直接影响司法的质量，导致司法公信力的下降。

强调司法官队伍建设，应当首先确立并努力实现司法职业化的目标。法律规范体系的日益复杂，各种社会关系的日益纷繁，要求司法官具有高素质和高技能，司法职业化是实现这一要求的必由之路。当然，司法官的职业应当与司法官的大众化（如陪审制等）相结合。但现代法治国家的司法，应以司法官职业化为前提。没有司法官职业化建设，就没有现代化、法治化的司法改革。

上一轮司法改革，政法经费保障有了较大的进步，在此基础上，可以考虑此次改革，重点解决司法官的待遇和各种保障条件问题。首先，我们认为，司法官员是特殊公务员，其待遇应当高于一般公务员。[19]在条件具备时，应当按照各个国家和地区惯例，实行司法官工资待遇单列。目前可采取提高法官、检察官津贴的方式作为过渡办法。其次，法官、检察官的行政级别应适当提高。目前体制下，行政级别是地位、待遇的主要依据，过低的行政级别，适应不了塑造高素质、有权威的司法官员的要求。最后，应当实行那些各个国家和地区普遍适用的司法保障制度。例如，法官、检察官无法定事由不得调职和免职；保障司法官薪俸待遇，且不得因领导的好恶增减。获得丰富司法经验与司法官的德高望重、与资历有关，因此应当适当延长司法工作年限，而且实行任期保障。我们建议司法官的退休年龄可按其级别延长 3 ~ 5 年。司法官非因丧失工作能力或违法犯罪等法定事由，都有权续任至退休。

在提高司法官处遇的同时，还要进行司法官制度的适当调整。目前法官、检察官，资格授予把关不严，司法机关中部分行政人员也享受司法官待遇。这种情况下，无论国家财政还是干部体制都难以承受普遍性调高待遇。因此，法官、检察官应当实行分类管理，逐步减少员额，增加辅助人员。各级法院、检察院目前部门林立，尤其是非办案部门过多，应当进行内部机构调整撤裁，减少非办案人员。[20]此外，对司法官员包括司法领导干部的遴选应当设置更为规范的条件，要严格按照法官法和检察官法把好进人关，尤其要注意把握司法领导干部的任用条件，由于法院院长、检察院检察长必须对案件质量负责，应当避免将完全不懂行的干部任用为法院院长和检察院检察长。《法官法》第 12 条规定，初任法官必须通过国家统一的司法考试，而各级人民法院院长、副院长则“应当从法官或其他具备法官条件的人员中择优提出人选”。《检察官法》第 13 条也有类似的规定。其中，“其他具备法官条件的人员”含义模糊，限制条件不明确，为将不懂法的干部调到法院、检察院任领导开了方便之门。在修改“两法”时，建议对该规定进行适当修改。

注释

1 关于法治国家对待法律的态度，我国流行“信仰法律”的提法。此提法源于美国著名法学家伯尔曼的著名论断“法律必须被信仰，否则它将形同虚设”（参见［美］伯尔曼：《法律与宗教》，梁治平译，中国政法大学出版社2003年版，导言第3页）。其英文原文是“law has to be believed in or it will not work”。从英文原意来说，“law has to be believed in”也可以翻译成法律必须被信从或信任，这与宗教信仰“religious belief”略有区别。而且，现实的法律不可能十全十美，“被信仰”的用语似乎不够准确。因而，本文不采用“信仰法律”，而采用“尊崇法律”的提法。

2 ［古希腊］亚里士多德：《政治学》，吴寿彭译，商务印书馆1995年版，第169页。

3 关于法律效果、社会效果的内涵，参见人民法院报编辑部：《把公正司法的壮丽和声奏得更响》，载《人民法院报》2013年4月17日。

4 （东汉）许慎：《说文解字》。

5 据媒体报道，2003年5月，张高平、张辉叔侄在杭州涉嫌“强奸致死案”。2004年10月19日，浙江省高级人民法院终审判处张辉死缓、张高平有期徒刑15年。2013年3月26日，经浙江省高级人民法院再审公开宣判，认定原判定罪、适用法律错误，宣告张辉、张高平无罪。参见南方周末：《浙江调查张辉、张高平叔侄蒙冤事件》，载南方周末官网，http://www.infzm.com/content/89541，2013年4月30日访问。

6 关于程序公正与实体公正并重观点的论述，参见陈光中主编：《刑事诉讼法》（第4版），北京大学出版社、高等教育出版社2012年版，第14页。

7 法律理性（rational－legal）权威是德国著名社会学家和哲学家马克斯·韦伯根据权威来源的不同对权威所作的三种类型之一。参见［德］马克斯·韦伯：《经济与社会》，林荣远译，商务印书馆1998年版，第241页。

8 比较研究及学理论证详见陈光中：《比较法视野下的中国特色司法独立原则》，载《比较法研究》2013年第2期。

9 《马克思恩格斯选集》（第1卷），人民出版社1972年版，第76页。

10 如根据有关媒体报道，浙江省温州市纪委对温州市工业投资集团有限公司党委委员、总工程师於其一进行“双规”38日后死亡，引起社会高度关注。参见怀若谷：《温州一官员双规期间猝死》，载《京华时报》2013年4月10日，第22版。

11 英美法系国家以及法国、俄罗斯等，确认检察机关为控诉方当事人。某些国家，如德国，因检察官负有客观义务而在法律上使其区别于普通当事人，但在法理上仍承认其属于控诉方当事人。

12 根据有关媒体报道，2011年6月13日，北海市公安局、检察机关和法院互相配合对杨在新、罗思方、梁武诚、杨忠汉四律师在一起伤害抛尸案中以教唆、引诱证人作伪证为由对他们进行拘留或监视居住(后三人被取保候审,一人被逮捕),引起社会舆论强烈反响。案件几经曲折,2013 年 2 月 6 日,该案宣判,五人伤害致人死亡抛尸大海的指控事实不成立,伤害罪无罪。四律师也均被完全解脱。关于该案的详细介绍,请参见《广西北海四律师涉嫌伪证案舆情报告》,载正义网,http://www.jcrb.com/yqjc/201107/t20110704_566265.html,2013 年 4 月 30 日访问。

13 《人民法院组织法》第 10 条第 3 款规定:“各级人民法院审判委员会会议由院长主持,本级人民检察院检察长可以列席。”后来有关文件又进一步规定,副检察长可以代表检察长列席审判委员会。

14 修改后的《刑事诉讼法》第 36 条规定:“辩护律师在侦查期间可以为犯罪嫌疑人提供法律帮助;代理申诉、控告;申请变更强制措施;向侦查机关了解犯罪嫌疑人涉嫌的罪名和案件有关情况,提出意见。”第 40 条规定:“辩护人收集的有关犯罪嫌疑人不在犯罪现场、未达到刑事责任年龄、属于依法不负刑事责任的精神病人的证据,应当及时告知公安机关、人民检察院。”这两条规定对辩护律师在侦查阶段是否有取证权显然有模糊与矛盾之处。

15 深圳市福田区人民法院试行“审判长负责制”。庭长仅保留行政待遇而取消其干预审判的权力。打破庭的建制,取而代之的是 35 个独立、固定的合议庭。对审判长实行公选,将法官精英任用为真正意义上的法官。参见林劲标等:《深圳福田　审判长负责制上路》,载《人民法院报》2013 年 2 月 25 日,第 3 版。佛山市中级人民法院也试行“审判长负责制”,由审判长带着两名法官组成的合议庭,成为名副其实的审判单元,从收案、开庭、写判决到签发判决,审判长全部亲力亲为,并且最终负责,不审案者不能定案。参见陈霄:《佛山中院对“审判分离”开刀》,载《法治周末》2013 年 4 月 4 日。

16 上述所引用的现行宪法条文均出自《世界各国宪法》(第 1 版),中国检察出版社 2012 年版。

17 前些年教育部本科教学评估,对提高高校办学水平有推动作用,但差别极大的院校却适用同一评估指标体系,导致弄虚作假盛行等严重负面效果,受到激烈的社会批评,并促使教育部调整了评估方法。此项教训司法机关亦应吸取。

18 有时出现司法腐败的窝案、串案,甚至大法官犯罪;在全国人大即国家权力机构和民意代表机构的司法年度报告的信任票通常难以得到高票通过。这在一定程度上反映了司法的公信力下降。

19 在 2013 年 3 月召开的第十二届全国人大第一次会议上,全国人大代表、时任广东省高级人民法院院长郑鄂提出:“考虑法官职业的特殊性,探索实行高于普通公务员的薪酬制度。”全国人大代表袁志敏甚至提出建议,将律师收入的 50% 转给法官。因为目前法官工资普遍很低,缺乏一个激励机制,而且也为造成腐败埋下危险(参见卢文杰等:《朝“法官职业化”推动改革》,载《广州日报》2013 年 3 月 12 日,第 4 版)。袁先生的建议引起社会热议。虽然普遍认为其建议不属合理可行,但认为目前法官待遇过低,不利于廉洁公正,应当说已成社会共识。

20 检察机关内的院领导、中层干部等管理人员与普通工作人员之比约为 1∶2。官多兵少已成常态。检察机关恢复重建以来,检察机关内设部门增加了近一倍。

深化改革背景下对司法行政化的遏制*

司法行政化,即以行政性的方式审判案件并管理法院和法官,[1]是我国司法运行与司法建设长期存在而未能解决的问题。以行政方式运作司法,不符合司法活动的内在规律,[2]但该现象一直以来未能明显缓解,前些年反有加重之势,以致严重影响了司法的正常运行和功能发挥。本文着重分析司法行政化的发展状况及其严重性,进而深度研讨其产生且难以克服的根由和原因,再以现实主义的立场,分析在特定约束条件下解决这一问题的可能限度,并结合党的十八届三中全会深化改革的决定,探讨在新的形势下较为可行的控制路径和方法。

一、何谓"司法行政化"

司法与行政均属国家运行不可或缺的基本职能。司法是司法机构对形成个案的社会冲突在事实判断的基础上适用法律处置权益的行为,[3]行政则是政府管理社会的活动。基于不同的任务、对象和职能,二者主要存在以下区别:

一是目的与价值的区别。行政的主要目的是推动经济发展、维护社会秩序,其注重管理的效率和有效性。法治政府必须依法行政,但法制只是其行为框架而非行为的主要目的。司法的目的就是适用法律、维护法制,即通过解决个案纠纷的法律适用活动,建立和维系公正合理、安定有序的社会关系和法律秩序。

二是权力运行结构的区别。典型的行政的结构是管理主体与行政相对

---

* 与袁坚合著,原载《法学研究》2014 年第 1 期。

人的两面关系结构;在管理构造中,管理主体处于上位而行政相对人处于下位。司法的结构则是纠纷双方与裁判者的“三方组合”,裁判者居于其间,形成“对抗与判定”的“等腰三角”构造,并由此而产生司法的对审性与司法官的中立性。

三是操作方法的区别。行政管理是系统工程,需要综合运用统筹、协调、决策、执行等管理方法,因此行政具有行动性特征,而且不以亲历现场为行政行为的必备条件。司法则因其系个案判断处置,要求司法主体亲自审查证据,直接听取意见并接受双方当事人的监督和程序约束。由于事实判定的准确性有赖于直接审查,正确的事实判断、法律适用和权益处置有赖于兼听不同意见并形成互动关系,因此司法以亲历性、判断性为特征。

四是权力内部构造的区别。行政是体系性和组织性的活动,行政体系内形成上下级关系,其组织原则为“上命下从”,这是实现行政效益和效率的基本保证。司法系个案处置,以亲历、判断为方法,因此必然要求司法主体的独立性,即法官及其组合(合议庭)根据自己对案件的审查判断作出决定,如马克思所说,“法官除了法律就没有别的上司”[4]。因此,法院内部的审判权力构造应当是平行的、协作式的。

五是行为效果的区别。行政强调效率,对管理活动中面临的矛盾和纠纷,需要有效处置、及时处断,因此“容错率”较高。而司法强调公正,国家以司法为社会正义的“最后防线”,肯定司法活动中权利的可救济性。但“最后防线”亦有底线,因此司法的权威性和确定力(既判力)亦为司法的特性。

所谓“司法行政化”,即以行政的目的、构造、方法、机理及效果取代司法自身的内容,形成以行政方式操作的司法。[5]这种替代与错位的根本问题是违背司法运行和司法建设的内在规律。

二、司法行政化的表现及严重性

对司法行政化的弊端,法院自身早有认识并努力改革之,但这一问题始终未获根本解决,近年来反而更加突出。

(一)司法目的和价值的行政化

司法与行政在促进社会发展、维护民众利益的根本价值和目的上是一致的,但由于不同的职能和任务,其直接目的和价值重心应有区别。然而,近年来的司法,进一步强调“为大局服务”的指导思想,并随之采取“能动司法”的主动跟进策略与司法方式。在司法意识和规则适用上，主张办案的法律效果、社会效果、政治效果并重。同时，就司法手段和方法，推行“调解优先”和建立“大调解”机制。这种政策性调整使法院的司法活动进一步融入政府行政。[6]法院的政策调整使法院对自身的目的与价值观坚守不够，使司法功能在一定程度上被抑制。

（二）案件审判活动的行政化

与上述功能同质化相适应，在运作方式上，近年来司法审判与行政活动的同质化也十分明显，审判借用行政式的幕后运筹与场外指挥方法，审、判分离问题仍然存在。

1. 审判委员会（以下简称审委会）改革缺乏实质推进。审委会判案是审、判分离的典型例证。审委会委员通常由院长、副院长及各业务庭主要负责人担任，[7]他们基本不可能查阅全部案卷材料，更不可能全程旁听审判。因此，审委会判案必然造成审、判分离，不仅容易偏听承办者汇报而作错误决断，而且剥夺了当事人的诸多诉讼权利；不仅容易忽略案件事实，而且在案件出错后难以追责。因此，适当限制审委会的审判权限，合理控制进入审委会的案件范围，改革审委会的裁判方式，应属扬长避短之举。但随着近年来法院对审判管理的加强，社会矛盾的突出，敏感案、关系案的增加，[8]法官心态的转变，[9]相关规定较为模糊，[10]涌入审委会的案件未能得到很好控制，[11]审、判分离问题不仅未获缓解，在有的法院甚至进一步加重。[12]

不仅如此，审委会运作方式的行政化特征也较为突出。由于法院组织的行政性结构以及“一把手”可以决定审委会成员的工作评价乃至升迁、待遇，“一把手”的意见在讨论案件时往往具有决定作用。按照《关于改革和完善人民法院审判委员会制度的实施意见》第 16 条第 1 款的规定，院长参加审委会，将在最后发言。然而，讨论案件时，通过院长向案件汇报人经意或不经意地提问，通过院长介绍案件背景等，委员们大都能够领会院长的倾向性意见。即使形成的多数意见与院长的意见不符，但在院长发表意见后，也往往会有委员附和甚至申明更正，其他委员则见机行事，支持院长并形成多数意见。[13]因此，表面看来，审委会讨论是以民主集中、少数服从多数的方式发挥群体决策优势，但实际过程却可能是个人意见代替群体意见。

2. 院长、庭长裁决案件的现象十分普遍。相较于更加正式、成本更高的审委会讨论案件程序，院长、庭长凭借日常的审判管理权裁决案件，是更普遍、更严重的审、判分离现象:院长、庭长实际裁决案件或影响案件裁判的案件范围比审委会大得多,而且形式灵活多样,也更易影响案件的裁决。当前院长、庭长基本不参加案件开庭,但其裁决案件却是法院内部的工作常态,其裁决依据主要是承办人的汇报,并通过直接指示、参加案件合议或讨论以及审查、批注、修改裁判文书等方式完成其对案件的裁决。当合议庭的意见与其不符时,院长、庭长则可能拖延甚至拒绝签发裁判文书,直至案件提交审委会或者合议庭屈服,从而在事实上形成了院长、庭长的幕后裁决。

3. 行政程序代替诉讼程序的现象仍然突出。法院审理案件的程序有外部程序和内部程序之分。外部程序主要指可公开的诉讼程序,包括庭审程序、庭前会议以及调查取证程序等。内部程序主要是不能公开的程序,如合议程序。但在我国,内部程序的作用更突出,其中既有合议程序[14]这样的诉讼程序,又有包括报告程序、审批程序、协调程序等在内的行政程序。法院内部行政程序重于诉讼程序的情况长期存在,且因绩效考核等原因,近年有加重的趋势。主要体现在以下两个方面:

(1)协调程序代替庭审程序。在一些重大、敏感或者社会关注度高的案件中,庭审程序基本上被形式化了,为行政程序所替代,如协调程序,即法院在审理某些重大刑事案件时与相关部门进行协调。比如协调庭审,法、检双方预先“排练”庭审程序,并就“排练”中发现的问题,通过协商预先解决。庭审以“协调”方式进行,使其成了“表面文章”,而其背后必然是有权机关以内部协调和行政审批方式完成实质审判。

(2)审批程序代替合议程序。合议是听审法官平等参与、发表意见、讨论案件并进行表决的活动,其价值在于在尊重案件审理过程的前提下,集思广益、防止独断。但目前对于重大、复杂、疑难案件和领导关注的案件,合议程序基本上被审批程序所代替;合议庭合议的结果均需要报庭、院领导把关,只有领导签署同意后合议意见才能发挥效力,反之合议意见会“被再合议”。[15]这使合议程序沦为审批程序的附庸。

(三)上下级法院关系的行政化

按照制度安排,上下级法院之间的关系是审级监督关系,上级法院通过审理上诉案件实现对下级法院的监督、指导。但实际情况却并非如此:一方面,上级法院对下级法院的全面控制,使审级关系变为事实上的领导与被领导的行政关系;另一方面,下级法院就案件审理向上级法院请示汇报、上级法院则给予指示,使审级制度形同虚设、二审救济流于形式。

上级法院与下级法院形成事实上的行政关系,主要通过三种渠道:一是考核评价。尤其是设定考核指标并进行位次排序,使下级法院的工作围绕上级法院的“指挥棒”转。二是业务管理。上级法院对下级法院的审判业务庭实行对口业务指导,上级法院审判庭通过召开片区会议、发布指导性案例以及审理二审案件等方式掌控下级法院审判庭的审判工作。三是人事任命。下级法院的主要领导很大程度上由上级法院领导决定,这种事实上的任命关系以及与之配套的业绩考评机制,不可避免地加强了上下级法院之间的行政关系。

(四)司法人事制度和法院结构的行政化

目前的法官人事制度对法官采取“类公务员”的管理方式,法官的待遇取决于行政职级,因此具有高度的行政化特征。法官具有较强的业务能力并不能使他们的待遇提升,只有通过行政上的升迁才能实现待遇和地位的提高。这一行政导向使得法院的业务精英聚集在管理岗位而不是审判一线,致使审判一线缺失优质资源,办案法官的人员素质、结构距离审判的要求仍有相当差距。

司法行政化还造成行政人员和部门的膨胀,挤占了司法资源,扭曲了法院结构。法院的运转需要办公文秘、人事管理、后勤保障、信息化建设等司法行政工作为其审判活动提供支持和保障。但司法行政工作应当服务于、服从于审判活动,以审判为中心,这是发挥司法功能、保障司法质量的要求,也是司法的内在规律。但在我国目前的法院建设中,管理人员和部门膨胀,经常挤占司法活动的人力、财力资源。[16]并且在强势的审判管理、司法行政管理之下,管理人员和部门与法官之间形成“管与被管”的上下位关系。即使在审判庭内部,行政人员也有膨胀的趋势。如法院通常在审判庭内设一正二副三个庭长,但有的法院为了解决职级待遇,增设副职(包括副职待遇的领导岗位),造成审判庭内充斥了过多的行政领导。

(五)审判管理的行政化

近年来的法院工作,加强审判管理是一项重要内容,包括建立、强化审判管理机构,细化案件流程管理,强化案件质量评估和绩效考核以及对审判的“层级管理”等。这些措施一方面体现了管理技术在法院管理中的运用,但另一方面,管理活动中行政元素的强化及其对审判的渗透也是一个重要特点。这突出表现为：一是实施“层级管理”，[17]其具体要求是进一步完善院长、庭长依法监督指导办案制度，进一步加强上级法院的宏观指导和业务指导，统一法律适用和裁判尺度等。这使院长、庭长介入案件裁判变得名正言顺。二是强化审判绩效考核，设计一套反映审判运行状况的指标体系，该体系由若干一级指标和更多的二级指标构成。最高人民法院下达指标体系，原本是为掌握审判态势，便于政策指导，但在实践中，各地法院普遍将其用作下级法院以及本院法官工作业绩考核和排名的指标，用作法院和法官工作奖励、晋升的依据。因为指标是由上级设置、掌握和实施考核的，所以，审判围绕指标转的实质是“下级围绕上级转”，进一步强化了司法的行政化。

以上五点，前三点涉及审判活动本身的行政化，是司法行政化的直接表现，即审判的行政化；后两点则既为司法行政化的表现，又是促成审判行政化的缘由。

三、司法行政化的效应

司法行政化问题的研究者大都以司法规律立论，对司法行政化及其实践效应作负面评价。然而，持论者难以充分解释为何在长期的批判声中，司法行政化不仅未见式微，近年反有壮大之势。而且他们也难以解释为何某些具体的行政化司法制度，如审委会判案以及法院对重要案件的内部报审，虽有悖司法规律，却难以废除，并受到多数法院人士的支持。笔者认为，司法行政化是中国法院在法治进程的一定阶段，尤其是初期阶段，不可避免的制度选择和行为选择。以行政方式运作司法，虽然弊端严重，但在给定的司法约束条件下，特定方式、一定限度的行政化做法，也可能产生某种积极效果，主要包括以下两方面：

一是以行政弥补司法。即在司法要素不足或司法人员质素不高的情况下，以行政手段做适当弥补，以维系基本的司法公正。在现行体制下，审判一线有相当部分操作者经验不足、能力不强、德操不彰，而这种状况在一定时期内难以根本改变，院长、庭长的审判管理，如对“重点案件”和“重点审判人员”的特别关注，即加强行政指导，则可减少出错概率，至少可以避免较为明显的错误。而审委会判案、重要案件的内部报审，如果运作适度、适当，亦有正面功效：上级法院可在更高的层面把握司法政策和法律适用，平衡案件处理，协调横向关系。这尤其适用于那些虽在下级法院审理，但其影响超越下级法院管辖范围的重大案件。[18]

二是以行政抗制行政。即在外部行政性干预较大的情况下,以法院自身的行政化力量和手段抗制外部干预,维系基本的审判运行条件。在当今中国社会,行政力量无处不在,同时法官缺少权威,难以抗制强大的外部行政力量的干预。此时,借助院长、庭长的行政地位以及审委会的代表性力量,则可能抵御某些外部影响并协调某些外部关系。[19]在法院人、财、物受制于当地党政的情况下,有时还需借助上级法院的力量,抵抗地方影响。这也是目前法院上下级关系密切、案件"内审"难以废除的重要原因。

然而,行政化的司法毕竟有悖司法规律;行政力量又天然具有扩张性,如果不予遏制,它将日益侵蚀司法的领地,压缩司法活动的空间,损害司法的权威并抑制司法的功能。近年来司法行政化有愈演愈烈的趋势,中国司法已经到了不能不正视司法行政化问题、不能不努力遏制其发展的时候。如任其继续发展,不仅司法功能难以有效发挥,法院自身的建设也将面临严重危机,难以持续发展。司法行政化过度发展的危害主要表现在以下几个方面:

1. 不能坚守司法的目的和价值,有损"依法治国"方略的实施。"依法治国"不是口号而是治国方略,需要体现在日常的国家管理和社会生活之中。如果没有一个坚守法律和公正价值并在权力关系中保持独立的司法机构,"依法治国"就会成为一句空话。近年来,司法行政化所导致的司法自身目的的丧失,使法律规则在社会生活中的意义受到损害,使公民和社会组织的行为可预期性降低,使滥用、误用行政权力的问题难以解决,这已经对我国经济、社会的可持续发展造成了一定的障碍。

2. 以管理权干预审判,案件质量缺乏保证。虽然以行政元素弥补司法尚有一定合理性,但大范围、高强度、频繁的行政干预,给案件质量、审判公正带来的负面效应也不可低估。一是审、判分离的直接危害。尤其是事实与法律关系复杂且纠葛的案件,不听审的审判主体对案情的把握常常取决于承办法官所"给定"的案情,"误导"或"误解"都比较容易发生。[20]"亲历性"是司法活动的固有特性,这种违背规律的现象若过度发展,必将付出高昂代价。二是审判行政化所形成的"恶性循环"。审判行政化是以强化二线防御来弥补一线司法能力的不足。但行政元素的强化与活跃,必然以直接或间接的方式限制合议庭与法官的审判权,一线法官的荣誉感和责任心将进一步丧失，这就可能形成某种偏向行政化的“路径依赖”甚至“恶性循环”，即一线不强引致加强管理，加强管理反过来进一步弱化本就不强的一线。[21]

3. 行政程序叠床架屋，部分案件诉讼效率低下。中国目前拥有世界上最庞大的法官群体，但许多法院仍然面临“案多人少”的矛盾。其实，并非法院人少而是办案法官少。行政职能膨胀导致其机构、人员膨胀并挤占司法资源，而且行政工作与行政程序阻碍了司法效率的提高。一是审判工作为行政工作让路。一旦审判工作与行政工作发生冲突，通常是前者让位于后者，因此，法院时常出现因某项行政工作而在法定工作时间不收案、不办案的情况。二是在工作程序上，行政审批程序延滞审判活动，带来司法的低效。裁判文书要层层审批、案件汇报要层层上报，其中不少疑难案件的请示，要等到上级法院或有关部门有“适当时间”，这些都妨碍了司法效率，以至于法院给自己定了一条上不了台面的“违法规矩”——向上级请示汇报的时间不算入案件审限。[22]

4. 司法权威难以建立，司法公信力有下降的趋势。司法权威是司法的外在强制力与人们的内在服从的统一。目前法院的司法权威与公信力存在缺失，可以说是不争的事实。[23]这种状况的形成，司法行政化难辞其咎。一是司法的权威与公信力来源于司法维护法治的力量。“法律必须被信仰，否则它将形同虚设。”[24]法院不能坚持法治原则，不能坚守自身的独立，民众便不会信仰法律，也就不会尊重司法。二是行政化的司法使法院成为政府的附庸，为权力背书，这将严重损害司法公正，使司法能力遭受严重质疑。而且，法院用行政程序替代司法程序并将信访制度植入司法制度，将不可避免地出现司法“裁而不断，断而不决，决而不终，终而不执，执而无果”的现象。司法作为争端解决的最后手段变成了过渡性手段，一旦当事人对法院的判决结果不满意，不仅可以找判决法院申诉，更可以找当地党委、政府反映问题，而后者的效果往往更为明显。将信访植入司法，法官对可能发生信访、“缠访”的案件，很难选择依法裁断，而是耐心说服、教育当事人，甚至“拖”“哄”“求”以平息事态。司法已由原来的解决纠纷并建立规则向息诉罢访转化，但是，司法又缺乏终结信访的能力与资源，使本已不足的司法权威及公信力进一步萎缩。

5. 一线法官素质不高，法院工作可持续发展堪忧。一是司法行政化掩抑正义价值，败坏司法风习，不能培养好法官。司法最重要的品质是公正，理想的法官应当只受正义的召唤、良心的驱使、法律的约束、荣誉感的激励，但在目前的中国司法体制中，具备这些品质可谓奢侈而离现实太远。因为行政化的司法，最重要的规则是上命下从，最重要的价值是功利。当前的行政化评价体系，包括前述的绩效评估，其主要目的是创造符合指标体系以及管理主体意旨的业绩，并以此为法官在行政位阶上提升的依据，而在行政化司法体制中缺乏独立性的法官也必然缺乏荣誉感和责任心。二是司法体制中的行政导向，使高素质法律人才很难留在法院，很难留在审判一线。一线法官比较缺乏经验、能力和德操的情况，可以说已成为现实。法官的状况关乎中国法治的前景，依靠这些法官推动法治、坚守正义，不能不令人担忧。

四、司法行政化的根源及遏制的必要性和可能性

司法机关作为有组织的国家机关不能没有行政管理，大量案件的审判组织以及程序推进也不能没有审判管理。司法行政化的问题是管理手段的错位，即以行政手段运作司法、实施审判。这种错位产生的弊端已成定论，但根除其弊端却并非易事。这是因为司法行政化的形成有深刻的制度根源与社会条件，如果相关问题不解决，根除弊端的任务必然落空。因此，提出对策前，首先需要分析支持司法行政化倾向的制度根源及相关条件，在此基础上探讨改革的空间并提出较为可行的应对办法。

司法行政化最根本的原因，在于我国的国家权力结构及其运行机制。这个结构和机制的性质和特征是执政党统揽全局、协调各方，执政党的领导这一原则是国家权力运作的最根本原则。这种集中与统揽，形成整体协调、上下联动的“全面体制”，在根本上区别于司法权、行政权、立法权分立且制衡的体制。集中性、统揽型体制之下，以上命下从为特征的行政逻辑是不同国家权力运作中的共同行为逻辑。在此之下，司法作为社会整体管治体制的一部分，其内部独立自治的程度有限，其中立性也受到一定的限制。一方面在外部，为配合党政主持的“中心工作”，司法需要采取某种主动姿态向行政靠拢；另一方面在内部，上命下从的行政原则会不可避免地渗入司法，这种渗入在一定程度上是必然且无法抗拒的。

与上述结构、体制因素紧密相关的，是司法功能设定的非司法化和资源配置的有限性。在统合体制中，任何一个体制分支均须服从统一的目的并

满足保障该目的实现的各项基本要求。此种情况下,如果没有对司法功能设置特别的保护措施,司法也将执行“类行政”的功能并以“类行政”的方式运行。近年对司法“服务中心”“服从大局”的强调,正是其体现。另外,司法资源配置的有限性,常常使司法必须以行政方式聚合整体力量,以抗衡行政干预、社会不服等外部挑战。苏力教授曾举例,法院院长利用各种社会力量,召集有关方面共六个部门,来处理当地的一个交通事故案。[25]而类似的以法院的行政力量与行政方式抗制妨碍正常司法功能的外部因素,已成法院运作的常态。

同基本结构、体制因素相关的,是统一的人事(干部)管理制度以及缺乏独立性的财政供应制度。以人事管理制度为例。该制度将全部公务人员镶嵌于金字塔式的管理体制之中,自下而上的行政阶梯构成其激励机制和凝聚机制。在这一体制中,确定人员地位、权力、待遇和相互关系的就是行政职级,行政职级就是这一体制的基本构成要素。这种统一的人事管理体制又是配套于、配合于“全面体制”的政制构造。法官也无例外地被镶嵌在此种管理体制中,遵循同样的管理和被管理原则。

司法行政化还有一些与政制相关的技术性原因,如国家机能分化不足。从中国历史看,国家构造“大一统”,政府职能和权力的划分不明确,司法与行政合一,中央政府和地方官历来兼有行政、司法等多种功能。在司法活动中,审案官员作为法官兼行侦查搜证、弹劾检举的行政性职能。在我国当今的司法制度中,这一问题仍然存在。如刑事诉讼,虽然公、检、法三机关分掌职责,但互相制约时又讲“互相配合”,又有党委、纪委、政法委领导与协调,角色交叉与角色混同很难避免,司法与行政势必相互渗透,彼此间关系也纠缠不清。

上述影响法院运作方式的基本因素正是司法行政化的基本原因,也是我们与之作斗争而总是成效不彰甚至失败的基本原因。不考量中国司法制度运行的基本约束条件,空谈司法行政化的革除是没有意义的。但对目前司法行政化的发展及其对司法功能的妨碍,我们又不能熟视无睹、无所作为。遏制司法行政化,减弱其负面影响,不仅具有必要性,也有一定的可能性。

首先,遏制司法行政化,最基本的理由是“依法治国”。为实现经济的可持续发展和社会的长治久安,必须依法治国,建立法治国家和法治政府。为实现这些要求和价值,法院的司法活动须发挥关键作用。法院是专门维护法治的国家机构,必须以法律的适用及其有效实施为目的,必须保持自身的独立性和权威,同时应当采取有别于行政而反映自身规律的工作方式和运行机制。否则,法院就不能保证与行政的区别并在此基础上有效执行自身的功能,包括通过司法审查制约行政权力,促成法治政府的构建。

其次,遏制司法行政化,其重要性还在于,司法行政化的过度发展严重地妨碍了司法功能。如前所述,以行政逻辑代替一切运行机制,会使权力中的非行政分支难以有效运作,因为这些分支,如立法与司法,各有其自身的运行规律,都不宜以首长负责、上命下从的行政方式运作。但司法行政化的过度发展,极大地损害了司法的判断性、中立性以及法律至上原则,已经严重地妨碍了司法功能,妨碍了司法建设的可持续发展。而且,由于与司法行政化的斗争总是缺乏进展甚至总是失败,相当一部分人已对司法行政化习以为常,甚至将司法行政化界定为中国特色的法院体制和司法运作的应有形态。这种认识若被传导印证和强化,最终将使中国的司法体制重走“老路”。

再次,遏制司法行政化,其现实可能性在于,统合之下的分权运行具有必要性和现实可能性。统合型体制的根本逻辑为行政逻辑,但统合之下,在技术层面,并不意味着没有职能分化和相对独立运行的空间。[26]现代社会管理技术在强化统合能力的同时,也开辟了功能分化的路径和方法。在技术层面,日常工作的空间内,国家权力的运行可以遵循自身的逻辑。例如,立法主要采取合议即集体决定的方式运行;行政以首长负责、决策执行为特征;司法则进行个案听审与判断,并以合议制或独任制决定法律的适用与案件的处理。当然,统合体制中行政逻辑在不同权力分支均会发生作用。但是,为了保持各分支功能的有效性以及行为的基本合理性,行政逻辑必须被限制于一定的方式和范围内。否则,有统无分,权力运行方式与权力性质错位,其功能就不能有效实现,最终将会损害整个体制的功能。因此,在一定时期内,我们虽不能根除司法行政化,但可以遏制其发展,尽力减弱其负面影响。

尤其应注意的是,十八大提出“加快社会主义法治建设”“深化司法体制改革”,中共中央《关于全面深化改革若干重大问题的决定》又进一步提出改革司法体制和运行机制,“让审理者裁判、由裁判者负责”以及改革司法体制和司法权运行机制的一系列措施。这些都显示出决策层明确的遏制司法行政化的改革意志。另外,司法行政化弊端尽显,司法界内外已强烈要求遏制其进一步发展。因此,审时度势,推动改革,遏制司法行政化,是当下的明智之举。

最后,遏制司法行政化的可能性及其意义还在于,从司法行政化的角度提出问题并采取改革举措,既能改善司法状况,又不至于造成政治上的波动,易为各方接受。因为,无论外部问题还是内部问题,司法行政化总体上是管理技术问题而不直接涉及政治。遏制司法行政化,可以主要从国家管理的有效性以及司法功能的有效性提出问题、分析问题与解决问题。这是在基本体制不变的情况下,为改善该体制的"技术合理性"而做的努力,同时,也为深层的体制改革创造一定的条件。应当说,这是符合多数人意愿的现实主义路径。

五、遏制司法行政化的路径与方法

中国的司法行政化是法院组织与活动全面受到行政逻辑支配的整体性趋势和现象,因此,遏制司法行政化,不能仅考虑审判活动和审判机制的改革,而须通盘考虑、系统决策、配套实施,以保证在给定的约束条件下,能够较为有效地遏制司法行政化,促使法院活动回归司法规律。

(一)重新塑造法院的功能

1. 确认法院的"双重功能"。即除了具有从属性功能,同时具有相对独立的功能。在一个具有高度动员能力及资源集中能力的体制中,法院的功能设置不可避免地具有服务性和服从性,其关注重心、资源配置、审判政策应注意配合执政党和政府所推进的中心工作及政策要求,从司法的角度保障其有效推进。但与此同时,也应注意确认和保障法院相对独立的司法职能。因为从宏观上看,社会的发展固然需要行政的强力推进,但也需要社会政策与社会利益的调节与平衡以及社会关系的稳定,这就是法院的功能。从中观与微观的角度看,中心工作与大局要求在特定地域内主要由地方党政的行为予以体现,其中的短期功利性、局限性很难避免;[27]而法治、正义具有超越一时功利的稳定性和价值,法院就是维护法治、实现正义的基本制度安排。如果法院没有起码的独立功能,不能发挥调节与平衡的作用,对执政党、国家和人民的全局利益和长远利益是有害无益的。这种功能集中体现在对法治精神、法律基本原则和基本规范的坚守，以及坚持司法公正和社会正义。这种坚守和坚持，不应为一时的功利性要求所撼动。

2. 适当强化司法审查功能。坚守法院的基本功能，保持法院区别于政府的功能特性，应当符合逻辑地要求法院强化其根据法治原则、法律规范评价权力行为或社会事务合法性、正当性的司法审查功能。司法审查最重要的意义是权力制约与权利救济，其方式是个案裁判。

强化司法审查的主要举措之一，是在强化法院权威和独立性的同时，实际扩大行政诉讼案件的受诉范围。目前，有关行政诉讼受案范围的规定较宽泛，但实际受理较为狭窄，受理的案件也普遍停留于行政非诉，且强调调解结案，这导致行政诉讼在一定程度上丧失了司法审查功能。鉴于这种情况，行政诉讼受案范围不仅不能压缩，还要进一步扩大。一些非国家机构包括公益性机构的行为，乃至涉及政党的行为等，均可以考虑纳入行政诉讼的受案范围，从而实现社会各个领域、各项事务均可进入法律评价、司法审查和救济的范围，也由此实现党在宪法和法律范围内活动这一法治的基本原则，确保各种权力、各种主体、各项制度的运作均受到法律的规制，从而切实贯彻"依法治国"方略。[28]

主要举措之二，是赋予刑事诉讼中的刑事侦查行为以可诉性。刑事侦查行为是国家行政权的典型体现，其对人、对物的强制侦查严重妨碍了公民的权益。对这类行为进行司法审查和司法救济，是任何法治国家刑事诉讼的基本制度安排。但我国受"打击意识"以及侦查机关地位特殊论的影响，坚持"侦查行为不可诉"，导致这方面的制度安排与实际操作严重滞后，使侦查活动中公民和组织的合法权益不能得到有效保障。为弥补这一缺陷，新《刑事诉讼法》第115条确立了检察救济原则，[29]但检察机关作为侦查、控诉机关，既缺乏中立性，也缺乏必要的救济程序支持以及强制性救济能力。因此，即使目前对强制侦查进行事前司法审查仍缺乏现实可能性，但予以事后审查和救济则既有必要性，也有可能性。

3. 适当强化审判功能。审判的目的是解决纠纷、维护法律和秩序。调解也可以解决纠纷，但它缺乏维护法治的功能。在中国走向法治的过程中，矛盾纠纷突出，社会需要和谐，调解固然具有重要意义；但社会同样需要规则，需要建立有效的法律秩序，需要使行为具有可预期性，而实现这些价值的主要方法是案件的审理和裁判。并且，对于解决纠纷，通过依法裁判确立规则、建立法治,也是具有更长远和根本功效的方法。近年来,法院偏重于以“调解优先”的指导思想和“大调解”的机制来解决纠纷,使调解这种软性司法手段的应用达到了前所未有的程度,已经逾越了必要与合理的限度,产生了负面效应。例如,统计数字上弄虚作假,败坏司法风习;违背自愿性原则强行调解,甚至使大量调解结案的案件因并非出于当事人自愿而只能强制执行;[30]违背合法性原则和正义性要求,对当事人权益及交易规则的建立造成了不利影响;[31](大调解)打破司法机构与当事人(行政机构)的界限,损害司法中立性与权威性等。[32]有鉴于此,应当重申法院裁判的功能和意义,调整调解和判决作为不同司法手段的关系,回归“当调则调,当判则判”的司法原则。

4. 适当强化终局性纠纷解决功能。[33]前些年以强调司法规律为特征的法院改革,提出并推进“司法最终解决”原则,取得了一定成效。但在国家权力体系中,法院的权威性及资源配置能力不足,加上转型时期纠纷解决的复杂性以及历史因素对纠纷解决的影响,法院作为终局性纠纷解决机关时常有心无力,因此,法院内部滋生了“让渡意识”——不认为自己能够承担此一终局解决功能,甘愿将其让渡给党政,将自身定位为解决纠纷的辅助性“职能部门”。与此同时,在外部,党政主渠道解决纠纷的机制得到了强化,其重要表现是信访功能的加强。各种纠纷包括法院所裁决的纠纷,常常不以司法裁决为终局,而以信访为终局。党政主导的“信访”机制,成为司法救济机制之上的特殊救济机制。然而,以信访机制取代司法救济机制,不仅存在正当性、合法性、合理性、有效性等方面的质疑,而且,将转型时期大量社会矛盾、纠纷及其解决的压力直接交由党政承受,地方党政普遍不堪重负,这一做法实已难以为继。

在中国社会转型时期,法院作为终局性纠纷解决机构既有其长处,也有其短处。法院作为中立机构的地位、作为法治维护机构的功能,以及作为纠纷解决机构的技术能力和程序设置,最适合对纠纷作出公正评价和适当处置。但是,司法的特点是对存量资源的配置进行调整,它难以创造增量资源。转型时期的一些纠纷,尤其是具有历史因素、社会因素、改革因素的纠纷,往往需要资源增量才能彻底解决。这是司法解决不如党政解决之处,因为后者才能配置增量资源。权衡利弊,两种机制仍需互补:一般的个案纠纷,需要贯彻司法最终解决的原则,其救济只能通过申诉和再审等渠道处理;但某些出于特殊缘由的纠纷以及群体性纠纷,还需要依靠党政的主导性力量;党政与司法发挥各自的优势,使纠纷获得较适当的处置。为了强化法院的终局性纠纷解决功能,需要为法院适当增配资源,其中最重要的是强化法院的权威。[34]

(二)尽力阻隔行政性要素进入审判,建立审判独立的"二元模式"

外部行政力量主导审判使法院作为一种制度安排丧失了功能和意义;在法院内部,行政力量主导审判使审判的制度安排包括程序设置丧失了功能和意义。因此,遏制司法行政化,必须从阻隔外部行政力量进入法院审判活动,以及在法院内部阻隔自身的行政力量进入合议庭这两个方面入手。这两个方面,正是中共中央《关于全面深化改革若干重大问题的决定》关于司法改革的主要内容。

阻隔外部行政力量进入法院审判活动,必须改革司法管理体制。中央决定的意见是推动省以下地方法院、检察院人财物统一管理,探索建立与行政区划适当分离的司法管辖制度。这是司法改革向体制"动刀"的标志,也是学界普遍支持和长期呼吁的举措。不过,在此项措施的执行中需要注意:其一,应当注意各种制约因素的影响。司法与税务、质检等技术性部门不同,司法工作直接影响经济、社会发展和稳定的"大局",地方党政不愿轻易放弃;另外,司法机关在许多方面还需要依靠地方,如干部提拔交流、协助裁判执行、协调涉众案件的纠纷解决以及法院、检察院的建设等。因此,就人财物统一管理和司法的"去地方化",不免存在不同力量的博弈。推进这些改革不可操之过急,不妨先试行、后实施,先局部、后整体;最好能先易后难,逐步推进。例如,司法领导干部由过去的地方管理为主、上级司法机关协管,改为上级为主、地方协管。[35]但财政供应的纵向集中,难度较大,需要谨慎推进。目前,普遍担心改革后经济发达地区司法机关的资源会减量,而一旦减量,在目前司法资源已经不足的情况下,将对司法质效产生明显的不良影响。其二,人财物统一管理可能导致上级法院对下级法院的行政性约束力明显增强,上下级法院关系行政化的问题不仅不能解决,反而可能有所强化。因此,对新的体制条件下上下级法院之间的关系,应当研究应对措施,并由最高人民法院出台规范,在人财物的统一管理与审判权的独立运行之间建立"隔离带"。

阻隔行政力量进入合议庭,中央决定的要求是"健全司法权力运行机制，完善主审法官、合议庭办案责任制，让审判者裁判、由裁判者负责”。中央的决定首次提出“让审判者裁判、由裁判者负责”的司法权运行原则，体现了对司法规律的尊重以及打破我国司法积弊的决心。贯彻这一原则，首先需要限制院长、庭长决定个案的权力，防止其运用“层级管理权”代行审判权，让主审法官与合议庭来裁判并对案件负责。但是，在目前的背景和条件下，院长、庭长监督案件质量的责任还不能免除。这种监督责任可以通过参与合议庭讨论案件、组织案件咨询会以及核发法律文书等程序化、规范化、透明化的方式行使。其次要改革审委会制度。审委会审案从根本上违反了“让审判者裁判、由裁判者负责”的原则。对此，可以考虑经过一定时间（如一个至两个五年），在法官制度和相关审判制度较为成熟的情况下，最终取消审委会的审判职能。目前则应限制审委会行使审判权，改革其工作方式，如明令禁止审委会研究、确定案件事实；具体界定和严格限制重大、疑难、复杂案件的范围，减少审委会讨论的案件数量；实行专业化审委会，使审委会由同行业务专家组成等。最后是清理审判程序中的行政性程序。如前所述，从案件的立案到最后宣判，法院适用审判程序时总是“夹带”法外的行政性程序。此外，在正式的诉讼程序中人为地“镶嵌”行政化模块，以实现对审判过程的全面监督和管理，也使诉讼程序走样。如在“调解优先”和“大调解”的机制下，是否调解结案涉及法官业绩、业务庭业绩、法院业绩，法官很难遵循诉讼程序进行判决，而只能想方设法对当事人进行调解。因此，要保证法院严格遵循诉讼程序审理案件，必须做到两点：一是对一般案件，应去除诉讼程序之外的其他程序；对重大、疑难、复杂案件，尽量减少这类程序并使程序运行相对规范。二是重新梳理审判管理制度在诉讼程序中的植入方法与作用方式，保障诉讼程序发挥应有效能。

为了从制度上支持对行政因素的阻隔，需要在确认法院独立行使审判权的同时，确认法官独立行使审判权的原则，从而形成“二元模式”的审判独立。

法院独立行使审判权的实质是法官独立，而法官独立是公认的司法准则。[36]只有让法官通过案件听证和审证，听取当事人的陈述和辩论，接受审判程序的约束，才能使其成为审判权行使的合格主体，而且法院内的任何行政力量都无权干预法官的审判。因此，确认法院独立行使审判权，就必然符合逻辑地确认法官独立行使审判权，而不是法院的行政力量决定审判的命运。

因此,应当修改法院法、法官法,甚至宪法,确立法官依法独立审判、只服从法律的原则。

不过,在中国目前的条件下,法院作为整体独立行使审判权的原则仍然不能否定。一是因为这一原则是相对于外部力量而言,是法官独立审判的对外表达。一些国家的宪法和法律也是以法院独立行使审判权的法律表述,作为法官独立的法律依据。二是对于法院行政力量对审判的影响,目前只能遏制其过度发展而无法根除。审委会决定案件的合法性尚存,院长、庭长对案件实体和程序的监督在一定条件下仍然不可避免。三是只要外部行政力量干预司法的问题不能彻底解决,以法院整体的力量,包括行政因素,抗制外部干预,就仍然具有必要性与相对的合理性。

二元模式的审判独立,比较符合中国目前既不能否定行政因素的影响,也需要审判权相对独立行使的现实情况,是一种"相对合理"的制度安排。不过,确认法官独立的原则,一定要有相应的制度与实际措施予以保障,否则就会丧失其实际意义,包括建立审判权保障制度和法官职业保障制度。

(三)法院管理"去行政化"的努力

首先是审判管理应当注意遵循审判规律。近年加强审判管理,既有国家加强集中管理的背景因素,也有前一时期司法改革遇挫后"改弦易辙"的原因,更有抑制司法不公与腐败的因素在内。但是,如果加强审判管理的方式不当且行政要素过于强势,则必然违背审判规律,扭曲司法行为,妨碍司法公正。因此,合理设置审判管理制度的界限十分必要,即审判管理制度不能对法官遵循诉讼程序办案产生任何不当影响,只有在法官违反诉讼程序办案或明显违背职责造成疏漏时,审判管理制度才应发挥作用。为此,应当着重在两个方面改革审判管理制度:一是限制和规范院长、庭长利用"层级管理"的审判管理权干预合议庭审判。二是改变简单化的"数目字式"审判管理方式。掌握审判活动中的各种数据,对于把握审判状况、发现趋势性问题、调整司法政策、加强审判管理具有重要意义,但是,如将其作为下级单位及审判人员审判绩效考评的基本标准,则不符合司法规律。因为这种"数目字式"管理,虽因可比性、可操作性、激励性强而有某种实用功效,但其不符合诉讼案件复杂多样、司法行为高度智能化且因案而异的特征。因此,应当弱化数字化指标体系的作用,对单位和个人,都应当采用综合性评价方法。同时,应当调整数字化指标体系的内容和使用方式。现行审判管理指标体系中的快速结案率、二审发改率、上诉率、服判息诉率、调撤率等一系列办案指标缺乏诉讼法上的依据，如果将其作为考核标准，势必违背司法规律，损害当事人的诉讼权利。因此，这些指标只应用作掌握审判态势的依据，而不得作为审判绩效的考核依据。审判管理制度的重点应当放在对诉讼程序是否违法以及明显而重大的实体处置错误的监督上。

其次是改革法院内部的司法行政管理方式，使其更符合有效发挥审判职能的要求。此项改革的基本目标是形成以法官为中心的法院，如此方能有效发挥审判功能、保障审判质量。法院内部管理"以法官为中心"的改革，其主要措施包括：一是调整资源配比。法院的职级调整、福利待遇等应向审案法官倾斜，使法官相对于法院的政务、行政官员更受重视与尊崇，形成法院优秀人才向审判一线的"回流"。二是撤、并部分综合部门。目前法院的综合性、服务性机构经常出现职能交叉，甚至相互掣肘的现象，而且形成了管理（服务）机构主导法院的状况。为此，需要撤销、合并部分管理（服务）机构，将其中具有法官资格的人员用于加强审判一线。同时限制管理机构干预正常的审判安排，并采取措施强化各管理（服务）机构服务审判的意识。三是裁撤部门副职。提高主审法官的职级待遇，削减部门副职，尽量避免法官的上级过多，以减弱司法行政化的主体因素。四是弱化业务庭的功能。在当前的法院体制下，法院内部办案流程遵循承办法官——合议庭——业务庭（庭长）——分管院长——审委会（上级法院及其他党政部门）的作业程式。在这一作业线上，承办法官与合议庭是按照诉讼程序审理案件，而案件超出诉讼程序向外延伸的基点正是业务庭。业务庭（庭长）在个案审理上拥有很大的审批权，必要时业务庭（庭长）甚至可以对全庭法官承办的全部案件进行审签。[37]业务庭由此成为凌驾于承办法官及合议庭之上的管理机构，这无疑削弱了承办法官及合议庭按照诉讼程序审理案件的能力。对此，在较小的法院，应当撤销业务庭建制，建立以承办法官及合议庭为基本单位的法院审判组织体系；[38]或者保持业务庭建制，但通过制度规范其职能，使其向行政管理职能回归，限制直至消除其干预审判的能力。[39]

最后是改革上级法院对下级法院的业务管理关系，遏制上下级法院关系的行政化。这主要是规范下级法院就个案向上级法院请示报告。如前所述，"内审"制度对于某些特殊案件有一定的积极作用。但是，扩大其适用范围并且不规范地使用，则弊大于利。因此，需要进一步规范法院的"内审"制度,包括:内审案件必须以法院名义正式报送,禁止任何不规范的报送方式;严格限制并具体规定"内审"案件的范围;"内审"只针对法律适用、自由裁量权的行使等问题,而不针对证据事实;限制"内审"时间,遵循法定时限,克服"内审"造成的诉讼拖延等。

(四)推进法官职业化和主审法官制改革

1. 推进法官的职业化进程

法官的经验、能力和德操是司法质量的重要保障。在法官队伍建设问题没有解决时进行审判制度改革,其效果可能适得其反。也就是说,审判改革必须以法官制度改革为基础。法院第一、二个五年改革纲要推进符合司法规律的改革,但因欠缺法官制度改革,不仅难以改善司法质量,还在一段时间内增加了司法腐败和司法不公。这也是法院后来重走行政化路径、加强审判管理的重要原因。在新一轮的司法改革中,须吸取这一教训,切实推进法官职业化,以遏制司法行政化。

实现法官职业化,有以下三项措施必须采取:

(1)建立有别于普通公务员的法官职级待遇制度。我国法官被纳入公务员管理制度,与普通公务员基本没有区别,这严重背离了法官设置的普遍要求和一般规律。法官解决纠纷、评判价值、制约权力,既须德高望重,又须位高权重。让"人微言轻"的案件承办法官在前台操作,而让法院和其他机构的各级领导在后台指挥并充当事实上的法官,严重背离了审判规律。因此,深入推进中国司法改革并取得成效的关键措施,是将法官从普通公务员体系中分离出来,使之成为高于普通公务员的特殊类型公务人员。相应地,有独立办案权的法官,在职级待遇上也应大幅度提高。

(2)建立法官职业保障制度。法官的职业保障包括三方面内容:首先是法官不经法定事由不得调移,除非出于本人意愿,任何个人和组织在没有出现法定事由时,均不得调整法官的岗位、工作;其次是法官的薪俸保障,根据法官级别确定基本薪俸,杜绝各类奖金,只要法官认真履行职责并且没有违法犯罪等情形,就应当获得全额薪俸,不能用奖金等方式控制法官的行为;最后是法官的任期保障,法官非因生老病死或者违法犯罪等法定事由,有权要求续任至退休。

(3)严格法官及法院院长的选任条件。法官必须精英化,因此,应当提高素质要求,减少员额,增配辅助人员。法官提高待遇的前提是减少员额,否则国家财政和干部制度难以承受。为了提高中国法官的整体素质，必须严格法官的准入条件，包括提高初任法官的任职年龄、延长法官的退休期限。目前法官“低龄化”的情况十分突出，这是违背司法规律的。“法律的生命不在于逻辑而在于经验”，证据事实判断的最基本法则是经验法则，“低龄化”的法官经验不足，难孚众望，因此，首先，应当提高初任法官的任职年龄。其次，应当要求担任法官必须具有一定年限的法律职业经验。如最高人民法院的法官，必须具有十年以上的法律职业经验，高级人民法院法官为五年以上。再次，进一步严格学历要求，必须具有全日制本科以上学历。最后，法官的任命应当规范化并降低行政领导的作用。如改变现行任命助理审判员的规定，设置主要由法官组成的法官委员会，对审判人员的任命进行提名或表决；规定法官任命应当进行公推，符合任职条件的人员进入候选名单，根据差额选举的办法提出拟任法官人选并由院长提请同级人大任命。[40]

法院院长、副院长的任职条件也应当更为严格。院长是法院的首席法官，须对案件质量承担总体责任。而在现行体制下，副院长更是“业务领导”，必须具有相应的资格和能力。《法官法》第12条规定，初任法官必须通过国家统一司法考试，各级人民法院院长、副院长则“应当从法官或其他具备法官条件的人员中择优提出人选”。其中，对“其他具备法官条件的人员”缺乏具体限制，又无解释性规范，为实践中将不懂法的干部调到法院担任领导提供了方便。对此，应当修改《法官法》，明确规定法院院长、副院长必须具有的学历要求、最低的法律职业年限要求等，严格其选任条件。

2. 推进主审法官制改革

主审法官制的主要目的是解决审、判分离问题并推进法官的精英化。其主要做法是从审判庭业务骨干中选拔主审法官，赋予其安排庭审、审签文书等一系列审判权力；同时待遇从优，单独考核，以此提高审判质量和效率。实践证明，主审法官制在缺乏配套制度跟进的情况下，难以取得预期的改革效果，甚至产生了一些负面效应。但是，这一改革表达的审判亲历与法官独立的意旨，却体现了审判规律，应当作为法院改革的方向。党的十八届三中全会的改革决定也要求“完善主审法官、合议庭办案责任制”。因此，在配套制度跟进的情况下，应当继续推进主审法官制：

(1)主审法官的选任、卸任须具有正当性。主审法官制试行之初，其选拔受制于行政领导的问题较为突出，这就可能使主审法官成为个别领导的办事工具。为避免此种弊端，应当完善主审法官的选拔和卸任程序。如规定主审法官的基本任职条件；主审法官既可由院长提名，也可自荐；主审法官候选名单一律提交本院由法官组成的组织公开评议，并以投票表决的方式通过；不设主审法官任期，只要无法定事由出现，可无期限地担任；一旦出现法定事由，则由法官纪律委员会提出卸任动议，再由法官组成的组织投票表决。

(2)主审法官的职权要明确并且可执行。实行主审法官制，必须保证主审法官的职权是独立、完整的，即从案件受理到宣判所涉及的一系列审判权均应明确赋予主审法官。按照案件的流程环节，这些职权包括案件是否受理的职权、何时送达以及向谁送达文书的职权、回避、管辖等异议裁决权、主持庭审权、调查取证权、召集相关人员征求意见权、审签文书权、宣判权等。

(3)卸除主审法官除审判以外的其他行政事务。法官既办案，又从事诸多非审判事务，会导致法官难以在行使审判权时保持独立性。因此，应当尽量卸除主审法官审判以外的事务，使其专心于审判。

(4)对主审法官建立必要的监督机制。主审法官在享有裁判权的同时，也应当受制度的监督和约束。但这一监督不能妨碍审判权的正常行使，因此，不应为其设置不符合审判规律的量化考核指标，可重点采取审判信息对内和对外公开的方式进行监督。对内公开是指法院内部监督管理部门掌握案件进程与相关情况，关注程序违法和当事人投诉等情况；对外公开是指对社会公开，公众可随时查看案件的进展情况以及其他适宜对社会公开的信息。

实施主审法官制，并不意味着否定合议制，而只是需要对现行合议制进行适当改革。当前合议制存在形式化、行政化以及责任规避等诸多问题，相当一部分案件“合而不议”，案件处理基本上取决于承办人。加之院长、庭长经常参与合议，院长、庭长主导合议的情况也比较突出。因此，在案件积压、案多人少的现状下，为遏制行政化的倾向，合议制的改革应当从以下两方面入手：案情较为简单的案件，可以采取简单合议方式，主要由承办法官负责，其他法官甚至审判长只对程序和实体的明显错误承担共同责任；重大、疑难案件，则必须适用严格的合议及严格的共同负责制，避免“合而不议”。

注释

1 我国实行“司法二元制”,法院与检察机关均为“司法机关”,但就检察机关,强调其“法律监督”性质,而严格意义上的司法机关为法院,本文所论“司法行政化”专指法院。检察机关也存在这一问题,但性质、程度均有区别,参见龙宗智:《检察机关办案方式的适度司法化改革》,载《法学研究》2013 年第 1 期。

2 专题论文如张卫平:《论我国法院体制的非行政化》,载《法商研究》2000 年第 3 期;谢佑平、万毅:《司法行政化与司法独立:悖论的司法改革——兼论法官等级制与院长辞职制》,载《江苏社会科学》2003 年第 1 期;陈瑞华:《司法裁判的行政决策模式——对中国法院“司法行政化”现象的重新考察》,载《吉林大学社会科学学报》2008 年第 4 期;王申:《司法行政化管理与法官独立审判》,载《法学》2010 年第 6 期。

3 陈瑞华教授曾对司法的性质、结构与特征作了深入分析,参见陈瑞华:《司法权的性质——以刑事司法为范例的分析》,载《法学研究》2000 年第 5 期。

4 《马克思恩格斯选集》(第 1 卷),人民出版社 1972 年版,第 76 页。

5 张卫平教授对司法行政化的界定直触其实质:“司法行政化指违背司法的规律,将法院、法官及司法判断过程纳入行政体制的命令与服从关系之中,使司法被行政‘格式化’的变态现象。”参见张卫平:《论我国法院体制的非行政化》,载《法商研究》2000 年第 3 期。

6 由于政府的重大行政行为需经当地党委决定甚至党委负责人指挥或主导实施,因此党委应属隐形的行政主体。

7 最高人民法院 2010 年颁布的《关于改革和完善人民法院审判委员会制度的实施意见》第 6 条规定:“……各级人民法院审判委员会除由院长、副院长、庭长担任审判委员会委员外,还应当配备若干名不担任领导职务,政治素质好、审判经验丰富、法学理论水平较高、具有法律专业高等学历的资深法官委员”“……各级人民法院应当配备若干名审判委员会专职委员”,但截至目前,极少有法院将没有任何行政职务的法官吸纳进审判委员会,更多的是在讨论个别疑难案件时邀请一些业务能力强的法官列席审委会,这些法官可以就案件发表自己的意见,但没有表决权。

8 所谓敏感案是指社会各界均比较关注的案件,尤其是被媒体关注的案件,合议庭感到办案压力巨大,为适当地分摊压力,将案件提请审委会讨论。所谓关系案是指当事一方或双方四处活动,找人说情,承办法官被一方或多方“打招呼”之后感到左右为难,无奈之下将案件上交审委会讨论,这样可以避免得罪他人。

9 法官心态的转变因素有多种,如法院审判管理的加强导致权责的不适当分配。法院加强审判管理后,从表面上看承办法官和合议庭职权并没有被削弱,但实际上通过这种加强管理,法院领导能更加有力地控制案件进程,由此导致法官决定不了案件却仍需担责即“背黑锅”的可能性加大,此种情况下,法官更乐意将案件提交审委会讨论。又如,近年来法院系统掀起的案件评查机制、错案追究机制，这些机制的强化导致法官们干得多错得多，干得少错得少，加之在薪资待遇上干多干少一个样，干好干坏一个样，干和不干一个样，法官们当然都愿意将案件推出去，尤其是棘手的案件，能够提交审委会解决的，自己绝不拍板。

10 如最高人民法院2010年颁布的《关于改革和完善人民法院审判委员会制度的实施意见》第5条规定，地方各级人民法院审委会负责"讨论疑难、复杂、重大案件"以及"讨论决定对本院或者本辖区的审判工作具有参考意义的案例"，此外，还在第9～11条规定了其他可提交审委会讨论的案件。但对于什么案件属于"疑难、复杂、重大"至今没有明文规定，也难以作出明确的界定，这也让审委会实际上可以审议一切案件。

11 S省C市中级人民法院在2011年刑事审判合议庭共裁断一审案件342件，审委会裁断刑事一审案件67件，即有接近20%的案件是通过审委会审议结案的。但民商事案件比例较低。基层法院审委会裁断案件的比例较低。

12 虽然从调研看这一情况较为普遍，但因无法获得充分数据，因此对"加重"不一概而论。而从最高人民法院1998年和2012年两个执行刑事诉讼法的司法解释比较看，审委会讨论刑事案件职责增强而非削弱。根据1998年《关于执行〈中华人民共和国刑事诉讼法〉若干问题的解释》第114条，合议庭"可以"将五类案件提请院长决定提交审委会讨论决定。但根据2012年《关于适用〈中华人民共和国刑事诉讼法〉的解释》第178条，其中两类，即拟判死刑案件与检察机关抗诉案件，合议庭"应当"而不是"可以"提请院长提交审判委员会讨论决定。同时，增加了"新类型案件"作为可以提交的案件类型。2012年的司法解释所作修改，符合法院实际，但似乎有悖于《刑事诉讼法》第180条的立法意旨，同时体现出强化审委会功能的倾向。

13 实践中，如果院长临时有事没有参加审委会而由副院长主持审委会时，委员们受主持人影响就会明显减小，很少有委员会为迎合副院长的意见而改变之前发表的意见。

14 指合议庭合议，也指审委会合议。但因审委会不参加审理，而且如前所述具有行政性特征，因此不是规范意义上的审判合议程序。

15 合议程序被行政审批程序所替代与合议的形式化是两个完全不同的命题，合议程序被行政审批程序所替代的情况往往发生在合议是实质化进行了的案件，即合议庭共同认真地讨论了案件。而合议的形式化通常发生在不需要合议的案件中，如案情简单明了的案件，承办人往往认为不需要经过评议就能结案，而案件的处理程序又要求案件必须经过合议，因此出现事后编造合议笔录，或者合议庭成员象征性地坐在一起，案件承办人简单说下案情，其他两名合议庭成员回应一声"同意"了事。

16 某高级人民法院35个内设处级机构，其中有21个综合管理部门，14个审判、执行部门。办案人员占法院人员不到1/3。而综合管理部门也有较大数量的法官包括审判长。即使如此，业务庭的法官有时也会被抽到综合部门"帮助工作"，同时还可能承担本庭的行政事务，如撰写有关总结和经验材料及文秘信息，制定规范性意见，起草领导讲话稿等。

17 最高人民法院三个五年改革纲要所论审判管理，主要是案件流程管理、案件质量评查和司法绩效评估。在2010年召开的全国大法官审判管理专题研讨班上，时任最高人民法院院长王胜俊所做关于“创新和加强审判管理”的报告，提出“创新和加强审判层级管理”。

18 如中级人民法院审理的省部级以上领导干部犯罪案件，须层报至最高人民法院“内审”。

19 有基层法官著文介绍以行政方式协调案件和抗干扰的情况。参见王彪：《基层法院院庭长讨论案件机制研究》，载《中国刑事法杂志》2011年第10期。

20 以审委会审决案件为例。目前，各地法院审委会审议案件的程序包括三个步骤：案件承办人宣读审理报告，审委会成员提问，而后审委会表决。普通案件通常不超过半小时审议时间，特殊案件才延长时间。问题是委员们能否在极短的时间内把握案件实质。假定他们都是资深法律专家理解能力强，但他们对案件的把握也限于案件承办人的汇报内容，如果承办人有意或无意地汇报案件有误，而包括本庭庭长在内的其他参会人员又不做弥补的话，审委会决议就只能建立在错误的基础上。而审委会表决中的行政化倾向进一步降低了群体决策的质量。

21 龙宗智：《审判管理：功效、局限及界限把握》，载《法学研究》2011年第4期。

22 这一规定源自2001年11月5日最高人民法院《案件审限管理规定》（法〔2001〕164号）第16条第2款的规定，“需要向有关部门征求意见的案件，征求意见的期间不计入审理期限……”这一规定本是最高人民法院针对本院审限管理的一个规定，对其他级别的法院并不适用，但部分地方法院将其演化并擅作主张地推广适用了。

23 强化司法权威和公信力，成为目前司法研究的重要课题。官方设置的社科研究项目、不同层次的研讨会，都将其列入主题。可见各方面已普遍认为这一问题已到了不能不解决的时候。2013年3月“两高”工作报告的全国人大代表表决票数，法院工作报告的支持率进一步下降，低至75%左右。鉴于全国人大代表的构成，有相当一部分代表总持对各种报告的支持态度，这一表决率应当说是比较低的，也是今年全国人大通过的各种报告中，支持率最低的。

24 ［美］伯尔曼：《法律与宗教》，梁治平译，三联书店1991年版，第28页。

25 苏力：《法治及其本土资源》，中国政法大学出版社1996年版，第265页以下。

26 龙宗智、李常青：《论司法独立与司法受制》，载《法学》1998年第12期。

27 如最高人民法院副院长江必新提出，为大局服务是人民法院的工作主题，但同时必须防止把“大局”地方化、把“服务”庸俗化，或者以“大局”“稳定”为借口排斥司法监督的倾向。参见罗书臻、林晔晗：《以推进三项重点工作为契机，努力破解行政案件申诉上访难题》，载《人民法院报》2010年5月23日。

28 笔者并非主张法院对各种纠纷大包大揽，而是认为当前行政诉讼的受案范围过窄，无法发挥司法审查的功能。

29 根据《刑事诉讼法》第115条的规定，当事人和辩护人、诉讼代理人、利害关系人对于司法机关及其工作人员采取强制措施已丧失法律依据，以及错误采取查封、扣押、冻结财产措施等违法行为，有权向该机关申诉或者控告。受理申诉或者控告的机关应当及时处理。

对处理不服的,可以向同级人民检察院申诉;人民检察院直接受理的案件,可以向上一级人民检察院申诉。人民检察院对申诉应当及时进行审查,情况属实的,通知有关机关予以纠正。

30 李浩:《当下法院调解中一个值得警惕的现象——调解案件大量进入强制执行研究》,载《法学》2012 年第 1 期。

31 从司法实践来看,调解在很大程度上意味着一方当事人应得利益的让渡与放弃。让当事人作出这种选择的主要原因常常不是当事人想通过此种途径解决矛盾,而是法官的各种努力。法官如果过度使用调解方法,免不了在某些问题上作不符合法律规范的引导。加之当前调解书基本不会表述争议的事实与焦点,甚至不写当事人的诉请,以至于无法对调解的合法性进行评价和审查。近年来调解案件的强制执行数以及申诉案件的增加已经反映出过分强调调解的弊端。

32 调研说明,许多地方政府与法院共同调处纠纷的机制往往只是法院的"一头热"。"大调解"机制在经验总结并宣传后实际上难以为继的情况比较普遍。

33 中共中央《关于全面深化改革若干重大问题的决定》要求,把涉法涉诉信访纳入法治轨道解决,建立涉法涉诉信访依法终结制度。对涉法涉诉信访的改革方向已经明确,但具体实施及其配套改革问题尚需研究。

34 增配资源是一个大题目,其中包括保障审判的独立性,强化法院的司法审查能力,增强判决的既判力和执行力,还包括法官地位、待遇和保障条件的提高、改善等。

35 保持地方"协管"虽然可能产生改革不够彻底的问题,但好处在于:一是可以减少阻力,而且有助于解决完全统管所带来的一系列问题;二是有利于保障改革的合宪与合法。因为根据宪法和相关法律,地方司法官员由同级人大产生。

36 在 20 世纪后期,相关国际组织陆续通过了一系列有关司法独立和法官独立的法律文件。包括国际律师协会通过的《关于司法独立最低标准的规则》、世界司法独立会议通过的《世界司法独立宣言》、联合国人权委员会通过的《关于审判人员、陪审员和陪审技术顾问的独立性及律师的独立性的宣言(草案)》等。这些文件的核心,在于保障法官独立行使职权,如规定:"法官个人应当自由地履行其职责,根据他们对事实的分析和法律的理解,公正地裁决其所受理的案件,而不应有任何的约束,也不应为任何直接或间接不当影响、怂恿、压力、威胁或干涉所左右,不论其来自何方和出自何种理由";"在作出判决的过程中,法官应与其司法界的同事和上级保持独立",等等。

37 法院内设的各业务庭是法院组织法提出的,但在正式的诉讼程序中,并没有明确规定业务庭对案件的审签权和审批权,如《刑事诉讼法》规定,合议庭对于疑难、复杂、重大的案件难以作出决定的,由合议庭直接提请院长决定提交审委会讨论决定,而无须再经过业务庭的中转。

38 较大型的法院众多审判单元由法院直接管理可能有操作上的困难。

39 深圳市福田区人民法院试行"审判长负责制"。庭长仅保留行政待遇而取消其干预审判的权力。打破庭的建制，取而代之的是35个独立、固定的合议庭。对审判长实行公选，将法官精英任用为真正意义上的法官。参见林劲标等:《深圳福田　审判长负责制上路》，载《人民法院报》2013年2月25日。

40 目前，中国大多数法官属于本院院长任命的“助理审判员”，“助理审判员”不仅在任命上具有随意性，而且人为操作空间很大，难以对其进行规制，其任命基本无须经过其他组织审核。而能称为“审判员”的都是行政级别达到部门副职以上级别的人员，即只有行政级别提升之后，“助理审判员”才有可能被院长提请同级人大任命为“审判员”。

检察官办案责任制相关问题研究*

建立"司法责任制",是深化司法改革的关键性任务,也是新形势下推进检察改革的核心。[1]如何理解和建立"检察官责任制",并由此调整和改善检察权运行机制,可以说是当前检察改革所面临的最为突出,也是最需要深入研究的问题。因为这一问题,涉及检察权配置与运行的基本框架和机制,而实务界和学界对这一问题迄今研究不足,以致部分认识较为模糊,而且导致改革试点中某些举措失当,如将检察官责任制,简单地理解为"主任检察官负责制",并以主任检察官负责的团队办案,作为检察机关办案的基本组织形式和责任机制。而且在处理主任检察官办案组与业务部门的关系,以及检察官责任与检察长负责的关系问题上,也存在一些偏误,背离了检察法理,也不符合本轮司法改革的精神。为此,应当认真研讨相关问题,及时纠正实践偏向,推动检察权运行机制改革健康发展。

一、检察官办案组织形式和责任机制

检察权运行机制,实即检察业务执行时由个人或组织行使权力并承担责任的责任机制。而责任机制形成的基础,是检察机关办案采取的组织形式,不同的组织形式,将形成不同的责任机制,即不同的检察权运行机制。

(一)比较研究

从比较研究看,其他国家和地区检察机关办案采取的基本形式主要有两种,即独任制和协同办案制。所谓独任制,是指承办案件的检察官,在检察辅助人员的协助下,相对独立地办理案件并作出决定。协同办案制,又可

---

* 原载《中国法学》2015 年第 1 期、《中国检察官》2015 年第 9 期。

以分为临时协同制与团队办案制。前者,是由承办检察官(主任检察官或非主任检察官)办理案件,在必要时提出要求,经检察长安排或主任检察官协调,其他检察官予以配合。如在需要同时展开搜证或审讯嫌疑人、询问证人的活动时,多名检察官协同配合,以抓住时机完成较大规模的证据调查活动。团队(或团组)办案制,即由二名以上检察官(以及配属的检察辅助人员)组成办案团队,每位检察官全程参与办案,发挥团队协作精神,而由担任团队负责职务的检察官,或检察长指定的检察官,或原承办案件的检察官作为团队负责人,内部形成主持和协从关系,展开重大案件的办案活动,包括侦查、公诉活动。[2]

考察其他相关国家和地区检察制度与实践,包括其现实状况与发展趋向,笔者认为,检察机关办案组织形式,虽然必要时"协同办案"成为常态,而且目前随着社会发展,案件的复杂性、关联性以及侦破难度增大,因此需要进一步发挥团队协作,发展团队办案形式,但检察机关最基本的办案形式仍然是单独办案。其他相关国家和地区检察制度对此也普遍确认。例如,日本法务省刑事局所编《日本检察讲义》称:检察官是独任制机关,本身具有独立的性质。这对保障检察权的行使及绝对公正,不受其他势力操纵,以及检察官的职位行为必须直接产生确定的效力,都是必不可少的。检察官的这种准司法性质,从职务的内容看是理所当然的。"检察官在检察事务方面,是具有自己决定和表示国家意志的独立机关,而不是唯上司之命的行使检察权。检察官之所以被称为独任制机关的原因就在于此。"[3]中国台湾地区检察官亦被认为是独立官署,不过与日本检察官为特殊的行政官不同,台湾地区检察官因其为司法官而保持独立性。中国台湾地区"法院组织法"第61条规定:"检察官对于法院,独立行使职权。"中国台湾地区"刑事诉讼法"第264条规定:"提起公诉,应由检察官向管辖法院提出起诉书为之。"在实践中曾发生检察官不经检察长同意不用院印径行起诉,而被认为在"诉讼法"上有效的案例。[4]在法国,检察官与法官同为司法官。虽然按照宪法和法律,有"立席司法官"与"坐席司法官"之别,但按照司法团体一体化原则,检察官与法官均按照司法的原则行使职权(区别在于检察官亦需接受其上级的指令),刑事诉讼法明确规定共和国检察官及其助理代表所在检察机关(法国《刑事诉讼法典》第39条),因此,通常各个检察官以相对独立的方式行使职权。尤其在指挥、监督侦查,以及出席法庭的情况下,享有较为充分的独立性。在德国,检察官以其所属检察院检察长的代理人名义,自己署名执行检察业务,因其有此代理权,纵然其决定违反检察长的意思,在法律上仍然有效。而且德国检察制度的现代发展,呈现加强办案检察官独立性趋势,上级检察官的指令权目前只能在非常特殊的案件中才发挥作用。[5]

检察官办案的基本形式是独任制,其根本原因,在于检察权的司法属性(在日本等国也称"准司法"属性)。因为司法权最重要的特征是判断权,而这种判断,是司法官对涉案事实与法律适用的判别和确认。如果说表达意志与作出决定,可以依循集合管道,采用集体决策或指令方式,而判断则只能基于个体的理性,体现个体的差别,因此须以个体在精神上独立的方式作出。

采用独任制,也与检察业务类型的性质与执行方式有关。大陆法系检察官有三大基本职能,即侦查、公诉,与执行刑事裁判。检察官的侦查职能,其主要方式是主持、指挥侦查与监督侦查,不是具体实施侦查,而主持、指挥与监督侦查,均可采取临场指挥指令及建议等方式实施,适宜于检察官独立操作。公诉是检察官的主要业务,包括决定起诉与出庭公诉,更集中体现在检察权作为司法权的判断性与相对独立性,因此除特殊公诉业务外,通常以独任制方式执行。检察官执行刑事裁判,也是指挥、监督裁判执行,而非具体实施执行业务。因此,这些业务均一般适合于以独任制的方式实施。

检察官因办案的特定需要而协作办案,仍以承办检察官为作出决定并承担案件责任的主体,其他检察官的协作配合,并未从根本上改变独任制的性质。

但检察官团队办案则有别于独任制。团队办案是以团队结构为组织基础,以命令服从的行政关系为联系纽带,并以团队负责人对全案负责,而其他检察官仅对办案具体事项负责为责任机制。团队办案形式,是"检察一体"的重要表现形式,是检察权行政属性的突出表征。这种办案组织形式,主要适用于重大、复杂案件中由检察机关直接承担侦查任务的情况,以及重大、复杂案件的公诉活动。检察机关直接侦查,是检察官直接负责组织侦查和(带领检察事务官)实施侦查,仅在必要时由刑事警察予以辅助的活动。如日本检察机关特搜部和中国台湾地区检察机关的特侦组所实施的侦查活动。[6]由于现代社会犯罪案件尤其是检察机关重点关注的职务犯罪、经济犯罪案件的侦查难度增加,为有效抗制犯罪,检察官侦查活动的组织性亦需增强,团队办案可能成为检察官对大要案件侦查的常态。[7]某些重大案件的公诉,面临众多被告人和律师团队,罪名和指控事实众多,案情复杂,亦需集聚业务力量,组成通常由公诉团队办理案件,包括出庭公诉。然而,亦应看到,由于检察机关业务的基本性质,以及检察机关办理的大部分甚至绝大部分案件,仍属于可以采用独任制形式办理的普通刑事案件,因此检察机关办案组织形式仍以独任制为主要和基本的形式,而以协作办案包括团队办案作为辅助形式或必要补充。[8]

(二)我国检察机关办案组织形式与责任机制

我国检察机关的职能与检察权运行有其自身的特殊性,因此还需要分析这种特殊性,才能对我国检察机关办案组织形式及检察权运行机制问题提出较合理的分析意见。

我国检察机关检察职能与检察权设置最突出的特点,是检察机关被定位为法律监督机关,因此与其他国家和地区检察机关相比,增加了一部分法律监督职能业务,如刑事审判监督,民事、行政诉讼监督,以及监狱看守所的监督,即审前羁押监督和刑罚执行监督。此外,批准逮捕,即羁押审批权,仍配置在检察院。结合检察机关的固有业务,我国检察机关的业务内容主要包括四个方面,即侦查、公诉、批捕以及诉讼监督(侦查监督、审判监督、检所监督、民行监督等)。

执行上述业务,我国检察机关采取了与其他国家和地区检察官办案有所不同的组织形式。研究这些组织形式前,首先应当注意制约办案组织形式的基本因素。这些因素主要是:

1.“三级审批制”。根据长期执行的正式制度,我国检察权的内部运行,实行“检察人员承办,办案部门负责人审核,检察长或检察委员会决定”的制度,即所谓“三级审批制”。因此,由检察制度论,由于检察官(检察人员)只是办案具体事项的承办者,而不是有决定权的司法官,因此,虽有相当一部分案件由检察官单独承办,但可以说并不存在严格意义上的“独任制”。

2.检察官在诉讼法上缺乏独立地位。我国宪法、法律确认检察机关依法独立行使职权,是指检察机关整体的独立性。在刑事诉讼法以及民事、行政诉讼法中,均以检察机关为诉讼法律关系主体,并未确认检察官独立的诉讼地位,因此“独任制”也缺乏诉讼制度基础。

3.办案程序的特殊要求以及人员分类管理尚未建立对办案组织形式有

影响。一方面,我国《刑事诉讼法》和相关制度限制了办案程序的单独实施。例如,明确规定检察机关讯问被告人,不得少于两名侦查人员(《刑事诉讼法》第 116 条);询问证人,亦不得少于两名检察人员(《人民检察院刑事诉讼规则(试行)》第 204 条)。这与其他国家和地区独任制组织形式及办案方式之下,一名检察官配属一名书记员或检察事务官即可进行人证调查的制度有别。[9]另一方面,我国检察机关的人员分类管理制度尚未建立,未设检察事务官,书记员也比较少,且未实行固定的配属制,因此,检察官办案常以两名检察官共同办案的形式进行。

我国检察机关常见的两名检察官协同办案的方式,通常称为"搭档制"。两名检察官之间并无领导、下属关系,但其中一名检察官或因职级、或因资历、或因领导指派,而起主导作用。其中一名检察官通常被明确为案件承办人,负责阅卷、提出法律处理意见等。采取此种组织形式的缘由主要包括:一是能够符合法律规定的取证要求;二是能够相互监督、相互提醒、相互补充,以防止或减少出错;三是还能以老带新,培养年轻检察官。新老搭配,是"搭档制"的惯常做法。不过,搭档办案,通常也须明确案件承办或主办的检察官。因此,"搭档制"与单独承办制较为接近。

从实际操作情况看,我国检察机关的办案组织形式,主要采取单独承办制和搭档办案制。此外,对重大、复杂案件,亦采团队办案制形式。

单独承办制,是指案件由一名检察官承办,包括审阅案卷材料,办理法律手续,撰写法律报告,以及执行领导对案件的决定等。其中如有调查活动,则通常配属其他检察官共同实施。侦查监督(批捕),公诉,民、刑监督,控告申诉等部门,都可能采用此种形式。

团队办案制,是对一些重大、复杂的案件,个别检察官难以承担繁重的检察业务,因此以团队合作方式办理,团队负责人承担主要责任,团队内部可能再区分组别,分别实施具体业务。团队办案制,主要适用于重大、复杂的职务犯罪案件侦查,以及重大、复杂,被告众多案件的公诉。

除以上三种基本形式外,还有临时协同办案制。即根据案件办理需要,检察官单独承办的案件,乃至形成搭档办理的案件,可能临时配属其他检察官协助办理,如临时配合侦查取证等。由于这种协同的临时性质,不属于基本的办案组织形式。

我国检察机关办案组织形式及其责任机制最为突出的特点,是由于强势的行政因素和行政关系的影响,承办检察官缺乏决定权,因而既不构成行政法上的独任制官署,也未成为以判断权为根本特性,具有独立地位和决定权限的司法官。而在“三级审批制”下,只有检察长负责制,而无真正意义上的检察官责任制。

二、建立检察官责任制的意义及责任制实现形式

新一轮司法改革的安排,将建立司法责任制,包括主审法官、合议庭责任制及检察官责任制作为一项重点,这一安排,既符合司法规律,又切中时弊,意义重大。

我国检察机关不仅拥有公诉权、侦查权,还拥有批捕权、司法救济权等通常由法院拥有的权利,此外还具有包括审判监督在内的法律监督权,比较而言,可谓最具有司法权的检察机关。但检察机关办理案件实行“三级审批制”,即采典型的行政运作机制。最具有司法权的检察机关而最不以司法的方式办案,这是一个突出的悖论。承办责任与决定权的完全分离,不符合检察权运行规律,造成一线办案人员缺乏荣誉感与责任心,一线留不住法律精英,妨碍了办案质量。且因层层审批,检察机关内部叠床架屋,机构林立,办案效率较低。此种过度行政化的状况,也对检察官队伍建设及检察机关长远建设十分不利。

上述弊端,“检察中人”早有体会,并在2000年前,启动了“主诉检察官办案责任制”的改革。这一改革,发端于基层,是部分检察机关为提高一线办案质量和效率,在公诉部门试行的做法。即实行公诉检察官责任制,确定部分骨干检察官为办案的主要责任人,赋予其相对独立的办案权限,同时减少审批环节。此项改革成效明显,被实务界和学界普遍肯定,最高人民检察院遂决定从2000年1月起,在全国各级检察机关审查起诉部门全面推行主诉检察官办案责任制。主诉检察官制度的推行,对改善检察权运行机制发挥了积极作用。然而,由于配套措施未跟上,权、责、利相结合的问题未能有效解决,加之嵌入该制度的检察体制高度行政化且在前些年有进一步强化趋势,[10]这一改革在不少检察机关实已名存实亡。即使有些保留,制度运行也受诸多掣肘,达不到应有力度,检察官责任制实未普遍建立。

吸取主诉检察官办案责任制改革的某些教训,为了解决权、责、利统一的问题,同时在各个业务部门普遍推行检察官责任制,上海、北京、重庆等地

的部分检察机关近年来试行主任检察官制度。与主诉检察官制度主要不同之处在于:一是将这种责任制同时界定为职务制度即“官制”,以使职级待遇跟进,而非仅仅为办案机制;二是不仅在公诉部门,而且在其他部门实行,意图全面改进检察机关责任机制。在启动本轮司法改革后,最高人民检察院为探索改革经验,于 2013 年 12 月下发文件,在全国 7 个省的 17 个检察院试行主任检察官制度。改革文件要求,“依法赋予主任检察官执法办案相应决定权,使检察官在执法过程中能够真正做到办案与定案的有机统一”。[11]根据这一试点文件,检察官责任制的载体主要是主任检察官而非普通检察官,因此,要求“以主任检察官为基数组成办案组织”。[12]在改革试点过程中,各试点单位也是以授权“主任检察官”,强调“主任检察官”对案件具有一定的决定权以及对办案组的组织、管理作用为普遍做法和基本经验的。

以主任检察官制度为检察官责任制的主要载体,引出一个问题,检察机关所建立的司法责任制应当是主任检察官责任制,抑或为检察官责任制,或兼而有之。这涉及一个基本问题,即检察机关办案的基本组织形式及责任机制如何界定。如果实行团队式办案,当然可以主任检察官为责任主体;然而,如果是检察官单独承办案件或搭档制办案,是否应当仍以检察官为责任主体。

笔者认为,如以主任检察官责任制作为检察官责任制的主要载体,忽略了多数非主任检察官的地位和作用,尤其是冲击了“承办负责制”这一检察权运行的基本制度,不符合检察规律,也不符合本轮司法改革的精神,使检察权运行机制改革陷入一个误区。

即如前述,检察机关的责任机制与办案组织形式紧密相关。在单独承办、搭档办案制以及一般的协同办案实施时,承办检察官应当承担案件承办的主要责任。其主要理由是:检察机关大部分案件或因其并非大要案件,或因其单独作业(如批捕)的业务性质,采单独承办或搭档办案形式,不采团队作业方式。在此种情况下,主任检察官担当的责任仅为审核、监督责任,不是一线办案责任,因此不应当代行承办检察官的决定权。部分改革试点单位,要求主任检察官办案组的全部案件,除检察长决定的事项外,均由主任检察官决定或审批确定,仅确认主任检察官的办案主体地位,实未确认普通检察官的这一地位,此种做法,并不符合检察规律及司法改革的基本精神,实为过去那种科、处长主导办案制度的一种变形,不过是改了称谓,缩小了建制而已。

由此可见,虽因团队办案需要而确认主任检察官的办案责任制,却不能以此取代检察官责任制,因为主任检察官办案责任制,应当只是检察官责任制中的一种亚类。检察机关最基本的责任机制,仍然应当是承办负责制,即由谁承办案件,谁就在承办权限范围内对案件质量、效率负主要责任。[13]因为承办负责制,将办案与决定、权力与责任结合起来,体现了"审理者裁判、裁判者负责"的司法规律,符合本轮司法改革的精神,有利于从根本上克服我国检察权运行机制行政化过重而司法性不足的固有弊端。而且,在贯彻权责利相结合原则之下推进承办负责制,才能加强检察一线的办案力量,同时有利于加强检察队伍建设,培养优秀检察官。

受承办负责制的制约,主任检察官的一般责任可以界定为以下几个方面:其一,案件承办。主任检察官应当承办部分案件,尤其是部分重要案件。其二,团组办案的组织协调。对本组检察官,乃至本院调配其他检察官参与,而以团队形式办理的案件,担任主办检察官,其余检察官为协办检察官。其三,组内承办检察官重要检察业务的审核。其四,本组检察业务的协调、监督。其五,根据检察长的交办,或依照有关制度规定办理、指导、监督的其他检察业务事项,如对下级检察机关及其检察官的业务指导等。[14]

为了保障承办负责制的有效运行,应当区别案件的承办与案件的监督,并划清各自的权限范围。主任检察官对承办检察官的业务的监督、审核应当按照制度要求进行,不得越俎代庖,必须保障承办检察官对案件有一定的决定权。

同时,要规范分案制度。无论是业务部门内的案件分配,还是主任检察官办案组内的案件分配,都应当以随机分案为常例,以择人办理为例外。这一方面是便于运作,实现分案制度的规范有序;另一方面也是为了限制部门负责人及主任检察官的管理权限,防止将分案权作为贯彻个人意志及培养个人服从的手段,从而保证办案检察官的相对独立性。

值得注意的一个问题是,在试行检察权运行机制改革后,司法改革的环境与条件已经发生一定的变化,其中与检察权运行机制改革,尤其是主任检察官制度直接相关的一个因素,是在试点单位推动人员分类管理改革,同时实施司法员额制。分类管理将法院、检察院工作人员分为司法人员、司法辅助人员和行政人员三个大类,并严格限制司法人员配额。经中央批准的上海改革方案，对三类人员采 33%、52% 和 15% 的员额控制。按照这一方案的精神，司法人员仅占机关编制的少数员额，并从现有人员中择优选任，由此而实现法官、检察官的相对“精英化”的改革目标。

检察改革，从 10 多年前推行“主诉检察官制度”，到近年来试行主任检察官制度，其要旨均在于在中国检察制度的现实背景包括现有人员良莠不齐而又难以硬性淘汰的状况之下，选择一批骨干检察官，赋予他们相对独立性，以及更大的权力和责任，以提高检察工作质量和效率。这也是笔者近年来支持试行主任检察官制度的原因。然而，这一改革目的通过分类管理和员额制推进也可能实现。也就是说，主任检察官制度改革所要达到的目的，可能通过实施员额制实现或在一定程度上实现。这种情况下，主任检察官制度建立的意义需要反思。

在实行分类管理和员额制的情况下，检察机关将选择一定数量的骨干检察官保持检察官身份，如果在这一基础上，还要再确定主任检察官，并使其成为其他检察官事实上的领导，将可能引发一种担心，即损害承办负责制这一检察机关的基本责任机制，并导致管理层级增加，带来检察行政化加剧的弊端。因此，员额制的实施，实际上可能压缩主任检察官制度的生存空间，使其可能难以在检察机关各部门、各层级普遍推行。笔者认为，从各地司法机关的现实状况看，推行与上海相似的司法员额制可能有一定的困难。[15]但如分类管理与司法员额制得到切实贯彻，主任检察官制度可以仅在某些需要的检察层级和某些规模较大且办案任务较重的业务部门实行。通过实践探索和经验总结，甚至可以考虑若干年后，在检察官相对精英化和检察官责任制建立的条件下，进一步强化承办负责制，而不再采用主任检察官制度。

三、主任检察官办案组与业务部门的关系

在检察权运行机制改革中设置主任检察官及其办案组织，所面临的另一个突出问题，是主任检察官及其办案组织与部门负责人及业务部门（处、科）的关系。

按照试点改革方案，对内设机构改革的思路是：“取消二级内设机构，整合基层院内设机构，建立权责明确、协作紧密、制约有力、运行高效的办案组织。”[16]按照此种改革思路，一般操作方式为：整合业务部门，实行所谓“大部

制”；[17]取消原业务部门内设的二级机构，建立主任检察官负责的办案组，即形成“多点式办案单元”及“扁平化业务管理”。

应当说，以上改革思路比较符合一般检察规律，应当有利于从根本上调整我国检察权运行机制，克服传统体制所存在的某些弊端。但问题在于，改革设想是否为我国检察权运行的环境条件所充分支持，是否符合不同层级检察机关的业务操作和业务管理的需要。

在改革试点的实践中，进行业务部门整合的主要是基层检察院，在整合的同时设立主任检察官负责的多个办案组。在试点的市、分、州级检察机关及省级人民检察院，一般未整合业务部门，[18]而是在保留原业务部门建制的情况下，设主任检察官负责的办案组。但为防止增加业务层级，使检察权进一步行政化，一般要求：业务部门负责人主要管理该部门的政治、行政性事务，主任检察官负责原业务部门承担的办案业务的审核工作。

试点工作中的上述做法，引出三个问题：

1. 检察机关中层机构应当采取何种形式。检察机关中层组织的设置，其他国家和地区检察机关做法不一。有的采办案组形式，实行“扁平式管理”，即以主任检察官监督的办案组为中层机构。如中国台湾地区，检察业务分为侦查、公诉及执行三大类，形成侦查组、公诉组和执行组。其下又各有专组。每一专组一般由4～8名检察官组成，同一专组的检察官在同一办公室办公。每一专组设组长一人（有的还设副组长），组长由主任检察官担任，负责该组行政协调及事务统合工作。专组内的检察官常实行定期轮调，以使每位检察官能在不同领域内磨炼，增加其个人的经验、能力，以适应工作需要。[19]

但多数检察机关采取部门制，按业务类型设置部门，并设部门主任。如日本、德国、美国等。日本原检察总长伊藤荣树称：“检察机关设部门的目的有两个：一是大体确定检察官相互之间的事务分工，根据业务分工以谋求提高工作效益，同时明确责任所在；二是对拥有多数检察官的检察厅，可以大体上把分担事务性质相同的检察官集中在一起，便于上级进行适当的指挥监督。”[20]如日本最高检察厅及东京高等检察厅内设总务、刑事、公安、公审四个部门。东京、大阪、名古屋地方检察厅设有：总务、刑事、交通、公安、特别侦查、公审等部。[21]

德国检察机关的内设机构并无定规，但一般规律是人员多、任务重的检察院机构较多,层级较多。如图宾根地方检察院,在首席主任检察官(检察长)及其副手之下,是三个大处,即行政处、侦查处和执行与赦免处。每个处设1名处长。行政处下设两个行政事务组,处理包括证据管理、法警事务、卷宗登记、数据保护、新闻发言、与外国司法协助、刑事赔偿等事务。侦查处下设四个处,其中一处、二处、三处分别对应不同的区法院管辖的区域,四处主要承办特定类型的案件,如有组织犯罪、洗钱、麻醉品及少年刑事案件。不过,一处、二处也管辖个别特定类型案件,如豁免案件、政治性案件和涉及武器法的案件。执行和赦免处下设执行一处和执行二处。该院分配案件是按照字母排序分配。但在规模较小检察院,则可能采用其他的部门设置方式,如 Arnsberg 地方检察院,只设三个处,按照管辖区域,结合案件类型设置机构:一处总体负责处理管辖区域内的刑事案件;二处负责其中六个区法院管辖区域的刑事案件,主要办理未成年人、经济犯罪、有组织犯罪、致人死亡和政治性案件、性犯罪等类型案件;三处对应另外四个区法院管辖区域的刑事案件,办理案件类型同前。[22]

参考其他国家和地区经验,在我国检察机关如何设置中层业务审核机构,是需要认真研究的问题。

检察机关内部,检察权配置于两个方面:一方面是检察长,作为检察机关的首长,享有完整的检察权;另一方面是检察官,或依法律、制度,或依检察长授权,享有部分检察权。作为中间环节的业务部门或办案组领导,其检察执法权来源于作为检察官的权力,而其业务管理、协调权,则因法律制度或检察长授权,而来自检察长的检察业务管理权,因此有责任和权力协助检察长对本部门或本办案组的业务实施监督管理。设置中层业务管理、协调机构,是因为在较多检察事务、较多检察官的检察机构,检察长难以独揽管理、协调及审核权,需要设立中层机构予以辅助。如果检察业务复杂,事务繁多,还需要再设细分机构,如处下设科、组等。这些业务中层机构,是使检察机关责任清晰、管理灵便、执行有效的必要设置,也是实现"检察一体"的重要链接点和配套机制。

中层机构设置为办案组还是按检察业务类型设置部门,需要考虑检察业务量、一线办案任务的轻重、指导职能的有无与大小,以及业务类型多样化程度等因素考虑。以办案组为中层组织,比较适合检察业务相对单纯,且着重于直接办案的基层检察机关。设置部门,则便于对部门业务统合监督,对部门检察人员及辅助人员进行统一考绩，同时便于对下级业务部门进行指导。

笔者认为，我国市、分、州院以上检察机关，仍应设立业务部门为中层机构。主要是考虑作为上级检察机关对下级检察机关的业务指导，以业务口为指导单元较为适宜。而且因为我国实行的集中型管理体制，上下联结性强，而从改革趋向看，实行人、财、物省级统管后，上下联系将进一步增强，而设置业务部门，实施由上而下的业务指导与业务支持，更适应实践需求。

而在基层检察院，则需要进一步论证，以确定基层院内设机构改革，是以业务部门为中层组织，还是以主任检察官负责的办案组为中层业务组织，并配合“大部制”改革。笔者认为，如保持原业务部门设置，有利于部门统合以及上下机构设置的协调，便于上下沟通及上级机关的业务指导。实行办案组编制，实行扁平化管理，则由于能够克服部门林立、人浮于事的弊端，更有利于办案，比较适合人员较少的基层单位。可能比较适当的做法，是在人员较少的基层单位，实行部门整合即“大部制”；而在较大规模的检察院，一方面保留主要业务部门，另一方面可对某些可整合的业务部门进行整合，即局部实行大部制。[23]

2. 业务部门与主任检察官办案组并列，部门负责人与主任检察官分别负责行政事务和业务事项，从而形成中层机构的“双轨制”，此种做法是否符合检察规律和实践需要。笔者认为，上述“双轨制”并不可取，可以说是改革中又一误区，理由如下：

(1)从比较研究看，中层机构应当统合业务监督管理与相关行政性事务，而不应当实行“双轨制”。检察机关在检察长之下，普通检察官之上设主任检察官或类似检察官职，是大陆法系科层制检察机构较为普遍的做法。如日本检察官在职阶制上分为检事总长、次长检事、检事长、检事和副检事五大职别，其任职资格、任免权限有所区别。作为“职名”，又设检事正、次席(有译“上席”)检察官和三席检察官。不同级别的检察厅，配置不同职阶和职名的检察官。在检察职务序列上，实际形成由检察长、监督检察官(中层机构负责人)到普通检察官的位阶关系。但是，凡具有检察官身份的官员，即为法律上的“独任制官署”，其身份受到法律保障。德国检察官共分五种，即检察官、主任检察官、首席主任检察官、总检察长和联邦总检察长。其中，首席主任检察官通常担任地方检察院的检察长，而主任检察官，则通常担任检察院的业务部门负责人。

其他国家及地区在检察长及普通检察官之间设主任检察官,其意义大致有二:一是代表和协助检察长对检察事务进行监督管理。在检察事务较为简单,检察官员较少的情况下,检察长可以直接管理检察官。但随事务增加,检察官员额增加,检察长难以直接管理,因此增设中间机构,并设置主任检察官,代表和协助检察长实施对部门或办案组检察事务进行监督管理。二是适应协同办案需要,组织协调其他检察官办理重大、复杂案件。这是近年来的一个发展趋向。尤其对于跨国有组织犯罪、重大的经济犯罪、职务犯罪实施侦查与公诉,主任检察官常常承担主要责任。

上述说明,设置主任检察官,是为检察业务设置一个中间环节,以便较大规模的检察院能够有效组织检察业务并实施管理监督。因此,主任检察官也是为保障检察一体制有效运行而设置的必要的中间环节。设置主任检察官的一般规律是:代表检察长实施检察业务监督,但应当尊重承办案件检察官的判断,不得因此妨碍检察官的相对独立性,已如前述;主任检察官通常担任办案组或业务部门负责人或监督者,主持检察机关的中层机构,既有办案业务监督责任,也担任检察官考评等行政事务。如我国台湾地区"地方法院及其分院检察署处务规程"第 20 条规定主任检察官的职责,除"本组事务之监督""本组检察官办案书类之审核""本组检察官承办案件行政文稿之审核或决行"等业务事项外,还包括"本组检察官及其他职员之工作、操作、学识、才能之考核与奖惩之拟议",以及"人民陈诉案件之调查及拟议"。这后面两项,即检察官及其他职员考绩和投诉处理,属于行政性事务,也是主任检察官管理、监督工作范围。

(2)实行"双轨制",不利于检察管理和业务推进。行政管理主要是人的管理,包括思想政治工作、工作纪律、作风,检察人员的业务提升、考绩等;业务管理主要是事的管理,包括案件的监督审核及团队办案组织指挥。但管人与治事相分离,会导致两方面工作的脱节和不协调,尤其是没有考绩评价权的业务管理不可避免地缺乏监督管理力度,因此,难以持续、有效地运行。

另外,禁止部门负责人介入业务事项似也不当。因为虽然要求实行业务审核与行政管理分开,但在实际操作中,二者并无十分清晰的界限,检察长为管理方便,而部门也需要统一刑事政策适用,尤其在市、分、州院以上检察机关,需要对下级检察院实施业务指导,部门负责人很难不介入业务活动。比较而言,部门负责人通常较之本部门的其他主任检察官业务经验更为丰富,且更具有全局意识与协调能力,因此,由部门负责人进行对下的业务指导和对外的业务协调,往往更具优势。

(3)这种办案组与部门并行的方式,并未实现检察改革适度“去行政化”的目的,反因增加了主任检察官这样一个中间层级,可能导致进一步叠床架屋,强化“行政化”趋向。因为部门负责人的管理、协调功能仍然存在,以及前述业务与行政很难截然分开,因此在操作中,很难避免部门负责人成为主任检察官之上的一个有形或无形的层级,导致在实际上增加业务管理层级,从而背离本轮司法改革的精神。

根据以上分析,笔者的意见是:如果实行主任检察官制度,在小的业务部门,主任检察官可与业务部门负责人合一,从而克服“双轨制”带来的弊端;在大的业务部门,可能有多个主任检察官办案组,部门负责人与主任检察官对业务事项审核指导应有分工,可以考虑部门负责人重点负责宏观指导,主任检察官主要负责个案审核。可以在建立责任机制时,将这种分工与责任划分予以明确,以防止责任不清或过度行政化。如果在适合的基层院实行“大部制”,此项矛盾可能便于解决。

3. 基层检察院实行“大部制”,批捕与起诉合一的利弊如何认识。批捕与起诉合在一个机构,是实行“大部制”改革的普遍做法。而且在机构合并后,两项业务可能由同一检察官承办。捕诉合一,促进了检察业务的执行。一是同一案件的批捕、起诉由两名检察官分别审查,改为一名检察官先后审查。案件事实与法律问题在批捕时即已审查,起诉时再次审查,重点审查捕后证据事实的变化,减少了重复阅卷,提高了诉讼效率。二是捕诉认识统一,可以降低错捕率。从试点单位看,捕诉合一后,不起诉率普遍下降。三是对侦查的监督、指导较为有利。嫌疑人是否被批捕,对侦查机关意义重大,因此批捕检察官对侦查方面的制约力较强。一旦逮捕,侦查方面就因责任转移而可能较为松懈,公诉检察官的补证要求有时得不到重视。捕诉合一,因侦、检关系具有持续博弈性质,检察官对侦查机关的整体制约力增强,审查起诉中也更容易得到侦查机关的配合。

然而,捕诉合一,可能再次引起对检察权配置问题的争议。从法理上分析,批捕权,即长期羁押审批权,应当配置于一个中立的司法机关。因为较长时间的剥夺个人自由,涉及公民重大权益,属于宪法权利保障范围。羁押审批,应当既考虑打击犯罪,也考虑保障人权。其正当程序要求,一方面是审批权的中立和独立,另一方面是审批程序的对审性和公开性。这在国际刑事司法准则上有明确的要求,也是各个国家和地区羁押审批制度的普遍实践。[24]我国台湾地区曾经长期实行检察官批准逮捕制度,但20世纪90年代,因一些重大案件暴露出的问题,改革羁押审批制度,实现了法院的司法审查。在我国大陆,羁押审批权目前仍然由检察机关持有,虽然可以用大陆检察机关与法院均为独立的司法机关的理由主张这种权力,但因检察机关亦为侦查和公诉机关,属于代表国家的控诉方当事人(虽然法律上未界定为诉讼当事人),并不符合"中立"司法机关的要求。这种一身几任,侦查、控诉机关兼掌羁押审批权,也是我国审前羁押率居高不下的重要原因。如果实行"捕诉合一",批捕权的不中立、不独立的性质将更为明显,不可避免地会受到社会尤其是学界的批评。[25]

笔者认为,实行捕诉合一,批捕检察官首先考虑的是能不能诉出去,因此趋于严格把握批捕的构成犯罪条件,但羁押必要性通常不是批捕时会充分考虑的问题,因为从公诉条件看,羁押嫌疑人较之不羁押更容易达到公诉的证据要求(防止妨碍证据和翻供等)。从总体情况分析以及试点单位的实践数据看,羁押率并无明显增高趋势。另外,我国批捕权配置于侦查兼公诉的机关,不因捕诉合一而发生根本性的变化。因此,在捕诉合一上如何处理,实际上是一个价值考量和选择的问题。捕诉合一虽有利于推动"人部制"改革,提高诉讼效率,但其带来的批捕不中立的弊端也更为明显。因此,改革指导和实施者应权衡利弊,慎重处置。

四、检察权内部配置及检察权运行机制的细化

改革检察权运行机制,实行检察官责任制,要求改变"三级审批制"所确立的权责配置,将检察长拥有的一部分决定权,赋予检察官。这里涉及理论与实践的问题。

(一)关于授权的依据

这是一个有争议的、理论性较强的问题,即赋予检察官部分决定权,属于检察长授权,还是现行检察制度与体制本身支撑的依法分权。

从比较研究看,就检察长与检察官的权力分配,可大致区分为分权制和授权制两种类型。

分权制，是确认检察长作为检察首长的决定权和检察业务管理权的同时，确认每个检察官都是检察权的载体，在检察权行使上具有相对独立性，如法律和制度所确认的“独任制官署”。大陆法系检察机关，如德国、法国、日本，以及中国台湾地区、澳门特区的检察机关，应属于分权制类型。这种分权制由几项制度予以体现和保障。一是诉讼法上的独立法律地位。二是就检察业务看，对承办事项具有一般决定与处置权。如主持侦查活动、执行活动、出庭支持公诉的自由发表意见等。三是法律信念高于上命下从。检察官不得以遵从指令违背法律，否则仍然需要承担违法责任。检察长的决定与检察官意见相冲突时，检察长如果不能说服检察官，不得强求检察官违背其信念改变意见，只能行使职务收取和职务转移权，收取案件自己办理或交由其他检察官办理。

授权制，是指法律将检察权赋予检察长（如地方选举的地区检察官），检察长通过组织和运作检察机构，授予检察官（助理检察官）执法权，检察官对检察长负责。在授权制中，检察官也有一定的独立性和决定权，但其性质属于检察长的授权，必须接受检察长的指令。美国是实行授权制的典型国家。美国各州除田纳西州和新泽西州外，都是民选检察官，通常一届任期四年。检察官即检察长，对民众负责，而助理检察官即检察员，则由检察官雇用，流动性较强，职业化不足。助理检察官行使的检察权，来源于检察官的授权。

我国检察机关的组织结构接近大陆法系检察机关类型——职业化、司法化，形成自上而下的职业官员体制（hierarchy），本来具有分权制的基础和条件，但现行法律和制度为防范个人权力滥用，以检察机关为检察权行使的主体，以检察长负责制为检察权运行机制的基本内容。虽然《检察官法》第2条确认，检察官包括检察员和助理检察员，“是依法行使国家检察权的检察人员”，但诉讼法并未确认检察官在诉讼法上的独立地位，因此，在目前制度背景下推动改革，赋予检察官相对独立的地位和部分问题的决定权，检察长授权性质大于制度性分权性质。下一步的法律制度完善，应当在检察权运行机制改革的基础上，在诉讼法和司法制度上进一步明确检察官是行使检察权的司法官员，具有相对独立的法律地位。

（二）关于如何授权

检察权配置问题上一个更具有操作意义的问题，是将办案过程中哪一些决定、处置权划归检察官行使。

笔者认为,基本的要求,是检察官责任制与检察长负责制的协调。一方面,须有效建立权责利相统一的检察官责任制;另一方面,为维系检察一体制以及保障办案质量,检察长负责制也应当坚持。具体划分权限,可参考以下几项原则:

1.“大小原则”。重大事项按三级审批原则,由检察长或检察委员会最终决定;较小的、一般的事项,可授权检察官处理,其中部分较为重要的事项,可经业务中层审核决定。

2.“上下原则”。案件办理按程序上行,如一般案件提起公诉,可授权由检察官决定,但案件下行(逆行),如决定不起诉或撤销案件,则因打破原办案逻辑,属重大办案事项,应由检察长或检察委员会审查决定。尤其是案件下行,作终局性处理的案件,不应由检察官个人作出决定。

3.“书状原则”。在检察法理上,采用言词的意思表达与书面决定的规制方式有别。业务言词由检察官把握,甚至在某些条件下,如在开庭时,有权发表个人不一致的法律意见。但书面决定,尤其是重要案件的书面决定,应当经检察长审核作出,以保证决定的严肃性、正确性和法律适用的统一性。为提高效率,强化检察官责任,某些不重要的书面决定,也可以授权检察官实质审查并作出决定,或授权办案组织负责人审核确定。

4.“争议性原则”。有争议案件强调程序的正当性与实体处理的正确,而无争议案件更强调诉讼的效率。因此,无争议案件可由检察官处理,有争议案件则原则上实施检察长监督;争议性大的重要案件,应经检察委员会讨论决定。

5.“强制性原则”。检察机关的侦查取证行为,可以分为强制侦查与非强制侦查(任意侦查)两种基本类型。强制侦查,是妨碍公民人身、财产权益的侦查措施,如逮捕、拘留、拘传、指定居所监视居住等对人的强制,搜查、扣押、冻结等对物的强制,以及监听等对隐私权的干预。为保障公民基本宪法权利,对强制侦查实行司法审查和令状主义,是刑事诉讼法正当程序的要求。因此,检察机关应当区别侦查取证行为的性质,强制侦查,应当由检察长决定;任意侦查,则由检察官径行实施。不过某些低强度的强制侦查措施,如扣押、冻结、查封等,可以考虑由承办检察官决定或经中层机构审核确定。

在贯彻上述原则配置检察权时,有两个问题需要考虑:一是批捕权的行使方式与权力配置;二是诉讼监督权的行使方式和权力配置。与其他国家和地区检察机关所执行业务相比较,我国检察机关的业务更为多样化,而且具有特殊性。除公诉与侦查较为类同外,羁押审批即批捕权,以及诉讼监督权,主要是指其中的审判监督、民事、行政诉讼监督,是我国检察官特有的。[26]其中,批捕权本属于司法审查职权,涉及宪法基本权利的重大限制,利益较为重大。如前所述,正当程序的一般要求是中立的法官采用对审的方式决定。但在我国,由于检察机关同时为侦查、控诉机关,中立性不足,也难以采用对审方式公开审查,而只能采用或主要采用由承办检察官书面审查方式决定。此种审批程序,如果仅由承办检察官作出决定,可能不够慎重,不符合"比例原则",即涉及重大权益事项应当符合相应的正当程序要求。因此法律特别规定将审批权赋予检察长、检察委员会而非检察官。[27]在改革试点过程中,某些检察机关为在批捕部门下放权力,将一般案件批捕权交由主任检察官或承办检察官行使,这种做法需要斟酌。这主要涉及合法性与正当性两方面的问题。笔者认为,合法性问题,即法律明确规定检察长或检察委员会决定批捕,而非检察官决定的问题,在改革过程中不成为主要问题,因为可以解释为检察机关的一种授权,法律责任依法归属检察长,但检察官在授权范围内同样承担责任。当然,如果要成为持续运作的正式制度,仍应修改法律,避免改革与法律相冲突。不过,承办检察官作为羁押决定主体存在正当性问题。如前所述,作为侦查、控诉机关的官员,没有制度上的独立性与中立性,也不采用公开审查及对审方式,单独决定羁押问题,不符合羁押权行使的正当程序基本要求。也正是为了防止滥用羁押审批权,立法例外规定检察长或检察委员会决定批捕。因此,除了一些事实清楚,法律关系简单、清晰的案件可以授权检察官做实质审查,而检察长仅做形式审查外,其他案件羁押审批,仍应按照三级审批制进行。

至于诉讼法律监督,主要涉及刑事审判监督和民事、行政诉讼(审判)法律监督,是我国检察机关行使的一项特殊的职能,检察机关作为法律监督者,有责任和权力要求法院纠正错误裁判及不合法的审判行为。由于审判中心、司法至上是诉讼的一般规律,检察机关不以当事人享有的诉权,而以监督者享有的监督权对裁判或审判行为提出异议,是十分特殊的制度设置,它可能冲击审判的中立性与权威性,行使此项权力应当十分慎重。因此,《刑事诉讼法》第203条明确规定,刑事审判中的法律监督意见应当由检察机关向法院提出,而不是检察官向合议庭提出。[28]就民事、行政诉讼案件的抗诉,检察机关并非诉讼当事人,而以国家法律监督机关的身份提出对民事、行政裁判的抗诉,打破了民事、行政诉讼的当事人格局和诉讼救济机制,可能冲击法院裁判的既判力和权威性,也属于为实现司法公正所采取的特殊诉讼行为,其意义重大,需要慎重决定。上述几种审判监督行为的重大与特殊性,要求保障实施程序的严肃性而不能草率决定。在检察机关不是中立司法机关,难以充分采用诉讼方式决定事项的情况下,除口头建议可以由承办检察官提出外,审判监督书面决定的形成机制,应当避免采用承办决定制,而应采用行政审核批准,即"三级审批制"。[29]

(三)关于检察权运行机制设置和管理的细化与科学化

在权力划分及责任机制建立的操作问题上,应注意两点:

1. 建立权力清单。使各级各类检察官的权力范围清晰,这也是责任机制确立的基础。其操作,可以根据权责界定的一般原则和方法,首先明确上位权力,其余皆向下授权,即一是规定检察长与检察委员会的权力,二是明确中层业务管理、监督权范围,其余检察权力,皆授权检察官行使。

2. 鉴于我国检察机关业务类型的多样化,检察权运行机制设置切不可笼而统之,而应细化,以使其运行符合具体的业务要求。因此应当注意检察权运行机制的分类创制并实施分类管理。笔者曾建议一种分类方式:将检察机关业务大致分为四种类型:第一类是司法性业务,即公诉和批捕。但二者有所区别,前者是主要以司法的方式,即独立判断和操作(出庭公诉)方式实施的司法业务;后者则是主要以行政性内部审查和必要时的行政审批的方式实施的司法业务。第二类是行政性业务,即职务犯罪侦查,是强调组织指挥,统一协调行动的高度行政化业务类型。第三类是监督性业务,包括刑事侦查与审判监督,民、行监督及监狱看守所监督。其中一般的、口头的监督行为可以由承办检察官直接实施,而书面监督意见及抗诉等重大监督行为应经行政审批,有争议的问题应经集体研究。第四类是事务性业务,如案件管理,基本采取行政工作方式。这种分类为检察权运行机制设置与管理的细化和科学化建立了基础,不过,由于检察业务的多类型以及构成与关联要素因素的多元和互涉,无论何种分类都可能缺乏严格而清晰的标准。较好的方法,是在作出某种大致科学合理的业务分类基础上,根据不同业务类型开展的实际需要,规定适合该业务开展的具体制度与程序,从而使检察权运行机制改革符合规范有序、科学合理的要求,并达致提高检察权运行公正与效率的改革目的。

注释

1 时任中央政法委书记孟建柱指出:"司法责任制是司法体制改革的关键。要按照让审理者裁判、让裁判者负责的要求,完善主审法官责任制、合议庭办案责任制和检察官责任制。"参见张淑玲:《紧紧抓住司法责任制这个关键》,载《京华时报》2014 年 4 月 20 日,第 3 版。

2 黄朝贵:《检察官团队办案之新方向》,载 http://www.docin.com/p-8242427.html,2014 年 11 月 8 日访问;又可参考我国台湾地区"司法部"于 1998 年 11 月颁布的"地方法院检察署检察官协同办案实施要点"。黄朝贵将检察官办案组织形式划分为个人办案、协同办案与团队办案三种类型。但笔者认为,将检察官办案组织形式划分为独任制和协同制是较为普遍的认识,而团队办案制则应当属于协同制中的一种亚类。

3 [日]法务省刑事局编:《日本检察讲义》,杨磊等译,中国检察出版社 1990 年版,第 18 页。

4 吴巡龙:《刑事诉讼与证据法全集》,台北,新学林出版有限公司 2008 年版,第 64~65 页。

5 魏武:《法德检察制度》,中国检察出版社 2008 年版,第 29~32、171~175 页。

6 如以我国台湾地区"高检署"台北特侦组为例,该组曾有检察官、检察事务官、书记官、调查局调查员、赋税署、金融局人员共 16 名,平时均集体开会研讨案情、拟定侦查计划,再分工进行侦查,事后并修正结果,迥异于过去检察官办案习惯于单打独斗的作风。参见万毅:《台湾地区检察制度》,中国检察出版社 2011 年版,第 133 页。在我国台湾地区,检察官团队办案还有另一种形式,即根据台湾地区"地方法院检察署检察官协同办案实施要点"的规定,由检察长以书面决定方式,由普通办案组的检察官两名以上及相关辅助人员,组成协同办案组办案,以原承办检察官或检察长指定的主任检察官或检察官担任主办检察官,其余检察官为协办检察官,侦查某些类型的重大、繁难案件,并协同出庭实施公诉。

7 根据我国台湾地区"地方法院检察署检察官协同办案实施要点"第 2 条的规定,我国台湾地区检察机关采用协同办案方式组成协同办案组办案的案件类型,主要包括有组织犯罪案件,洗钱、走私等经济犯罪案件,贪污受贿等职务犯罪案件,其他重大危害国家法益和社会治安的案件,以及其他繁难案件等。

8 万毅教授近期在评论我国试行主任检察官制度的不足时,正确地指出了独任制于检察官办案组织形式的意义,但未注意协作办案制亦为必要的辅助形式,因此论述上略有偏颇。参见万毅:《主任检察官制度改革质评》,载《甘肃社会科学》2014 年第 4 期。

9 其他国家和地区刑事诉讼实行"传闻排除规则"或"直接言词原则",检察官庭前调查的书面证言原则上不能在法庭上作为有效证据,这与我国不同。在我国,此类书面笔录可以直接在法庭上作为证据，因此程序要求较严，包括两名调查人员的要求。

10 如检察机关自行侦查案件的决定逮捕上提一级，职务犯罪案件的裁判审查上提一级，以及侦查体制加强一体化等。

11 徐盈雁、许一航：《依法赋予主任检察官执法办案相应决定权：高检院在全国 7 个省份 17 个检察院试点检察官办案责任制》，载《检察日报》2013 年 12 月 27 日，第 2 版。

12 徐盈雁、许一航：《以主任检察官为基数组成办案组织　检察机关将试点开展检察官办案责任制改革》，载《检察日报》2013 年 12 月 26 日，第 1 版。

13 我国台湾地区检察官施庆堂、林丽莹论述台湾地区的主任检察官与检察官的关系时称："台湾地区检察官的基本办案组织，在于单一检察官的'独立官署制'，大部分的案件均由一位检察官单独承担，个别运作，虽应受主任检察官及检察长的监督，唯主任检察官、检察长相当信任并尊重检察官对事实的认定及法律见解，给检察官很大独立办案空间……主任检察官行使主管权责时，必须注意不得侵犯检察官司法事务上之独立判断权责，并保护检察官免于行政干扰。"（参见施庆堂、林丽莹：《台湾地区的主任检察官制度》，载《国家检察官学院学报》2014 年第 6 期）我国台湾地区处理主任检察官与检察官关系的经验较为成熟，值得我们在检察改革时适当借鉴。

14 我国台湾地区"地方法院及其分院检察署处务规程"第 20 条规定："主任检察官掌理左列事项：(1)本组事务之监督；(2)本组检察官办案书类之审核；(3)本组检察官承办案件行政文稿之审核或决行；(4)本组检察官及其它职员之工作、操作、学识、才能之考核与奖惩之拟议；(5)人民陈诉案件之调查及拟议；(6)法律问题之研究；(7)检察长交办事项及其他有关事务之处理。"此外，主任检察官也是检察官，因此也须承办案件，以及根据"地方法院检察署检察官协同办案实施要点"，组织协同办案。但因其监督职责，根据各检察署的不同规定，酌减办案数，如为普通检察官办案数的 1/2 或 1/4 等。

15 部分试点单位推行司法员额制已显示出一系列矛盾。如相当一部分一线办案骨干因为资历、职务原因不能进入司法员额，既影响办案质量效率，又形成人才流失等。

16 徐盈雁、许一航：《依法赋予主任检察官执法办案相应决定权：高检院在全国 7 个省份 17 个检察院试点检察官办案责任制》，载《检察日报》2013 年 12 月 27 日，第 2 版。

17 典型方式，如将业务部门设为批捕起诉部（局）、职务犯罪侦查部（局）、诉讼监督部（局）。湖北检察机关的做法，则是根据基层院的规模分别实行五部制（包括案件管理及综合部门）、七部制和九部制。

18 调研发现未整合内设机构的主要原因，一是市、分、州级检察院有业务指导职责，设业务部门便于统合同一类型业务事项，进行业务指导。二是此项改革尚属"试水"，未来走向不确定，撤裁易而恢复难，稳妥起见，暂不整合业务部门。

19 施庆堂、林丽莹：《台湾地区的主任检察官制度》，载《国家检察官学院学报》2014 年第 6 期。

20 [日]伊藤荣树：《日本检察厅法逐条解释》，徐益初等译，中国检察出版社 1990 年版，第

134 页。

21 裘索:《日本国检察制度》,商务印书馆 2003 年版,第 23 页。

22 甄贞等:《检察制度比较研究》,法律出版社 2010 年版,第 187 页。

23 如对职务犯罪侦查、预防进行整合,对诉讼监督机构进行整合,对综合管理部门进行整合等。

24 参见联合国《公民权利和政治权利国际公约》第 9 条关于逮捕、拘禁程序保障的规定。关于我国检察机关行使批捕权所存在的问题,参见高峰:《欧洲人权法院视野下的检察官中立性问题——兼论检察官行使强制处分权的正当性》,载《犯罪研究》2006 年第 1 期。

25 如在"第十届国家高级检察官论坛"(2014 年 9 月),樊崇义教授就对改革试点中的"捕诉合一"提出了异议。参见樊崇义等:《主任检察官办案责任制三人谈》,载《国家检察官学院学报》2014 年第 6 期。

26 侦查监督与刑罚执行监督,其他国家和地区检察机关也有类似职能,不过职能内容与执行方式有区别。

27 《刑事诉讼法》第 87 条规定:"人民检察院审查批准逮捕犯罪嫌疑人由检察长决定。重大案件应当提交检察委员会讨论决定。"

28 这是 1996 年《刑事诉讼法》修改时特别改订的条款,使审判监督从可以当庭由检察员向合议庭提出,改变为庭后由检察机关向法院提出。

29 实践中,在审批程序前常常采用部门讨论等咨议方式,对于保证法律监督质量也是很有意义的。笔者也主张适度引入听证方式,即办案方式适度司法化,以提高程序的正当性水平。参见龙宗智:《检察机关办案方式适度司法化改革》,载《法学研究》2013 年第 1 期。

试论建立健全司法绩效考核制度*

中共中央办公厅《关于加强法官检察官正规化专业化职业化建设全面落实司法责任制的意见》(厅字〔2017〕44 号)提出"建立健全司法绩效考核制度",同时提出了一系列具体要求。[1] 为落实中央决定,推进以司法责任制为中心的综合配套改革,本文拟对当前司法绩效考核制度的实施状况与特点,实践中存在的矛盾和问题进行分析,并提出进一步建立健全司法绩效考核制度的意见和建议。

一、推行司法责任制与员额制后,司法绩效考核的一般状况和主要特点

在我国司法制度中,司法绩效考核,历来是实施司法管理监督,推进司法机关各项工作,加强队伍建设的重要手段。在推进司法责任制和员额制的背景下,司法绩效考核成为促进司法责任落实,推动员额法官、检察官勤勉尽责,实现员额绩效酬劳和员额动态管理的基本手段。因此,总体而言,随着司法改革的推进,适应司法责任制和员额制改革的需要,改善和加强司法绩效考核,成为各级法院和检察机关的普遍举措,呈现出以下特征:

1. 绩效考核的经济性增强。员额制改革后,被普遍提高的司法官津贴需要设置一种分配机制。现行政策将此种津贴设计为一种"绩效奖金",而非普惠式岗位津贴,同时要求"适当拉开差距",这就必然要求将绩效考核作为奖金分配的前提及管道。[2] 通过考核确定绩效档次,并由此确定奖金分配的档次即多少,从而明显增强了绩效考核的经济功能。

考核与奖酬挂钩的主要方式,是所谓"以案定补"。即通过司法责任制

---

* 原载《政法论坛》2018 年第 4 期、《中国检察官》2019 年第 5 期。

和员额制改革，在“以案定责”以及一定程度的“以案定员”的基础上，以办案业绩确定奖酬，即“以案定补”。尤其是突出办案数量在考核中的基础地位，将经过系数调整及质效考量后的办案数量，作为绩效奖金分配的主要依据。

考核与奖酬挂钩的进一步发展，是在根据办案数量确定基本奖酬的基础上，细化法官、检察官的全部司法行为和司法管理行为并将其与报酬相关联，完成工作任务或得到正面评价就加分增酬，而出现任何瑕疵即扣分减酬。例如，某法院“司法改革试点期间办案绩效补贴核发办法”，除对结案率不达标、违法超审限以及各种程序错误包括法律文书制作瑕疵等审判业务事项作出细致明确的扣减补贴的规定外，还对审判法庭布置不规范、庭审录音录像应录未录、使用科技法庭结束后未及时关闭系统或未及时清理卫生等具体的司法行政事务，均规定了审判人员及审判辅助人员扣发补贴的具体数额。据调研，类似规定在法院绩效考核中具有相当的普遍性。

2. 注重办案业绩，奖酬向一线办案人员倾斜。这一特征与司法责任制和员额制的实施有紧密联系。因为司法责任制以司法官办案责任为中心，而员额制之下的资源配置，也以办案司法官为重心，在此情况下，注重办案业绩，奖酬向一线办案人员倾斜，成为责任制与员额制改革的内在逻辑。因此，中央政法委要求：“建立与办案数量、质量直接挂钩的绩效考核奖金分配办法。”[3] 最高人民法院于2016年9月印发了《法官、审判辅助人员绩效考核及奖金分配指导意见（试行）》，要求绩效考核奖金的发放，不与法官职务等级挂钩，主要依据责任轻重、办案质效、办案数量和办案难度等因素，体现工作实绩，向一线办案人员倾斜。[4]

奖酬分配政策的此种变化，一方面，使办案司法官的津贴在正常情况下明显高于行政人员，突出了司法机关应以司法官为中心的管理特征；另一方面，也要求入额法官、检察官，关注其办案业绩。各地、各级司法机关的绩效考核，均以办案数量以及办案质量、效率和效果为主要考核内容。一种较为典型的做法，是以办案数量为绩效评价基础，再将办案质量、效率等作为增效和减效要素与条件，同时兼顾由办案质效和调研等活动中体现出的司法技能，并将廉洁自律、外部评价等亦作考量因素。

注重办案业绩，体现了司法机关的职能要求，有利于司法工作推进与任务完成，同时有利于遏制资源配置向行政位高者倾斜的科层化、行政化倾向，因此比较符合本轮司法改革的精神和司法制度建设的要求。

3. 注重时段绩效，呈现出一定程度的“绩效中心”特征。事业管理和人员管理，历来有所谓“绩效中心”和“岗位中心”之区别。前者呈“结果取向”，强调做了什么，做得如何，由此决定资源分配和评价；后者则呈“主体取向”，关注为适当的人设置适当的岗位，而将责任和资源配置于岗位，考评则重点关注其岗位适格性。本轮司法改革，为贯彻司法责任制同时维系有效的司法管理和监督，将一定时段内的业绩考核，作为保证司法责任制实施的重要手段。同时，在实施员额制后推进员额司法官管理，强调业绩与奖酬挂钩，并且根据考核情况实行动态员额管理。如此一来，员额司法官任期内的时段绩效，就成为司法管理的重心。因此也使我国司法机关近来的考评制度趋于成为典型的绩效考核制度，而非司法官评鉴制度。此种司法管理包括司法考评制度，则显“绩效中心”而非“岗位中心”的特征。

虽然在政策指导上，强调奖酬与业绩挂钩，从而趋于“绩效中心”。但就实际操作而言，“绩效中心”突出表现于案件较多的基层法院。以绩效奖酬，体现“多劳多得”，推动案件办理。在中级以上法院，则因办案压力略轻、工作形态多样、法官较为资深等原因，更注意业绩与岗位适格性的综合考察。在检察机关，亦因业务类型多样，案件办理的饱和程度不均衡，也难如基层法院那样突出办案业绩，而更强调对检察官的全面考核。不过因检察机关各条线下达考核任务甚多，基层常感困扰，亦显另一种类型的“绩效中心”。

4. 重视量化指标，探索考评精细化。绩效考核基本方法有定量方法和定性方法。前者以数量体现业绩，后者以定性评价来概括业绩状况，比较之下，前者具体而精细，后者抽象而笼统。正是由于定量方法与定性方法的不同特点，在考绩严格化、精细化，同时要求增强可比性的态势之下，定量方法，无疑成为主要的绩效考核方法。

本轮司法改革之前，定量方法因其方法特征亦受重视，但由于考绩与司法员额管理及奖酬的联系不紧密，因此相当一部分司法单位仍然存在考绩形式化倾向，年终考核虽有档次认定，但基本上都能过得去，奖酬金也未拉开距离。但在员额制实施后，考绩决定奖酬，定量方法不可避免地受到高度重视，由此形成由业绩量到奖酬量的考核逻辑。

考评精细化的进一步发展，是注意合理计量。由于不同类型案件程序繁简程度、处理难度和工作量有很大区别，为实现不同办案部门和人员的绩效可比，需要进行案件权重系数计算。因此，探讨合理的权重系数计算包括案件折算方式，是各司法改革试点、实施单位对绩效考核进行技术性探索的主要问题。据此形成了根据经验和统计数字形成的一般折算方法，以及因案而异的具体折算方法等不同方法。通过运用这些方法，努力实现绩效可比以及绩效评价的相对合理。

不过，定量考核主要是指办案业务量即工作量考核，而办案质量，除显在的质量瑕疵导致的负面计量（计分）外，难以用定量方法评价。办案效果，包括其法律效果和社会效果，更难以采用定量方法评估。因此，如过分强调量化指标和定量方法，可能产生忽视办案质量和效果的问题。

5. 考核信息化程度提高。近年来，法院、检察机关加强信息化建设成效明显，对业绩考核工作发挥了重要的支持作用。加强信息化建设，包括“大数据”生成与应用、办案平台包括司法管理平台的建设，使司法办案工作在统一业务应用系统上运行，使法官、检察官办案基本情况能够随案生成，程序进行、办案时限能进行网上监控，各种办案数据逐步实现智能化获取。有的司法机关还通过“智慧法院”“智慧检务”建设，研发设计案件管理智能辅助办案系统，嵌入绩效考核模块，提高了办案数据的精确度，增强了业绩考核的常规化，减少了法官、检察官应付考绩的工作量。

然而，信息化建设支撑业绩考核的工作推进各地不平衡。相当一部分地方的法院、检察机关受软硬件条件限制，且司法观念较落后，仍然主要以传统方式推进考核工作，加之部分单位司法辅助人员配置不足，法官、检察官应付考核的各种数据填充、材料报送，仍需要花费相当精力，因此在这方面也常能听到一线办案人员的抱怨。

6. 考核方式行政化，使绩效考核成为改革条件下推动司法管理监督的重要手段。我国法官法、检察官法均对考核作了原则性规定，如由所在人民检察院组织实施，实行领导和群众相结合，平时考核和年度考核相结合等。而在具体实施过程中，长期形成由院领导主导，部门辅助并具体实施的考核模式。

在本轮司法改革中，这种行政主导的考核模式基本未改。对法官、检察官的考核，一般实行院和部门两级考核模式，由院领导及部门领导分别担任两级考核的负责人，由院政治部门负责具体考核事务。虽有普通员额法官、检察官参加，但行政主导特征明显。至于司法改革文件要求业绩评价时亦应注意“外部评价”，则因外部人员，如专家学者、律师、人大代表及其他司法、执法机关等人员，受时间、精力及信息限制，在法院、检察机关绩效考评工作中实际上难以发挥作用，通常情况下，“外部评价”主要通过当事人和律师、人大代表和其他执法、司法机关对办案的反映包括投诉来获取。

在推行司法责任制的条件下，行政主导的考核方式，同时将考核评价作为任职、晋升职级以及奖酬依据，使绩效考核成为对司法办案活动进行事后监督的一种重要形式，同时由于院领导与部门领导具有业绩考核主导权，他们所实施的对司法办案的事中监督也得到重要支持。

二、司法绩效考核所遇到的几个突出矛盾

通过以上情况和特征分析，已显露绩效考核工作中的某些内在矛盾，为协调矛盾冲突，建立合理有效、符合实际的绩效考核制度，以下作进一步分析。

1. 关于“绩效中心”与“岗位中心”的矛盾。业务考评的“绩效中心”与“岗位中心”，除前述价值取向的不同外，其实施方式和效果有明显区别。前者强调一定时段（最普遍是年度）绩效考核对职位和奖惩的决定作用，为此，考核较为严格，注重量化。此种方式的一种俗称是“工分制”，完成业绩则称为“挣工分”。而后者则重视特定岗位的稳定性和职业保障，绩效考核对职位和奖惩的影响较为有限，通常只能发生一定的督促作用，考绩方式则较为软性和灵活。

从考绩制度的效能分析，“绩效中心”与“岗位中心”各有利弊。前者适合于对某项工作和责任人员的动态管理、适时调整，而且短期效应明显，有利于一定时段内的工作推进和任务完成。后者则更有利于培养岗位主体的独立负责精神，维系其尊荣感与岗位责任心，由于此种管理方式有助于形成持久稳定的职业预期，而有利于岗位经验与能力的生成。

我国司法改革推行司法员额制后，绩效考核虽然如前所述，在不同性质和不同层级的司法单位呈现不同特点，但总体上观察，仍具有“绩效中心”的特征。一是在政策指导上，注重办案绩效，要求动态管理，主张以业绩决定薪酬，同时决定在岗、晋升或退出；二是在资源配置上，对法官、检察官的岗位保障仍然很不充分。司法官的岗位稳定性、司法官待遇及尊重等各方面保障条件均显不足，即使随着员额制改革，在经济待遇方面有所改善，但各方面的资源配置仍不能达到“岗位中心”要求。

"绩效中心"的管理模式,在目前司法改革条件下有一定的积极意义:一是员额制初步推行,法官、检察官遴选制度尚不成熟,通过绩效考核支持员额退出机制,实施动态管理,避免一选定终身,有一定的合理性;二是员额制实施后,司法官与辅助人员、行政人员的待遇差别较大,如果缺乏业绩尤其是办案业绩支持,更容易产生内部矛盾,改革的正当性亦受冲击;三是员额制实施后,法官、检察官减少,且有部分承担管理职责的法官、检察官不可能满负荷办案,在较大的办案任务压力之下,绩效中心,以案定补,有利于克服人少案多的矛盾;四是实行司法责任制后,以绩效考核所体现的事后监督以及考绩对事中监督的支持,可促进司法管理监督,从而保障案件质量。

然而,"绩效中心"模式确有不符司法建设规律之处,在实践中也会产生相当负面效应。一是绩效考核与奖酬惩处直接挂钩,而且细致量化,容易形成急功近利的思维和行为方式,不利于培养崇高、有自尊的法官、检察官。例如,前引绩效考核量化规定中,法律文书一处瑕疵扣款 100 元,用了科技法庭未关闭电源扣款 50 元,等等。此种考核制度,难免引导功利主义思维,同时损害法官自尊和尊严。因此有的法官自况"司法民工",成为一种现实心态。二是办案任务重且考核要求严,使司法官尤其是法官普遍感受压力很大,疲于应对。此种状况短时尚可,若长此以往,日复一日,法官、检察官岗位的职业优势不在,容易萌生退意。这正是司法改革过程中,急需优秀法官、检察官承担责任的情况下,反而有相当一部分办案骨干流失的重要原因。三是通过绩效考核实施较短时段的员额动态管理,可能导致任职保障不足。因此而不利于培养法官、检察官的独立负责精神,不利于培育稳定、成熟、职业化的法官、检察官队伍。

既要关注绩效,完成办案任务,又要保障岗位,着眼长远发展,这是目前建立完善司法绩效考核制度所面临的双重任务。而在操作过程中,两者之间存在矛盾,而矛盾的协调实非易事。

2. 关于"工作量标准"与"质量、效果标准"的矛盾。司法绩效考核,总体要求是兼顾办案质量和效率。然而,由于前述"绩效中心"及量化考核,以办案数量为主的业务工作量,往往成为考绩重点,并对奖酬产生决定性影响。在考绩实践中对案件类型、难易程度等因素的考量,不过是使业务量计算较为合理。至于办案质量及办案效果,则因难以量化,通常只是从消极面要求:"不出现案件质量问题。"否则将予负面计量和评价,并因此影响奖酬。

这就使近年来的绩效考核,出现偏重工作量标准,而对质量、效果标准不够重视的趋向,且于实践中形成两种标准的矛盾冲突。

强调“工作量标准”,确能产生一定的积极效应:一是计算办案工作量包括按照各种系数折算后的工作量,创造了绩效考核最为重要的一个条件——可比性,也使绩效考核便于操作,符合有效考核且“简便易行”的要求;二是在“案多人少”的整体形势下,有利于鼓励法官、检察官多办案,从而提高诉讼效率,完成司法任务。但其弊端也显而易见。首先是技术上的一个问题——计量合理性。虽有各种系数修补,但经折算后的工作量,也很难准确反映复杂多样的案件办理及工作情况,尤其是在业务类型多样化的检察机关。为了在同一平台上衡量工作绩效,不少检察单位对不同业务进行工作量折算,如监所检察部门检察人员巡监3次,折算公诉部门办案1件,等等。但由于工作性质、工作方式包括工作的复杂性内涵不同,类似工作量折算很难实现准确合理。

从价值导向与考绩效果看,对工作量的特别重视与强调,除了驱使司法官忙于“挣工分”,形成“司法民工化”,有损其自尊和尊严外,还会使司法官因功利性考量而寻求一种有利于己的“最佳策略”,即在避免案件出现质量风险,因此而以更稳妥方式执行业务的同时,尽量采用有利于工作量计算的业务执行方式。这就促使法官、检察官在可以自由裁量时,往往回避一些可能提升案件质量,改善办案效果,却难以体现工作量,甚至可能妨碍工作量计算的裁量方式。例如,检察官办理审查起诉案件,对于可作酌定不起诉的案件,从办案风险考虑,往往选择直接起诉。因为同样计算办案一件,但起诉程序简单,只需要拟制起诉书将案件送至法院;而不起诉程序复杂,因为要反复研究,甚至请示汇报,还要做好相关方面的工作,处理善后事宜等。可见前者“工分”好挣,后者计量不易。而且,起诉案件由法院作终局处理,起诉检察官自身风险相对较小。又如,一个案件如执行认罪认罚从宽程序,往往较为复杂,实际工作量大,但在工作计量时又难以体现,因此,在现行考绩制度下,检察官、法官宁可用普通程序或一般简易程序处理,也不走复杂程序。这样,对司法官的工作量考绩有利。然而,这样做显然不利于贯彻刑事政策,不利于取得更好的办案效果。

3. 关于贯彻司法责任制去行政化与业绩考核行政主导的矛盾。在前些年司法行政化成为普遍趋势的背景之下,业绩考核的行政化既是司法行政化内在逻辑的体现，又是司法行政化的重要推手——通过行政主导的绩效评价，使院、庭长获得更为充分的管理资源，从而促进司法行政化的生成。然而，本轮司法改革推进的核心制度司法责任制，则以“审理者裁判、裁判者负责”的司法逻辑，冲击和替代司法行政化。在此背景下，业绩考核的行政主导不免引发质疑——业绩考核是否已经成为司法行政化的“最后堡垒”，因此是否同样需要“去行政化”。

这一质疑就法院而言也许是有根据的（检察机关本身具有一定的行政特性，案件审批和办案指令仍有一定空间，因此而与法院不同）。因为司法责任制的贯彻，必然压缩上命下从行政机制的存在空间，尤其是在办案过程中。如果法官业绩评价仍然被院、庭长掌控，而且这种评价可以影响乃至决定法官的岗位待遇及进退，那么院、庭长就能由此获得资源，借以直接、间接地干预审判业务。但问题在于，绩效考核的行政主导本身具有现实合理性，因此在目前尚无须根本改变。

笔者认为，在目前司法改革的现实背景与条件约束之下，绩效考核的行政主导仍然不可避免，只是应注意其实施限度，并综合运用考核手段，维系考核的正当性。绩效考核的行政主导，主要基于两方面的基本考虑：一是全面和较严格的绩效考核，同时以考核作为任职、晋职晋级以及奖酬的依据并记入档案，必然采取行政主导的考核方式。因为只有通过行政主导，才可能有效动员并调动相关资源，协调矛盾，实施全面而趋于严格的绩效考核与绩效管理。而采多元组合的考评主体，以及外部考评者介入从而去行政化的考绩方式，则过于理想化，难以适应全面、量化、严格的绩效考核需要，因此很难成为普遍采用、有效运行的常规性绩效考核手段。二是司法权运行机制改革后，以行政主导的绩效考核维系司法管理监督的有效性，仍具有现实意义。司法责任制的实行，使法官、检察官独立性增强，权力增大，院和部门的两级管理监督权受到制度约束。但在目前情况下，即使为员额内司法官，普遍素质仍尚待提高，加上特殊国情产生的一些政策性要求，因此还需要基于现实而采取必要的业务监督措施，维系一定的司法管理力度。绩效考核所体现的事后监督以及对事中监督的支持，对保障办案质量，维护司法公正，仍然具有积极意义。

然而，司法责任制所体现的去行政化与绩效考核的行政主导存在一种内在紧张关系，行政主导如果超过必要限度，必然对司法责任制形成损害。

因此,注意行政主导的限度和制度约束,确认和维系法官、检察官在考绩中的主体性,同时综合运用多种考核手段,维系绩效考核的客观公正,是当前建立完善考绩制度亦需注意的问题。

4. 关于考核精细化与简便易行的矛盾。中央关于司法绩效考核办法的基本要求,是"科学合理",且"简便易行"。然而,这两者之间存在一定的矛盾。工作评价科学合理的前提条件是"可比性"。法院、检察机关有不同类型的工作;即使是同类工作,也有不同工作对象和要求。如法院审判,有简单案件,也有复杂案件,就工作量而言,后者可能大于前者十倍。这种"可比性",需要在比较精确的计算单项工作工作量的基础上,作系数修补,即工作量折算。此外,质量、效率、效果的评价也需要采用合理的方法达致较为准确的评价,为此,往往需要不同角度的观察测量,通过综合评估,防止片面性、表面化或考绩主体的主观随意性。因此,实现考核科学合理的过程,也是考核精细化的过程,即以细致核算与观测代替简单统计的过程。

精细化的问题和代价,一方面,如前所述,实际上很难做到准确合理。另一方面,是测评工作量的增加,除了院和部门领导的工作部署、监督和实施,政治部、案管等考核评估担责部门任务较重。且因基础数据需要从一线办案人员获得,法官、检察官从受案始,各种数据、表格均需要填充。到月、季、半年及年度考核期,又不断应付考核任务。除了综合考绩,还有为应付上级各种争优创先的单项检查与考核,使法官、检察官在繁重的办案任务外,还有大量的考核工作,常感不堪重负。因此,考绩工作需要"简单易行",反映了各级尤其是基层的心声,也反映了法院应当"以审判为中心",检察机关应当"以检察办案为中心"的司法规律。

既要"科学合理",又要"简单易行",如何协调二者的矛盾,兼顾两方面的要求,在考核的公正性与效率性之间找到适当的平衡点,亦为当前绩效考核需要重点解决的问题之一。

除上述矛盾外,还有一些司法绩效考核固有的矛盾,如指标体系的统一性与司法单位及个案差别性的矛盾、指标导向与公正导向的冲突,以及为争优弄虚作假的问题等,这些矛盾和问题可以说是司法绩效考核制度与生俱来的矛盾和问题,已经有大量的研究,上层指导方面也做了一些纠偏,如取消违反司法规律的考评指标和措施,取消不同形式的排名排序等,对这些"传统问题",此处不再赘述。

三、其他国家和地区司法绩效考评可供借鉴的经验与方法

一些法制较为发达的国家和地区，在司法制度建设包括绩效考评方面已形成较为成熟的制度和做法。但应注意的是，因我国司法制度的背景与基本构造有自身特点，且司法制度亦处于一种转型发展的状态，无论何种类型的相关经验，只能适当借鉴而无法照搬适用。

1. 司法绩效考评措施，需要与司法制度的性质和特征相适应。对司法绩效考评作比较研究，应当注意两个区别：一是我们所谓司法绩效考核，包括审判绩效考核和检察绩效考核，但在其他国家和地区，这是两种区别较大的考评体系。前者强调符合司法规律，维护司法独立；后者从总体看，更具有行政考绩性质。不过在检察官具有司法官身份的国家，亦注意对其独立判断和司法官地位的尊重。二是即使就法官绩效考评，英美法系与大陆法系司法制度亦存在重要区别。前者为了维护司法独立，强调自主管理，警惕官僚主义的行政评价，因此而具有自由主义特性；后者则纳入国家公务员管理体系，在尊重法官行使审判权独立性的同时，也有官僚化的考评体系。我国相关专家、学者在研究司法管理和绩效考评时，对其他国家和地区绩效考评也做过一些介绍，但总的看存在大而化之倾向，未注意分类梳理，具体分析，区别其中的可比与不可比。

绩效考评，只是一国或一地区司法制度中的一种促进手段，因此，在遵循基本司法规律的前提下，其制度设置与方法采用，应为司法制度的性质所决定，并与司法制度的特征相适应。

2. 以“司法岗位”为中心，而非“司法绩效”为中心。在现代各国司法制度中，司法官考绩，尤其是法官考绩，是典型的“岗位中心”模式。因为司法官的职业保障，是司法制度的重要组成部分。为维护司法的独立性、维护司法官处理纠纷裁决案件的能力及司法官的素质，各国司法制度普遍要求对司法官实行特殊的制度保障，主要内容包括：(1)任职保障。如法国《宪法》第64条第4款规定，“法官终身任职”。(2)免职的特殊程序。如德国《基本法》第97条第2项规定，“法官在任职期届满前，只能在依据法律规定的理由和方式做出司法裁判后，方可违背其本人意愿予以免职，或予以长期或暂时停职、调职或令其退职”。(3)薪酬不能扣减。如日本《宪法》第79、80条规定，最高法院和下级法院法官“均定期获得一定数额的报酬。此项报酬在

任期中不得减少”。

由于上述任职和薪酬保障,一般考绩并不影响司法官的岗位和薪酬。除非考绩确认法律所规定的法官不适格情况,经过法定程序(通常的司法裁判或特别认定程序),法官考绩才可能间接影响其岗位。

总体而言,以岗位为中心的司法管理,为了维系司法官的独立性和崇高地位,强调司法职业保障,而将有限而适度的司法绩效考核作为推动司法微观管理,敦促司法官勤勉尽责的管理方法。同时,亦将整体性的绩效评价作为司法宏观管理的考量因素。因此并不特别注重司法官的时段绩效及奖惩挂钩,除非出现严重不符司法官职责和司法操守的情况,才以管理手段对司法官履职进行干预。

3. 关注司法业绩,更关注司法官的适格性。相关司法考评,重点考评司法官的适格性。即使是具有某些行政考评特征的检察官考评,也是更注重检察官的适格性评鉴。如德国的检察考评的正式制度为检察官工作鉴定制度,考评的内容主要是检察官各方面的能力(品德问题属于前置性问题,由于素质保障、制度环境等,检察官品德尤其是其廉洁性一般没有突出问题),评价其是否适合继续担任检察官,以及是否具备晋升条件。英国检察机关考核的内容主要包括检察官观察和分析问题的能力、沟通和交流的能力、宏观决策能力、人际关系处理能力、领导管理能力、组织协调能力、高效率工作的能力、计划与执行能力、全局意识等多个方面。考核的结果分为 3 到 7 个不同的等级,职务晋升和加薪与考核结果挂钩。日本对检察官的考核内容主要包括工作成绩、工作能力、性格和工作适应性。考核结果分为不同等级,考核结果要存入档案,作为职务晋升和人员奖惩的重要依据。美国亦同,美国政府对联邦检察官的考核包括平时的日常考核和每年的年度考核。年度考核内容包括工作质量、工作数量和工作适应力,主要对工作完成情况、潜在能力、具体工作职责、完成的工作结果进行评价,对工作内容和效率进行数量和质量分析。考核结果分为优异、满意、不满意等不同等级。中国台湾地区检察官的考核包括日常考核和年度考核,日常考核主要针对检察官职务执行,包括办案书类审查、案件稽催及管考、办案成绩之计算。年度考核除参考其平时考评及办案成绩外,综合该年度之检察官学识能力、品德操守、敬业精神及办案质量等各项,综合准确客观考评,职务评定结果分为良好、未达良好两类,作为检察官晋级依据。

在法院,为了保障审判独立,防止行政化的考评机制对审判独立性的损害,严格限制绩效考评的范围与方式,普遍呈现一种“软性”考评特征。即使采取某种方式的考评,亦将岗位适格性作为主要评价对象。

考评重事更重人,主要缘由,是因法官、检察官的身份即岗位保障,非以法定理由不得对检察官罢免、降职或降薪,司法考评的重点也就必然放在其岗位适格性上。

4. 坚持公正导向,注重司法公信力。司法公正是法院永恒的追求;“客观公正”,也是检察官制度的基本价值。因此,审判、检察的绩效考核与评价,均应以公正为导向,考绩的实施,只能促进而不得妨碍对司法公正的追求。从比较研究看,各个国家和地区对司法的期许和评价,均以公正为核心价值。

然而,抽象的公正须受具体的制度保障,须有实现路径。如美国律师协会制定的《法官绩效评估指南》特别强调,法官绩效评估项目不能有损司法独立,评估过程应该免受政治、意识形态和问题导向的干扰。因为如果法官评估使法官过分关注评估结果而不是专心审案,甚至将变相导致司法行政化,那势必就与评估目标背道而驰了。同时,在美国对法官所作的绩效评估中,评估的数据和结论原则上不得完全向社会公开,以免影响法官的独立审判。如果绩效评估被用来促进法官素质改善(所谓“加强法官队伍建设”),那么也不能将考绩结论用来在法官之间进行比较和排序。因为法官并非企业流水线上的工人,其职业特殊性决定了排队比较对法官独立的损害是十分严重的。[5]

5. 主体多元、方法多样。所谓主体多元,是指司法绩效评估,通常应当包括与司法有重要相关性的各方人员组成,以保证评价的全面与公正。如美国法官绩效评估项目应该由一个独立的、多方参与的、多元的委员会来负责。委员会由法官、检察官、执业律师等组成,必要时还可包括熟悉法院系统的公众在内。在法国,所谓“方法多样”,是指为保障绩效评估的客观公正,应当使用不同方法,在综合平衡的基础上得出结论。在美国,实际执行的法官绩效评估的具体过程包括数据的搜集、综合、分析和使用三个部分。评估法官和搜集、分析数据应该专业化并注意采纳专家意见。在具体操作中,既要注意主观评价,也要注意客观数据。前者,包括参加过法官审理的案件的律师、陪审团成员、当事人和证人、与法官经常接触的非法院工作人员、社会服务人员和执法官员的评价，对他们可以采用调查问卷方法。[6] 所谓客观数据，包括记载法官审理案件相关数据的各种公开记录，这些客观数据可以被随时调取并使用。

司法公正须“看得见”，并为民众所认可。因此，民众对司法的评价，是司法绩效考评中最重要的一项指标。因此，在评估方法中，民意调查是最常见的方法，调查问卷又是了解民意的重要途径。

四、改革背景下实施司法绩效考核的意义

司法绩效考核，始终是司法建设中一个有争议的问题。批评者认为，在我国，绩效考核必然是行政主导，因此，成为助推司法行政化的重要因素；绩效考核，将法官、检察官当作政府公务员，设置若干指标进行量化考核，不符合司法工作规律，将扭曲司法行为，妨碍司法公正；绩效考核增加了司法工作量和烦琐性，减损了司法官的荣誉感，不利于司法队伍建设。[7] 因此有学者主张，应当在“自由逻辑”基础上，建立法官自主、自律，并以程序约束为中心的司法管理模式。

笔者认为，对绩效考核的批评意见，虽然系统的批评和理论分析往往出自学者，但这些批评有理论根基和现实依据，也在相当程度上反映了处于司法一线的法官、检察官的意见，因此应当重视，并注意采取措施尽量避免绩效考核中的负面因素。然而，虽然绩效考核不可避免地带来负面效应，但基于中国司法及司法建设的现状和现实需要，绩效考核仍属不能不采取的一种重要的司法管理手段，如果设置适当，总体上看利大于弊。

在中国司法制度模式及其建设方式的背景和约束条件之下，绩效考核是符合制度逻辑、不可或缺的管理手段，主要基于以下三点：一是基于司法官队伍建设的方式和状况。我国司法官队伍建设，并不采用英美所谓“德高望重的父辈式法官”模式，甚至与大陆法系所谓“法治国”基础上的司法官“队伍建设”方式也有重要区别。其中一个重要原因，是国家建设中十分强势的政治主导，因此司法的功能受限、资源有限。这就势必形成学者所称“‘规训’的司法与‘被缚’的法官”。司法官的素质及构成，在相当时间内仍然会处于一种“不尽如人意”的状态。从目前“队伍”状况看，即使进入员额，但法官品德、业务素质距离理想法官的要求普遍存在一定差距，加之职业保障还不到位，如果缺乏考核督促与激励机制，将难以保障案件质量和效率。

目前部分司法骨干从法院、检察院流失，而新进人员相当一部分素质堪忧，且尚待培养，这种相当时段内将持续存在的状况，使我们司法管理不具备按“自由逻辑”即自治原则管理的条件，包括绩效考核在内的具有行政化特点的管理手段仍然不可避免。二是基于案件增长、责任加重的现实需要。司法绩效考核的基本价值，是通过绩效评定及奖优罚劣，督促司法任务的完成。在案件数量大，司法任务繁重即所谓“案多人少”的情况下，加强前期的司法管理与后期的绩效考评，即成为完成司法任务的必为之举。目前法院面对“喷发”般增长的诉讼案件，法院应对诉讼案件的范围广，难度大，不强化管理手段，包括加强绩效考核，法院将难以有效运行，司法公信力也无从提升。通过绩效考核，可以在基本保障工作质量的基础上，敦促提高司法效率，降低程序和工作瑕疵。反之，在目前条件下，如无强有力的考核督促，程序的延宕、案件的积压将不可避免。三是基于对司法实施适度行政控制的要求。我国司法改革虽然大力推进司法责任制，但由于政治需要、司法质量控制，以及特殊案件特殊管理的要求，对司法实行适度的行政控制还不可避免。检察机关由于“检察一体”和检察长领导权的存在，其运行机制本身就具有一定程度的行政特性。要对司法实施适度的行政控制，绩效考核也成为一种不可缺少的管理手段，与司法责任制并行并发挥制约司法责任制的作用。

除上述支持绩效考核的一般制度要素外，在当前实施的司法员额制改革背景下，还应当注意绩效考核对员额制实施的正当性与有效性具有的支撑作用。本轮司法改革中实行的员额制，具有三个特点：一是由于限制法官、检察官员额，实施员额制，就要求部分原具有法官、检察官身份的司法人员失去此身份变身为“司法辅助人员”；二是员额制与分类管理后，司法官与辅助人员、行政人员的待遇差距拉开；三是员额制实施，不是一种逐步生成的“自生性”制度，而是通过司法改革所设定的制度，由此进行评定遴选，体现出一定的“人为性”特征。由于自上而下的改革任务，要求在较短的时间内，完成具有上述特征的人员分类和员额制，当此项改革的“面上任务”完成后，制度的正当性与实施的合理性仍需证明。只有获得证明并由此得到司法界与社会普遍支持，分类管理与员额制才能有效运行。证明员额制及员额遴选正当、合理性的基本方式，是绩效考核，即通过检验和展示员额制司法官的司法绩效，以绩效支持其员额身份和员额待遇，同时实施对司法员额的动态管理包括不合格淘汰。由此可见,司法绩效考核在员额制实施的初期阶段,具有特别的作用和价值。

五、当前司法绩效考核模式的设置

绩效考核利弊相生,欲兴利抑弊,即需要在制约条件之下,选择适当的操作模式与方法。首先是基本的制度框架和操作模式。针对上述司法绩效考核中的基本矛盾,笔者认为,在考绩模式设置上,须着重注意以下几点:

1. 设置岗位与绩效并重的考绩模式。由"绩效中心"到"岗位中心",即由强调时段绩效的司法管理到注重司法职业保障及岗位稳定性的管理模式,是我国司法建设符合规律的发展方向。但实现这种过渡,尚待一定条件,尚需一个过程,在员额制改革初期,在实现"岗位中心"条件不足的情况下,经过较短时间的"绩效中心"的司法管理之后,设置岗位与绩效并重的司法管理与考绩模式较为适宜。

岗位与绩效并重,要求适当注意岗位稳定性与任职保障。以绩效考核措施实现司法员额动态管理具有必要性及现实意义,已如前述,但在初期改革调整和一定周期内的调适之后,员额稳定性与岗位保障即应加强,由此在指导上需要注意以下三个问题:

(1)注意员额法官、检察官的岗位"适格性",而不是简单地关注其某一时段的办案绩效。这也是"岗位中心"的司法考评要求。现代各个国家和地区司法制度中绩效考评,重在评价岗位适格性,而非以绩效决定奖惩和待遇。也就是说,只要系合格的司法官,就不能因一时绩效影响其待遇。因此,绩效考评,须将注意力适度转向关注员额法官、检察官的岗位适格性,而不仅是由绩效确定奖惩待遇。这种适格性考察,除了关注其司法绩效尤其是定量绩效外,也要充分注意司法官的德、能、勤、廉等必要素能。[8] 应当运用不同方法进行综合评价,从而对员额适格性作出全面而适当的评估。

(2)对"以案定补"应作适当限制。以办案情况,主要是办案数量决定津贴,即所谓"以案定补",固然体现绩效与报酬相适应,具有对司法人员办案的激励作用,尤其在案多人少的情况下,但过于注重绩效与报酬的关联性,可能忽略司法岗位包括报酬的稳定性和职业保障。因此,应当注意把握岗位待遇与绩效报酬的平衡点,过于强调岗位待遇,会导致激励不足,而过于强调"以案定补",又不符合司法职业保障的规律。也许目前可以适当强调绩效与报酬相适应，适当拉开津贴档次，但在员额制较成熟后，则应更多地关注司法职业保障及岗位待遇的相对稳定。

(3)在对员额进行必要的动态调整时，也要注意维系员额稳定性。员额司法官不宜动辄获咎，也不宜根据较短时间内的办案绩效变更员额，除非出现较为明显的“不适格”情况。如果让司法官员经常担心其岗位稳定性，甚至感觉朝不保夕，那么，他们就难以独立负责地处理案件，司法的质量就会受不利影响。由于初次遴选的尝试性及不周全性，短期内考核可以严一些，加强动态管理，调整遴选对象。但在制度“沉淀”，员额配置较为合理后，即应注意维系员额司法官的稳定性，以此促进司法官的职业化建设。而且对于因工作借调等原因，免除司法官职务也要更为慎重。脱离岗位仍保持法官、检察官身份和待遇的时间可以适当延长，以维系岗位稳定性，增强法官、检察官的职业荣誉感和责任心。

2. 加强对办案质量与办案效果的考核评价。司法公正，是司法的根基和生命，而此种公正是以案件质量和办案效果体现的。考绩是指挥棒，关注办案质量和效果，才能有效纠正实践中重视工作量而忽视质量、效果标准的偏向，协调工作量标准与质量、效果标准的矛盾。为此，至少有两方面的问题应予注意并作适当调整。

(1)对定量方法的强调要适度，不能忽略定性方法在考绩中的应用。由于考绩与奖酬挂钩，且为促进司法任务的完成，重视计量方法是必要的。但也要看到，计量方法运用于司法，在计量的准确合理上有相当的局限性。就实现司法公正的根本价值，计量方法也有其局限性，它在考核中的运用应当是有限度、有条件的。办案的质量、效果，司法官的适格性评价，均需要采用同僚及下属评价、领导监督者评价、专门部门和专业人士评价，以及关联方外部评价(社会评价)等考察评价方法，这也是国外司法评估、评价的主要方法。多年来的考绩实践中，不少司法单位已经有成熟经验，只是需要在政策指导上注意考绩方法运用的平衡性，对有效经验作总结推广。

(2)改进考绩指标与计量方法，鼓励司法官独立负责地作出有利于提高办案质量、改善司法效果的决定。例如，凡是作出不诉、不捕、无罪判决处理，且未经后续程序改变的，在工作量计算上须明显高于正常程序案件。采用认罪认罚从宽等试验性程序，以及有效排除非法证据等情况亦同。此外还可进一步设定质量、效果指标并进行评定和计量。这些方法亦已应用于部分司法单位的考绩实践,亦需要总结、改善和推广。

3. 设置差别化考绩模式。首先是机构和司法官性质不同所形成的差别。法院是典型的实行司法责任制的司法机关,检察机关则因检察一体制而具有行政性,是既实行司法责任制,又实行行政负责制的司法机关,不同的司法权运行方式,也应当有不同的司法管理方式包括考绩方式。法院考绩,更应避免简单套用行政机关的考绩方式,较之检察考绩,应当更注重被考评对象的主体性,实施考绩措施应与法官独立负责地履行职责相协调;同时,法院考绩应当适当弱化行政要素,强化民主性,注意社会评价。

其次是地区性差别。在遵循中央确定的基本的考绩原则的基础上,不同地区,可以因地制宜地采取有区别的考绩方式。如果观察我国的经济发达、欠发达和中等发达等不同地区的司法改革,已能看到司法管理模式包括考绩模式的一定区别。如不少经济发达地区,由于能够吸纳其他地区人才,法官、检察官素质相对较高,在实施司法管理时,则更加注重维护法官、检察官的职业尊严和荣誉感。在一些经济欠发达,法官、检察官素质相对较弱的地区,司法管理包括司法考绩的行政性因素可能较重,而且往往将考绩与待遇的挂钩更为直接、更为细致。这种差别,如保持在一个合理限度内,是可以理解的,而且往往也是必要的。此外,不同地区案件数量及法官、检察官工作量差别较大,在考绩内容、指标设定和考绩方式上,也应有一定区别,以适应自身的司法管理需要。

最后是层级差别。基层以及部分办案压力较大的市级司法单位,可适当强调办案业绩,更注意办案与奖酬挂钩。但在较高层级的法院、检察院,则应加强岗位适格性考察,强调对法官、检察官德能勤绩的综合性考察评价。定量方法也是更多地适用于基层,而定性方法则较多地运用于上级司法单位。

4. 实施行政主导之下的多元化考绩。考绩制度实施,有行政模式和非行政的民主模式之区别。前者是由行政领导人主持并推进的考绩,后者则系主体多元基础上汇集各方情况和意见而形成结论,因此可称为“民主模式”。“民主模式”汇集各方资料和意见,可以更为全面地进行司法官业绩和主体评价,同时防止行政主导而可能发生的对司法的干涉。然而,“民主模式”亦存在两个弱点:一是更适宜定性评价而难以定量评价,因此,难以实施定量为主的精准考评;二是效率较低。因为此种模式需要外部评估力量介入，如民意代表、律师等介入，在具体安排实施上比较困难，难以做到常规化和经常性。行政主导的绩效考评，则有助于避免“民主模式”的上述弱点，实现有效率和相对精准化的绩效考核。行政主导，以行政机制实施，才能保证有效率地实现全员、全面的绩效考核。同时，我国法院院、庭长所享有的行政管理权以及司法管理监督权，检察长对检察机关工作全面负责的制度，也为行政主导的考绩提供了充分的制度依据。

然而，行政主导应当限制在一个合理限度内，否则又会出现司法行政化妨碍司法责任制有效运行的弊端。因此，仍应坚持法官法、检察官法所要求的“领导与群众相结合”的考评原则。在行政主导的同时，尽力实现考绩工作中法官、检察官的主体性，包括法官、检察官代表参加考评委员会和考评组；坚持在考评时首先自评同时注意尊重自评，将自评与他评相结合，使考评过程，成为自我总结检视以及听取各方意见以便今后改进工作的过程；注意听取同事意见，尊重同事评价；积极推进社会因素介入，听取社会意见。虽然在行政主导的考评活动中，外部介入程度有限，但亦应克服困难，通过问卷调查等方式听取民众意见，并吸收社会人士，尤其是关心司法、与司法有关的代表性人士介入考评，以增强绩效考评的民主性、全面性和正当性。

六、司法绩效考核方法的选择

考核模式即制度框架确定后，就需要选择适当的考绩方法。总结经验，着眼改革完善，需要注意以下几点：

1. 信息化与常规性。首先须进一步利用信息化手段，推动考核的常规化，保证绩效考核的客观资料能够随案生成，减少法官、检察官额外的工作负担，保障其专心办案。其次在考绩频度上，应避免安排过于频繁，干扰办案。应以年度考绩和任期考绩为主，月度、季度和半年考绩的设置，则应慎重，避免使法官、检察官常为考核问题困扰。不过，各地、各级的司法单位可以根据自身情况作适当安排。最后是注意整体安排以外的单项考核与各种变相考核，打乱考绩节奏，增加一线负担。由于各司法单位存在部门性条线管理和指导，为强调某项工作，尤其是某些中心工作，某些考核指标下达及考核工作安排具有临时性，主要反映某项工作的一时之需。从形式上看，布置工作后安排考核，是重视该项工作并有效推进的手段，但如果缺乏考绩统筹，则可能使下级机构尤其是基层忙于应付，增加一线人员的额外负担。此外,有些工作检查实系变相考核。因此,统筹考核项目,避免或尽量减少各种临时考核、变相考核,也是实现考核常规化,保障一线司法人员专心办案的重要一环。

2. 指标、计量科学合理,实施方法简便易行。指标是预期达到的标准、规格和指数。司法指标是司法评价的前提,是司法活动的风向标和指挥棒,因此合理设定指标,既能决定考绩成效,又对司法运行发生重要影响。为作出正确的绩效评估及岗位评价,司法考绩应当根据办案质量和效率的具体要求设定指标,同时能够综合考察被考绩对象的德、能、勤、绩、廉状况。另外,为提高评价的准确性,加之目前的考绩具有“以案定补”的功能,在定量考核中的合理计量,是考绩的一个重点,也是难点,尤其是办案工作量的计算。案件的不同案由、当事人的数量、争议与疑难性、法律关系复杂性、程序类型及程序环节等因素,决定了不同案件工作量的不同,因此,需要采用实验、访问、个案考察、普遍调研乃至数学建模,司法大数据与单位办案小数据结合等多种方式,设置相对合理的权重系数,从而在不同业务类型间发现融通与可比性。这些考核计量方法,可以通过法院、检察院与学术界以及社会研究力量的共同努力,产生较为成熟的方法并予推广采用。在合理的指标及考核方法包括计量方法设定后,具体操作则力避烦琐而求简便易行,尤其对一线办案的法官、检察官,使考核指标与方法及具体操作易理解易使用,尽量减少其因考核产生的工作负担。

3. 积极评价为主,慎于消极评价。基本工作量考核应当严格实施,超过加分,不足则减分,并与绩效津贴挂钩。但对案件质量效率中的其他指标,在发现问题时给予减分则应较为慎重。通俗地说,就是“多做加法,慎做减法”。在最高人民法院和最高人民检察院关于司法责任制实施意见中,考虑司法瑕疵难以避免,而责任追究应当针对司法活动中故意违法和重大过失,因此未将司法瑕疵列入追责对象。而且考核内容最好不宜过于琐碎,以维护司法官尊荣感,且可以降低考核难度。办案量大,且独立负责或相对独立,出现瑕疵就很难避免。如果有疵必罚,虽然可能具有考核细化、增强督促、严格管理的功效,但可能带来一定的负面效应,即不利于维系法官、检察官的职业自尊和尊严,从长远看,不利于司法官队伍建设,因此应当斟酌利弊,慎重推行。

4. 综合运用评价手段,避免过度“向钱看”。考核与经济补贴及奖惩挂钩,但是不宜将其简单化,过于看重经济核算——一切法官、检察官行为均与其收入联系,业绩评价均体现于收入。应当看到,即使通过司法改革,当前的法官、检察官待遇有提高,但实际上还是较为有限。如果办案只考虑收入,那就不宜当法官、检察官。因此还是要综合运用评价手段,经济奖惩只是评价手段之一。尤其要注意精神上的激励作用,形成正确的价值导向。

由于考核不可避免带有行政化倾向,可能影响法官、检察官的主体地位及职业心理,为冲抵其副作用,还应当在司法建设中,尽量作出有利于维系法官、检察官的主体地位和职业尊荣感的制度安排,养成有利于法官、检察官履职及有利于司法官队伍建设的司法文化。如上海第二中级人民法院在司法改革,推动司法责任制的同时,加强监督管理与绩效考核,出台《关于强化法官主体地位、促进依法公正办案的十条意见》,努力构建有利于法官履职的环境,激发法官责任心和荣誉感。该院实行法官大会制度,每季度举行一次全院法官会议,开展绩效讲评、业务培训,并就涉及法院发展、法官权益等事项听取法官意见,同时采取其他推动法官队伍建设的措施,发挥了积极作用。

注释

1 其具体要求为:建立健全司法绩效考核制度。紧紧围绕办案质量和效率进行考核,综合考虑案件类型、难易程度等因素设置权重指标,制定科学合理、简便易行的绩效考核办法。考核信息动态管理、全程留痕,并在系统平台公开。考核结果计入司法业绩档案,作为法官、检察官等级管理、评优奖励及员额退出的重要依据。绩效考核奖金分配坚持向一线办案人员倾斜,体现工作实绩,按考核档次适当拉开差距。

2 即考核结果和业绩评价作为等级晋升、岗位调整和绩效考核奖金分配的重要依据。《人民法院落实〈保护司法人员依法履行法定职责规定〉的实施办法》(法发〔2017〕4 号)等文件对此作了明确规定。

3 参见孟建柱 2016 年 7 月 18 日在全国司法体制改革推进会上的讲话,题为“坚定不移推动司法责任制改革全面开展”,载《中国应用法学》2017 年第 1 期。

4 最高人民检察院《检察官、检察辅助人员绩效考核及奖金分配指导意见(试行)》也作了类似规定。

5 罗灿、兴成鹏:《美国法官如何面对绩效评估》,载《法制日报》2014 年 8 月 26 日,第 11 版。

6 罗灿、兴成鹏:《美国法官如何面对绩效评估》,载《法制日报》2014 年 8 月 26 日,第 11 版。

7 刘作翔教授称:“只要考核指标存在,很难不把它演变为评比指标。考核本来是为了促进我们的工作,但反而成为我们的一种负担。”参见刘作翔:《法官业绩考核面临的两难境地》,载《人民法院报》2015 年 9 月 18 日,第 7 版。

8 这一主张实际上一直得到立法的支持。《法官法》第 23 条规定:“对法官的考核内容包括:审判工作实绩,思想品德,审判业务和法学理论水平,工作态度和审判作风……”2017 年 12 月全国人大公布征求意见的《法官法(修订草案)》第 43 条规定:“对法官的考核内容包括:审判工作实绩、职业道德、专业水平、工作能力、审判作风。重点考核审判工作实绩。”《检察官法》及新近的修订草案亦有类似规定。

司法改革：回顾、检视与前瞻*

以建立公正、高效、权威的社会主义司法制度为目的的司法改革，是法治中国建设的一个重要方面。由于司法在法治中国建设中的重要地位以及中央对司法改革的高度重视，可以说党的十八大以来法治建设的成就较为集中地体现在司法改革和司法建设方面。为继往开来，为下一阶段的司法改革提供思想资源，本文拟对党的十八大以来的司法改革（以下称本轮司法改革）进行回顾和检视，并对新一轮的司法改革提出意见和建议。一己之见，难免错失，仅供参考。

一、司法改革的基本特征及主要成就

党的十八大尤其是十八届三中全会以来，在党中央的领导下，推动了以四项改革任务及建立"以审判为中心"诉讼制度为主要内容的司法改革，[1] 改革全面展开，稳步推进，成效已经初步显现。笔者认为，本轮司法改革呈现出以下基本特征：

1. 继续上一轮司法改革，同时弥补了某些不足，改革举措有很强的针对性。党的十七大推动的司法改革，即上一轮司法改革，以"加强权力监督制约为重点"，采取了一系列的措施，包括加强检察机关的法律监督、加强法院自身的审判监督和管理，以及加强党委、政法委对司法的监督等一系列举措。这些举措，对于加强司法监督机制，防止裁量权滥用，促进司法廉洁与公正，发挥了一定作用。

但在改革的部署与实施中，也出现了某些不足，最突出的问题，是注重

---

* 原载《法学》2017 年第 7 期。

外部监督而忽略司法自身建设。在加强权力监督制约时,对司法运行与司法建设的规律尊重与遵循不够,使改革措施产生了某些负面的效应。如借“加强领导”“服务大局”,地方政治、行政权力干预司法较为突出;政法委的个案监督不适当的膨胀;司法机关内部司法行政化空前强化,审者不判、判者不审的问题十分严重;诉讼机制不平衡加剧,法院审判权威受到抑制,等等。此外,上一轮改革的局限性还表现在:改革措施仅为工作机制调整,并未触及司法体制、机制——司法的基本格局与管理体制未触动,各机关职能、权力和资源配置的基本格局未变动,司法权运行机制亦未发生任何实质性改变。

正是由于上一轮司法改革的局限性,司法建设状况从总体看并无明显改善。司法案件办理,无论是民商事案件还是刑事案件,其公正与效率仍然受到较为普遍的社会质疑,司法公信力较为低下。[2]

本轮司法改革,延续了坚持党的领导尤其是党中央的坚强领导、尊重中国国情、自上而下有力推动等基本原则和举措,同时针对上一轮改革的局限性及未能解决的问题,适度调整改革思想和举措,采取了切实有效的措施。

2. 充分尊重司法规律。事物的规律,是事物发展必须遵循的路径及其体现的原理。它不以人的意志为转移,违背规律必然受到惩罚。遵循司法规律,是司法改革成功的前提和基础。

本轮司法改革措施,最重要的特征就是遵循、体现司法规律:建立“审理者裁判、裁判者负责”的司法权运行机制和司法责任制,体现了司法的判断性、亲历性,以及权责一致的司法权行使原则;人财物省级统管以及建立巡回法庭等跨行政区划司法机构,有利于防止司法的地方化,从体制上保障审判权和检察权行使的独立性和公正性;司法人员的分类管理和职业保障,则意在实现司法人员的职业化,建立高素质的司法队伍,同时实现司法任务在司法体内部的合理分配,以保障司法公正和效率;涉诉涉法信访依法终结的改革措施,体现了司法的终局性。以审判为中心的诉讼制度改革,则是在中国特定的刑事诉讼构架中,确认并强调了作为刑事诉讼基本原理的“审判中心主义”。

3. 改革具有深层次特征,意义重大,影响深远。习近平总书记曾指出:司法体制是政治体制的重要组成部分。这些年来,群众对司法不公的意见比较集中,司法公信力不足很大程度上与司法体制和工作机制不合理有关。[3]

因此,本轮司法改革,重在司法管理体制和司法权运行机制改革,以解决影响司法质量的全局性、深层次问题。重要的司法改革措施,涉及权力格局的重要调整、司法资源的重新配置、司法运行逻辑的重大变化,应属司法体制、机制的革命性变革。因此,改革举措不仅对当前的司法建设意义重大,而且影响深远,具有重要的历史意义。

正是由于上述特征及自上而下的有力推动,本轮司法改革的基本任务已经完成。虽然由于体制机制的重要变革和利益机制的重大调整,存在一系列矛盾,有的还比较难以克服,但应当说本轮司法改革方向正确、措施有力,初见成效。其成效突出体现在以下四个方面:

其一,遵循司法权运行规律,抑制司法行政化,推动建立司法责任制,成效已经显现,改革意义深远。我国司法机构内部长期存在的司法行政化,在前些年呈现出某种极端化发展倾向。法院内部以加强审判管理为名,院、庭长直接干预审判,且不顾案件的多样性及裁判的复杂性,设置大量统一考核的数字化指标,扭曲了审判运行,严重抑制司法官的自尊心与责任感。审者不判、判者不审,不仅违背司法规律,而且责任机制不清晰不合理。通过贯彻"审判者裁判、裁判者负责"的司法责任原则,推动司法权运行机制改革,司法行政化趋势已明显缓解,司法权运行呈现出某种良性态势,改革取得了初步成效。

其二,遵循司法建设规律,推动人员分类管理,完成司法员额制改革基本任务,取得一定成效。保证司法质量的基本条件是配置优秀的司法官,同时进行司法机构内合理的资源配置及工作安排。司法机构内实行人员分类管理并实施司法员额制,是实现现代司法管理和司法官建设的重要环节,也是贯彻司法责任制的前提条件,对于司法建设具有基础性的意义。目前,各地司法员额配置基本到位,分类管理制度已启动运行,司法官的职业化、精英化已开始实现,并与司法责任制改革相互配合,此项制度改革的第一阶段目的已基本实现。

其三,遵循诉讼规律,克服我国刑事司法固有弊端,推动以审判为中心的刑事诉讼制度改革,对于保障提高司法公正意义重大,影响深远。长期以来,由于公、检、法之间存在制度上和实际运行中的配合协调关系,以及实行侦查卷宗移送和审理制度,[4] 我国刑事司法呈现出"侦查中心主义"的突出特征。从侦查中心到审判中心,如依循其法理有效推进,是"事关司法方式改进，职权配置优化乃至诉讼程序重构的革命性变革”。[5]

其四，推动司法公开，深入开展司法领域的反腐败并规范执法、司法行为，司法透明度提高，司法廉洁性呈现整体好转。本轮司法改革，在推动司法责任制改革的同时，为防止裁量权滥用及司法腐败，加大司法公开力度，重点推动裁判文书依法公开，[6] 以公开促公正。同时，深入开展司法领域的反腐败，取得突出成效。伴随规范执法、司法行为的系列活动，使不规范、不合法的执法、司法行为受到一定程度抑制。

此外，在推动人财物省级统管、建立跨行政区划司法机构、加强司法职业保障等改革任务上，亦取得重要进展。

二、司法改革遇到的矛盾及存在的问题

在肯定改革成就的同时，也应看到，由于本轮改革所具有的深层次的特征，改革的推动，势必与传统的政治、司法体制机制产生一定矛盾，在既存政治司法格局中，司法改革的突进可能遇到重重障碍。而改革实施过程中的某些不足，也会影响改革效果，甚至产生某些负面效应。检视改革形势与状况，尤其需要我们正视矛盾和问题，再思考筹划应对之策。

1. 司法逻辑与社会逻辑的矛盾十分突出，责任制、员额制及推动司法权独立运行的障碍较大。所谓司法逻辑，是指符合司法规律的司法权运行机制。作为本轮司法改革核心任务的司法责任制，其要义是“审理者裁判、裁判者负责”，体现以亲历性、判断性、独立性为内容的司法逻辑，伴随塑造合格司法主体的员额制和职业保障，体现司法建设的规律。然而，司法责任制与其他主要改革任务所体现的“司法逻辑”，与我国传统的国家权力结构及其运行机制可能发生某些冲突。因为传统的政治与司法体制，具有集中与统揽的特征。这种集中与统揽，形成一种整体协调、上下联动的全面体制，亦可称“举国体制”。在此种体制之下，以上命下从为特征的行政逻辑，是不同国家权力运作中共同的行为逻辑。其基本组织体制，亦为一种金字塔式的“大行政体制”，从而在根本上区别于不同国家权力分离并制衡的体制。可见，在此种体制之下，源于基本体制的行政性要素必然进入司法。这种进入，在一定程度内是无法抗拒的。因此，无论是司法管理制度的改革，还是司法权运行机制的改革，都受到基本体制条件的约束，司法权的运行，无论是体现外部独立性的去地方化，还是体现内部独立性的去行政化，其操作空

间均十分有限。例如,特定大案要案审判,法院院长负有政治责任,并非法院能够做主,更非审判人员能够独立负责。

而且,在此种金字塔式的“大行政”组织构造之中,公务人员的地位、待遇、职业保障等主要取决于处于该整体性体制的何种位置,因此推动司法人员分类管理和员额制,推行司法职业的特别保障,并由此塑造职业化、专业化、品行崇高的司法官群体,仍然有相当难度。

2. 改革建立的新制度与司法的传统制度存在一定矛盾,制度运行不协调的情况较为明显。如一方面推动审判为中心的诉讼制度改革,推动司法责任制,保障司法的中立和权威性;但另一方面,刑事诉讼中仍然有公、检、法“互相配合”、内部协调的制度机制,而且还有具有司法政治化特征的大要案报告、纪委协调、政法委协调等工作机制,在司法操作中的机制性冲突难以避免。在司法机关内部,还保留有相当的首长负责制要素。这种状况,导致角色交叉与角色混同很难避免,司法与行政相互渗透,彼此间关系也容易纠缠不清,对建设中立和权威的司法亦可能形成障碍。

3. 司法责任加重与司法资源不足的问题仍然十分突出,司法队伍建设状况堪忧。市场经济的发展和依法治国的推进,司法功能日益凸显,司法任务日益繁重。但司法资源配置仍然较为有限,难以满足社会的司法需求。此种矛盾,在立案登记制改革中显得十分突出。由立案审查制改为立案登记制,是保障公民和社会组织诉权,实行“权利可救济”的重要改革举措,甚至具有革命性意义。但现实生活中,相当一部分具有重要社会意义的纠纷,实际上难以进入诉讼作有效的程序处理;即使进入,法院也受制于其他权力,难以依法独立裁决。如虽具有个案特征,但因其政治牵连性,涉及政党权力行使,或涉及政治敏锐性如网络管理等,相当一部分案件难以进入司法管道,立案登记制的实施效力有效。在刑事诉讼中,侦查行为包括全部对人、对物的强制侦查不可诉。权利救济能力有限,仍然是因司法资源配置不足。

另外,资源配置的有限性,也表现在司法官资源配置有限。司法官队伍建设,难以真正实现权责利相统一,或者权责位利相统一。这也是一个十分突出的问题。目前改革的过程,因司法责任加重而配置资源不足的矛盾突出,加剧了法官“逃逸现象”。由于司法岗位缺乏吸引力,优秀的法律人才难以进入,司法主体的素质似乎并未明显改善,在部分地区,因办案骨干流失,甚至出现司法人员素质下降现象。

4. 司法改革过程中，某些方面急于求成与裹足不前的状况并存，影响了改革效果。所谓急于求成，笔者认为，主要是员额制改革中出现的现象。此项改革方向无疑是正确的，改革也确有必要。但改革恰逢国家反腐败斗争深入开展，公职人员的“实惠”压缩的社会背景，而在改革实施时，相当一部分地区，员额减少而案件增加，案多人少的矛盾进一步加剧，而且办案骨干与资深司法官的员额配置矛盾在短时间内难以协调，欠发达地区员额制实施条件不足，从而形成改革任务的贯彻进度与司法机关自身承受能力存在较为普遍的矛盾，解决这些问题，需要一些缓冲措施，需要一些区别对待，但在实施时求统一、抓进度，有些问题就忽略了，这就造成司法机关内部对改革的实际反映不一致，有的地方办案骨干流失问题更为严重。

“以审判为中心”的诉讼制度改革，关系重大，分阶段逐步推进是必要的。但在实施过程中，这项改革在一定程度上被局限于庭审实质化这样一个较为技术性的问题，削弱了其调整刑事诉讼基本运行机制的意义。而庭审实质化的关键，是解决证人、侦查人员的出庭作证问题，即建立传闻排除规则——否认应出庭未出庭证人书面证言的证据能力，同时设置某些例外。但无论是“五部委”的推进意见，还是最高人民法院的实施意见，均未确立传闻排除规则，对书面证言在法庭上的使用仍然未作出任何限制，[7] 这种过于保守的做法，虽有一定客观原因，如打击犯罪的压力且法院话语权有限，但必然导致证人不出庭问题继续延续，导致庭审实质化改革在一定程度上走过场，[8] 降低“以审判为中心”诉讼制度改革的意义和功用。[9]

三、继续推进和完善既定改革举措

笔者认为，在本轮司法改革确定方向、奠定基础并取得成效的基础上，经党的十九大启动的下一阶段的司法改革，为建立公正高效为民的社会主义司法制度，并确立司法权威，[10]首先应当继续推进和完善十八大确定的司法改革举措，保证改革措施落地落实并合理有效运行。

党的十八大期间确定的司法改革主要任务，拟于十九大召开前基本完成。[11]然而，由于前述本轮改革所具有的全局性、深层次的特点，改革不可能一蹴而就，即在较短的时期就达成改革目标。所谓“基本完成”改革任务，应当是指体制性改革举措基本任务的完成，如责任制的初步建立、员额制的员额配置到位、省级统管的体制性划转等。但新的体制尚待完善和调适,新的运行机制尚待建立、完善。因此,下一阶段司法改革,首先应当继续推进和完善本轮改革举措,保证新的体制机制有效运行。

1. 司法责任制改革,应当直面和协调矛盾,建立较为稳定合理的运行机制。在行政机制渗透一切的体制背景之下,建立“审理者裁判、裁判者负责”的司法权运行机制和司法责任制,无疑步履艰难。目前建立的司法责任制,应当说仍然是初步的、不稳定的,新一轮改革的重要任务,是进一步完善、巩固司法责任制。涉及的问题较为广泛,如有以下问题需要解决:

(1)协调司法官独立负责与司法管理监督的关系。司法责任制推进过程中,如何妥善处理法官检察官依法独立行使职权与上级管理监督之间的关系,是普遍反映的操作难题。为克服所谓“一管就死,一放就乱”的管放悖论,各地在向司法官放权的同时,加强了案件质量评查和绩效考核,同时贯彻相应的奖惩。如有的地方提出“以案定责”,同时“以案定补”(绩效津贴补助根据案件数量和质效确定,同时严格规定各种错误和瑕疵的扣发津贴方法,有工作瑕疵就直接扣钱),对这种做法有不同意见:赞成者认为只有这样才能加强质量监控管理,在目前队伍素质不太高的情况下,保证案件质量;反对者认为这有做不符合司法官管理规律,搞成司法工分制,法官、检察官成了计件付费、产品有瑕疵就扣钱的司法民工。

笔者认为,类似做法有利有弊,但在目前的情况下,在法院案件多、法官数量大,待遇、素质还不太高的情况下,这种数字化考核可能还不能避免,我们还不能像司法制度较为成熟的国家那样,依靠法官的德行和能力来保障司法质量,而不对法官设置数字化的严格评分考察。但是可以考虑一些“相对合理”的方案。在监督管理和司法官的主体性与尊荣感之间找到适当的结合点。司法追责是针对故意违法或重大过失。一般瑕疵不可避免,不宜简单化地将工作瑕疵与物质利息直接挂钩,如法律文书上错写一个法律条款就扣100元或200元等。这种扣分制之下,法官尊严何在?因此应注意慎用处罚措施,同时采取综合性考核方法,综合性评价奖惩,避免“一切向‘钱’看”。还要采取措施增强司法官的荣誉感和主体性。同时使用信息化的技术手段辅助管理,避免简单的“管、卡、罚”。

(2)界定和规范特殊案件的责任机制,防止其冲击常态的司法责任制。在前述国家体制和社会逻辑之下,大要案件不可能完全按照“审理者裁判、裁判者负责"的司法逻辑处置,因此,在确认此一现实的基础上,首先严格界定此类案件范围,防止其程序泛化,避免以责任机制中的"权变"冲击"常经"。继而按照不同案件不同应对方式的思路,明确特殊的司法责任机制并尽可能地将其规范化。在此类特殊案件处置中,承办案件的司法官员亦负有查清案件事实,依法提出正确处置意见的责任,因此亦承担相应的后果责任。

(3)对检察机关贯彻司法责任制的特殊性予以关注,建立合理有效的司法责任机制。建立司法责任制,法院是一种典型状态,而检察机关则是一种非典型状态。其"非典型"司法责任机制的缘由,是检察机关的责任机制具有部分行政、部分司法的双重属性。[12]检察长的指挥权以及借行政因素形成"检察一体制",使检察机关责任机制具有行政性,而检察官相对独立地作出判断并行使部分检察权,又使其具有司法责任制特征。我国检察责任机制,长期因"三级审批制"而属典型的行政机制。司法改革,就是要限制"三级审批制"适用范围,导入司法责任制因素。但在改革过程中,这种"非典型"司法责任制的建立,较之法院的司法责任制更为艰难。需要进一步解决以下突出问题:其一,权力界限不够清晰,分权根据不足。检察机关哪些权力应当下放检察官行使,哪些由检察长决定,虽然已经有一些清单划分,但其划分方式与内容值得研究。最高人民检察院关于设定权力清单的指导意见及其有关解释说明,是作出原则性要求,同时授权省级检察院制定权力清单。但各地制定的权力清单除了不够统一外,部分内容还值得商榷。如批准逮捕决定权,《刑事诉讼法》第87条规定由检察长行使。[13]在目前各地的权力清单中,普遍将一般案件的批捕权下放给普通的员额内检察官行使,此一做法虽符合贯彻司法责任制下方权力的要求,但其合法性和慎重性易受质疑。而且,目前员额检察官的办案权,是采取授权制而非分权制,即认为检察权由检察长享有,部分授权检察官行使。授权制没有解决司法责任制的权力根据问题,而且授权制之下,随时可以收回授权,导致司法责任制的制度基础不稳固。其二,虽然有清单,但权力下放不到位的问题仍较为突出。检察长担心权力旁落、担心案件出问题的情况还比较普遍。实践中有一种说法:法院的权力在法官手里,检察院的权力在检察长手里。现在要求检察长的权力下放,实际上阻力较大,因此表面放权但实际不放权的情况还比较普遍。其三,对检察机关中层机构改革需要统一认识,并由此实现检察组织构造的统一协调。在本轮司法改革过程中,部分检察机关为实现扁平式管理,实施了大部制改革。但多数检察机关并未进行此种改革。这种内设机构不协调、不统一的状态妨碍了检察一体制的贯彻。笔者曾经赞成在基层检察机构实施大部制改革和扁平化管理。[14]通过改革调研和进一步的分析,认为大部制改革不一定适合一切检察层级和机构。因为市级院以上检察机关,主要工作是进行业务指导,检察层级越高,指导责任越重。业务指导,比较适合业务条线的组织结构。只有在基层,以直接办案为主,同时业务量较小、人员较少的检察机关,为防止部门林立,官多于兵,才比较适合于整合力量,推行大部制。

新一轮的改革,应当进一步厘清检察机关分权的合理边界,提供检察官独立负责的权力基础,建立检察机关司法责任制的长效机制,同时完善内设机构改革。

2. 员额制改革,完成基本改革任务,即基本实现定员定位后,要注意协调解决员额制实施中的矛盾,着力于建立能够合理有效运行的司法人员分类管理制度和工作制度。

首先,要利用尚可调配的资源,解决矛盾较为突出的司法单位在实施员额制过程中出现的问题,保障办案需要,同时完善相关制度。目前,人少案多的情况,在一些发达地区尤为突出。如某东部发达地区法院,改革前比较改革后,全省法官减少约40%,基层法院员额法官每年人均受理案件数量已经远超300件。虽然采取配备司法辅助人员,加强信息化建设等辅助措施,但人少案多的矛盾并未在实质上缓解,反而更为突出。实行员额制,就是让通过遴选的员额内司法官办案并承担司法责任,不允许非员额制司法官顶替办案,这本为贯彻员额制,防止走过场的必要措施。但实施员额制,最好能有过渡方案,设置一个缓冲期,以缓解案多人少的矛盾,同时缓解员额选任过程中的资源分配矛盾。

其次,目前中央指导机构已经明确禁止非员额法官检察官代行司法官职务。目前解决问题的办法,是中央层面主要参照案件数量等因素,统一调整现有政法专项编制,增加部分地区的员额供给,以缓解案多人少的矛盾。同时采用繁简分流、诉调对接、强化司法辅助工作、加强科技手段应用等方式缓解矛盾。而从制度层面看,应当在深化员额制改革中,进一步建立主要根据案件数量确定司法编制的员额分配制度,从而完善此项改革中的基础性制度。

最后,在员额制改革基本任务完成后,还要着眼于建立员额制司法官的常态化管理和退出机制,从而完善员额制改革条件下司法官管理制度;要进一步明确在分类管理原则之下,法官助理、检察官助理的职责定位,通过实践探索,建立、完善相关工作制度和管理制度并有效运作;而对少数民族地区等特殊地区实施员额制的具体问题,要注意因地制宜、实事求是地予以解决。

3. 初步实现人、财、物省级统管后,进一步协调管理关系,完善管理制度。“省级统管”主要措施明确后,仍有一系列配套制度措施需要作出安排,一些过去适用的制度规范需要调整。如新的制度安排之下,县、市两级司法机关与当地党委、纪委、政法委的关系如何设置,省委、省政法委如何领导、协调全省司法工作,大要案件党内报告制度在县、市如何设置和实施,等等。在中央确定的处理党、法关系的基本原则指导下,地方需要考虑本地实际情况,适应司法改革举措,采取必要跟进措施,及时调整相关制度规范,以完善省级统管的配套制度。

4. 实施司法责任制和员额制后,应当加强和落实司法职业保障措施。包括建立司法责任的豁免制度,司法官依法履职不受追究的制度,并进一步改善司法官待遇,提供常态化的、更为有力的职业保障,以实现责任与权利相统一的原则,推动司法责任制的运行,切实解决优秀人才引进难、留住难的问题。

5. 落实审判为中心诉讼制度改革的初步举措。其主要是贯彻“两高三部”推动审判为中心诉讼制度改革的意见。目前和下一阶段贯彻该意见,着重于两方面的工作:一是全面贯彻证据规则,规范取证行为,排除非法证据,严格证据标准,从而保证案件质量。二是推动庭审实质化改革。尤其是促使应当出庭作证的证人、鉴定人、侦查人员出庭,适度阻断侦查与审判之间通过诉讼卷宗形成的直接关联,由“侦查中心主义”向“以审判为中心”转型,充分发挥法院审判对案件实体与程序问题的把关作用。

四、探讨司法改革新举措

为切实推动我国传统司法体制的现代转型,初步建立公正高效为民的司法制度,并初步确立司法权威,下一阶段的司法改革还应当考虑实施某些新的重大举措，在一系列深层次的制度改革问题上取得新的突破。[15]笔者认为，可以论证以下一些重要改革举措的必要性与可行性：

1. 体现“以人民为中心”，让民众参与的司法，切实推动人民监督员和人民陪审员制度改革。我国迄今的司法改革，整体上体现职业化、精英化的思路及制度实践方向。这一思路和方向，在因历史原因和制度约束、司法专业主义严重不足的历史背景中，无疑具有合理性和实践价值。然而，司法民主主义，亦为现代司法制度建构的基石。这就不仅需要实现“为民的司法”，而且需要建构“民主的司法”，即让民众参与司法并能够决定司法事项。这是一种司法中的“直接民主”。因此，民众直接参与司法，可以弥补我国司法民主制度的不足，从而在一定程度上体现“以人民为中心”的政法伦理。

目前，我国司法实践中采用了人民监督员制度和人民陪审员制度，前者为检察机关在自侦案件中使用，后者为法院审判采用。但在实际操作中，与其称为“民主”，毋宁叫作“官主”。因为人民监督员由检察机关选择使用，基本上仅听取检察官的办案意见和理由，而人民监督员的意见也仅供检察机关参考，对案件并无决定性影响；人民陪审员则流于形式，长期因“陪而不审”“形同虚设”，对法官审决案件基本上没有影响而广受诟病。由此可见，这两种民众参与司法的制度，形式意义较大而实际功用不足。

为了改变民众参与形式化问题，推动“以人民为中心”的司法改革，可以考虑对上述两种制度进行实质性改造。

(1)对人民监督员制度进行改造，在检察程序中设置对职务犯罪案件进行人民监督制度，允许律师介入，同时赋予人民监督员部分决定权。国家监察制度改革后，检察机关的职务犯罪侦查权划归国家监察委行使，由于国家监察委集中承担党纪、政纪、法纪三类监察功能，其权势十分强大，且其刑事调查活动难以纳入刑事诉讼程序有效规制，因此，对其移送案件进行有效的起诉审查，对于保障案件质量具有重要意义。[16]然而，由于监察委的特殊地位，检察机关的起诉审查很难发挥有效地起诉过滤作用。这种情况下，在职务犯罪起诉审查中，实行人民监督员制度，可以略补检察审查的不足。因此，新的形势下，人民监督员的制度功用可能激活。

为此，必须重新考虑人民监督制度的设置方式：其一，人民监督员只能设立在检察机关的审查起诉环节，用于加强职务犯罪的审查起诉。如果设置在职务犯罪调查环节，一切仍由监察委主导，欠缺中立性和独立性，制度设置仍然难免徒具形式。其二,因嫌疑人及辩护律师对移送起诉认定的事实有异议而启动人民监督员程序,同时允许律师介入,形成对审式监督程序。其三,如果人民监督员一致认为不能起诉指控的犯罪,或不能起诉其中部分事实,则该项犯罪或指控的事实不能被检察机关起诉。如果不能形成一致意见,则将不同意见记录在案,且必须随起诉案件移送。其四,人民监督员选任必须法制化,并保障在适格人员中选择的随机性,以防止相关主体人为影响监督活动。

(2)改造人民陪审员制度,有条件地对少量重大案件的事实问题实行陪审员独立裁决制度。中共中央《关于全面推进依法治国若干重大问题的决定》明确提出:“逐步实行人民陪审员不再审理法律适用问题,只参与审理事实认定问题。”人民陪审员制度改革试点正在进行。但从试点情况看,此种改革仍存在两大难题:一是法律适用与事实认定难以完全分离。作为审理对象的所谓“法律事实”,正是自然事实与法律规范的结合,将二者截然分开存在技术上的难度,而且目前的诉讼机制难以有效处理。二是陪审员与法官共同审判、讨论和表决,无法避免法官的主导乃至决定作用,陪审员的功能仍然可能受到抑制。因此可能出现改革后与改革前的陪审员制度“换汤不换药”的情况,使改革流于形式。

在审理对象上法律适用与事实认定的二元区分,与审理主体上法官和陪审团的二元法庭相协调,目前确定的审理对象的二元区分同时伴随审理主体的一元法庭是难以有效操作的。笔者认为,要贯彻陪审员仅审理事实认定问题的要求,并在实质意义上推动此项改革,就要借鉴陪审制度,赋予人民陪审员独立决定案件事实问题,包括刑事诉讼中有罪无罪的权力,从而实现对我国陪审员制度的根本性改造。

按照此种改革思路,只需要设置一名法官负责案件审理,区分事实问题与法律问题并指导陪审员的事实认定。同时设置6名以上的人民陪审员组成陪审团,认定案件事实,确认被告是否承担法律责任。由于陪审审理制度,需要充分贯彻直接言词原则,因此应大幅提高证人、侦查人员、鉴定人出庭要求,保证庭审实质化。鉴于此种改革诉讼成本较高,适合的案件性质有限,因此可以将此类程序仅限于很少一部分严重刑事犯罪适用,即主要适用于故意杀人、故意伤害等普通刑事犯罪,以及抢劫、盗窃等重大侵财犯罪,原则上不用于经济犯罪、职务犯罪、国家安全、公共安全犯罪等较为复杂、较为敏感的刑事案件审判程序。

2.“以审判为中心”的诉讼制度改革,进入新阶段,实现审前阶段的“程序再造”。“以审判为中心”的诉讼制度改革,意味着重塑我国刑事诉讼体制机制,意义重大、影响深远,但不可能一蹴而就,而需要逐步推进。[17]本轮改革的措施,是在现行法律框架内局部调整,在此基础上,下一阶段的司法改革,应当考虑局部性的程序再造,从而厘清并延伸“以审判为中心”的程序逻辑。[18]此种局部性的“程序再造”,关键在于解决侦查行为尤其是强制侦查的可诉性即司法控制问题。

强制侦查,是以国家权力严重限制公民基本权利,即人身自由、通信与言论自由、财产权、隐私权的行为。为达成侦查目的并实现审判要求,强制侦查有其必要性。但为防范公民基本权利受到不法侵害,除了实体上严格限定强制侦查的适用条件外,在程序上须设置严格有效的外部审查并实现权利救济。其具体路径,是以独立、中立的司法审查和司法救济实现对强制侦查的司法控制。由于这种司法控制,关系国家权力尤其是国家强制权能否被制约及公民基本权利能否得到保障,因此其意义已经超出刑事程序领域,成为公认的宪法原则和宪法制度。

然而,对强制侦查的司法控制,正是我国保障人权制约公权的刑事程序最薄弱的一个环节。其程序保障的薄弱性,一是表现在强制侦查基本自行实施,不受司法审查(仅“逮捕”,即长期羁押受检察机关的检察审查)。二是表现在强制侦查不可诉。即无论是对物还是对人的强制侦查,均不能诉至法院请求司法保护。这种状况不仅严重滞后于强制侦查法律控制的一般实践,而且与我国司法改革建立有保障、可救济的司法人权保障制度的逻辑严重不协调。[19]

从我国现实国情出发,近期全面实现强制侦查的司法审查有一定难度,一方面,侦查机关为保障侦查效率而难以普遍接受强制侦查司法审查,这项改革势必受到侦查方面的强力抵制而导致难以出台实施;另一方面,司法机关尤其是法院,还没有做好司法审查的组织准备和制度调整。[20]下一步可以斟酌实施的改革方案,是首先推行强制侦查的司法救济。即允许较高强度的侦查行为,如逮捕嫌疑人和被告人,当事人财产扣押、冻结及特殊条件下的先期处置,可以在事后,在符合一定条件的情况下(如羁押达到一定时间,财产扣押、冻结已造成生产经营困难等),向法院请求撤销或改变强制措施,以实现权利救济。

五、修改、完善相关法律制度

司法改革引起司法体制、制度和机制的重要调整变化，必须与相关法律制度的修改、完善配套进行，以巩固改革成果，并提供新制度运行的规范基础和条件。法律的修改完善，本属依法改革的题中应有之义，但此一任务于近期尤为迫切，主要是因三方面的需求：一是以司法责任制为核心的司法改革“四项任务”，已经到了修改、完善相关法律的阶段，否则改革成果不能巩固，甚至可能半途而废；二是“以审判为中心”的诉讼制度改革，要求获得规范基础，否则改革难以推行、不能走远；三是国家监察体制改革涉及刑事司法体制的重大调整，需要拿出法律解决方案，否则试点后的面上改革难以实施并难以实现与国家法治体系的协调。

1. 为司法责任制等司法改革任务落实提供法律保障。建立司法责任制、推行人员分类管理与员额制、实施司法机关人财物省级统管、加强司法职业保障，以及设立跨行政区划司法机关，主要涉及人民法院组织法和人民检察院组织法，以及法官法和检察官法的修改完善。

如就法院组织法和法官法的修改。为建立司法责任制，法院组织法应当进一步明确并贯彻“审理者裁判、裁判者负责”的原则，同时，确立追责与责任豁免机制。为建立符合职业特点的司法人员管理制度，健全法官统一招录、有序交流、逐级遴选机制，完善法官分类管理制度，健全法官职业保障制度，需要对法官法中有关法官选任程序和任职条件、法官的权利义务和职责、法官任免以及法官的职业保障等方面进行全面修改。通过修改法官法，按照党的十八届三中全会决定，明确规定省以下法院人员编制统一由省统一管理，省以下法院法官由省提名、管理并按法定程序任免，同时明确各高级人民法院管理下级法院法官的范围和程序，为相关配套制度的制定提供明确的法律依据。

在下一步的法律修改中，为提供司法责任制的制度基础，可以考虑对司法权行使原则作出重要修改，由此确认司法官的相对独立法律地位和司法权限。我国宪法和法律，确认人民法院、人民检察院独立行使职权，尚未确认司法官独立行使职权的原则。应当说，这种仅主张集体独立而不承认司法官个人独立的行权原则，正是在司法机关内部产生司法行政化的制度根源。因为集体独立是以民主集中制为基础，由机关首长代表和体现的。因此，院长、检察长及其代理人干预个案就有了制度依据。鉴于中国的政治和司法现实，在国家体制上确认集体独立，即确认司法机关独立行使职权仍有必要，但是为抑制司法行政化，建立司法责任制，有必要同时确认司法官独立行使权力并承担责任的原则，确认其相对独立的法律地位。应当说，依法确认司法官的独立性或相对独立性，正是司法责任制制度逻辑的集中体现和必然要求。鉴于前述检察机关实施司法责任制的特殊问题，应当通过确认检察官的办案主体地位，贯彻检察机关分权制的制度学理，克服“授权制”的弊端。检察官法应当按照“分权制”原则，分别配置检察权予检察长和普通检察官。检察长虽有指挥权、监督权、职务转移、职务承继等权力，但必须受法律约束，必须尊重检察官的相对独立性，不能逾越权限实施指挥监督。

2. 适应“以审判为中心”诉讼制度改革需要，修改刑事诉讼法。“以审判为中心”的诉讼制度改革，直接关系刑事诉讼法的再次修改完善。其主要涉及三个方面的修法问题：一是完善修改法律，推进庭审实质化。最为重要的是贯彻传闻排除证据规则，限制应出庭而未出庭证人庭前书面证言的证据效力。二是完善刑事证据制度。包括根据“两高三部”《关于推进以审判为中心的刑事诉讼制度改革的意见》《关于办理刑事案件严格排除非法证据若干问题的规定》，调整完善非法证据排除规则，包括非法证据排除的实体性规范及程序性规范。三是完善其他相关法律规范。如通过修改法律，确立认罪认罚从宽的法律界限、实施程序、责任主体和监督机制，使此项改革在试点后能够获得制度确认，并得到普遍推行；明确刑事速裁程序的适用范围、实施程序等，从而建立刑事速裁程序，促进刑事案件办理的繁简分流。

3. 适应国家监察体制改革要求，协调国家监察制度与司法制度的关系，建立、完善相关法律制度。由于检察机关的反贪污贿赂及反渎职侵权犯罪的侦查部门和职能划转于国家监察委，国家监察体制的改革也引起刑事司法体制的相应改革调整，因此国家监察体制改革亦须纳入司法改革课题任务，统一筹划和部署。目前，这一重大改革，已经引起高度关注。在改革方向及主要举措已经确定且不容争议的情况下，需要认真思考、妥善解决的问题，是如何通过立法，对监察委所具有的刑事司法权实施法律规制。

国家监察机关行使的犯罪调查权，无疑是一种刑事司法权力，并具有典型的侦查权性质。因为其一，它有权实施专门性调查手段及有关的强制性措施,包括对人、对物的强制侦查,乃至具有高度侵权性的技术侦查,因此,其刑事调查活动,已具备侦查行为的全部要素;其二,通过此一专门调查程序所搜集的证据,不再经过某一刑事侦查机构作证据转换,而可直接附随起诉意见交检察机关审查起诉,并作为法院的定案依据。由此可见,监察委的刑事调查行为属于刑事司法行为,监察机关是承担职务犯罪侦查职能的刑事司法机关。

正是由于其属于刑事司法机关,其调查行为属于刑事侦查行为,因此应当纳入刑事程序进行调整,其管辖范围应当由《刑事诉讼法》予以明确。调查活动,应当接受刑事诉讼立案、侦查的程序规范调整。同时,在监察委调查阶段,应当允许律师介入,实现最低限度的程序保障。而且其调查活动应当接受检察监督和公诉审查,最后应当接受法院审判尤其是庭审的检验。只有坚守程序正义底线,才能防止案件办错,才能将国家权力有效地关在制度的笼子里。在国家监察制度改革,形成高度集中、空前强大的监察权力的情况下,尤其要注意完善法律制度,防止权力滥用。否则,将对国家法治、对司法人权保障,可能造成严重的负面影响。

注释

1 即建立司法责任制、完善司法人员分类管理、健全司法人员职业保障制度、推进省以下地方法院检察院人财物省级统一管理。四项改革的核心是建立司法责任制。

2 习近平总书记在对司法改革举措做出说明时指出:当前,司法领域存在的主要问题是,司法不公、司法公信力不高问题十分突出,一些司法人员作风不正、办案不廉,办金钱案、关系案、人情案,“吃了原告吃被告”,等等。参见习近平:《关于〈中共中央关于全面深化改革若干重大问题的决定〉的说明》。

3 习近平:《关于〈中共中央关于全面深化改革若干重大问题的决定〉的说明》。

4 即以侦查取证形成的案卷作为控诉、辩护及审理裁判的依据,法庭审判虚化。

5 沈德咏:《以自我革命的勇气和敢于担当的精神　加快推进以审判为中心的刑事诉讼制度改革》,载《人民法院报》2017 年 3 月 8 日,第 2 版。

6 截至 2017 年 3 月 1 日,中国裁判文书网已累计上网文书 26807860 篇,总访问量已达 61 亿余次,成为世界最大的司法裁判文书公开平台。参见许聪:《司法公开:破除暗箱操作　主动接受监督》,载《人民法院报》2017 年 3 月 5 日,第 5 版。

7 最高人民法院《关于全面推进以审判为中心的刑事诉讼制度改革的实施意见》第29条第1款规定，"证人没有出庭作证，其庭前证言真实性无法确认的，不得作为定案的根据"。根据该规定，应出庭证人未到庭，其庭前书面证言根据《刑事诉讼法》第190条的规定，仍然可以当庭宣读。仅在该证言真实性无法确认时，才不能将其作为定案根据。因此，未出庭证人书面证言的使用标准仍然仅遵循真实性规则，而不适用"传闻排除规则"。可见，在推动庭审实质化的关键性证据规则设置上，并无实质性进展。

8 2012年《刑事诉讼法》修改强化了证人出庭，建立了证人保护、证人补偿和强制出庭制度，但是收效甚微，出庭率并无提高，就是因为没有限制书面证言的证据能力；反之，《刑事诉讼法》于2012年修改后明确规定，应出庭鉴定人不出庭，鉴定意见不能作为定案依据，鉴定人出庭问题即基本解决。

9 最高人民法院常务副院长沈德咏（时任）就法院推进审判为中心诉讼制度改革指出，改革已取得了阶段性成果，但与中央的要求相比，还存在力度不大，推进不力，发展不平衡，效果不明显等较大差距。（参见沈德咏：《以自我革命的勇气和敢于担当的精神　加快推进以审判为中心的刑事诉讼制度改革》，载《人民法院报》2017年3月8日，第2版）笔者认为，这一判断不应是自谦，而是一项实事求是的判断。不过因为此项改革的纵深推进，法院自身作用有限，因此改革"力度不大""推进不力"的责任不全在法院。

10 由于一系列深层次的制度条件制约，笔者对此目标在较短的历史时期内达成并不持乐观态度。但在正确方向上设定一个目标，以保持实际操作处于一种"起跳摸高"的状态，也许是必要的。因此可以将初步建立公正高效为民的社会主义司法制度，并初步确立司法权威，作为下一阶段司法改革的总体目标。

11 中央司法体制改革领导小组传达学习习近平总书记在中央全面深化改革领导小组第三十三次会议上的重要讲话精神的会议上，中央政法委书记孟建柱（时任）要求，"努力实现党的十九大召开前基本完成司法体制改革任务的目标"（参见李阳：《强化责任担当狠抓工作落实确保司法改革政策措施落地见效》，载《人民法院报》2017年3月31日，第1版）。

12 龙宗智：《论检察权的性质与检察机关的改革》，载《法学》1999年第10期。

13 《刑事诉讼法》第87条规定："人民检察院审查批准逮捕犯罪嫌疑人由检察长决定。重大案件应当提交检察委员会讨论决定。"

14 龙宗智：《检察机关办案方式的适度司法化改革》，载《法学研究》2013年第1期。

15 由于届别更替催生重大改革举措的政治规律，司法改革新举措也具有重要的政治意义。

16 近年来职务犯罪案件的办案质量，似已成为实现刑事司法公正，保障案件质量的主要问题。监察制度改革带来的调查权集中行使及犯罪调查与起诉、审判的位势变化，对职务犯罪案件的司法审查可能形成强势冲击，保障此类案件办案质量的任务更为重要、严峻，因此更需要辅助和加强司法审查。

17 沈德咏大法官认为："以审判为中心"的诉讼制度改革，可以将推进以审判为中心的诉讼制度改革规划为近景、中景和远景三个目标阶段，并分段加以推进。近景目标，是要在现行刑事诉讼法的框架内，通过改革审判方式，统一刑事司法标准，加快实现法院审判以庭审为中心，进而促进整个诉讼程序实现以审判为中心；中景目标，应当是通过深化司法改革，进一步优化刑事司法职权配置，以实现审判对侦查及公诉活动的有效制约；远景目标，应当是推动刑事诉讼法的全面修改，实现以审判为中心的诉讼程序重构，建立更加符合法治规律、具有中国特色的刑事诉讼制度。沈德咏：《论以审判为中心的诉讼制度改革》，载《中国法学》2015 年第 3 期。

18 龙宗智：《“以审判为中心”及其限度》，载《中外法学》2015 年第 3 期。

19 立案登记制改革初步实现民事、行政诉讼中的有案必立，即公民权利可救济，但刑事诉讼中虽然公民的人身、财产和其他权利可能遭受严重的公权侵害，但却因侦查行为不可诉而无法实施司法救济，从而出现司法逻辑的严重不协调。

20 近期有意见称批捕权应转移法院行使。笔者认为，为保障长期羁押的公正性，其批准权最终应当转移到独立、中立的司法主体。但目前法院尚不能达到此项要求，而且在法院而非法官独立行使审判权的制度原则之下，如由法院批捕，使法院审判很难避免被批捕所绑定（如目前检察机关批捕后很难不起诉一样），形成批捕一定罪的司法公式（否则就会被视为法院错误，甚至承担赔偿责任），将不利于实现司法公正。

图书在版编目(CIP)数据

司法建设论 / 龙宗智著. -- 北京 : 法律出版社,
2021
ISBN 978-7-5197-5201-9

Ⅰ. ①司… Ⅱ. ①龙… Ⅲ. ①司法制度-制度建设-
中国-文集 Ⅳ. ①D926.04-53

中国版本图书馆 CIP 数据核字(2020)第 244043 号

司法建设论
SIFA JIANSHELUN

龙宗智 著

责任编辑 丁小宣　宋丽娜
装帧设计 凌点工作室

出版 法律出版社
总发行 中国法律图书有限公司
经销 新华书店
印刷 永清县金鑫印刷有限公司
责任校对 郑怡萍
责任印制 胡晓雅

编辑统筹 法律教育出版分社
开本 710 毫米×1000 毫米　1/16
印张 28.75
字数 470 千
版本 2021 年 1 月第 1 版
印次 2021 年 1 月第 1 次印刷

法律出版社/北京市丰台区莲花池西里 7 号(100073)
网址/www.lawpress.com.cn
投稿邮箱/info@lawpress.com.cn
举报维权邮箱/jbwq@lawpress.com.cn
销售热线/400-660-8393
咨询电话/010-63939796

中国法律图书有限公司/北京市丰台区莲花池西里 7 号(100073)
全国各地中法图分、子公司销售电话:
统一销售客服/400-660-8393/6393
第一法律书店/010-83938432/8433
西安分公司/029-85330678
重庆分公司/023-67453036
上海分公司/021-62071639/1636
深圳分公司/0755-83072995

书号:ISBN 978-7-5197-5201-9
定价:88.00 元
(如有缺页或倒装,中国法律图书有限公司负责退换)